WESTEND

Sven Plöger

GUTE AUSSICHTEN FÜR MORGEN

Wie wir den Klimawandel
für uns nutzen können

WESTEND

Mehr über unsere Autoren und Bücher:
www.westendverlag.de

Die Inhalte in diesem Buch sind von Autor und Verlag sorgfältig erwogen und geprüft worden, dennoch kann eine Garantie nicht übernommen werden. Eine Haftung des Autors beziehungsweise des Verlags und dessen Beauftragten für Personen-, Sach- und Vermögensschäden ist ausgeschlossen.

Die Deutsche Bibliothek verzeichnet diese Publikation in der Deutschen Nationalbibliografie. Detaillierte bibliografische Daten sind im Internet über http://dnb.ddb.de abrufbar.

Das Werk einschließlich aller seiner Teile ist urheberrechtlich geschützt. Jede Verwertung ist ohne Zustimmung des Verlags unzulässig. Das gilt insbesondere für Vervielfältigungen, Übersetzungen, Mikroverfilmungen und die Einspeicherung und Verarbeitung in elektronischen Systemen.

ISBN 978-3-938060-26-1
© Westend Verlag Frankfurt/Main
im Piper Verlag GmbH,
München 2009
Satz: Fotosatz Amann, Aichstetten
Druck und Bindung: CPI – Clausen & Bosse, Leck
Printed in Germany

»Unser Zeitalter ist das der Simplifikationen. Die Schlagworte, die alles erklärenden Universaltheorien, die groben Antithesen haben Erfolg.«

Karl Theodor Jaspers, 1883–1969, deutscher Philosoph

Inhalt

Vorwort 9

Einleitung 13

Teil I **Den Klimawandel verstehen** 19

Wetter und Klima – ein riesiger Unterschied 21

Können Klimaprojektionen funktionieren, wenn Wetterprognosen schon nach einigen Tagen unseriös werden? 33

Der Treibhauseffekt oder Warum die Erde überhaupt lebensfreundlich ist 41

Eine Zeitreise durch unsere Klimageschichte 48

Die Vermessung des Klimas 69

Die Faktoren, die unser Klima bestimmen 76

Der Stein, der andere ins Rollen bringt 124

Teil II   Die Stimmen der Interessengruppen   151

Die kritische Haltung oder Warum die Forschung in Frage gestellt wird   153

Wie die Medien Einfluss nehmen   202

Auf welche Welt müssen wir uns einstellen?   223

Teil III   Die Chancen für morgen   243

Mit kleinen Schritten loslaufen   245

Die Politik unter Zugzwang   247

Gute Aussichten für morgen?   283

Energie für die Zukunft   291

Was kann ich selbst tun?   328

Das Buch im Buch   342

Epilog   358

Danksagung   360

Literatur   362

Vorwort

Obwohl das Jahr 2008 schon die eine oder andere Überraschung für uns parat hatte, war die Anzahl schreckgeweiteter Augen wohl am größten, als die Finanzkrise über uns hereinbrach. Sie hatte den Raum quasi durch die Hintertür betreten. Die Intensität der Krise hat wohl jeden überrascht, auch wenn so mancher von uns im Nachhinein betonte, dass doch völlig klar war, dass alles so kommen musste. Vielleicht kommt eine solche Äußerung aber auch dadurch zustande, dass die »Nachhersage« immer ein bisschen leichter zu machen ist als die Vorhersage. Wem ist das klarer als einem Meteorologen, der sich täglich um die Wetterprognose bemüht? Im Grundrauschen dieser Finanzkrise, die sich für viele Länder schnell zu einer Rezession entwickelt hat, ist aber etwas Verblüffendes passiert, das trotz seiner Tragweite gar nicht so richtig durchgedrungen ist.

Was sagte die von der Krise arg gebeutelte und nach einem Rettungsschirm rufende Automobilindustrie da zur Politik? Stellt doch endlich die Kraftfahrzeugsteuern auf den CO_2-Ausstoß um! Dann gibt es Anreize, neue Autos zu kaufen! Und diese Anreize brauchen wir dringend, denkt nur an unsere Arbeitsplätze. Wie bitte? Da verlangt die Industrie nach umweltfreundlicheren Autos und treibt die Politik an, schnell entsprechende Gesetze zu erlassen? Was ist denn jetzt passiert? Da läuft ja alles falsch herum. Noch wenige Monate zuvor stritt man sich vehement um die CO_2-Menge, die ein Automobil ausstoßen darf, und nun das. Natürlich weiß jeder von uns, dass der Grund für den Ruf nach der kohlendioxidabhängigen Kfz-Steuer nicht der Klimaschutz ist, sondern schlicht und einfach wirtschaftliche Überlegungen. Doch genau dieses Beispiel zeigt in unglaublicher Deutlichkeit, wie perfekt beides zusammenpasst! Der wirtschaftliche Anreiz, ein im Unterhalt günstigeres Auto zu kaufen, führt geradewegs und ganz von alleine zum Klimaschutz. Zumindest dann, wenn die geeigneten Rahmenbedingungen existieren. Wie prächtig, niemand musste kommen und diese Zusammenhänge mit erhobenem Zeigefinger erläutern – die Industrie bemerkte es ganz von selbst.

Klimaschutz und Ökonomie gehören zusammen. Dieses Beispiel ist nur eines neben zahlreichen anderen. Deshalb heißt dieses Buch auch »Gute Aussichten für morgen«, denn Klimaschutz zu betreiben, hat nichts mit Verlust an Mobilität, an Lebensqualität oder einem »zurück in die Höhle« zu tun. Nein, Klimaschutz ist genau das Gegenteil: Er ist der Antrieb für einen globalen wirtschaftlichen Aufschwung der nächsten Jahrzehnte. Unser Energiemix muss sich allein schon deshalb wandeln, weil das Ende der fossilen Energieträger ohnehin eintreten wird. Bevor es so weit ist, braucht es Technologien, die weiterentwickelt oder sogar neu erfunden, dann gefertigt und später in großem Stil verkauft werden müssen. Und zwar auf der ganzen, sich teilweise stürmisch entwickelnden Welt. Was für ein Marktpotenzial!

Unser Problem: Wir sind Gewohnheitstiere. Wir versuchen an Altbekanntem so lange es irgend geht festzuhalten, und dadurch verbauen wir uns nicht selten die Möglichkeit, unsere Chancen rechtzeitig wahrzunehmen. Das Alte ist gut, weil wir wissen, wie der Hase läuft. Etwas Neues macht unsicher, und dieses Gefühl lässt uns manchmal verzagen. Und dann wird so lange gewartet, bis sich die Verhältnisse so weit verschlechtert haben, dass die früheren Befürchtungen vor dem Neuen im Vergleich zur »Ist-Situation« immer unbedeutender werden. Erst an diesem Punkt setzen sich Veränderungen durch. Doch leider wird durch dieses Warten auf das »Wohlgefühl der Veränderung« viel unseres kostbarsten Gutes verschenkt: nämlich Zeit! Das ist schade, denn die Veränderungen wird es mit oder ohne unsere Zustimmung geben. Schließlich löst sich die zentrale Frage – die Energiefrage – ganz sicher nicht von selbst.

Der Mensch ist heute in der Lage, sich ein immer genaueres Bild seiner Zukunft zu machen, auch in Sachen Klima und Ökonomie.

Je klarer dieses Bild ist, desto klarer wird uns, welche Veränderungen wir brauchen und welche wirtschaftlichen Chancen daraus erwachsen. Vorausdenken heißt die Devise, denn sowohl das globale Klimasystem als auch das weltweite Wirtschaftssystem verhalten sich wie träge Tanker, die über den Ozean schippern. Wenn man früher am Ruder dreht, wird die Kurve sanfter und man kann einem Hindernis besser ausweichen. Heruntergebrochen auf die eigentlich gar nicht überraschende Forderung der Automobilindustrie, die Kfz-Steuer CO_2-abhängig zu machen, heißt das: War es nötig, mit dieser Einsicht zu warten, bis uns ausgerechnet eine Finanzkrise ins Ruder greift und an selbigem dreht, während wir passiv daneben stehen? Wäre es nicht viel sinnvoller gewesen, die längst bekannten Argumente schon vor Jahren zu verwenden und wirtschaftlichen Anreiz erfolgreich mit Klimaschutz und dem Einsparen der kostbaren fossilen Energie zu verbinden? Brauchen wir wirklich immer eine Krise, die uns aus einer Art Dornröschenschlaf wachrüttelt?

Noch mal, weil es so schön ist: Klimaschutz und Ökonomie widersprechen sich nicht, das Gegenteil ist ganz offensichtlich der Fall! Das einzusehen ist die eine Hälfte der Miete. Die andere ist, beim Umgang mit dem Faktor Zeit besser zu werden. Damit es gute Aussichten für morgen gibt, können wir es uns nicht leisten, die Zeit mit Warten oder dem Ausmalen apokalyptischer Zukunftsszenarien zu verplempern. Deren Folge ist entweder ein großer Schreck und wegen der gefühlten Aussichtslosigkeit, dagegen anzukommen, die völlige Resignation, oder aber die fantasiereiche Suche nach allen möglichen Gründen, weshalb und vom wem diese Apokalypse – natürlich ausschließlich zum eigenen Profit und auf Kosten des Steuerzahlers – lanciert wurde.

Was wir brauchen, ist ein gesunder Optimismus, denn nur der bringt uns weiter. Dabei spielen auch Wörter eine Rolle. Denn welchen Optimismus kann ein vernünftig denkender Mensch aus einer »Klimakatastrophe« ziehen? Gar keinen! Ein Klimawandel hat da viel mehr zu bieten, denn ein Wandel ist vorwiegend positiv besetzt; in einigen gesellschaftlichen Bereichen fordern wir ihn sogar vehement. Und außerdem beschreibt das Wort den physikalischen Prozess viel besser, denn der Klimawandel hat etwas Schleichendes – zumindest für unser Zeitgefühl. Für Jahrmillionen währende paläoklimatologische Zeiträume gilt das selbstverständlich weniger.

Ein gesunder Optimismus kann sich, neben einer geeigneten Wortwahl und dem Erkennen von Chancen für die Zukunft, aber auch aus Taten der Vergangenheit generieren. Ein Ziel mit angemessenen – nicht zu kleinen, aber auch nicht zu großen – Schritten erreichen zu wollen, ist der richtige Weg. So haben wir es zum Beispiel schon geschafft, den Schwefeldioxidgehalt der Luft erheblich zu reduzieren oder unsere noch vor 30 Jahren völlig verdreckten Flüsse sauber und für einige Fischarten wieder bewohnbar zu machen. Selbst ein Bad im Rhein ist denkbar, ohne danach in der Intensivstation eines Krankenhauses zu landen.

Natürlich ist die Herausforderung Klimawandel eine größere, weil globale Problematik. Doch mit gemachten Erfolgen in der Hinterhand lassen sich die nötigen Schritte leichter angehen: Zuallererst müssen wir uns die Mühe machen zu verstehen, weshalb welche Dinge um uns herum passieren. Nur mit dem Verständnis von Zusammenhängen sind wir in der Lage, vernünftige Regeln und Rahmenbedingungen aufzustellen. Aus diesen resultieren für alle Branchen und jeden einzelnen von uns viele Chancen. Sind diese Chancen erst einmal erkannt, dann findet die Umsetzung nach den Gesetzen der Ökonomie ganz von alleine oder allenfalls mit wenigen umsichtigen Hilfestellungen statt. Vorwärts, nicht rückwärts schauen! Das ist die Strategie für »Gute Aussichten für morgen«.

Sven Plöger, Januar 2009

Einleitung

Januar 2007. Der Orkan »Kyrill« war just über das Land gefegt. Und das nach einem geradezu hochsommerlichen September 2006, einem extrem milden Herbst und einem bis dahin ausgebliebenen Winter. Und schon stand das Telefon in meinem Büro nicht mehr still. Zeitungen, Zeitschriften, Radio- und TV-Redaktionen kannten nur noch eine Frage, und die lautete: »Ist Kyrill der Klimawandel? Oder zumindest ein Vorbote? Gab es schon jemals eine solche Naturkatastrophe?« Meine Antwort war stets dreiteilig. Der erste Teil war ein Durchschnaufen, um höflich und entspannt zu bleiben. Der zweite Teil war ein kurzer Satz, und der lautete: »Kyrill war ein Sturm!« Dann wartete ich lange Sekunden, um meinem Gegenüber auch ein Durchschnaufen zu ermöglichen – die tiefe Enttäuschung über meine nicht gerade vor Dramatik strotzende Antwort breitete sich hörbar im gesamten Raum aus. Im dritten Teil verwies ich etwa auf die großen Stürme im Mittelalter, die den Verlauf der Nordseeküste binnen weniger Tage verändert hatten, und auf die Tatsache, dass das Klima auf dieser Erde immer schon Schwankungen unterlag und es auch vor »Kyrill« unzählige Wetterextreme gab. Danach sprach ich über den eklatanten Unterschied von Wetter und Klima. »Kyrill« war eben Wetter, und erst »viele Wetter« machen das Klima – das gemittelte Wetter – aus.

Erst dann kam ich auf den unverkennbaren Einfluss von uns selbst auf unser Klima zu sprechen. Und dessen immense Bedeutung für unsere Gesellschaft, denn immerhin sind wir Täter und Opfer zugleich. Nicht selten fiel mir dabei ein wirklich guter Satz unseres Umweltministers Sigmar Gabriel ein: »Wir sind reich genug, um uns den Klimaschutz zu leisten, aber zu arm, um darauf zu verzichten.«

Nach dieser kurzen, relativierenden Antwort konnten mein Anrufer und ich noch mal von vorne mit der Unterhaltung beginnen und verfielen nicht selten in richtig interessante Gespräche. Für mich am wichtigsten sind dabei die Fragen, die die Gesprächspartner stellen. Denn sie offenbaren, wie sich jemand mit einer Thematik auseinandersetzt. Auf den Fragenden einzugehen ist der Reiz solcher Gespräche – würde man das nicht tun, hieße es nicht Gespräch, sondern Monolog. Und solche Gespräche ergeben sich auch immer wieder nach meinen Vorträgen, die ich seit vielen Jahren halte. Durch eben diese Unterhaltungen mit dem Publikum, das meist aus Laien besteht (Landwirte, Banker, Leute aus der Automobilbranche, Umweltaktivisten und so weiter), manchmal aber auch aus Kollegen, die ebenfalls Meteorologie oder verwandte Fächer studiert haben, bekommt man mit den Jahren ein immer besseres Gefühl, wie das Thema »Klimawandel« in der Gesellschaft ankommt.

Kein Zweifel, das Thema *ist* angekommen. Sonst hätte die Gesellschaft für deutsche Sprache in Wiesbaden wohl kaum das Wort »Klimakatastrophe« zum Wort des Jahres 2007 gekürt. Aber *wie* ist es angekommen? In einer erstaunlich riesigen Spannbreite irgendwo zwischen einem angsterfüllten Hype (um dieses neudeutsche Wort für Medienrummel zu bemühen) auf der einen und einer ignoranten Haltung – nämlich dass der Mensch gar keinen Einfluss auf das Klima haben kann, weil das allein der Sonne als unserem Energielieferanten zusteht – auf der anderen Seite. Innerhalb dieser Spannbreite herrscht zusätzlich eine Art Wellenbewegung. Immer dann, wenn es gerade ein auffälliges Wetterereignis gibt, übermannt uns ein plötzliches Katastrophengefühl, gepaart mit großer Sorge und Unsicherheit. Wenn solche Ereignisse ausbleiben, bekommen hingegen kritische Stimmen die Oberhand, die eine vom Menschen mitzuverantwortende Klimaveränderung anzweifeln.

Aus dieser Gemengelage heraus ist die Idee zu diesem Buch entstanden. Weshalb nehmen wir das Thema Klimawandel so uneinheitlich und manchmal eben auch von Tag zu Tag unterschiedlich wahr? Eine reizvolle Frage, die spannende Antworten liefern kann.

Aber dieses Buch soll kein vierhundertzwölftes Buch zum Klimawandel werden, sondern ich möchte eine Einordnung vornehmen.

Ich möchte einen roten Faden finden, der Ihre Fragen, die vielen Antworten von Experten, aber auch von Laien unterschiedlichster Lager sowie den aktuellen wissenschaftlichen Stand zu einem »Weltbild« zusammenbringt. Ein »Weltbild«, dessen Grundgerüst aus Fakten besteht, das aber auch in der Lage ist, mit einem Schmunzeln manch typisch menschliche Denk- und Reaktionsweise zu entlarven. Ein »Weltbild«, das nicht nur aus einzelnen, aus dem Zusammenhang gerissenen Bildern oder Überschriften besteht – einer im Pazifik »versinkenden« Insel etwa; einem auf einer abgebrochenen Eisscholle stehenden Eisbär; oder einer unlogischen Überschrift wie »Rotwein statt Schnee«.

Kurzum, ich möchte Ihnen beim Lesen das Gefühl geben, dass wir nach einem Vortrag noch ein paar Stündchen Zeit haben, zusammenzusitzen und über das Thema Klimaänderung zu plaudern. Eine Unterhaltung auf den verschiedensten Ebenen. Die wissenschaftliche Ebene nimmt dabei natürlich eine große Rolle ein, aber ich möchte mich vor allem auch mit der politischen und gesellschaftlichen Ebene beschäftigen. Was müss(t)en Politiker und wir selbst konkret tun, um unseren Anteil an der derzeitigen Klimaänderung zu dämpfen? Wie können wir lernen, Energiesparen nicht als Rück-, sondern als Fortschritt zu sehen? Wie entwickeln wir einen Optimismus für die Zukunft, der eine nachhaltige technologische Entwicklung in Gang setzt? Wir müssen lernen, die Chancen zu sehen, die sich uns bieten! Denn nur wer ein Ziel, wer Perspektiven vor Augen hat, der kann sich aufraffen, um eingefahrene Abläufe zu verändern. Nur so stellt sich ein Erfolg ein, und genau der motiviert weiterzumachen. Wir müssen vermeiden, dass sachliche Unkenntnis, eine Vielzahl von Emotionen und der Lobbyismus mit der daraus entstehenden undurchdringlichen Vielfalt an Meinungen dazu führen, dass Gesellschaft und Politik handlungsunfähig sind.

Wir müssen also die Bedeutung des Themas respektvoll anerkennen, wie so oft hilft uns Verbissenheit dabei aber nicht. Wie sagte schon Otto Julius Bierbaum: »Humor ist, wenn man trotzdem lacht.« Und jetzt gehen Sie mal in Ihre Küche und schauen Sie nach, ob Herd und Kühlschrank – zwei Geräte, die doch etwas ganz Grundverschiedenes erreichen wollen – nebeneinander stehen. Und lachen Sie gegebenenfalls.

Ich möchte aber auch die Medien auf den Prüfstand stellen. Wie gehen sie mit der Thematik um? Trägt eine Dauerbombardierung mit dem Klimathema nicht dazu bei, dass es uns langsam anfängt zu nerven? Muss jede Katastrophengeschichte die letzte wirklich überbieten, oder ist das Thema nicht einfach so, wie es da ist, schon interessant genug? Zudem verdienen kritische Stimmen Beachtung. Es ist vernünftig, sich auch Darstellungen, die dem entstandenen »Mainstream« widersprechen, anzuschauen und dabei sinnvolle von unsinnigen Argumenten zu trennen. Und dies fachlich, nicht ideologisch motiviert.

Nun habe ich gerade geschrieben »Ich möchte die Medien auf den Prüfstand stellen«. Aber nicht nur die, sondern auch uns selbst – uns, die wir »vom Fach« sind. Denn nur allzu oft werden die Medienleute auch allein gelassen mit kompliziert ausgedrückten Zusammenhängen aus den hohen Türmen der Wissenschaft. Die Fachwelt muss helfen, die Sachverhalte für den Laien »runterzubrechen« – so inhaltlich richtig, wie es irgendwie möglich ist. Auch das will dieses Buch tun, und weil es für jedermann geschrieben ist, wird mancher Zusammenhang dem einen Leser zu einfach und dem anderen zu kompliziert erscheinen – mein Bemühen liegt im Finden eines Mittelwegs.

Zum Schluss noch eine Bemerkung zum Umgang mit diesem Buch. Ich weiß, dass es in der heutigen Zeit oft mühsam ist, sich im normalen Alltag die Zeit zu nehmen, um ein umfangreiches Buch zu lesen. Deshalb biete ich am Ende das »Buch im Buch« an, eine Zusammenfassung der wichtigsten Aspekte – schon eine Stunde reicht aus, sie zu lesen. Und wenn sich hier und da das Interesse entwickelt, Detaillierteres zu einem Aspekt zu erfahren, so haben Sie das richtige Buch schon in der Hand – Sie müssen nur ein paar Seiten zurückblättern. Aber manchmal wird selbst das Zurückblättern nicht ausreichen, denn das Thema Klimawandel ist ein unglaublich weites Feld. Deshalb gibt es auch ein paar Hinweise auf weiterführende Literatur, wohlwissend, dass dies nur eine ganz kleine Auswahl eines riesigen, schier unüberschaubaren Angebots sein kann. Wenn Sie also hier nicht jeden Aspekt, den Sie vielleicht irgendwo einmal in einem Klimabuch oder in einem Artikel zum Thema gelesen haben, finden – ich hoffe aber, so manchen neuen –, dann hilft möglicherweise der Literaturtipp.

»Wissen ist Macht«, hat Sir Francis Bacon vor langer Zeit gesagt. Drehen Sie es mal um, dann kommt »Unwissen ist Ohnmacht« heraus. Unwissen lähmt eine Gesellschaft, Wissen macht sie handlungsfähig. Dazu möchte ich mit diesem Buch beitragen und lade Sie daher auf den kommenden Seiten zu einer Reise durch die Themen Klimawandel, Energiewandel und unseren gesellschaftspolitischen Umgang damit ein – eine spannende Reise voller Überraschungen!

Teil I
Den Klimawandel verstehen

Wetter und Klima – ein riesiger Unterschied

Wer hat sich nicht schon mal selbst bei dem Spruch ertappt: »Früher war beim Wetter alles ganz anders!« Und *anders* meint in diesem Fall besser. Der Satz könnte etwa mit folgendem Monolog weitergeführt werden: »Wintergewitter zum Beispiel. Bisher gab es so etwas doch gar nicht! Gewitter kamen nur an schwülen und heißen Sommertagen zustande und der große Fluss in meiner Nähe war auch immer die Wetterscheide. Jetzt ziehen alle Unwetter auf einem anderen Weg. Und überhaupt die Unwetter. Es gibt davon ja jetzt viel mehr als früher. Die Stürme wie Vivian, Wiebke, Lothar, Kyrill oder Emma zum Beispiel! Dann der Schnee: Weihnachten präsentierte sich doch früher meist im weißen Winterkleid. Heute hingegen ist von weißen Weihnachten nichts mehr zu spüren, und unsere Enkel werden gar nicht mehr wissen, was Schnee eigentlich ist. Tagelange Regenfälle mit so dramatischen Überschwemmungen wie der Elbeflut 2002 – das hat es zu unseren Lebzeiten bisher doch so nicht gegeben. Dann die große Dürre und Hitze 2003. Das wird wohl der viel beschworene Klimawandel sein. Jetzt schlägt die Natur zurück! Und alles nur, weil wir Auto fahren und in den Urlaub fliegen wollen …«

Solche Lamentos hört man nicht selten, aber hier möchte ich gerne dazwischengehen und »Halt, stopp, langsam!« rufen. Um über den Klimawandel reden zu können, ist es zunächst einmal notwendig zu wissen, was Klima eigentlich ist. Und man muss es im nächsten Schritt vom Wetter unterscheiden, denn wenn wir alles in einen Topf werfen, nimmt es uns die Möglichkeit, Zusammenhänge richtig zu verstehen und später in nachhaltiges Handeln umzusetzen. Man hat sich zwar daran gewöhnt, dass Klimaforscher sagen, dass ein Unwetter noch kein Klimawandel ist und wiederholt das auch gern – so richtig angekommen ist der Inhalt dieses Satzes aber oft nicht.

Und hier sind wir bei einem der zentralen Probleme unserer Gesellschaft bei der Auseinandersetzung mit der Klimathematik: Weil viele von uns – das schließt vor allem Medienleute und Politiker mit ein – in den Unbilden des Wetters ausschließlich den menschengemachten Klimawandel sehen, ist schnell ein Schreckgespenst geboren. Ebendieses produziert entweder Ängste und infolgedessen möglicherweise übereifrigen Aktionismus, oder aber massiven Widerspruch. Am Ende stehen sich zwei Gruppen gegenüber, die sich nicht selten mit missionarischem Eifer duellieren – ein leider wenig zielführender Vorgang. In Gesprächen nach Vorträgen erlebe ich genau diese Gegensätze sehr oft, und fast immer ist das Erkennen des Unterschieds von Wetter und Klima der Schlüssel zum Erfolg, der die Gemüter beruhigt. Auch hier soll deshalb zunächst diese Frage geklärt werden, um die Voraussetzungen für eine sachliche Debatte zu schaffen.

Was ist Klima?

Der Begriff Klima beschreibt die »Gesamtheit der Wettererscheinungen an irgendeinem Ort der Erde während einer festgelegten Zeitspanne«. Klima ist zunächst also nichts anderes als gemitteltes Wetter an einem Ort. Die WMO (World Meteorological Organization) hat dabei festgelegt, dass der Mittlungszeitraum gewöhnlich 30 Jahre umfasst – die von den Demographen definierte Dauer einer Generation. Betrachten wir das Klima, so werden die Vorgänge in unserer Atmosphäre aber nicht isoliert gesehen, sondern es wird auch das Wechselspiel mit den anderen Sphären (zum Beispiel mit der Hydrosphäre, zu der die Ozeane gehören) und der Sonnenaktivität berücksichtigt. Geht es um kürzere Mittlungszeiträume, wie zum Beispiel einen Monat oder eine Jahreszeit, so wird der Begriff Witterung verwendet.

Das Wort Klima stammt aus dem Altgriechischen und hat etwa die Bedeutung von »Neigung« – gemeint ist damit die Neigung der Erdachse. Derzeit steht diese in einem Winkel von 23,5 Grad schräg, weshalb sich nördlicher und südlicher Wendekreis auf 23,5 Grad Nord beziehungsweise 23,5 Grad Süd befinden. Genau das ist der Grund für die Existenz von Jahreszeiten, denn dadurch ist die Sonneneinstrahlung im Jahresverlauf unterschiedlich intensiv.

Bis hierhin ging es um die zeitliche Mittlung von Wetter an einem Ort, es kommt aber auch noch die räumliche Dimension hinzu. Wenn man Wettererscheinungen über größere Naturräume mittelt, spricht man vom Regional- oder Mesoklima, bei Kontinenten oder gar dem ganzen Globus – und dabei geht es ja meist in der Klimadebatte – vom Makro- oder Erdklima. Diese Begriffe werden bei Gebrauch jedoch oft vermischt, so dass ab hier bei der Verwendung des Begriffs Klima immer das zeitliche *und* räumliche Mittel gemeint ist. Im Ursprung nutzte man den Begriff Klima übrigens nur im Plural, um verschiedene Klimazonen (Klimate) auf der Erde zu beschreiben, die sich durch bestimmte Charakteristika auszeichneten. Deren Mittlung, also die Bildung eines globalen Erdklimas, ist ein neueres und rein statistisches Verfahren. Da sich Änderungen der Sonnenintensität oder der Treibhausgaskonzentration aber auf den gesamten Globus auswirken, ist dies eine legitime Erweiterung des Begriffs Klima.

Warum Klima und Wetter verwechselt werden

Es ist verblüffend, dass Klima und Wetter immer wieder durcheinandergebracht werden, doch der Stolperstein ist folgender: Das Klima setzt sich aus verschiedenen Wetterelementen wie Temperatur, Luftfeuchtigkeit, Wind, Bewölkung, Niederschlag, Sonnenscheindauer, Luftdruck, Schneehöhe, Strahlung oder Verdunstung zusammen. Und genau hier werden Wetter und Klima oft unbemerkt vermengt. Fast alle diese Elemente können wir nämlich mit unseren Sinnesorganen fühlen. Aber was wir da fühlen ist Wetter. Und Wetter ist definiert als der »aktuelle Zustand der Atmosphäre an einem bestimmten Ort zu einem bestimmten Zeitpunkt«. Damit spüren wir einen Vorgang, der in höchstem Maße variabel ist, denn genau das zeichnet unser Wetter aus. Mal ist es heiß, mal kalt, mal fällt Regen, mal schneit es, mal herrscht ruhiges Hochdruckwetter mit Sonnenschein, dann kommt es wieder zu Gewittern oder Stürmen. So ist Wetter nun einmal. Das gemittelte Wetter ist also kein Normwetter. So etwas gibt es nicht. Beim Wetter ist die Abweichung von der Norm die Norm! Ein Normwetter darzustellen ist auch nicht die Aufgabe des Begriffs Klima. Klima ist folglich »nur« eine Mittlung. Dieses statistische Konstrukt ist jedoch unglaublich hilfreich und notwendig, denn man kann sich schließlich nicht alle Wetterlagen über alle Ewigkeiten merken.

Die zwei folgenden Beispiele zeigen, was passiert, wenn man Wetter und dessen Mittelwert verwechselt. Lassen Sie uns zunächst die zeitliche Mittlung anhand eines Januarmonats betrachten: Der Januar hat an vielen Orten in Deutschland ein Temperaturmittel von etwa 0 Grad. Jetzt stellen Sie sich einen speziellen Januar vor, der in der ersten Monatshälfte stets Temperaturen von +20 Grad aufweist und in der zweiten Monatshälfte stets −20 Grad. Ein wettermäßig wohl unglaubliches Ereignis, von dem man noch jahrelang sprechen würde. Doch das Mittel ist exakt 0 Grad. Dieser »verrückte« Januar würde also zu einem »Normmonat«. Eine groteske Aussage.

Bei der räumlichen Mittlung passiert etwas Ähnliches. Wenn Sie hier in Deutschland nach der Qualität des Winters 2007/2008 fragen, würde wohl fast jeder sagen, der sei ja quasi ausgefallen, und würde möglicherweise gleich auf den Klimawandel verweisen. Aber fragen Sie das Gleiche mal einen Chinesen. Nach der wochenlang währenden Schneekatastrophe im gleichen Winter 2007/2008 und nach vielen neuen Kälterekorden würde der Ihnen wohl eine dramatisch andere Antwort geben und womöglich eine herannahende Eiszeit fürchten. Und so können sich die Wärme bei uns und die Kälte dort im Mittel genau ausgleichen. Doch Sie selbst können das räumliche Mittel des Wetters nicht fühlen, weil Sie ja nicht an zwei Orten gleichzeitig sein können.

Jeder Mensch hat zudem sein eigenes subjektives Gefühl in Sachen Wetter. Der eine liebt Sonne und Wärme, für den nächsten – so geht es mir – ist das stetige Wechselspiel aus Schauern, Gewittern und etwas Sonne (Aprilwetter) das schönste. Und ein Landwirt wird den Regen durchaus zu schätzen wissen. Das Ergebnis ist, dass jeder von uns das im Zweifel gleiche Wetter ganz anders wahrnimmt.

Hinzu kommt, dass der Blick in die Vergangenheit immer aus Erinnerungen besteht. Hirnforscher weisen darauf hin, dass die menschliche Erinnerung ein oft – vorsichtig ausgedrückt – sehr gefärbter Prozess ist. Auch hierzu ein Beispiel, das vielen sicher bekannt vorkommt. Fast jede Großmutter erzählt ihren Enkeln, dass es früher zu Weihnachten eigentlich immer Schnee gab und dass es damit ja nun vorbei sei. Das ist eine krasse subjektive Übertreibung der Tatsache, dass die letzten Jahre wirklich etwas schneeärmer waren. Bedenken Sie dabei aber Folgendes: Es ist eine Kindheitserinnerung Ihrer Großmutter aus Zeiten, in denen sie ein typischer »laufender Meter« war. Wenn es dann 20 Zentimeter Schnee gegeben hat, ist Ihre Frau Großmutter zu einem Fünftel darin versunken! Das wird nicht mehr vergessen und über die vielen Jahre leicht als stets wiederkehrend wahrgenommen. Ein Sprühregentag mit 4,1 Grad im Januar 1951 ist möglicherweise aus der Erinnerung herausgefallen – von dem wird niemand mehr sprechen. Glauben Sie nicht? Versuchen Sie sich einmal an das Wetter vom 11. September 2001 zu erinnern. Das wird wahrscheinlich gelingen, weil Sie sich perfekt an diesen gesamten Tag erinnern, denn Sie verbinden ihn mit den schrecklichen Ereignissen in New York. Frage ich Sie nach dem Wetter vom 23. November 2002, wird das wahrscheinlich nicht klappen, es sei denn, Sie hatten ein besonderes Erlebnis wie Ihre Hochzeit oder einen runden Geburtstag.

Nicht zu vergessen ist auch die hohe Informationsdichte heutzutage, die unsere Wahrnehmung beeinflusst. Konnte man vor rund 30 Jahren noch bei Weitem nicht von jeder Naturkatastrophe auf dieser Welt erfahren, versorgt uns heute eine Vielzahl von TV-Sendern rund um die Uhr mit den neusten Informationen und Bildern solcher Ereignisse aus allen möglichen Ländern. Allein dadurch entsteht der Eindruck einer Unwetterzunahme, die womöglich viel intensiver empfunden wird, als es die Messdaten zeigen.

Kehren wir noch einmal zum eingangs erwähnten Begriff Nachhaltigkeit zurück. Nachhaltiges Handeln bedeutet, ein natürliches System so zu nutzen, dass es in seinen wesentlichen Charakteristika langfristig erhalten bleiben kann. Dass die Menschheit genau das möglichst überall auf unserem Planeten erreichen möchte, darüber findet man sicher schnell einen Konsens. Beim Festlegen einer dafür geeigneten Strategie gehen die Meinungen jedoch zuweilen extrem auseinander.

Unser Bauchgefühl in Sachen Wetter hilft uns sicher nicht, die Weichen für das Klima der Zukunft zu stellen. Wir neigen nämlich dazu, während einer Trockenperiode mit Waldbränden zu denken, dass der Klimawandel uns in Zukunft ausschließlich Waldbrand und Dürre bringen wird. Machen wir hingegen gerade eine Phase mit Starkregen und Überschwemmungen durch, herrscht eher die verstärkte Sorge vor, in der Zukunft ständig Hochwasser zu erleben. Ebenso geht es uns nach einer intensiven Hurrikansaison, wie zum Beispiel der im Jahre 2005 mit dem schweren Wirbelsturm »Katrina« über New Orleans. Dann urteilen wir oft vorschnell, dass es nun von Jahr zu Jahr mehr und stärkere Hurrikans geben wird. Die magere Hurrikansaison 2006 hat jedoch gezeigt, dass dem nicht so ist. Für ein nachhaltiges Handeln ist es eminent wichtig, von solchen wenig sinnvollen und gänzlich unphysikalischen Denkweisen wegzukommen. Dies gelingt nur, wenn man Wetter und Klima klar voneinander trennt.

Die weiße Pracht oder das Problem mit dem Mittelwert

Im Alltag fällt die Trennung der Begriffe Wetter und Klima wirklich schwer, weil jeder Mensch nun einmal täglich das Wetter erlebt. Und da ich sehr gerne über Schnee schreibe, möchte ich anhand von Schneehöhen noch mal ganz plastisch darstellen, warum Klima keinesfalls ein Normalwetter sein kann. In Bayern, etwa 20 Kilometer vom Alpenrand entfernt, liegt der wunderschöne, 977 Meter hohe Hohenpeißenberg. Dort wird seit 1781 fast ununterbrochen täglich das Wetter und damit auch die Schneehöhe aufgezeichnet. Eine »mäßig spannende« Tabelle zeigt uns nun die dortigen Schneehöhen der letzten 100 Jahre für den Heiligen Abend (24.12.1908 bis 24.12.2007).

Schneehöhe Hohenpeißenberg am 24. Dezember

1908	12 cm	1933	34 cm	1958	5 cm	1983	5 cm
1909	0 cm	1934	0 cm	1959	0 cm	1984	2 cm
1910	0 cm	1935	18 cm	1960	24 cm	1985	0 cm
1911	5 cm	1936	1 cm	1961	10 cm	1986	31 cm
1912	0 cm	1937	17 cm	1962	73 cm	1987	0 cm
1913	0 cm	1938	3 cm	1963	19 cm	1988	8 cm
1914	0 cm	1939	15 cm	1964	17 cm	1989	3 cm
1915	4 cm	1940	45 cm	1965	4 cm	1990	13 cm
1916	2 cm	1941	5 cm	1966	15 cm	1991	0 cm
1917	10 cm	1942	2 cm	1967	0 cm	1992	6 cm
1918	6 cm	1943	4 cm	1968	1 cm	1993	14 cm
1919	0 cm	1944	11 cm	1969	46 cm	1994	27 cm
1920	12 cm	1945	0 cm	1970	19 cm	1995	0 cm
1921	0 cm	1946	24 cm	1971	0 cm	1996	8 cm
1922	35 cm	1947	43 cm	1972	5 cm	1997	0 cm
1923	65 cm	1948	13 cm	1973	20 cm	1998	9 cm
1924	0 cm	1949	0 cm	1974	20 cm	1999	13 cm
1925	12 cm	1950	13 cm	1975	18 cm	2000	0 cm
1926	35 cm	1951	0 cm	1976	23 cm	2001	26 cm
1927	0 cm	1952	19 cm	1977	0 cm	2002	0 cm
1928	52 cm	1953	8 cm	1978	7 cm	2003	9 cm
1929	25 cm	1954	12 cm	1979	12 cm	2004	16 cm
1930	8 cm	1955	0 cm	1980	11 cm	2005	30 cm
1931	40 cm	1956	9 cm	1981	62 cm	2006	2 cm
1932	0 cm	1957	1 cm	1982	12 cm	2007	13 cm

Am 24. Dezember 2008 war die Schneedecke übrigens weniger als einen Zentimeter dünn. Es lässt sich sehr gut erkennen, wie stark die Schneehöhe von Jahr zu Jahr schwankt, weil es am jeweiligen Heiligen Abend und an den Tagen davor natürlich ganz unterschiedliche Wetterlagen gab. Der schneereichste Heilige Abend

auf dem Hohenpeißenberg fand demnach 1962 mit 73 Zentimetern Schneehöhe statt, an 25 der 100 Jahre lag gar kein Schnee an diesem Tag, und die stärkste Ballung schneefreier Heiliger Abende lag zwischen 1909 und 1924.

Mittelt man die einzelnen Dekaden beziehungsweise im letzten Fall die Zeitspanne zwischen 2001 und 2007, so kommt man zu folgenden Werten:

1911–1920	4 cm
1921–1930	20 cm
1931–1940	14 cm
1941–1950	12 cm
1951–1960	8 cm
1961–1970	20 cm
1971–1980	12 cm
1981–1990	13 cm
1991–2000	8 cm
2001–2007	14 cm

Typische 30-jährige Mittelwerte, mit denen aktuelle Messungen verglichen werden, sind folgende:

1951–1980	13 cm
1961–1990	15 cm
1971–2000	11 cm

Diese Mittelwerte sind schon erheblich geglätteter als die noch recht stark schwankenden Dekadenmittel. Der gesamte Zeitraum von 1908 bis 2007 weist für den 24. Dezember ein Schneehöhenmittel für den Hohenpeißenberg von 13 Zentimetern aus. Aber dies ist eben nur ein Mittelwert, der wegen der großen Streuung der einzelnen Messwerte keinen Rückschluss auf einen Erwartungswert zulässt. Denn in einer Spanne von zum Beispiel 11 bis 15 Zentimetern bewegen wir uns gerade mal in 16 von 100 Fällen.

Oder anders ausgedrückt: 84 Prozent der Fälle wären Ausreißer, würde die Mittlung hier einen Erwartungswert erzeugen. Das macht natürlich keinen Sinn, und so kommt man zu dem vernünftigen und bekannten Schluss, dass die Variabilität von Wetter sehr groß ist. Und dass somit der Begriff Klima keineswegs dafür da ist, um ein Normalwetter zu »erfinden«.

Wintergewitter – Klimawandel oder normale Wetterlage?

Da es gerade um Schnee und damit um den Winter geht: Ich habe den Eingangssatz mit den Wintergewittern noch gar nicht kommentiert. Natürlich gab es schon immer Wintergewitter, und zwar dann, wenn in der Höhe sehr kalte Luft eingeflossen ist. Denn in diesem Fall ist die Luft sehr labil, das heißt, es herrscht eine große Temperaturdifferenz zwischen den tieferen (zum Beispiel auf 1500 Metern) und höheren (zum Beispiel auf 5500 Metern) Schichten unserer Atmosphäre. In einem solchen Fall kommen starke Vertikalbewegungen zustande, Schauer und Gewitter sind die Folge.

Für die Gewitterauslösung ist eine Temperaturdifferenz von über 30 Grad Celsius und mehr zwischen 1500 und 5500 Metern erfahrungsgemäß ein guter Richtwert. Herrschen auf 1500 Metern Höhe –10 Grad und auf 5500 Metern Höhe – 40 Grad (das ist im Winter hin und wieder der Fall), so wird man als Meteorologe bei der Wetterprognose sicher an Gewitter denken und weitere Kriterien überprüfen. Haben wir im Sommer nun +15 Grad auf 1500 Metern (was gleichbedeutend ist mit etwa +30 Grad im Flachland) und –15 Grad auf 5500 Metern, so ist das gleiche Kriterium, nämlich 30 Grad Differenz, erfüllt.

In der Tat passiert es schneller, dass die Sonne in der warmen Jahreszeit die unteren Schichten erhitzt, als dass im Winter durch die Bewegung ganzer Luftmassen kalte Luft in die höheren Schichten verfrachtet wird. Dies ist der Grund für die viel häufigeren Sommergewitter, nicht aber die Wärme als solche. Und weil die Wintergewitter eben recht selten vorkommen, denkt man bei einem solchen Ereignis gerne, dass es das doch noch nie gegeben hat und dass das mit dem derzeitigen Klimawandel zu tun hat. Vielmehr ist es aber so, dass das letzte Wintergewitter schlicht vergessen wurde, da es schon zu lange zurückliegt ...

Klima und seine Langfristigkeit

Bisher ergeben sich drei wichtige Feststellungen: Erstens ist der Mensch mit seinem subjektiven Empfinden und Erinnerungsvermögen keine »geeignete Wetterstation«. Bei der Wetter- und auch der Klimaanalyse müssen folglich die gemessenen Daten die Grundlage von Aussagen sein, und nicht unser persönliches Gefühl.

Zweitens dürfen wir Wetter und Klima nicht in einen Topf werfen und das Klimamittel für ein zu erwartendes Normalwetter halten. Das Wetter hält sich ja auch nicht daran!

Drittens kann eine Klimaänderung – völlig unabhängig, ob sie natürlichen oder menschlichen Ursprungs ist – nur über einen langen Zeitraum festgestellt werden.

Liegt ein 30-jähriger oder längerer Trend zur Erwärmung, zur Zunahme von Stürmen oder zu mehr Niederschlag vor, dann kann man von einer Klimaänderung sprechen. Das ist bei den Niederschlägen oder den Temperaturen bereits heute an vielen Orten der Erde der Fall. Natürlich darf es während eines langfristigen Anstiegs der Globaltemperatur auch zu kurzfristigen Abkühlungen kommen, so wie zum Beispiel zwischen 2005 und 2008. Genau so, wie es an der Börse in einem langen Aufwärtstrend auch immer wieder Konsolidierungen gibt. Das ist mitnichten ein Widerspruch, und damit sind die bei kurzen Abkühlungstrends häufig in die Waagschale geworfenen Artikel und TV-Beiträge, die die bisherigen Klimaprojektionen im Grundsatz anzweifeln, wenig hilfreich. Sie zeigen eigentlich nur, wie schwer es uns fällt, mit der Langfristigkeit des Begriffs Klima und der gleichzeitigen Überlagerung verschiedenster Prozesse umzugehen. Ähnliches gilt für das räumliche Mittel: Regionale, teilweise sehr schnell abgelaufene oder ablaufende Klimaänderungen liefern keinerlei Aussage über den globalen Trend. Im Zweifel können solche Prozesse sogar gegenläufig sein!

Widmen wir uns unter dem Gesichtspunkt langfristiger Trends noch den Stürmen. Dann kann man festhalten: »Kyrill« zum Beispiel war ein einzelner Sturm, also Wetter, und als solches kann er für sich genommen weder Klimawandel noch ein Zeichen dafür sein. Wenn es hingegen in den nächsten Jahrzehnten immer mehr solcher Stürme gibt, dann weist das auf eine Veränderung der atmosphärischen Zirkulation und damit auf eine Klimaänderung hin – sie könnte durch natürliche Prozesse, durch den Menschen oder mit hoher Wahrscheinlichkeit von beiden verursacht sein. Eindeutige Trends gibt es derzeit nicht, und die Sturmprognose für die nächsten Jahrzehnte ist kein einfaches Geschäft, wie an anderer Stelle des Buches noch gezeigt wird.

Fazit: An einigen Parametern ist zu erkennen, dass wir heute schon eine Änderung unseres Klimas erleben, und es ist unsere Aufgabe, unseren Einfluss darauf zu minimieren. Aber nach diesem Kapitel gilt: Nicht jeder Hagelschauer oder Sturm ist der Klimawandel. Mit einem Augenzwinkern sei hier zwar angefügt, dass es manchmal – wenn niemand zu Schaden kommt – kein Nachteil ist, wenn uns Unwetter welcher Art auch immer aufschrecken und es dadurch schaffen, uns für das Thema Klimawandel zu sensibilisieren. Wenn aber die Weichen für eine nachhaltige Entwicklung gestellt werden sollen, dann hilft uns nichts anderes als die möglichst emotionslose Analyse der Forschungsergebnisse. Die Weichen vernünftig zu stellen, das ist die große Herausforderung dieses Jahrhunderts. Denn so richtig »sehen« können wir den menschgemachten Beitrag zum Klimawandel nicht, zumal wir bisher ja nur einen sehr kleinen Teil – den Anfang – dessen erleben, was noch auf uns zukommen kann.

Die Strategie im Umgang mit der Klimaänderung wird daher eine Kombination aus Vermeidung von Treibhausgasemissionen und aus Anpassung an den Klimawandel sein müssen. Zu hoffen bleibt, dass wir es schaffen, der Vermeidung einen hinreichenden Stellenwert einzuräumen, und dass wir uns nicht auf die Anpassung allein beschränken. Denn es liegt leider wesentlich näher, einen Deich zu bauen, wenn das Wasser durch einen steigenden Meeresspiegel sichtbar an unserer Stadt nagt, als liebgewonnene Gewohnheiten zu verändern, um für Menschen hier und auch an ganz anderen Stellen auf dem Globus bessere Lebensbedingungen in einer fernen Zukunft zu schaffen. Letzteres wäre ein Erfolg der Vermeidung – und das fordert weltweit diszipliniertes Handeln.

Können Klimaprojektionen funktionieren, wenn Wetterprognosen schon nach einigen Tagen unseriös werden?

Wetter vorherzusagen ist eines unserer tief verwurzelten Bedürfnisse. Denn dadurch kann man der übermächtigen Natur ein kleines Schnippchen schlagen, indem man sie zumindest näherungsweise berechenbar macht und so verhindert, dass sie einen zu sehr überrascht – beispielsweise durch ein umfangreiches Unwettermanagement, wie es in der von Jörg Kachelmann ins Leben gerufenen Unwetterzentrale geschieht.

Wenn man also Wetter vorhersagen kann, und dies sogar ziemlich gut, dann ist es nicht verwunderlich, dass man auch die Entwicklung des Klimas vorhersagen will. Ob und mit welcher Genauigkeit das möglich ist, erläutere ich am Ende des Kapitels. Zunächst soll mit gleichem Nachdruck wie im letzten Kapitel veranschaulicht werden, dass Wetter- und Klimaprognosen ebenso grundverschieden sind wie Wetter und Klima selbst.

Dass der Unterschied von Wetter- und Klimaprognose nur selten gesehen wird, zeigt diese häufig gemachte Aussage: »Wenn die Meteorologen doch nicht mal so richtig wissen, wie das nächste Wochenende wird, dann kann doch niemand sagen, wie das Klima in 100 Jahren sein soll!« Das ist wieder der Zeitpunkt für ein »Halt, stopp, langsam!« Denn es bahnt sich eine weitere Verwechselung an. Jeder seriöse Meteorologe bestätigt, dass eine Wettervorhersage für drei Tage gut, für sieben Tage brauchbar und für 15 Tage in Form eines Temperaturtrends mit entsprechend angegebener Unsicherheitsspanne möglich ist. Mehr nicht.

Wenn man beim Klima nun aber etwa 100 Jahre prognostizieren möchte, geht es ja um rund 36 500 Tage – unzweifelhaft mehr als sieben bis 15 Tage. Ein Prognoseverfahren für 36 500 Tage anzuwenden, das schon nach 15 Tagen an seine Grenzen stößt, wäre natürlich ziemlich sinnlos – und genau deshalb wird es so auch nicht gemacht. Zwar haben Wetter- und Klimamodelle wegen der ähnlichen physikalischen Zusammenhänge vieles gemeinsam, doch einmal wird Wetter und einmal Klima berechnet. Bei der Wetterprognose geht es darum zu erfahren, wann welches Tief wo welches Wetter bringt, und bei der Klimaprojektion wird Statistik betrieben! Genau wie beim Klimarückblick auch. Will man einen abgelaufenen Monat einordnen, so schaut man beispielsweise, ob er insgesamt wärmer oder kälter als das Mittel war – dafür muss nicht jedes Tief oder Hoch einzeln betrachtet werden.

Da es also um zwei völlig verschiedene Fragestellungen geht, ist der eingangs genannte und von vielen beim Aussprechen gerne von süffisantem Lächeln begleitete Satz auch obsolet.

Wettervorhersagemodelle

Um die Unterschiede zu erkennen, schauen wir einmal hinter die Kulissen zunächst der Wetter- und dann der Klimaprognose. Vorweg aber diese Bemerkung: Um die umfangreichen Datensätze verarbeiten zu können, werden selbstverständlich Computer benutzt. Vor deren Existenz zeigten empirische Methoden zwar ebenfalls einige Erfolge, flächendeckend gute und mit hoher Geschwindigkeit erstellte Wetterprognosen sind aber erst mit Hilfe der Computertechnik möglich geworden. Diese entwickelt sich natürlich weiter, und damit geht auch eine Verbesserung der Modelle einher. Das kann man daran sehen, dass die Prognosen für den Folgetag 1985 in einer Qualität zu erhalten waren, die heute schon für drei Tage möglich ist.

Was passiert nun in einem solchen Wettervorhersagemodell?

Ausgehend von einem bestimmten Zeitpunkt möchte man eine Vorhersage für verschiedene meteorologische Parameter wie Temperatur, Feuchtigkeit, Wind, Niederschlag und viele mehr machen. Dazu muss deren Entwicklung berechnet werden, und das möglichst weit in die Zukunft. Das Handwerkszeug dazu ist die Lösung eines ganzen Satzes von nichtlinearen Differentialgleichungen. Ja, das klingt kompliziert, und das ist es auch!

Ein zentrales Problem der Wettervorhersage steckt in dem kleinen Wörtchen »nichtlinear«, denn deshalb funktioniert die Vorhersage immer nur für wenige Tage. Nichtlineare Prozesse führen zwar zu Lösungen, doch fallen diese extrem unterschiedlich aus, abhängig von sehr kleinen Veränderungen bei der Anfangssituation. Ein solches Verhalten kann man auch bei Billardanstößen sehen: Die weiße Kugel trifft bei verschiedenen Versuchen immer nur minimal anders auf die Startaufstellung, doch verteilen sich die Kugeln danach jedes Mal völlig unterschiedlich und damit quasi regellos auf dem Spielfeld. Man spricht deshalb von »Chaos«.

Das ist in der Atmosphäre nicht anders, denn sie ist ein nichtlineares und damit chaotisches System. Kleinste Änderungen beim Ist-Zustand des Wetters – also bei den Anfangsbedingungen – können nach ein paar Tagen zu einer völlig anderen Wetterlage führen. So etwas wäre zum Beispiel der berühmte Flügelschlag eines Schmetterlings in Australien, der bei uns nach einiger Zeit zu einem Orkan führen kann. Dass das möglich ist, hat der Vater der Chaostheorie, Edward N. Lorenz, gezeigt. Die vielen einzelnen Prozesse, die vom Flügelschlag bis zum Orkan stattfinden, sind sogar determiniert, sprich, man kennt die ihnen zugrunde liegenden Regeln. Doch die unendlich vielen nichtlinearen Wechselwirkungen und Rückkopplungen erzeugen am Ende das Chaos, das sogenannte »deterministisches Chaos«.

Für mathematisch Interessierte: Der Schmetterling wurde übrigens nur deshalb ausgewählt, weil der sogenannte Lorenz-Attraktor (die Entwicklung eines Zustandsvektors bei Festlegung bestimmter Parameter) genau die Form von Schmetterlingsflügeln aufweist – jedes andere Tier oder jeder Mensch kann natürlich die gleiche Wirkung haben.

Doch neben der großen Abhängigkeit von den Anfangsbedingungen spielen auch die Gleichungen selbst eine Rolle. Sie sind manchmal regelrechte Bandwürmer mit viel zu vielen Unbekannten – eine eindeutige Lösung lässt sich so einfach nicht finden. Deshalb muss zu verschiedenen Verfahren gegriffen werden, die uns der Lösung möglichst nahe bringen. Dazu gehören die Skalenanalyse, die Teile der Gleichung nach Größenabschätzung als vernachlässigbar einstuft und damit die Zahl der Variablen verringert; die Diskretisierung, die die Atmosphäre in viele kleine Würfel zerlegt und so ein Gitternetz definiert; und die Parametrisierung, die nicht berechenbare Größen durch andere Variablen ausdrückt, also abschätzt. Die Qualität von Wettervorhersagen kann generell verbessert und ihre zeitliche Grenze nach hinten verschoben werden, wenn die Anfangsbedingungen genauer bekannt sind, die Gleichungen bessere Parametrisierungen enthalten und man höher aufgelöst rechnet. Die Wettermodellierer kämpfen, wie man an immer besseren Prognosen sieht, an allen Fronten.

Möchte man die Verlässlichkeit einer Wetterprognose für die nächsten Tage prüfen, so betrachtet man die sogenannten Ensembles. Was heißt das? Man lässt das Modell mehrmals durchlaufen, und zwar mit jeweils leicht veränderten Anfangsbedingungen. Sind die Lösungen alle ähnlich, so hat die Wettervorhersage eine gute Qualität. Gibt es hingegen große Unterschiede, so ist die Vorhersage unsicher.

Klimamodelle

Was wird nun bei Klimamodellen gemacht? In erster Linie wird tatsächlich das Wetter für jeden Tag berechnet, aber nicht, um ausgehend von der heutigen Situation eine Vorhersage für den 2. Juni 2069 oder den 11. Oktober 2086 zu machen, sondern um diese Ergebnisse nachher statistisch auszuwerten – also das Klima zu betrachten. Und wenn man Statistik betreibt und nicht voraussehen möchte, wann welches Tief wo welchen Sturm bringt, dann hat man die Klippe des chaotischen Systems mit seinen mathematischen Schwierigkeiten zu großen Teilen umschifft. Denn nun muss man nicht mehr die Lösungssequenz selber kennen (das sind die einzelnen Tiefs mit dem Zeitpunkt ihres Erscheinens), sondern nur noch wissen, dass die Lösungen der Gleichungssysteme auch in chaotischen Systemen in einem beschränkten Schwankungsbereich verbleiben. Praktisch ausgedrückt: Ein Klimamodell wird in der Zukunft keine Tiefs berechnen, die nur aus mathematischem Grund zehnmal stärker sind als alle bis dato beobachteten Tiefs.

Das heißt, beim Klimamodell ist also die Wetterabfolge falsch, aber die Bandbreite des Wetters richtig. Deshalb besteht auch kein Widerspruch zwischen einer Klimaprognose für 100 Jahre und der Unmöglichkeit, die Wetterabfolge derzeit länger als 15 Tage vorauszuberechnen.

Die Rechenergebnisse kann man nun natürlich auch über eine größere Fläche – bis hin zum gesamten Globus – mitteln, um zur Aussage zu gelangen, ob sich Temperaturen, Niederschlag, Sturmhäufigkeit und -stärke sowie vieles andere mehr in einem Zeitintervall von beispielsweise 2071 bis 2100 im Vergleich zu heute ändern. Betrachtet man den gesamten Erdball, so sind hierfür globale Zirkulationsmodelle (GCM, das heißt »General Circulation Model« oder neuerdings auch »Global Climate Model«) zuständig. Fokussiert man einzelne Regionen wie zum Beispiel Europa oder Deutschland, nutzt man Regionalmodelle.

GCM sind die komplexesten Computermodelle, die es überhaupt gibt. Nur Supercomputer sind in der Lage, in sinnvoller Zeit ein Ergebnis zu liefern. Derzeit werden Geräte entwickelt, die eine Rechenleistung von bis zu einem Petaflop haben. Klingt lustig und heißt, dass sie in einer Sekunde 1 Billiarde (also eine Million mal eine Milliarde oder auch 10^{15}) Gleitkommaoperationen durchführen können – kurzum: viele! Eine Gleitkommaoperation bedeutet zum Beispiel, 1,2+2,1 auszurechnen und das Ergebnis 3,3 zu liefern. Gedanklich liebäugelt man übrigens schon mit 10 Petaflops.

Während ein numerisches Wettervorhersagemodell »nur« die dynamischen Vorgänge in der Atmosphäre über wenige Tage nachbilden muss, ist die Aufgabe eines GCM wesentlich komplexer: Es muss nämlich die verschiedenen Sphären und deren Wechselwirkungen untereinander betrachten. So gehört neben dem Atmosphärenmodell auch ein Ozeanmodell (Hydrosphärenmodell) dazu, dass etwa die Meeresströmungen berechnet; ein Modell der Biosphäre, der Lithosphäre (Gestein), der Kryosphäre (eisbedeckte Regionen) sowie eines, das den Kohlenstoffkreislauf berücksichtigt. Außerdem ist die gesamte atmosphärische Chemie einschließlich der Aerosole zu betrachten. Berücksichtigt man in einem GCM noch die Anthroposphäre, also den vom Menschen geschaffenen

Lebensraum und ihren Einfluss auf Natur und menschliche Gesellschaft, so spricht man vom Erdsystemmodell.

Man kann sich leicht vorstellen, dass die Komplexität in solchen gekoppelten Systemen schon in dem bisher beschriebenen Ausmaß eine riesige Herausforderung für die Klimamodellierer ist und dass man mit vielen Hürden zu kämpfen hat, um diese Zusammenhänge in mathematischen Gleichungen auszudrücken.

Um ein Erdsystemmodell zu betreiben, kommen aber noch ganz wichtige Größen hinzu, die wir nicht berechnen können und über deren Entwicklung wir keinerlei Vergleichswerte aus Erfahrung haben. Es muss nämlich abgeschätzt werden, wie in dem zu berechnenden Zeitraum – etwa in den nächsten 100 Jahren – die Erdbevölkerung zunimmt, was sich daraus für die wirtschaftliche Entwicklung ergibt und welche Technologien uns mit welchen zu erwartenden Treibhausgasemissionen zur Verfügung stehen.

Das klingt erschreckend umfangreich und damit fehleranfällig, und genau deshalb unterscheidet man verschiedene Szenarien. Vor dem eigentlichen Modelllauf werden daher entsprechende Entwicklungslinien vorgegeben. Das geschieht nicht willkürlich, sondern aufgrund von oft interdisziplinär erstellten Studien. Außerdem ordnet man den Szenarien keine Wahrscheinlichkeit zu, sondern sie werden alle als gleich plausibel angesehen. Das Modell rechnet nun die verschiedenen Fälle durch und kommt zu jeweils unterschiedlichen Ergebnissen: den Klimaprojektionen.

An dieser Stelle möchte ich eine Begriffsschärfung vornehmen, denn einige Male haben Sie jetzt schon das Wort Klimaprojektion gelesen. Man spricht von Projektion und nicht von Prognose, weil man ja nur eine bedingte Klimaprognose machen kann – schließlich muss sie unter bestimmten Annahmen erstellt werden. Solche Annahmen können etwa eine ungebremste und immer intensivere Nutzung fossiler Brennstoffe sein oder aber eine ganz erhebliche Minderung von Treibhausgasemissionen, weil mit technologischen Neuentwicklungen gerechnet wird. Gemeinsam machen solche Projektionen das Erwartungsspektrum unseres zukünftigen Klimas aus. Wegen der großen Bandbreite möglicher Szenarien liegt dieses Spektrum bis zum Ende des Jahrhunderts nach dem vierten

Sachstandsbericht des IPCC (Intergovernmental Panel on Climate Change) von 2007 bei den Temperaturen zwischen 1,1 und 6,4 Grad. Allerdings werden von der Menschheit derzeit mehr Treibhausgase emittiert, als im ungünstigsten Szenario angenommen wurde.

Sind Klimamodelle brauchbar?

Wir haben nun gesehen, dass hinter der Klimamodellierung etwas anderes steckt als hinter der Wettermodellierung und dass es prinzipiell möglich ist, statistische Aussagen über einen langen Zeitraum zu machen. Trotz erheblicher Weiterentwicklungen der Klimamodelle und der Computer, auf denen sie laufen, wird hin und wieder angemerkt, die Modelle seien viel zu primitiv, um die wirklichen Verhältnisse nachzubilden, und deshalb sei ihre Aussagekraft nicht oder kaum brauchbar. Diese ungestüme Kritik stammt eher aus der Pionierzeit der Modellierung – und sie trifft heute nur noch auf einige Teilbereiche zu. Dass Prozesse verstanden und vernünftig in Gleichungen umgesetzt wurden, zeigen allein schon die den Klimamodellen zugrunde liegenden Wettervorhersagemodelle: Ohne ihre guten Ergebnisse wäre eine Vorhersagequalität von rund 90 Prozent für den Folgetag nicht möglich. Und viele Klimazustände vergangener Epochen konnten ebenfalls erfolgreich nachsimuliert werden.

Einigkeit besteht jedoch darüber, dass weitere Verbesserungen in der Modellierung notwendig sind. Diese liegen vor allem in den sogenannten subskaligen Prozessen, also in den Vorgängen, die unterhalb der Modellauflösung stattfinden – bei globalen Modellen etwa 200 bis 500 Kilometer. Dazu gehört zum Beispiel die Konvektion (vertikale Luftbewegung mit der Folge von Wolken- und Niederschlagsbildung), die erhebliche Auswirkungen auf andere Prozesse hat, aber immer noch abgeschätzt werden muss. Solche Auswirkungen auf andere Prozesse (Rückkopplungen) spielen – wie noch gezeigt wird – beim Verständnis unseres Klimasystems ohnehin eine entscheidende Rolle. Wie ändert sich eine Ozeanströmung, etwa der Golfstrom, wenn über Jahre ein Abschmelzen des Eises stattfindet, und wie wirkt sich das zuvor im Eis gelagerte und dann freigesetzte Methan auf den chemischen Haushalt in der Atmosphäre aus? Oder was bewirkt die durch das Abschmelzen der Eisflächen abnehmende Albedo (Rückstrahlvermögen des Sonnenlichts)? Trotz einiger Unzulänglichkeiten der Klimamodellierung ist festzuhalten: Es ist sehr unwahrscheinlich, dass sämtliche Berechnungen und all unser auf verschiedensten Wegen erworbenes und über viele Jahre in die Modelle eingepflegtes Wissen vollkommener Unfug ist. Solch eine Aussage wäre zwar kurz und prägnant, aber wohl ebenso falsch – ähnlich falsch wie der Satz, den 1943 der damalige IBM-Chef Thomas Watson gesagt haben soll: »Ich glaube, es gibt einen weltweiten Bedarf an vielleicht fünf Computern.« Diese Prognose ging in die Hose – der Bedarf von fünf Computern findet sich heute zumeist bei einer fünfköpfigen Familie.

Die Erkenntnisse der Klimamodelle zu nutzen und gleichzeitig die Unzulänglichkeiten zu kennen und bei der Ergebnisinterpretation zu beachten, ist ein mögliches und zielführendes Vorgehen. Schlüsse *ausschließlich* aus den Auswertungen früherer Klimaänderungen zu ziehen, die aber kaum einen menschgemachten Einfluss auf das Klima enthalten können, reicht hingegen nicht aus. Oder noch deutlicher formuliert: Modellergebnisse mit dem Hinweis auf Unsicherheiten völlig zu ignorieren und stattdessen mit unserer nur einmal zur Verfügung stehenden Erde auszuprobieren, was nun wirklich passiert, ist in hohem Maße unvernünftig und schon aus ethischen Erwägungen heraus kaum zu verantworten.

Der Treibhauseffekt oder Warum die Erde überhaupt lebensfreundlich ist

Bei längeren Flugreisen werden den Passagieren fast immer die Lufttemperaturen angezeigt, und die liegen im Reiseflug auf 10 000 Meter Höhe meist bei –50 oder –60 Grad Celsius. Zu Ikarus' Zeiten hatte man anderes erwartet, nämlich dass es immer heißer werde, je näher man der Sonne kommt. Daher stürzte Ikarus der Sage nach ja auch ins Meer, da das Wachs, das seine Flügel zusammenhielt, beim immer höheren Flug schmolz. Um nun zu verstehen, warum es am Erdboden wärmer ist als in der Höhe – der Erdboden also quasi eine Art Herdplatte ist – müssen ein paar Zusammenhänge erklärt werden.

Warum die Erde Wärme abstrahlt

Jeder Körper mit einer bestimmten Temperatur strahlt Energie ab, und diese Wärmestrahlung besteht aus elektromagnetischen Wellen. Nach dem Planckschen Strahlungsgesetz ist die Länge dieser Wellen temperaturabhängig: Je wärmer der Körper ist, desto kürzer ist die Wellenlänge und desto energiereicher sind seine Strahlen. Die Strahlen, die unsere Erde erreichen, kommen natürlich von der Sonne, und sie hat mit rund 5500 Grad eine ziemlich heiße Oberfläche. Die bei uns eintreffende Sonnenstrahlung hat demzufolge eine sehr kurze Wellenlänge von rund 0,2 bis 3,5 Tausendstel Millimeter oder Mikrometer (µm). Dieser Bereich schließt natürlich auch das für unser menschliches Auge sichtbare Licht ein, denn wir sehen das Sonnenlicht ja. Er liegt etwa zwischen 0,38 µm (violett) und 0,78 µm (rot). An dieser Stelle sei der Einschub gestattet, dass der Satz »was ich nicht mit eigenen Augen gesehen hab, glaub ich nicht« nicht besonders sinnvoll ist. Denn die Sehfähigkeit unseres Auges ist auf einen engen Frequenzbereich beschränkt. Zweifellos gibt es zum Beispiel Radio- und Fernsehwellen, aber mit unseren Augen können wir sie eben nicht sehen, so sehr wir uns auch anstrengen.

Aber zurück zu den elektromagnetischen Wellen. Wir sind mit unserer Erde rund 150 Millionen Kilometer von der Sonne entfernt, deshalb kommt im Mittel eine Energie von rund 1370 W/m^2 (Watt pro Quadratmeter) auf unserem Planeten an. Diese Zahl bezeichnet man als Solarkonstante, wobei der Begriff »Konstante« etwas gewagt ist, da auch dieser Wert geringfügig schwankt; nämlich abhängig von der Intensität der Sonne und damit der Anzahl der Sonnenflecken sowie vom Abstand zwischen Sonne und Erde, der im Jahresverlauf zwischen 147 und 152 Millionen Kilometern pendelt. Dies liegt an der elliptischen Erdbahn, wobei wir der Sonne zur Zeit Anfang Januar am nächsten sind und die Entfernung zu unserem Fixstern Anfang Juli am größten ist.

Von diesen im Mittel 1370 W/m^2 steht der Atmosphäre durch die Tatsache, dass die Erde sich dreht und wir damit die Hälfte der Zeit von der Sonne abgewandt sind, und dadurch, dass die Erde eine Kugel ist, nur ein Viertel zur Verfügung: also 342 W/m^2. 107 W/m^2 davon verschwinden durch Streuung und Reflexion an Atmosphäre und Erdboden ungenutzt wieder im Weltall. Die verbleibenden 235 W/m^2 erwärmen im Schnitt zu 30 Prozent die Atmosphäre, und zwar durch Absorption an Wolken, Wasserdampf, Staub und Ozon. Gute 70 Prozent werden von der Erdoberfläche absorbiert. Und genau diese durch die Absorption entstandene Wärme strahlt der Erdboden seinerseits wieder ab.

Da die Erdoberfläche nun aber erfreulicherweise wesentlich kühler ist als die der Sonne, strahlt sie in einem anderen Wellenlängenbereich als die Sonne, nämlich im sogenannten thermischen Bereich zwischen etwa 3 und 100 µm. Weil wir diesen »langwelligen« Schwingungsbereich als Wärme fühlen können, sprechen wir auch von Wärmestrahlung. Diese Wärmestrahlung geht wie gesagt aus dem Erdboden hervor, und so wird unsere Atmosphäre vor allem von unten erwärmt. Deshalb ist es in der Höhe kälter als im Flachland, und deshalb ist das Wachs von Ikarus' Flügeln wohl auch nicht durch die Sonnennähe geschmolzen, sondern er ist vielleicht gar nie geflogen – aber das ist eine andere Geschichte.

Der natürliche Treibhauseffekt

Mit dem Treibhauseffekt hatte das bisher noch nichts zu tun, das kommt jetzt. Im Weltall ist es mit rund −270 Grad Celsius recht frisch. Der absolute Nullpunkt von −273,16 Grad, bei dem die Atome ihre Bewegung gänzlich einstellen, wird hier wegen der Hintergrundstrahlung des Urknalls (also der Restwärme der damaligen »Explosion«) übrigens nicht erreicht. Unsere Sonne sorgt mit ihren Strahlen als Energielieferant dafür, dass auf der Erde keine eisigen Weltalltemperaturen herrschen. Von zentraler Bedeutung ist aber, dass ein Gleichgewicht von Ein- und Ausstrahlung herrscht, denn sonst würde unser Planet entweder immer heißer, bis er verdampft, oder immer kälter, bis er als lebensfeindlicher Eisklumpen verendet.

Gäbe es an der Erdoberfläche ein reines Strahlungsgleichgewicht, dann lässt sich aus der Theorie errechnen, dass unsere Erde eine durchschnittliche Oberflächentemperatur von −18 Grad Celsius haben müsste. Winterlich anmutend, um zu untertreiben; lebensfeindlich, um es mit dem richtigen Wort auszudrücken. Die durchschnittliche Erdoberflächentemperatur beträgt jedoch zum Glück +15 Grad und liegt damit 33 Grad über dem Wert des reinen Strahlungsgleichgewichts. Genau diese 33 Grad Differenz bezeichnet man als natürlichen Treibhauseffekt, und er schafft erst die Voraussetzungen für Leben, wie wir es kennen.

Verantwortlich dafür sind die sogenannten Treibhausgase. Das wichtigste ist der Wasserdampf (H_2O), gefolgt von Kohlendioxid (CO_2), das im Wasser gelöst übrigens nichts anderes als Kohlensäure bildet. Beteiligt sind aber auch das bodennahe Ozon (O_3), das Lachgas oder Distickstoffoxid (N_2O), das Methan (CH_4), die ausschließlich von uns Menschen produzierten Fluorchlorkohlenwasserstoffe (FCKW) sowie eine Reihe weiterer Gase mit erheblich geringeren Konzentrationen in der Atmosphäre. Sie alle haben nämlich die Eigenschaft, die eingehende kurzwellige Sonnenstrahlung relativ ungehindert passieren zu lassen, langwellige Strahlen wie die von der Erdoberfläche kommenden aber zu absorbieren. Dabei erwärmen sie sich und senden ihrerseits wieder langwellige Wärmestrahlung aus. Auf diese Weise kommen die oben genannten 33 Grad zustande. Für 21 der 33 Grad ist der Wasserdampf verantwortlich, für 7 Grad das Kohlendioxid und für die restlichen 5 Grad alle übrigen Gase.

Wenn man nun berücksichtigt, dass die Atmosphäre zu 78 Prozent aus Stickstoff (N_2) und zu 21 Prozent aus Sauerstoff (O_2) besteht, bleibt für unsere Treibhausgase kein großer Anteil mehr übrig, weshalb man sie auch als Spurengase bezeichnet. Und so kann man geneigt sein, deren Bedeutung mit dem Argument ihrer geringen Konzentration anzuzweifeln. Dem ist aber nicht so, denn Stick- und Sauerstoff haben im energetisch wichtigen Bereich des Spektrums keine nennenswerte Emission und Absorption – und sind daher für Temperaturänderungen bedeutungslos. Und dass kleine Mengen große Wirkungen entfalten können, lässt sich auch mit thematisch ganz unabhängigen Vergleichen nachvollziehen. Jeder kennt wohl das Nervengift Botulinumtoxin oder, bekannter, Botox. Dessen tödliche Dosis bei intravenöser Verabreichung liegt bei einem durchschnittlichen Erwachsenen gerade mal bei etwa 0,000000004 Gramm – eine nicht gerade gewaltige Menge. Also: sehr, sehr kleine Ursache, doch große, in diesem Fall schreckliche Wirkung!

Den beschriebenen 33-Grad-Wärmestau in der unteren Atmosphäre vergleicht man oft mit einem gläsernen Gewächs- oder Treibhaus, bei dem das Glas die kurzwellige Sonneneinstrahlung zwar durchlässt, die langwellige Wärmestrahlung aber zurückhält. Natürlich ist der Begriff Treibhaus nur als Metapher zu benutzen, denn in wesentlichen Punkten unterscheiden sich Treibhaus und Atmosphäre. Letztere hat eben kein wirkliches Glasdach, und damit ist ein Lufttransport aus dem Treibhaus heraus möglich. Außerdem werden die Vorgänge durch die Wolkenbildung viel komplexer als alles, was sich im Gewächshaus eines Gärtners je zutragen wird.

Wenn auch selten, so liest man doch hin und wieder in Artikeln mit unterschiedlichsten Argumentationslinien, dass es den Treibhauseffekt gar nicht gibt und er ein theoretisches und falsches Konstrukt ist. Hier hilft ein Blick hinüber zum Nachbarplaneten Venus, um eindrücklich zu sehen, wie der Treibhauseffekt funktioniert. Die Venusatmosphäre besteht zu 96 Prozent aus CO_2. Dadurch herrscht dort eine schon fast höllische Durchschnittstemperatur von 464 Grad Celsius – und das, obwohl die Venusatmosphäre durch ihre große Dichte 70 Prozent der ankommenden Sonnenstrahlung gleich wieder reflektiert. Das können wir übrigens daran sehen, dass die Venus stets der hellste Planet unseres Sonnensystems ist. Und weil der Venus nur 30 Prozent der eintreffenden Sonnenenergie überhaupt zur Verfügung stehen, läge ihre Strahlungstemperatur trotz der gegenüber der Erde größeren Sonnennähe bei nur −41 Grad, oder anders ausgedrückt: Der Treibhauseffekt auf der Venus macht eine Temperaturerhöhung von 505 Grad aus – im Gegensatz zu den 33 Grad auf der Erde und übrigens 8 Grad auf dem Mars. Die Sonnenstrahlung und der durch die Natur verursachte Treibhauseffekt sind also gemeinsam dafür verantwortlich, dass auf unserem Planeten eine Durchschnittstemperatur von +15 Grad herrscht.

Wenn nun von Klimaveränderungen gesprochen wird, ist es wichtig zu wissen, dass das Klima noch nie in der Geschichte der Erde eine konstante Größe war. Es gab immer schon teils erhebliche Klimaschwankungen, und deshalb ist es nicht verwunderlich, dass sich die klimatischen Verhältnisse auf der Erde auch in Zukunft ganz ohne unser Zutun immer wieder verändern werden. Unser Einfluss auf das Klima kommt also noch dazu.

Der anthropogene Treibhauseffekt

Beim Stichwort Klimaveränderungen muss nun die Frage geklärt werden, ob wir Menschen durch die Emission von Treibhausgasen – zum Teil auch von Gasen wie den FCKW, die die Natur selbst gar nicht kennt – ebenfalls Einfluss auf das Klimageschehen nehmen. Die Klimaforschung hat dazu über Jahre mit vielen unabhängig voneinander arbeitenden Teams eine große Zahl an Forschungsarbeiten veröffentlicht und ist zu dem Konsens gekommen, dass man diese Frage mit sehr hoher Wahrscheinlichkeit (eine gewisse Unsicherheit sollte immer eingeräumt werden) mit Ja beantworten muss.

Die einzelnen am Klimasystem beteiligten Komponenten, die Wechselwirkungen der verschiedenen Sphären untereinander (besonders die Bedeutung der Ozeane), die Rückkopplungen, die zur Verstärkung oder Abschwächung verschiedener Prozesse führen, regionale Schwankungen, möglicherweise mit Fernwirkung in ganz andere Regionen – diese Faktoren und auch Unsicherheiten unseres Wissens werden später noch ausführlich behandelt. Jetzt hingegen können wir zu einer sehr einfachen Aussage gelangen: Da es einen natürlichen Treibhauseffekt gibt, ist es nicht verwunderlich, dass wir dessen Intensität durch Eintrag zusätzlicher Spurengase in die Atmosphäre verändern beziehungsweise verstärken können. Das ist der anthropogene Treibhauseffekt, und damit werden die 33 Grad des natürlichen Treibhauseffektes verändert, und zwar derzeit erhöht. Somit wird es auf der Erde wärmer – der energetische Beitrag des menschgemachten Treibhauseffektes liegt bei rund 2,5 W/m², die abkühlende Wirkung der Aerosole (zum Beispiel Rußpartikel oder Pollen) mit eingerechnet.

Der Eintrag von Spurengasen durch den Menschen ist gegenwärtig erheblich. Am stärksten fällt sicher die weltweite, jährliche Emission von rund 30 Milliarden Tonnen Kohlendioxid ins Gewicht. Aufgrund dieser ungeheuren Menge steht das CO_2 in der Klimadebatte auch immer ganz oben. Auch wenn die gleiche Menge Methan zum Beispiel 21-mal oder die von FCKW-11 sogar beachtliche 3400-mal so treibhauswirksam ist wie das CO_2: Die Menge des CO_2-Ausstoßes führt dazu, dass dieses Gas allein etwa zu zwei Dritteln für den anthropogenen Treibhauseffekt (und zu 20 Prozent für den natürlichen Treibhauseffekt) verantwortlich ist.

Interessant ist der Blick auf folgende Tabelle mit der Entwicklung der CO_2-Emissionen der Jahre 1992, 1997, 2002 und 2007 sowie die prozentuale Veränderung zum vorherigen Wert.

CO_2-Emissionen in Millionen Tonnen weltweit und von ausgewählten Ländern

Land \ Jahr	1992	1997	2002	2007
weltweit	22 565	24 118 (+6,9%)	25 874 (+7,3%)	30 892 (+19,4%)
USA	5489	6056 (+10,3%)	6377 (+5,3%)	6575 (+3,1%)
China	2573	3157 (+22,7%)	3532 (+11,9%)	6389 (+80,9%)
Deutschland	960	934 (−2,7%)	901 (−3,5%)	861 (−4,4%)

Quelle: Bundesministerium für Wirtschaft und Technologie, BP Statistical Review of World Energie

Das CO_2 macht es uns nicht ganz leicht; ist es zwar anteilig für die derzeitige Erwärmung, aber auch für viel Positives verantwortlich: Es sorgt mit für den lebensfreundlichen natürlichen Treibhauseffekt, es ist in höherer Konzentration Dünger für die pflanzliche Entwicklung, und ohne Kohlendioxid zum »Einatmen« würde die Pflanze keine Photosynthese betreiben und damit keinen Sauerstoff produzieren können – und der ist für uns zweifellos lebensnotwendig.

Eine Zeitreise durch unsere Klimageschichte

Bisher wurde der Unterschied von variablem Wetter und Klima, also gemitteltem Wetter, veranschaulicht und gezeigt, dass die Computermodellierung beider etwas Unterschiedliches, aber prinzipiell Mögliches ist. Als wichtiger Effekt für die klimatischen Bedingungen auf unserer Erde wurde der natürliche Treibhauseffekt ausgemacht und festgestellt, dass die Menschheit dabei ist, diesem einen anthropogenen Anteil hinzuzufügen. Durch ihn verändert der Mensch nach Auffassung der meisten Klimaforscher das Klima mit.

Da es aber eine Grundeigenschaft des Erdklimas ist, großen Schwankungen zu unterliegen und sich auch regional unterschiedlich, teilweise sogar gegensätzlich zu entwickeln, ist ein Blick in das Klimageschehen der Vergangenheit das hilfreichste, was man tun kann, um ein Gefühl für Klimaschwankungen zu bekommen. Denn das versetzt uns in die Lage, den heutigen Klimawandel in seiner Stärke richtig einzuordnen. Eine überzogene und panikartige Überbewertung ist hier ebenso wenig sinnvoll wie eine unterschätzende Abwiegelung im Sinne von »Was heute passiert, ist doch alles nichts gegenüber früheren Klimaänderungen«. Und ich möchte hier schon ein wichtiges Stichwort verraten: die Zeit beziehungsweise die Geschwindigkeit. Bei Klimaänderungen kommt es nicht nur auf den Absolutwert der Änderung an, sondern vor allem auch auf die Geschwindigkeit, mit der die Veränderungen vonstatten gehen. Denn dieser Geschwindigkeit muss die Natur mit all ihren Lebewesen folgen können.

Beim Stichwort Zeit ist zunächst zu sagen, dass wir Menschen in Bezug auf die Erdgeschichte nicht mal eine Eintagsfliege sind. Und das Klima halten wir allein oft deshalb für konstant, weil es sich während unserer Lebenszeit kaum spürbar ändert – wir sind eben nicht lange genug da, um eine Eiszeit *und* eine Warmzeit zu durchleben. Genau wie eine Eintagsfliege. Wenn sie an einem Regentag lebt, wird sie davon ausgehen, dass es auf dieser Welt immer regnet. Es sei zwar einmal dahingestellt, wie intensiv die Gedanken eines solchen Tieres zu diesem Thema sind, aber auf jeden Fall wird es nicht die Chance haben, sich einen Eindruck von Sonnenschein zu verschaffen.

Damit Sie aber einen Eindruck von Klimavariabilität bekommen, nehme ich Sie jetzt mit auf eine Reise durch die Klimageschichte, die übrigens eng und aufs interessanteste mit der menschlichen Kulturgeschichte verwoben ist.

Zeitreise, Teil I

Starten wir diese Zeitreise vor vergleichsweise vielen, nämlich rund 13,7 Milliarden Jahren. Damals ging alles los mit dem Urknall und »schon« wenige Hundert Jahrmillionen später entstand wahrscheinlich unsere Galaxie – die Milchstraße. Heute beherbergt sie eine durchaus respektable Anzahl von etwa 100 bis 300 Milliarden Sternen. Unser Sonnensystem bildete sich wohl aus einer Staub- und Gaswolke, die vorwiegend aus Wasserstoff und Helium und zu einem geringen Anteil aus schwereren Elementen bestand. Vor etwa 4,6 Milliarden Jahren verdichteten sich 99 Prozent der Materie im Zentrum der Wolke. Die Gase wurden dort immer heißer, bis durch Kernfusion Energie erzeugt wurde: Unsere Sonne – ebenfalls bestehend aus Helium und Wasserstoff – entstand. Der kleine Materierest von einem Prozent, der sich durch die Drehimpulserhaltung beim Zusammenziehen der Wolke immer schneller drehte, ordnete sich in einer flachen Scheibe an. Durch die Hitze der Strahlung wurden die leichteren Gase nach außen gedrückt, weshalb sich Gasplaneten wie Jupiter oder Saturn heute weit von der Sonne entfernt befinden. Die schwereren Staubteilchen verblieben hingegen näher am Zentrum und verklumpten zu größeren Körpern. Es kam zu einem unbeschreiblichen Durcheinander mit endlos vielen Kollisionen. Je größer die Gesteinsbocken wurden, desto mehr nahm ihre Schwerkraft zu, was sie auf Kosten der kleineren Brocken noch weiter wachsen ließ. So entstanden vor ziemlich genau 4,57 Milliarden Jahren die inneren Gesteinsplaneten Merkur, Venus, Erde und Mars.

Ganz am Anfang gab es auf der Erde für kurze Zeit die Uratmosphäre aus Wasserstoff und Helium, die vom Sonnenwind – bestehend aus Elektronen und Protonen – aber rasch »weggeweht« wurde. Vor rund 4 Milliarden Jahren kühlte sich unser Planet auf unter 100 Grad Celsius ab und die Erdkruste begann sich zu bilden. Der Prozess der Krustenbildung, der häufige Einschlag mehrerer 100 Kilometer großer Gesteinsbrocken und intensiver Vulkanismus setzten viele Gase frei und dies führte zu einer neuen, zweiten Atmosphäre. Sie konnte von der Schwerkraft gehalten werden und bestand wahrscheinlich zu 70 Prozent aus Wasserdampf und zu 25 Prozent aus Kohlendioxid. Der Rest waren molekularer Stickstoff sowie typische Gase, die bei Vulkanausbrüchen heute noch freigesetzt werden. Sauerstoff gab es aber noch nicht – diese Atmosphäre war in unserem Sinne lebensfeindlich.

Der junge Planet kühlte sich weiter ab, und deshalb konnte der Wasserdampf nun kondensieren: Die wohl längste »Schlechtwetterperiode« auf Erden setzte ein. Etwa 40 000 Jahre hat es durchgeregnet, aber kräftig. Rund 3000 Liter Wasser fielen pro Tag auf jeden Quadratmeter – mehr als viermal so viel wie heute im Jahresmittel in Köln. In Folge dessen entstanden unsere Ozeane – erste Anzeichen für einen Wasserkreislauf finden sich vor rund 3,2 Milliarden Jahren.

Gleichzeitig bombardierten die UV-Strahlen der Sonne verschiedene Moleküle und entrissen diesen nicht selten den leichten Wasserstoff. Ergebnis: Eine dritte Atmosphäre mit den Hauptbestandteilen Stickstoff und Kohlendioxid entstand. Das war lebenswichtig, denn damals strahlte die Sonne rund 30 Prozent schwächer als heute, und doch war die Erde wärmer – man spricht vom »Paradoxon der schwachen Sonne«. Hier profitierte unser Planet erstmals vom natürlichen Treibhauseffekt, denn er hat den jungen, sich immer weiter abkühlenden Planeten davor geschützt, zu Eis zu erstarren. Die zu schwache Sonne allein hätte das damals nicht vermocht. Neben dem CO_2 half hier auch das Methan (CH_4), das von den ersten Lebensformen auf der Erde, den Archaeen, produziert wurde.

Sauerstoff spielte zunächst noch keine Rolle, doch dessen Produktion begann ebenfalls vor mehr als drei Milliarden Jahren durch das aufkeimende Leben. Cyanobakterien (Blaualgen) waren nämlich bereits in der Lage, Photosynthese zu betreiben und Sauerstoff zu erzeugen. Zuerst wurde er vom Eisen am Meeresgrund durch Oxidation zwar gleich wieder verbraucht, aber nach Hunderten von Millionen Jahren – man sieht, gut Ding will Weile haben – blieb etwas Sauerstoff übrig, der in Bläschen an die Ozeanoberfläche stieg und dann die Atmosphäre anreicherte. Nebenbei baute er eine schützende Schicht aus Ozon gegen die lebensbedrohliche kurzwellige Sonnenstrahlung auf, durch die sich Leben außerhalb des Wassers überhaupt erst entwickeln konnte. Unsere heutige vierte Atmosphäre mit ihren Bestandteilen war somit fertig. Übrigens ist das Gewicht dieser dünnen Gashaut gar nicht so gering, wiegt sie doch 5,14 Billiarden Tonnen oder auch 5 140 000 000 000 000 000 Kilogramm.

Die Anteile der verschiedenen Gase in dieser Atmosphäre variierten aber noch stark. Der Kohlendioxidgehalt etwa sank mit dem steigenden Sauerstoffgehalt ab und so ließ auch der frühe Treibhauseffekt nach. Die Folge war das erste Eiszeitalter vor rund 2,4 bis 2,2 Milliarden Jahren. Doch an dieser Stelle unterbreche ich die Zeitreise kurz, um mich dem Kohlendioxid und dem Sauerstoff etwas genauer zu widmen.

Kohlendioxid und Sauerstoff in unserer Atmosphäre

Der CO_2-Gehalt in der Atmosphäre pendelte in vorindustrieller Zeit unter einigen Schwankungen um etwa 280 ppm (parts per million; das bedeutet, dass 280 von einer Million Luftmoleküle CO_2-Moleküle sind), hat sich durch den menschlichen Eintrag von derzeit etwa 30 Milliarden Tonnen pro Jahr aber deutlich auf etwa

380 ppm erhöht – das entspricht einem Molekülanteil von 0,038 Prozent. Dieser Anstieg von 280 auf 380 ppm scheint erheblich, aber wenn man sich in den letzten 500 Millionen Jahren Erdgeschichte umschaut, so findet man mehrmals Konzentrationen in der Atmosphäre von über 1000 ppm. Im zum Erdaltertum gehörenden Ordovizium waren es möglicherweise sogar mehr als 3000 ppm.

An dieser Stelle seien noch ein paar weitere interessante Zahlen genannt, um ein Gefühl für CO_2-Konzentrationen zu bekommen: Die Bedingungen für unsere Pflanzen sind bei rund 1000 ppm ideal, denn das CO_2 wirkt für diese wie Dünger. Die per Gesetz definierte maximale Arbeitsplatz-Konzentration für eine tägliche Exposition von 8 Stunden liegt bei 5000 ppm. Die Luft, die wir Menschen ausatmen, enthält 40 000 ppm, so dass jeder Mensch pro Jahr etwa 350 bis 500 Kilogramm CO_2 ausstößt. Bewusstlosigkeit und nach 30 bis 60 Minuten der Tod treten bei 80 000 ppm ein, also einem CO_2-Gehalt von 8 Prozent. An dieser Stelle seien noch mal die 96 Prozent der Venusatmosphäre genannt. Also nie einfach so auf der Venus herumlaufen – das gilt allerdings nicht nur wegen des CO_2-Gehalts, sondern auch wegen des Atmosphärendrucks auf der Venus. Er entspricht nämlich dem Druck auf der Erde in etwa 900 Metern Wassertiefe.

Für Mensch und Tier sicher das wichtigste Gas in unserer Atmosphäre ist der Sauerstoff (O_2). Der Sauerstoffgehalt beträgt rund 21 Prozent, und alle heutigen Lebewesen sind auf diesen Wert geeicht. Bei weniger als 17 Prozent ersticken wir bereits, und bei knapp 13 Prozent brennt nicht mal mehr Papier. Ist der Sauerstoffanteil hingegen höher als 21 Prozent, so nimmt die »Brennfreude« zu: Bei 25 Prozent ist eine Zigarette schon ein Flammenwerfer, und bei 30 bis 35 Prozent entzünden sich bei etwas Sonneneinstrahlung sogar Feuchtgebiete von selbst.

In der Atmosphäre sind die Gase bis in eine Höhe von rund 80 Kilometern übrigens vertikal durchmischt, und deshalb ist der Sauerstoffgehalt am Boden der gleiche wie auf einem hohen Berg – nämlich 21 Prozent. Da in der Höhe die Dichte der Luft jedoch insgesamt abnimmt, steht uns dort neben allem anderen auch weniger Sauerstoff zur Verfügung – mit dem Ergebnis, dass die meisten von uns die höchsten Berge der Erde nur mit Sauerstoffflaschen erklimmen können.

Zeitreise, Teil II

Zwischen 2,2 Milliarden und 750 Millionen Jahren vor heute, also bis hinein ins Neoproterozoikum, war es auf der Erde wieder wärmer. Doch vor etwa 750 Millionen Jahren, als ein Erdentag noch 21 Stunden dauerte, weil sich unser Planet schneller drehte als heute, dürfte einer 1964 von Brian Harland entwickelten Theorie zufolge die Phase der extremsten Klimasprünge auf der Erde überhaupt begonnen haben.

Auslöser war wohl die plattentektonische Aktivität, die das Zerfallen des Urkontinents Rodinia zur Folge hatte. Durch die exponierte Lage des Gesteins nahm die Verwitterung zu, und das führte wiederum dazu, dass mehr Kohlendioxid in Sedimenten gebunden wurde. Damit erlitt die Atmosphäre aber einen großen CO_2-Verlust, der Treibhauseffekt ließ nach und es wurde kälter.

Wenn sich nun viel Landmasse an den Polen befindet, führt ein Rückkopplungseffekt in der Atmosphäre – die Eis-Albedo-Rückkopplung, die im folgenden Abschnitt genauer erklärt wird – zu einer Verstärkung der Abkühlung. Die Mitteltemperaturen auf der Erde könnten so auf bis zu –50 Grad gefallen sein – man spricht deshalb von der »Schneeball-Erde«, also dem kompletten Einfrieren des Planeten. Bis heute ist nicht ganz sicher, ob wirklich die ganze Erde einschließlich der Ozeane und Äquatorialgebiete zugefroren ist oder ob es sich »nur« um eine sehr starke Eiszeit handelte. Der kalte Zustand dürfte aber für etwa 10 Millionen Jahre angehalten und sich bis 580 Millionen Jahre vor heute wahrscheinlich zwei oder mehrmals wiederholt haben. Doch selbst im Fall einer Schneeball-Erde fror der Ozean durch die Wärme des Erdinneren nicht bis in die Tiefe zu. Deshalb konnten Mikroben, die ihre Energie aus chemischen Substanzen und nicht aus Sonnenlicht gewinnen, an heißen Quellen am Meeresboden überleben – eine Chance für den Lebensneubeginn nach dem Auftauen. Dieses Auftauen geschah schnell und so herrschte zwischen den Vereisungen extreme Hitze bis +50 Grad. Um diese Vorgänge zu erklären, wird zunächst ein genauerer Blick auf die Eis-Albedo-Rückkopplung geworfen.

Die Albedo und das zurückgeworfene Sonnenlicht

Der Begriff Albedo kommt aus dem Lateinischen und bedeutet »Weißheit«. Gemeint ist die Fähigkeit der jeweiligen Oberfläche, das Sonnenlicht zu reflektieren. Weißer Schnee wirft 90 Prozent der Sonnenstrahlung zurück und hat folglich eine sehr hohe Albedo, die dunkle Meeresoberfläche hingegen eine sehr geringe. Landoberflächen weisen mittlere Werte auf. Die Bedeutung der Materialhelligkeit können Sie im Sommer auch bestens »erfühlen«, indem Sie die Hand bei Sonnenschein einmal auf ein weißes und dann auf ein schwarzes Auto legen. Im letzten Fall würde oft sogar das Braten eines Spiegeleis gelingen, während das Ei auf dem weißen Fahrzeug in seiner Konsistenz nur wenige Zeitgenossen erfreuen dürfte.

Weil helle Flächen für weniger Wärme sorgen, kann man etwa in der Sahara ziemlich froh darüber sein, dass man es mit hellem Sand zu tun hat. Wäre er nämlich so dunkel wie der Lavasand auf den Kanarischen Inseln oder auf Island, so wäre die größte Wüste der Erde ein noch viel extremerer Glutofen, als sie es ohnehin schon ist. Durch die hohe Albedo hat die Sahara – man mag es kaum glauben – im Jahresmittel übrigens eine negative Strahlungsbilanz: Sie kühlt den Planeten! Für keine andere so äquatornahe Region auf der Erde trifft das zu.

Kehren wir noch einmal zurück zum Neoproterozoikum. Was dort passierte war ja zunächst die Vereisung der Polarregion wegen des abnehmenden Treibhauseffektes durch den gesunkenen Kohlendioxidgehalt. Dadurch nahm die Albedo zu, weshalb es kälter und die vereiste Fläche größer wurde. Doch damit nahm die Albedo weiter zu und es wurde nochmals kälter, und so weiter. Dieser sogenannte positive Rückkopplungseffekt geriet am Ende außer Kontrolle – ein Prozess, der sich auch mit Computersimulationen nachvollziehen lässt.

Beim Auftauen passierte das gleiche, nur umgekehrt. Der Auslöser war das Fortdauern vulkanischer Aktivität, wodurch weiterhin Kohlendioxid in die Atmosphäre gelangte. Weil die Verwitterung in der Kälte gering war und es auch keine Niederschläge gab, wurde kaum Kohlendioxid gebunden. Es stand also der Atmosphäre zu Verfügung, so dass sich der Treibhauseffekt verstärkte. Das erste Eis taute, die Albedo nahm ab und die Erwärmung beschleunigte sich, bis aus der Erde die zuvor schon beschriebene »Sauna« entstanden war.

Zeitreise, Teil III

Die unruhige Abfolge aus plattentektonischer Aktivität, Verwitterung und Abtragung während des Neoproterozoikums fand ein Ende, und mit ihr auch die extremen Klimaschwankungen. Als die Pflanzen vor rund 440 Millionen Jahren an Land »gingen«, nahm der Sauerstoffgehalt der Atmosphäre dramatisch zu, vor etwa 350 Millionen Jahren waren es dann Werte um die 30 Prozent. Weil dadurch die Atmung erleichtert wurde, entstanden riesige Insekten wie etwa Libellen mit einer Flügelspannweite von 70 Zentimetern. Doch vor 250 Millionen Jahren ging der Sauerstoffgehalt wieder rapide zurück und sank auf rund 12 bis 15 Prozent. Die genauen Gründe dafür sind bis heute ungeklärt. Eine Möglichkeit ist die Freisetzung von Methanhydraten, was im Kapitel *Der Stein, der andere ins Rollen bringt* noch genauer betrachtet wird. Für das damalige Leben war das eine Katastrophe, der in »nur« 10 000 bis 100 000 Jahren 95 Prozent der Meeres- und 70 Prozent der Landlebewesen zum Opfer fielen. Es war das größte der sogenannten »big five«, der fünf großen Artensterben auf unserem Planeten, und markiert den Übergang vom Erdaltertum ins Erdmittelalter, dem Mesozoikum. Dies war die große Chance der Reptilien, die mit dem nun gesunkenen Sauerstoffgehalt besser zurechtkamen und nach dem Verschwinden der bisherigen dominanten Arten viele neue Formen entwickeln konnten. Das Dinosaurierzeitalter begann.

Vor 200 Millionen Jahren kam es zu einem weiteren Massenaussterben, diesmal werden gewaltige Magmafreisetzungen beim Auseinanderbrechen des Superkontinents Pangäa als Ursache vermutet. Kontinente haben aber nicht nur durch ihren Zerfall Auswirkungen auf die Biosphäre und das Klima, sondern auch durch ihre Lage zueinander. Denn die wirkt sich auf die Meeresströmungen und über den Energietransport auch auf die atmosphärische Zirkulation aus.

Das uns wohl bekannteste Artensterben fand vor 65 Millionen Jahren statt. Landtiere über 25 Kilogramm Gewicht starben praktisch alle aus; Säugetiere, Schlangen, Schildkröten und Krokodile hatten hingegen die besten Überlebenschancen. Das Ende der Dinosaurier ist wissenschaftlich umstritten. Ob es ein Meteoriteneinschlag (diese Ansicht wird meist favorisiert), der Ausbruch eines Supervulkans, kosmische Strahlung oder »einfach nur« ein Klimawandel war – die Umwälzungen waren erneut erheblich. Danach begann das Zeitalter, in dem wir uns heute noch befinden: das Känozoikum, die Erdneuzeit. Bevor es mit der Zeitreise weitergeht, folgt aber erst noch ein kurzer Exkurs zu unseren fossilen Energieträgern.

Erdöl und Erdgas – die endlichen Energieträger

In der Zeit zwischen 542 und 65 Millionen Jahren vor heute, also im Erdaltertum und im Erdmittelalter, lag der Kohlendioxidgehalt meist deutlich höher als heute. Damit war es abgesehen von kurzen Kaltphasen auch viel wärmer. Die Folge war ein in vielen Phasen gigantisches Pflanzenwachstum an Land und gleichzeitig das Auftreten neuer Kleinstorganismen (Phytoplankton) im Ozean – der Meeresspiegel dürfte übrigens mehr als 100 Meter höher gelegen haben als heute.

Solange eine Pflanze lebt, wandelt sie durch Photosynthese Kohlendioxid in Sauerstoff um, doch wenn sie stirbt und dann verwest, wird wieder Kohlenstoff freigesetzt. Sind nun viele Pflanzen an Land und Kleinstorganismen im Wasser vorhanden, so hat man es natürlich auch mit einer Unmenge abgestorbener Biomasse zu tun.

Versank diese in Sümpfen oder landete am Meeresboden, so wurde sie nicht selten von Sedimenten bedeckt. Kam es zum Luftabschluss, so fehlte der Sauerstoff, der sie hätte verfaulen lassen. Der Druck und mit ihm die Temperatur stiegen nun mehr und mehr an. Unter diesen Bedingungen konnte bei etwa 60 bis 120 Grad Erdöl und bei 140 bis 180 Grad Erdgas, dessen Hauptbestandteil Methan ist, entstehen. Sowohl Erdöl als auch Erdgas bestehen damit vorwiegend aus Kohlenstoff und Wasserstoff. Dies ist die sogenannte biogenetische oder biotische Theorie der Entstehung. Der Vollständigkeit halber sei noch auf die abiogenetische oder abiotische Theorie von Dimitrij Mendeléjew hingewiesen. Sie besagt, dass Erdöl nicht das Ergebnis der oben beschriebenen Umwandlung ist, sondern es in den Tiefen des Erdinnern immer neu geformt und nach oben gedrückt wird. Sollte diese Theorie richtig sein, wäre Erdöl natürlich kein endlicher Rohstoff. Diese Ansicht wird nur von wenigen Wissenschaftlern vertreten und auch in diesem Buch nicht favorisiert.

Der Kohlenstoff, der vor Jahrmillionen aus der Erdatmosphäre entfernt wurde, wird nun also durch die Verbrennung der fossilen Energieträger Öl und Gas mit hoher Geschwindigkeit wieder in die Luft transportiert. Die Menge entstehen zu lassen, die wir heute in einem Jahr verbrauchen, dauerte übrigens eine Million Jahre. Das ist nicht verwunderlich, benötigte die Menschheit doch im Jahr 2008 an einem einzigen Tag 87 Millionen Barrel Öl (1 Barrel = 159 Liter, 87 Millionen Barrel = 13,8 Milliarden Liter). Noch mal: an einem einzigen Tag! So sieht man, dass der Bedarf die Produktion massiv übersteigt, wodurch unsere fossilen Energieträger natürlich in absehbarer Zeit verbraucht sein werden. Bisher hat die Menschheit der Erde übrigens 143 Billionen Liter Öl entlockt, der Peak Oil, also das Ölfördermaximum, ist damit wohl erreicht. Bei zunehmender Nachfrage und abnehmender Menge wird der Preis mittel- und langfristig ganz sicher steigen. Große Preisausschläge nach oben wie im ersten Halbjahr 2008 sind der Spekulation an der Börse gezollt. Solche nach unten, wie im zweiten Halbjahr 2008 der weltweiten Rezession und der damit verbundenen abnehmenden Nachfrage, werden ebenfalls verstärkt durch die Aktivitäten an der Börse.

Zeitreise, Teil IV

Und unsere Zeit? Es wird Sie vor allem vor dem Hintergrund der globalen Erwärmung möglicherweise überraschen – aber wir leben in einer Eiszeit! Eiszeiten sind geologisch dadurch definiert, dass an den Polen und in den Hochgebirgen dauerhaft Eis zu finden ist. In 95 Prozent der Erdgeschichte war das übrigens nicht der Fall.

Besonders wichtig für diese Entwicklung war die isolierte Lage der Antarktis. Diese trennte sich vor rund 30 Millionen Jahren von Australien und wanderte zum Südpol. Umgeben von einer kalten Meeresströmung, die wärmerem Wasser keinen Zugang mehr verschaffte, und wegen der schwachen Sonneneinstrahlung am Südpol vereiste der Kontinent. In der Epoche des Pleistozäns, die vor etwa 2 Millionen Jahren begann und in der sich auch der heutige Mensch entwickelte, lagen nicht nur die Antarktis, sondern auch weite Gebiete der Nordpolarregion unter dem Eis. Doch auch dieser Zeitraum unterliegt steten Schwankungen, und zwar bis heute. Deshalb erfolgt eine Einteilung in Kalt- und Warmzeiten – seit Beginn des Pleistozäns sind es zwanzig. Momentan befinden wir uns in einer Warmzeit, dem Holozän.

Davor gab es die Würm-Kaltzeit (in Nordeuropa und bis in den Norden Deutschlands Weichsel-Kaltzeit genannt), die wir im Sprachgebrauch allgemein als die letzte Eiszeit bezeichnen und deren Höhepunkt vor etwa 20 000 Jahren stattfand. Der Norden Europas war damals unter einem mehrere Kilometer dicken Eispanzer begraben, der bis in die norddeutsche Tiefebene reichte. Da viel Wasser im Eis gebunden war, lag der Meeresspiegel circa 130 Meter tiefer als heute, wodurch die Britischen Inseln mit dem Festland verbunden waren. Die Mitteltemperaturen lagen wohl 4 bis 6 Grad unter den heutigen. Die Vegetation bei uns war wegen der Kälte zwar nicht so üppig, aber dennoch nicht mit der heutigen Tundra am Polarkreis zu vergleichen. Denn durch die im Verhältnis zur Tundra südlichere Lage ist die Sonneneinstrahlung hier viel stärker, und so herrschten im Sommer oft Tagestemperaturen von rund 20 Grad. Dazu war es trocken und oft sonnig, und durch das vorhandene Schmelzwasser konnten Pflanzen und Tiere ausreichend versorgt werden. Interessant ist noch die Periodizität der Kalt- und Warmzeiten, die bei etwa 100 000 Jahren liegt, davon fallen im Mittel 90 000 Jahre auf eine Kalt- und 10 000 Jahre auf eine Warmzeit. Gut, dass wir in einer Warmzeit der Eiszeit leben, wird so mancher nun wohl zu Recht sagen.

Milanković-Zyklen und Klimaschwankungen

Für den Wechsel zwischen Kalt- und Warmzeiten sind mit hoher Wahrscheinlichkeit die sogenannten Milanković-Zyklen verantwortlich. Diese nach dem serbischen Astrophysiker Milutin Milanković (1879–1958) benannten Zyklen beschreiben Schwankungen bei der Intensität der Sonnenenergie, die auf der Erde ankommt. Sie gehen auf die drei Faktoren Exzentrizität, Obliquität und Präzession zurück.

Die Exzentrizität beschreibt eine Periode von 100 000 Jahren, in der die Erdbahn von einer ungefähr kreisförmigen Bahn in eine leicht elliptische Form übergeht – eine Exzentrizitätsänderung von rund 5 Prozent, die die Solarkonstante um etwa 0,7 W/m^2 verändert. Dieser Beitrag reicht zwar nicht aus, um die Dominanz dieser Periode in paläoklimatologischen Rekonstruktionen zu erklären, sie dürfte aber der Auslöser für Rückkopplungsprozesse im Klimasystem sein. Um solche wird es an späterer Stelle noch ausführlich gehen.

Die Obliquität meint die Schrägstellung unserer Erdachse. Derzeit ist sie 23,5 Grad geneigt, mit einem Zyklus von 41 000 Jahren pendelt die Neigung jedoch zwischen 21,5 und 24,5 Grad. Die absolute Sonneneinstrahlung wird dadurch zwar nicht geändert, dafür aber die Verteilung der Energie. Ist die Erdachse schwach geneigt, sind die Winter an den Polen wärmer, weil die Sonne höher steht. Da es aber beim Dauerfrost bleibt, kann nun mehr Schnee fallen – der Zusammenhang zwischen Wasserdampfgehalt und Lufttemperatur wird ebenfalls noch erläutert. Die Sommer aber fallen wegen des flacheren Sonnenstands kühler aus. Entsprechend taut weniger Schnee ab und die Eisschicht wächst.

Kommt jetzt noch dazu, dass die größte Sonnenferne gerade im

Nordsommer zu finden ist, dann trifft noch weniger Energie durch die Sonne ein, es ist also noch etwas kälter und der Schnee kann sich noch besser halten. Dies hängt mit der Präzession zusammen: Im Moment befindet sich die Erde im Nordwinter am sonnennächsten Punkt, dem Perihel; in circa 11 500 Jahren wird der Perihel im Nordsommer liegen. Auch die Präzession ändert nicht die Gesamtmenge an Sonnenenergie, aber deren Verteilung.

Die Erklärung der Eiszeiten mit den Milanković-Zyklen wirkt zwar auf den ersten Blick sehr klar und eindeutig, berechnet man aber aus den Bahnparametern die eingestrahlte Energie, so sieht man, dass die Zyklen mit den Eisvolumina weniger gut korrespondieren als erwartet. Vor allem das schnelle Auftauen des Eises, wenn der Prozess der Erwärmung einmal in Gang gesetzt ist, passt nicht so richtig zu den Erdbahnparametern, die sich grundsätzlich nur langsam ändern. Hier ist, wie schon zum Ende der »Schneeball-Erde«, wieder die Albedo von Bedeutung. Solange das Eis nur in der Dicke variiert, ändert sie sich nämlich kaum, sobald es aber verschwunden ist, nimmt sie schlagartig ab – und die Erwärmung wird beschleunigt. Einen ähnlichen Effekt könnte auch die Höhe der »Eisgebirge« haben. Denn es gilt: je höher, desto kälter und desto mehr orographischer, also durch Hindernisse erzwungener Niederschlag (in diesem Fall Schnee). Und umgekehrt. Die schon erwähnte Lage der Kontinente und die davon abhängigen atmosphärischen und ozeanischen Strömungen sorgen schließlich ebenfalls dafür, dass die Milanković-Zyklen nicht der ausschließliche Grund für den Wechsel von Kalt- und Warmzeiten sind, sondern eine Art Startsignal.

Abrupte Klimaschwankungen gab es doch schon immer ...

Als vor rund 13 000 Jahren die Würm-Eiszeit zu Ende ging, herrschten in Europa bei rascher Erwärmung in der Allerödzeit paradiesische Bedingungen für Mensch und Tier: Man siedelte sich fest an, fand aber genug Wild zum Jagen und Wildgetreide zum Ernten. Ackerbau zu betreiben war nicht notwendig.

Aber schon vor 12 000 Jahren (um 10 000 vor Christus) bäumte sich die Eiszeit noch einmal auf. In Grönland gingen die Temperaturen um 15 Grad, in Teilen Europas um 5 bis 10 Grad zurück. Dieser Zeitraum wird Jüngere Dryaszeit genannt – nach dem Silberwurz (Dryas), der typischen Pflanze der Tundra. Das Ereignis hat aller Wahrscheinlichkeit nach mit Veränderungen der Meeresströmungen zu tun. Der Nordatlantikstrom, der nördliche Ausläufer des Golfstroms, brach durch den massenhaften Zufluss von Süßwasser in den Atlantik zusammen. Der nordamerikanische Kontinent war zuvor durch die Eislast in die Tiefe gedrückt worden, und es entstand beim Abtauen ein riesiger Gletschersee, der Agassizsee. Dessen Wasser floss zunächst nur über das Mississippi-Tal nach Süden. Mit Verschwinden der Eisberge östlich des Gletschersees konnte es sich aber nun ungestört in den Atlantik ergießen. Die Folge war eine starke Abkühlung Grönlands und unserer Region durch das Ausbleiben der »Fernheizung« Nordatlantikstrom. Durch Computersimulationen lässt sich auch das jüngere Dryas-Ereignis gut nachrechnen.

Dieser abrupte Klimawandel war der bisher letzte seiner Art. Im jetzigen Interglazial, dem Holozän, geht es deutlich ruhiger zu. Während der Würm-Eiszeit war das jedoch anders, denn mit einer Periode von knapp 1500 Jahren traten auf der Nordhalbkugel krasse und sehr schnelle Klimawechsel auf. Eisbohrkerne belegen, dass die Mitteltemperatur zu Beginn einer solchen Klimaschwankung bei Grönland um bis zu 10 Grad in wenigen Jahrzehnten steigen konnte. Danach sank sie binnen Jahrhunderten wieder auf die sehr kalten Verhältnisse ab. Wahrscheinlich hängen diese Vorgänge mit sprunghaften Veränderungen der ozeanischen Zirkulation zusammen, deren Auslöser Schwankungen in der Sonnenintensität sein könnten. Computersimulationen deuten darauf hin, dass hier ein minimaler Auslöser ausreicht, wenn die Stabilität des Strömungsmusters – wie in der letzten Kaltzeit – auf der Kippe steht. Auf der Südhalbkugel waren diese nach ihren Entdeckern benannten Dansgaard-Oeschger-Ereignisse übrigens deutlicher schwächer ausgeprägt. Zuweilen kamen auch besonders kalte Phasen vor, die sogenannten Heinrich-Ereignisse: Das Eisschelf der Nordhalbkugel zerfiel, so dass viele Eisberge auf den Nordatlantik trieben, und deren Süßwasser unterbrach die thermohaline Zirkulation – den Motor der Ozeanströmungen. Darum wird es am Beispiel unseres Golfstroms später noch ausführlich gehen. Das jüngere Dryas-Ereignis könnte ein solches Heinrich-Ereignis gewesen sein.

Im Holozän kam es ebenfalls zu einem abrupten, aber lokalen Klimawandel: Die Sahara wurde nämlich vor rund 5500 Jahren innerhalb weniger Jahrhunderte von einer besiedelten Savanne mit ausgedehnten Wasserflächen zu einer Wüste. Auch diese Verwandlung kann wieder recht gut mit Computern simuliert werden. Deutlich wird dabei die Bedeutung des Milanković-Zyklus, der sich unmittelbar auf die Monsune auswirkt, also auf die Intensität und räumliche Ausdehnung der jahreszeitlich wiederkehrenden Regenfälle. Die Abschwächung dieser Regenfälle hat die Sahara austrocknen lassen.

Vielfach werden solche abrupten Klimaveränderungen von Kritikern der durch den Menschen mitverursachten globalen Erwärmung als Beweis dafür herangezogen, dass es immer schon heftige und schnelle Klimawandel gegeben hat und dass der derzeitige Vorgang somit »nichts Ungewöhnliches« ist. Ihn gegebenenfalls zu relativieren, erscheint nach unserer bisherigen Klimareise sicherlich sinnvoll, doch seine Bedeutung kann mit diesem Argument nicht negiert werden. Hier ist Vorsicht geboten, denn es gilt wieder das, was ich anfangs zum Prozess der Mittlung gesagt habe: Das *globale* Mittel zum Beispiel der Temperatur muss sich durch *lokale* Umverteilungen keineswegs verändern. Die Datensätze von Grönland liefern Aussagen für Grönland, aber nur bedingt oder gar nicht für den ganzen Globus – ähnlich wie auch das Austrocknen der Sahara ein Prozess ist, der dort erhebliche, in anderen Regionen der Welt aber möglicherweise gar keine Auswirkungen hat.

Die lokalen Ausformungen von Klimaänderungen werden folglich immer stärker sein können als die globalen und bringen für sich betrachtet wenig Aufschluss über die Wirkung einer vom Menschen verursachten Änderung der Treibhausgaskonzentration oder über externe Antriebe wie die Änderung der Sonnenaktivität.

Ötzi, Hannibal und die Wikinger

Stöbern wir etwas in der Klimageschichte des Holozän, so dürften die Temperaturen zwischen 6000 und 3000 vor Christus 2 bis 3 Grad über den heutigen gelegen haben. Das war die Zeit der alten Hochkulturen vor allem im Mittelmeerraum, in Mesopotamien, Nordindien, Nordchina, Mexiko und Peru. Während dieser Zeit waren die Alpen überwiegend eisfrei, doch gegen Ende dieser Periode wurden die höheren Lagen wieder von Eis bedeckt. Das war auch die Zeit, in der Ötzi beim Überqueren des Alpenhauptkamms von einem Schneesturm überrascht wurde. Und da seine Mumie erst im September 1991 wieder freigegeben wurde und dermaßen gut erhalten war, dass sie die Zeit dazwischen immer im Eis verbracht haben muss, zeigt dies sehr anschaulich den Grad der Erwärmung in den heutigen Alpen.

Auch die Blütezeit des Römischen Reiches hat neben anderen Faktoren mit der Existenz eines Klimaoptimums zu tun. 218 vor Christus, zur Zeit des zweiten Punischen Krieges, griff der Karthagerführer Hannibal Barkas das Römische Reich an. Dazu hatte er zuvor mit circa 50 000 Soldaten, 9000 Reitern und 37 dem Klima der afrikanischen Savanne angepassten Kriegselefanten im Winter die Alpen überquert. Möglich war dies nur durch das wärmere Klima dieser Zeit – und nach der Überlieferung kam keiner der 37 Elefanten zu Schaden.

Am Ende der Spätantike setzte jedoch wieder eine Abkühlung ein, die ins frühmittelalterliche Pessimum führte, das etwa von 600 bis 800 nach Christus dauerte. Es wurde kälter, die Gletscher stießen wieder vor und die Baumgrenze in den Alpen sank um rund 200 Meter. Die Folgen für die Menschen dieser Zeit waren erheblich. Die Bevölkerung Europas sank auf einen seitdem nie wieder erreichten Tiefstand, und aus Aufzeichnungen der damaligen Zeit lässt sich entnehmen, dass es eine Zeit mit zahlreichen Kälteeinbrüchen, schweren Regenfällen, Überschwemmungen, Missernten, Hungersnöten, ausgedehnten Epidemien und Viehseuchen war.

Während aber in Europa die Temperaturen sanken, stellte sich die Situation in Japan und China zur gleichen Zeit ganz anders dar – hier erlebte man eine Warmphase. Und der Beginn der Mayakultur in Mittelamerika lag ebenfalls in diesem Zeitraum und war auch dort durch positive klimatische Bedingungen gekennzeichnet, wie die Geschichtsschreibung zeigt.

Im Hochmittelalter kam Europa wieder in den Genuss wärmeren Klimas. Von 900 bis 1300 dominierten warme, trockene Sommer und milde Winter. Die Temperaturen dürften 1 bis 2 Grad über den heutigen Werten gelegen haben, und die Gletscher zogen sich nicht nur in Europa und Nordamerika, sondern aller Wahrscheinlichkeit nach weltweit zurück. In diese Zeit fällt auch die Besiedlung Grönlands – also »Grünlands« – durch die Wikinger. Erik der Rote traf hier im Jahre 985 mit seinen Schiffen von Island aus ein, und zur Zeit des Höhepunktes der mittelalterlichen Warmzeit war auf Grönland sogar der Anbau von Getreide möglich. Schon im 12. Jahrhundert kühlte sich diese Region aber wieder ab.

Aufzeichnungen aus dieser Zeit zeigen bei uns eine Vielzahl von Hitze- und Dürreperioden vor allem zwischen 1021 und 1040. Und die 80er Jahre des 12. Jahrhunderts brachten die wärmste überhaupt bekannte Winterdekade. So blühten im Januar 1187 bei Straßburg die Bäume und man konnte im Rhein baden. Ganz nebenbei sei auch erwähnt, dass die Malaria sich bis nach England ausgedehnt hat. Doch auch im mittelalterlichen Optimum gab es wiederum Ausreißer wie etwa den Winter des Jahres 1010/1011, als der Bosporus zufror und der Nil Eis führte. Bei aller Freude über das Vorliegen vieler historischer Quellen: Sie sind mit einer gewissen Zurückhaltung zu werten, denn Messgeräte gab es noch nicht, und so wurde das eine oder andere Ereignis sicherlich auch überspitzt dargestellt – ein zur damaligen Zeit auch schon gerne genutztes Stilmittel.

Die kleine Eiszeit

Die Zeit von 1300 bis 1800 wiederum ist bekannt als die sogenannte »kleine Eiszeit«. Trotzdem gab es in dieser Phase auch warme Jahre wie 1540, dessen Sommer ähnlich sonnig, heiß und trocken ausgefallen sein muss wie der Hitzesommer 2003. In den schriftlichen Überlieferungen liest man deshalb auch vom Jahrtausendwein des Jahres 1540. Man sieht an auffälligen Jahren wie 1010/1011 oder 1540 wieder deutlich, dass man Klimaperioden eben nur an längeren Zeiträumen und nicht an einzelnen Jahren festmachen darf.

Schon zu Beginn der kleinen Eiszeit häuften sich Jahre mit kalten und nassen Sommern, Ernteausfällen und Überschwemmungen sowie eisigen, langandauernden Wintern. So fiel am 30. Juni 1318 in Köln Schnee – ein Ereignis, auf das man in dieser schönen Stadt heute auch im Winter oft erfolglos wartet. Die Folge dieser »schlechten Jahre« war zwischen 1315 und 1322 eine der größten Hungersnöte in Europa. Während die Kälte zwar das Problem der Malaria beendete, fühlten sich nun Läuse und Flöhe bei uns wohl und brachten das Fleckfieber, eine gefährliche Typhusart, sowie die Pest mit. Die größte Pestepidemie fand zwischen 1346 und 1352 statt.

Die zunehmende Kälte ließ sich auch an der Häufigkeit des Zufrierens großer Seen erkennen. Fror der Bodensee 1963 das erste und einzige Mal im 20. Jahrhundert zu – was damals übrigens in Verkennung des Unterschieds von Wetter und Klima die Befürchtungen für das Herannahen einer neuen Eiszeit, dem »global cooling«, nährte – so passierte dies im 14. Jahrhundert fünfmal und im 15. und 16. Jahrhundert je siebenmal. Und vom strengen Winter 1570/71 wird überliefert, dass die hungrigen Wölfe aus den Wäldern kamen und die Menschen anfielen. Die Ursachen für die kleine Eiszeit kennt man nicht genau, aber ihre besondere Stärke in Europa lässt sich wohl wieder auf einen schwächeren Nordatlantikstrom zurückführen – ähnlich wie es schon im Zusammenhang mit dem jüngeren Dryas-Ereignis beschrieben wurde. Ansonsten dürften zwei Prozesse eine maßgebliche Rolle gespielt haben. Zum einen ist das ein in dieser Zeit nachweisbarer Rückgang der Sonnenaktivität. Dieser wird in Zusammenhang mit den Sonnenflecken gesehen, bei denen es sich um magnetisch verursachte Intensitätsänderungen der Sonnenstrahlung handelt. Eine besonders ausgiebige Kaltphase zwischen 1675 und 1715 ging mit dem sogenannten Maunder-Minimum einher, ein Ausbleiben der Sonnenflecken, das eine deutlich reduzierte Sonnenaktivität zur Folge hatte.

Zum anderen war während dieses Zeitraumes auch die vulkanische Aktivität erhöht. So wurde mehr Sonnenlicht reflektiert, das folglich nicht mehr für die Erwärmung der Erde zur Verfügung stand. Verantwortlich dafür sind der Staub und die Sulfataerosole, die bei Vulkanausbrüchen kurzfristig für eine Abkühlung sorgen. Dies steht der längerfristigen Erwärmung durch das ebenfalls (aber in vergleichsweise geringer Menge) ausgestoßene und lange in der Atmosphäre verbleibende CO_2 entgegen. Gut konnte man den vulkanischen Einfluss zum Beispiel nach dem Ausbruch des Pinatubo auf den Philippinen 1991 beobachten. Insgesamt 8 Kubikkilometer (rund 17 Millionen Tonnen) Staub, Asche und Aerosole wurden dabei bis zu 24 Kilometer hoch in die Atmosphäre geschleudert. Dadurch nahm die Sonnenintensität im folgenden Jahr ab, und so sank die globale Mitteltemperatur um 0,4 Grad, die auf der Nordhalbkugel um 0,6 Grad. Gleichzeitig wurde die Ozonschicht vorübergehend massiv geschädigt – das Ozonloch hatte Ausmaße wie nie zuvor. Beim Mount St. Helens in den USA wurden 1980 übrigens 2, beim Krakatau 1883 in Indonesien 11 und beim Ausbruch des Tambora (auch in Indonesien) 1815 sogar 150 Kubikkilometer Staub in die Atmosphäre geschleudert. Die Folge des Tambora-Ausbruchs war das »Jahr ohne Sommer«, als das 1816 in die Geschichte einging. Als – und wieder ist Indonesien der Ort des Geschehens – der Supervulkan Toba vor rund 74 000 Jahren ausbrach, müsste der Auswurf etwa 2800 Kubikkilometer betragen haben. Dies ist einer der Gründe, weshalb die kältesten Jahre der letzten Eiszeit in Forscherkreisen auf diesen Vulkanausbruch zurückgeführt werden.

Die heutige Zeit und die Wärmerekorde

Schauen wir noch auf das vergangene 20. Jahrhundert und den Zeitraum bis heute. Bei den Temperaturen ist ein eindeutiger Trend nach oben festzustellen – in den letzten 100 Jahren global um etwa 0,7 Grad Celsius. Dieser Trend ist aber nicht ungebrochen, denn während die Temperaturen von 1900 bis etwa 1940 stark anstiegen, gab es bis zum Ende der 1970er Jahre ein Verschnaufen. Seither steigen die Werte jedoch wieder erheblich an. Die zwölf global wärmsten Jahre seit 1890 lesen sich nach den Daten der NASA (Goddard Institute for Space Studies, GISS) wie folgt: 2005, 2007, 1998, 2002, 2003, 2006, 2004, 2001, 2008, 1997, 1995 und 1990. Die Daten von der University of East Anglia, die mit dem renommierten Klimaforschungsinstitut Hadley zusammenarbeitet, unterscheiden sich zwar etwas von den Daten der NASA, weisen aber ebenfalls das letzte Jahrzehnt eindeutig als das wärmste der vergangenen hundert Jahre aus. Als Spitzenreiter wird hier 1998 geführt, 2008 liegt hinter 1997 auf Platz zehn.

Dass für den jüngsten Anstieg der Temperaturen bei der Komplexität der Zusammenhänge nur eine Vielzahl von Ursachen in Frage kommt, ist unbestritten – ein nur mit einer Ursache in direktem Zusammenhang stehender Temperaturverlauf kann daher nicht erwartet werden. Einige Wechselwirkungen im Klimasystem wurden schon durch den geschichtlichen Klimarückblick deutlich, das Thema wird in den kommenden Kapiteln vertieft. Hier sei bereits auf drei Aspekte hingewiesen.

Zuerst einmal ist die Treibhausgaskonzentration in der ersten Hälfte des 20. Jahrhunderts noch nicht dermaßen angestiegen, dass sie zur Erklärung des Temperaturanstiegs herangezogen werden kann. Für diesen Zeitraum zeigen Studien hingegen eine gute Übereinstimmung mit einer steigenden Sonnenintensität. Zweitens verwundert der – wie die Börsianer sagen – Seitwärtstrend der Temperaturen bis zum Ende der 1970er Jahre auf den ersten Blick, war doch dies die Zeit, wo die Treibhausgasemission durch den Menschen schon stark zunahm. Deren Einfluss wurde aber aller Wahrscheinlichkeit nach durch die abkühlend wirkenden Aerosole in Schach gehalten. Und drittens kommt für den jüngsten Temperaturanstieg der letzten 30 Jahre die Sonne kaum in Frage, da die seit 1978 regelmäßig gemachten Satellitenmessungen keinen solchen Trend bei der Sonnenaktivität aufweisen. Die sehr schnelle *globale* Temperaturänderung in dieser kurzen Zeit – der Unterschied zu *regionalen* Änderungen wurde bereits ausführlich behandelt – lässt vielmehr einen anthropogenen Einfluss auf unser Klima durch die intensive Emission von Treibhausgasen in die Atmosphäre vermuten.

In diesem Kapitel ist sicher deutlich geworden, dass unsere Erde eine wirklich lebhafte Klimageschichte durchlaufen hat, in der sich stets verschiedenste Faktoren gegenseitig abgeschwächt und verstärkt haben. Aber immer, auch in den extremsten Phasen wie der der »Schneeball-Erde«, ging es weiter; immer fand das Leben, fand die Evolution neue Wege. Bis zum 19. Jahrhundert haben wir Menschen allenfalls regional Einfluss auf das Geschehen in der Atmosphäre genommen, wie etwa durch Abholzungen für den Schiffsbau. Das hat sich in den letzten Jahren augenscheinlich geändert, denn die langlebigen Treibhausgase verteilen sich rund um den Globus. Deshalb dürfen wir uns nicht nur als Opfer, sondern auch als Täter dieser Entwicklung betrachten, und daraus resultiert das gesellschaftliche und politische Ziel, diesen Einfluss möglichst klein zu halten.

Trotzdem zeigt die Geschichte auch eines sehr deutlich: Die Warmzeiten heißen nicht umsonst »Optimum«, denn sie brachten vielfach vorteilhafte Bedingungen für die menschliche Kultur. Die Kalt- oder gar Eiszeiten waren Pessima mit Hungersnöten und hoher Mortalität – das zeigen vor allem die Berichte aus der frühmittelalterlichen Kältephase oder aus der kleinen Eiszeit. Die meisten von uns schätzen Wärme ja auch mehr als Kälte und verbringen ihren Urlaub daher am liebsten im Süden oder hoffen, wenn sie nördliche Regionen auswählen, zumindest auf eine möglichst warme und sonnige Urlaubsphase. Die Sorge vor einer heraufziehenden Kalt- oder Eiszeit wäre daher sicher ungleich größer als die vor einer Erwärmung. Aber ersteres trüge womöglich dazu bei, schneller und mit klarerem Konzept zu handeln.

Die Gegenfrage wäre natürlich diese: Wenn warm doch »Optimum« bedeutet und die Pflanzen, wie gezeigt wurde, ja auch viel mehr CO_2 aushalten können oder sich dies gar »wünschen« – müssen wir dann überhaupt handeln? Die Antwort an dieser Stelle ist kurz und lautet: Ja! Begründet wird sie im weiteren Verlauf des Buches.

Die Vermessung des Klimas

Den deutlich größten Teil der Klimageschichte hat die Menschheit nicht miterleben können, da es uns schlicht und einfach noch nicht gab. Da stellt sich die Frage, woher wir dann so viel über die Vergangenheit wissen? Und wie genau ist dieses Wissen oder kann es überhaupt sein? Um diese Fragen geht es im folgenden Kapitel.

Chroniken und Aufzeichnungen der jüngeren Zeit

Zum Wissen über die jüngste Zeit – die letzten Jahrhunderte – tragen vor allem schriftliche Aufzeichnungen unserer Ahnen bei. Hierfür waren vor allem Staatsverwaltungen und religiöse Einrichtungen wie zum Beispiel Klöster zuständig, und viele europäische Städte führten im Verlauf des Mittelalters richtige Witterungschroniken ein.

Zu Anfang handelte es sich nur um qualitative Informationen. Der Botaniker Renward Cysat schrieb 1603 in seinen Aufzeichnungen etwa: »Es hand ouch die obsboeum jm herbst wider blueeyt vnd fruecht bracht bis vff zimmliche groesse.« Häufig wurde damals über den pflanzlichen Entwicklungsstand berichtet, und daraus ergeben sich umfassende Rückschlüsse über den jeweiligen Witterungscharakter. Aus flächendeckenden Beobachtungen können sogar Wetterkarten mit Isobaren (Linien gleichen Luftdrucks) eines Zeitraums von einigen Monaten rekonstruiert werden, und damit wiederum wird die vorherrschende Luftströmung ersichtlich.

Der Ablauf von Unwettern und Extremereignissen wurde von den Chronisten zudem oft direkt beschrieben, wobei es – wie schon erwähnt – nicht selten zu Übertreibungen kam. Dies zeigt, wie sehr man in der damaligen Zeit von den Wetterunbilden abhing, denn sie stellten stets eine Gefahr für Leib und Leben dar, da man ihnen hilflos gegenüberstand. Sichtbar wird das an diesem Zitat aus dem Jahr 1445: »In diesem Jahr war ein sehr großer Hagel und Wind, thät großen Schaden, ihro wegen fing man allhier etliche Weiber, welche den Hagel und Wind gemacht haben sollen, die man auch mit Urthel und Recht verbrennt.« Und da sagt man doch oft, die Welt sei heute so schlecht. Ich denke angesichts des obigen Zitats: Sie ist besser geworden!

Nebenbei fand man durch diese Witterungschroniken übrigens schon damals heraus, dass die auf Astrometeorologie und Bauernregeln basierte Wetterprognose – Zitat des Augustinerchorherrn Kilian Leib – »meist falsch« war. Angesichts dieser mittelalterlichen Erkenntnis nimmt es schon Wunder, dass sich der Irrglaube, die Mondphase hätte etwas mit dem Wetter zu tun, in vielen Kreisen der Bevölkerung bis heute gehalten hat. Ohne näher darauf einzugehen sei hier nur erwähnt, dass die Mondphase überall auf der Welt gleich ist und sich bei einem solchen Zusammenhang auch überall auf der Welt gleichzeitig das Wetter ändern müsste.

Die Erfindung der Messgeräte

Im 15. und vor allem im 16. Jahrhundert begann die Zeit der quantitativen Messung. Das Hygrometer zur Ermittlung der Luftfeuchtigkeit und das Anemometer zur Bestimmung der Windgeschwindigkeit – an beiden Entwicklungen war das Universalgenie Leonardo da Vinci (1452–1519) beteiligt – waren erste Messinstrumente. Um das Jahr 1600 herum erfand Galileo Galilei (1564–1642) das Thermometer, und Evangelista Torricelli (1608–1647), Schüler Galileis und Namensgeber der früher für den Luftdruck oft genutzten Einheit Torr, zog 1643 mit dem Barometer nach. Bereits seit 1659 gibt es eine Temperaturmessreihe aus Mittelengland und für Deutschland die Baur-Reihe seit 1761. Im Verlauf des 19. Jahrhunderts verdichtete sich das Messstationsnetz dann deutlich. Zur Erstellung einer Wetterkarte, die den gleichzeitigen Eintrag von Messungen von verschiedensten Orten auf der Erde erforderte, bedurfte es jedoch der Telekommunikation. Ein umfangreiches weltweites Messnetz, wie wir es heute kennen, existiert erst seit dem letzten Drittel des 20. Jahrhunderts.

Dazu kamen zu Beginn des vergangenen Jahrhunderts auch Messungen in der freien Atmosphäre, so dass man das Verständnis über ihren vertikalen Aufbau verbessern konnte. Anfangs erfolgte der Messvorgang zum Teil mit Drachen, wie am Standort Lindenberg bei Berlin, wo 1919 auch der bisherige Drachenhöhenflugweltrekord von 9750 Metern aufgestellt wurde. Später wurden Ballons eingesetzt, die heutzutage bis in Höhen von rund 35 Kilometer aufsteigen. 1928 wurde die Radiosonde erfunden, die Temperatur, Luftdruck, Luftfeuchtigkeit sowie Windrichtung und -stärke ermitteln kann.

Das erste Bild eines Wettersatelliten stammt übrigens vom 1. April 1960 und wurde vom US-Satelliten TIROS 1 aufgenommen; heute befindet sich eine Vielzahl von Satelliten entweder geostationär auf einer Höhe von 35 800 Kilometern über einem Punkt der Erdoberfläche (Fliehkraft und Schwerkraft gleichen sich hier genau aus), oder sie umkreisen die Erde in Höhen zwischen 700 und 1500 Kilometern (polarumlaufende Satelliten). Mit dem heutigen erdumspannenden Netz aus Satellitenmessungen, Vertikalsondierungen, Flugzeugmessungen, Bodenstationen an Land sowie Bojen- und Schiffsmessungen im Ozean ist es möglich, den aktuellen Zustand der Atmosphäre in fast jedem Winkel der Erde zu kennen.

Was uns das Eis über das Klima verrät

Für die Zeit, als es noch keine Aufzeichnungen von uns Menschen und erst recht keine Messgeräte gab, müssen wir auf den Blick ins »Archiv Natur« ausweichen. Verschiedenste stumme Zeugen liefern dabei Proxy-Daten (von lateinisch *proximus*: sehr nahe), die wir mit verschiedensten Verfahren »lesen« können. So kommt unser Wissen über die Klimageschichte vor unserer Zeit sehr nahe an die Wirklichkeit heran.

Eines dieser Verfahren ist die Nutzung von Eisbohrkernen. Technisch ist es heutzutage möglich, im grönländischen oder auch im antarktischen Eisschild bis auf den unter dem Eis liegenden Fels vorzudringen. Der bisher längste Bohrkern ist im Jahr 2004 beim EPICA (European Project for Ice Coring in Antarctica) zutage gefördert worden. Eine Eisschicht von fast 3300 Metern Dicke steht durch ihn für Untersuchungen zur Verfügung und ermöglicht einen recht präzisen Blick in die Vergangenheit der letzten 800 000 bis 900 000 Jahre.

Eisbohrkerne sind reich an Informationen: Fest im Eis eingeschlossene Gasbläschen geben Auskunft über die damalige Zusammensetzung der Luft, organische Einschlüsse können altersmäßig bestimmt werden, Vulkanasche kann Ausbrüchen zugeordnet werden, und durch die jährlichen Eisablagerungen kann die Temperatur ermittelt werden – wie gleich im Zusammenhang mit der Sauerstoffisotopenanalyse gezeigt wird. Diese Eisablagerungen entstehen durch die stets hinzukommende Schneedecke, die auch im Sommer je nach herrschenden Temperaturverhältnissen kaum oder gar nicht abtaut. So gelangt Schneeschicht auf Schneeschicht und wird mit der Zeit und dem zunehmenden Druck der darüber lagernden Schichten in Eis umgewandelt. Somit gilt: je älter, desto tiefer, desto dünner (weil zusammengepresst).

Wie bei jeder Messung hat man es natürlich auch bei den Eisbohrkernen mit Unsicherheiten zu tun, weshalb zur Absicherung von Ergebnissen immer mehrere Verfahren parallel angewendet werden müssen. Auf zwei Punkte sei deshalb noch hingewiesen: Zum einen auf den hohen Druck, unter dem das Eis in der Tiefe steht, und zum anderen darauf, dass die Umwandlung von Schnee über Firn bis hin zum Eis sehr lange dauern kann – bei Alpengletschern etwa 20 bis 50, bei Inlandeis 200 bis 500 und auf dem antarktischen Festland teilweise 1000 Jahre. Solange diese Umwandlung nicht abgeschlossen ist, findet noch ein Austausch mit den Gasen in der Atmosphäre darüber statt. Erst danach ist die »alte Luft« vollkommen eingeschlossen, und so führt dieser Vermischungsprozess zu einer zeitlichen Unsicherheit bei der Analyse.

Ozeane als Fundgrube

Auch Ozeane eignen sich sehr gut zur Bestimmung von Klimaänderungen. Um etwas über die Temperaturen im Ozean zu erfahren, nutzt man die Sauerstoffisotopenmethode. Sauerstoff wird in der Chemie mit dem Buchstaben O (für Oxygen) abgekürzt und tritt fast immer molekular auf, das heißt in Verbindung zweier Sauerstoffatome (O_2). Sauerstoff hat die Ordnungszahl 8, was bedeutet, dass 8 Protonen im Atomkern und 8 Elektronen drum herum zu finden sind. Weil bei Atomen desselben Elements aber die Neutronenanzahl unterschiedlich sein kann, kann ein Atom sogenannte Isotope haben. Beim Sauerstoff gibt es in mehr als 99,7 Prozent der Fälle 8 Neutronen – man spricht vom Sauerstoffisotop 16 (8 Protonen + 8 Neutronen = 16). In 0,2 Prozent hat man es mit dem Isotop 18 mit 10 Neutronen zu tun. Noch seltener, aber ebenfalls stabil ist das Isotop 17.

Untersucht man in Eisbohrkernen nun das Verhältnis von ^{16}O zu ^{18}O, so lässt sich hieraus die Meerestemperatur ableiten: Je mehr ^{18}O im Eis eingeschlossen ist, desto wärmer muss das Klima gewesen sein! Weshalb? Weil das schwerere ^{18}O langsamer verdunstet. Es muss also schon ordentlich warm sein, damit mehr ^{18}O in die Atmosphäre gelangen und bis in die Polregionen transportiert werden kann. Hier fällt es mit dem Schnee zu Boden und kann letztlich – wie oben beschrieben – im Eis eingeschlossen werden.

Umgekehrt sind die Meeressedimente in Kaltzeiten reicher an ^{18}O. Denn das Isotop bleibt in diesem Fall in höherer Konzentration im Ozean zurück, im Gegensatz zum leichter verdunstenden ^{16}O. Und da der Sauerstoff in den Kalkschalen der Meerestiere, die später das Sediment ausmachen, angelagert wird, kann ^{18}O in solchen Kältephasen dort auch häufiger nachgewiesen werden.

Bei dieser Gelegenheit sollte noch darauf hingewiesen werden, dass die Sedimentationsanalyse im Ozean – ähnlich wie die Analyse von Eisbohrkernen – noch eine Vielzahl weiterer Aufschlüsse gibt. Durch die heutige Tiefseebohrtechnik können Informationen über vulkanische Ablagerungen, den Meeresspiegel, die Rückstände von Gletschern und vor allem über die Artenvielfalt gesammelt werden. Spezielle Aufmerksamkeit kommt dabei den sogenannten Warven zu. Das sind Jahresschichten von maximal einem Millimeter Größe. Ihre Zusammensetzung besteht aus einer helleren Schicht (Tonminerale und Kalk, die vor allem im Sommer und Winter abgelagert werden) und einer dunkleren Schicht (zersetzte Pflanzenreste, die vor allem im Frühjahr und Herbst abgelagert werden). Ausgeprägte helle Wintertonlagen weisen so beispielsweise auf eine länger andauernde Eisbedeckung hin.

Weitere Messmethoden

Will man bis maximal 55 000 Jahre zurückschauen, so ist die Radiokarbonmethode ein sehr präzises Verfahren. Der Ansatz ist derselbe wie oben beim Sauerstoff, nur geht es nun um das Verhältnis von ^{12}C (stabiles Kohlenstoffisotop mit 6 Protonen, 6 Elektronen und 6 Neutronen) zu ^{14}C (instabiles Kohlenstoffisotop mit 8 Neutronen). Das Isotop ^{12}C kommt zu fast 99 Prozent in der Natur vor, ^{13}C (ebenfalls stabil) macht etwa 1 Prozent aus. Wirklich selten, nämlich nur in 0,0000000001 Prozent aller Fälle, tritt ^{14}C auf. Dieses Isotop zerfällt mit einer Halbwertszeit von etwa 5730 Jahren, das heißt, alle 5730 Jahre halbiert sich die ^{14}C-Konzentration. Und weil es zerfällt, heißt ^{14}C auch Radiokohlenstoff – er ist radioaktiv.

Da Kohlenstoff in Pflanzen durch Photosynthese, in Tieren und Menschen durch die Nahrungsaufnahme eingelagert wird, lässt sich nun über die mit der bekannten Halbwertszeit abnehmende Konzentration von ^{14}C das Alter eines verstorbenen Organismus feststellen. Nach etwa 10 Halbwertszeiten, also etwa den oben genannten 55 000 Jahren, sinkt ^{14}C aber unter die Nachweisgrenze, so dass ältere Proben mit diesem Verfahren nicht mehr datiert werden können.

Pollen, Sporen und Baumringe

Es gibt natürlich noch zahlreiche weitere für spezielle Untersuchungen entwickelte Methoden. Abschließend sei hier noch kurz auf zwei Analyseverfahren hingewiesen. Das ist zum einen die Pollenanalyse, bei der in Moorsedimenten nach Pollen und Sporen gesucht wird, die Aufschluss über die damalige Vegetation geben können.

Zum anderen ist die Dendroklimatologie zu nennen. Hier handelt es sich um die Zählung von Jahresringen der Bäume. Die Dicke eines Ringes gibt aber nicht immer nur über die klimatischen Verhältnisse Auskunft, denn zu dünnen Baumringen und damit Phasen verminderten Wachstums kann es zum Beispiel auch durch Insektenbefall kommen. Außerdem ist nicht klar, ob Kälte oder Dürre zu einem dünnen Ring geführt haben. Und obendrein haben gleiche Bedingungen unterschiedliche Auswirkungen auf das Wachstum verschiedener Pflanzensorten. So sind bei der Dendroklimatologie viele Ringmuster von Bäumen einer Epoche zu untersuchen, ehe recht verlässliche Aussagen gefunden werden können. Dem Problem, dass die meisten Bäume »nur« wenige Jahrhunderte leben, kann man entgegentreten, indem man die Jahresringe sich zeitlich überlappender Bäume betrachtet.

Erst die Anwendung all dieser Verfahren hat zur Folge, dass wir heute ein Gefühl für die bewegte Klimageschichte unseres Planeten Erde haben.

Die Faktoren, die unser Klima bestimmen

Unser Klima wird durch verschiedenste Faktoren erhalten oder verändert. Das sind einmal elementare Dinge wie die Sonnenstrahlung, die Verteilung von Land und Wasser oder die Zusammensetzung der Erdatmosphäre. Dann gibt es aber auch verschiedene Kreisläufe und Zirkulationssysteme auf der Erde, die sich direkt oder indirekt aus den elementaren Klimafaktoren ergeben. Hierzu zählen zum Beispiel die Zirkulation in der Atmosphäre, die verschiedenen Meeresströmungen, der Wasserkreislauf oder auch regionale Ereignisse wie El Niño.

Die Sonne und ihre Energie

Ohne unseren Energielieferanten Sonne wäre das Geschehen auf unserem Planeten vergleichsweise langweilig. Eine öde, vereiste Gesteinskugel ohne jegliches Leben würde dann durch die ewige Dunkelheit driften. Dank der Sonne erhalten wir aber die Energie, sprich die Wärme, die das Leben überhaupt erst möglich macht. Sie facht alle Bewegungen an, die in unserem Klimasystem stattfinden.

Unser Zentralgestirn ist im Mittel rund 150 Millionen Kilometer von uns entfernt, und ihr Durchmesser entspricht etwa dem 109-fachen des Erddurchmessers. Das heißt, dass in der Sonne 1,3 Millionen Erden Platz hätten. Die Sonne ist aber nicht nur groß, sondern auch schwer – nämlich 330 000-mal so schwer wie die Erde. Hört man diese Zahlen, verwundert es sicher so manchen, dass die Sonne damit zu den durchschnittlichen gelb leuchtenden Zwergsternen gehört! Sie ist mit ihren Planeten (also auch der Erde) 28 000 Lichtjahre vom Zentrum unserer Galaxie, der Milchstraße, entfernt, und gemeinsam umkreisen wir ziemlich zügig dieses Zentrum. Jede Sekunde legt das Sonnensystem nämlich rund 250 Kilometer zurück, so dass die Reise einmal rund um die Milchstraße etwa 210 Millionen Jahre dauert.

An der Sonnenoberfläche herrscht eine Temperatur von etwa 5500 Grad Celsius, im Inneren ist es mit 15,7 Millionen Grad aber noch ein klein wenig wärmer. Dies deshalb, weil die Sonne durch Kernfusion von Wasserstoff- zu Heliumkernen ungeheure Energiemengen freisetzt. Daher wird sich der Anteil der Wasserstoffatome (derzeit 92 Prozent) zugunsten der Heliumatome (derzeit knapp 8 Prozent) weiter verringern. Die Sonne verbraucht also ihren Treibstoff, um in einem stabilen Zustand zu bleiben und nicht durch ihre eigene, starke Gravitation in sich zusammenzufallen. Und dieser Verbrauch ist beeindruckend, sind es doch in jeder Sekunde 4,3 Milliarden Kilogramm Sonnenmasse, die »verbraten«, also von Masse in Wärmeenergie umgewandelt werden. Trotzdem macht dieser Wert – und das hat etwas Beruhigendes – in 10 Milliarden Jahren nur 0,07 Prozent der gegenwärtigen gewaltigen Gesamtmasse aus.

Mit ihrem derzeitigen Alter von rund 5 Milliarden Jahren befindet sich die Sonne in der Mitte ihres Daseins als sogenannter »Hauptreihenstern« – dieses Stadium kann von der Entstehung an rund 10 bis 11 Milliarden Jahre dauern. Ohne die physikalischen Vorgänge näher zu erläutern, wird sie danach zu einem »roten Riesen«, dessen Durchmesser etwa bis zur Erdumlaufbahn reicht. Dieser Zustand wird rund eine Milliarde Jahre dauern. Danach wird sie für Jahrmilliarden im Zustand eines »weißen Zwergs« mit anfangs sehr starker, später sehr geringer Leuchtkraft verharren, bis sie letztlich als »schwarzer Zwerg« ganz aus dem optischen Spektralbereich verschwinden wird.

Ein Fünftausendachthundertzehntel

Selbst unsere scheinbar ewige Sonne hat also einen Anfang und ein Ende. An dieser Stelle vielleicht noch ein paar verblüffende Zahlen zu ihrer Energieausbeute: Die unglaubliche Leistung der Sonne liegt bei 385 Quadrillionen Watt – dafür sind 24 Nullen hinter der 385 nötig. Da die Sonne aber in alle Richtungen strahlt, erhält die Obergrenze der Atmosphäre »nur« 175 Billiarden Watt (hier braucht es 15 Nullen hinter der 175). Das ist damit gerade mal ein halbes Milliardstel dessen, was die Sonne an Energie abgibt. Der Erdboden erhält übrigens 86 Billiarden Watt davon.

Betrachtet man nun den Energieverbrauch der gesamten Menschheit im Jahr 2007, dann beläuft sich dieser Betrag auf etwa 129 Billiarden Wattstunden. Rechnet man dies noch in die durchschnittliche Verbrauchsleistung um, so sind es rund 14,8 Billionen Watt. Sollte Ihnen jetzt der Kopf wegen der vielen Zahlen mit noch viel mehr Nullen qualmen, dann reicht es, sich diese letzte Zahl anzugucken und vielleicht sogar zu merken: Wenn die durchschnittliche Verbrauchsleistung der Menschheit derzeit 14,8 Billionen Watt beträgt, die Sonne dem Erdboden aber 86 Billiarden Watt liefert, dann heißt das auch, dass wir alle zusammen mal gerade ein Fünftausendachthundertzehntel (1/5810) der Sonnenleistung benötigen, um unseren Energiebedarf zu decken. Der Sonne diesen »mickrigen« Anteil abspenstig zu machen, müsste doch eigentlich möglich sein! Dazu wäre übrigens schon ein 500 mal 500 Kilometer großes Areal mit Solarzellen von heutigem Wirkungsgrad in der Sahara ausreichend – gäbe es nicht das lästige Verteilungs- und damit Transportproblem. Doch dazu gegen Ende des Buches mehr.

Radius und Strahlkraft der Sonne nehmen weiterhin langsam, aber stetig zu. Zur Zeit des »Paradoxons der schwachen Sonne« vor Jahrmilliarden strahlte sie daher auch etwa 30 Prozent schwächer als heute. Das hat zur Folge, dass die globale Temperatur auf der Erde in rund 900 Millionen Jahren wohl bis auf etwa 30 Grad Celsius angestiegen sein wird, in knapp 2 Milliarden Jahren muss mit unerfreulichen 100 Grad gerechnet werden – auch das Leben auf dieser Erde und damit die Existenz des Menschen ist also endlich.

Schwankende Sonnenintensität

Die Sonne ist unser Hauptenergielieferant. Nun ist die Erde aber eine sich drehende Kugel, deren Achse zudem noch schräg steht, und deshalb erhalten die verschiedenen Gebiete des Planeten unterschiedlich viel Energie. So ist die Sonneneinstrahlung am Äquator durch den steilen Sonnenstand deutlich höher als in den Polargebieten, wo es außerdem noch rund ein halbes Jahr völlig dunkel ist. Die Folge ist, dass eine warme Äquatorialregion einer kalten Polarregion gegenübersteht. Auch die Jahreszeiten spielen eine erhebliche Rolle. Im Sommer erhalten wir viel Energie von der Sonne und freuen uns über die Wärme, im Winter ist die Energiezufuhr wegen des wesentlich flacheren Sonnenstandes deutlich geringer – es ist kalt. Auch die Tageszeiten haben große Auswirkungen, denn nachts fehlt zweifellos die wärmende Sonneneinstrahlung. Diese Faktoren sind ohne Frage ersichtlich. Hinzu kommen die schon im Kapitel *Eine Zeitreise durch unsere Klimageschichte* besprochenen Erdbahnparameter, die Milanković-Zyklen, die ebenfalls zu periodischen Unterschieden bei der Sonnenintensität führen.

Die bisher genannten Intensitätsschwankungen sind allesamt abhängig von der Lage der Gestirne zueinander und deren Bewegung.

Parallel dazu ändert aber auch die Sonne selbst ihre Strahlungsintensität. Zum einen ganz langfristig, wie es weiter oben im Zusammenhang mit der Entwicklung zum »roten Riesen« beschrieben wurde, zum anderen auch im viel kurzfristigeren Bereich. Sie steht mit den Sonnenflecken, also mit Änderungen im Magnetfeld der Sonne, in Verbindung. Je aktiver die Sonne, desto mehr Sonnenflecken gibt es, und diese Sonnenfleckenaktivität ändert sich in mehreren sich überlagernden Zyklen. Das ist zum einen der 11-jährige Zyklus (Schwabe-Zyklus). Der 24. Schwabe-Zyklus seit Messbeginn im 17. Jahrhundert startete Anfang 2008. Der Höhepunkt der Sonnenaktivität in diesem – nach Prognosen sehr intensiven – Zyklus ist 2011 und 2012 zu erwarten.

Außerdem gibt es den Gleißberg-Zyklus, der eine Periodizität von etwa 87 Jahren aufweist, und den rund 210-jährigen de-Vries-Suess-Zyklus. Die Variation der Solarkonstanten beträgt beim 11-jährigen Schwabe-Zyklus etwa 0,1 W/m^2 und bei den anderen genannten Zyklen etwa 0,2 bis 0,3 W/m^2.

Mit diesen Änderungen der solaren Energie gehen natürlich auch Temperaturschwankungen auf unserem Planeten einher, und die Auslösung vieler Klimaveränderungen der Vergangenheit kann deshalb durch Erdbahnparameter und Sonnenintensitätsschwankungen erklärt werden. Beim Temperaturanstieg der letzten 30 Jahre gelingt das allerdings nicht, wie im letzten Kapitel schon gezeigt wurde.

Im Kapitel über die Klimageschichte wurden bereits die Dansgaard-Oeschger-Ereignisse erwähnt – jene starken im Eis Grönlands nachgewiesenen Schwankungen der Temperatur, die während der Würm-Eiszeit alle ziemlich genau 1470 Jahre auftraten. Teilt man nun 1470 durch 210, die Periode des de-Vries-Suess-Zyklus, so kommt 7 heraus, teilt man durch die Periode des Gleißberg-Zyklus (87 Jahre), so ergibt das rund 17. Daraus kann man folgern, dass die abrupten Klimawandel in Grönland durch die Überlagerung der verschiedenen Sonnenzyklen ausgelöst worden sein könnten. Wie schon erwähnt müssen Rückkopplungsmechanismen dann zu ihrer großen Intensität geführt haben.

Warum die Atmosphäre in ständiger Bewegung ist

Grundsätzlich ist die Natur bestrebt, entstandene Unterschiede auszugleichen. Und weil verschiedene Regionen der Erde ganz unterschiedliche Energiemengen erhalten und diese Mengen auch noch von Periode zu Periode schwanken, muss folglich Wärme transportiert werden. So zum Beispiel von der warmen Äquatorialregion zu den Polen, denn sonst würden diese völlig einfrieren, während die »überversorgten« Äquatorialgebiete irgendwann vor Hitze verdorren müssten. Solch einen Wärmetransport können Sie sich auch zu Hause in der Küche ansehen, wenn Sie einen Topf auf eine Herdplatte stellen. Die Wärme der Herdplatte wird nämlich an den Topf und dessen Inhalt übertragen – so können Sie sich eine Mahlzeit kochen. Umgekehrt ist das übrigens nicht möglich: Der kalte Topf kann sich nicht weiter abkühlen und damit der schon heißen Herdplatte noch mehr Wärme zuführen; die Transportrichtung verläuft immer vom energiereicheren zum energieärmeren Medium.

Aus den Temperaturunterschieden, die sich durch die verschieden starke Sonneneinstrahlung ergeben, resultieren nun die Luftdruckunterschiede. Gebiete hohen Luftdrucks (die Hochs) sind also quasi Luftberge; Gebiete tiefen Luftdrucks (die Tiefs) sind folglich Lufttäler. So kann man sich die Atmosphäre in ihrer Dreidimensionalität gut vorstellen, und es wird klar, dass die Luft vom Berg zum Tal strömen muss, um einen Ausgleich herbeizuführen. Und diese Luftströmung ist schlicht und einfach der Wind. Ganz einfach wäre es nun, wenn die Erde keine sich drehende Kugel wäre, denn dann würde der Wind immer direkt vom Hoch zum Tief wehen. Doch aus der Rotation der Erde resultiert die sogenannte Corioliskraft, die dafür sorgt, dass sich unsere Hochs und Tiefs ebenfalls immer drehen müssen – auf der Nordhalbkugel rotieren die Hochs im Uhrzeigersinn und die Tiefs gegen ihn. Dies nur als kleine Randnotiz für Sie, damit Sie sich auf der Wetterkarte im Fernsehen leichter orientieren können ...

Durch die unterschiedliche Zufuhr von Sonnenenergie entsteht also Wind, wodurch wärmere Luft in kältere Regionen und im Ausgleich dazu kältere Luft in wärmere Regionen transportiert werden kann. Durch die Notwendigkeit, Luftmassen zu bewegen und damit Energie zu transportieren, herrschen auf unserer Erde mittlere dreidimensionale Windverhältnisse – die sogenannte »allgemeine Zirkulation der Atmosphäre«.

Weitere Sphären im Klimasystem

Nun ist, wie schon festgestellt wurde, die Atmosphäre mit Wind und Wetter kein isoliertes System, sondern es gehören eine ganze Menge weiterer Komponenten zum Erd- und damit Klimasystem. Da ist zunächst die Hydrosphäre mit dem Wasserkreislauf in den Ozeanen, auf den Kontinenten und in der Atmosphäre. Genau wie in der Atmosphäre werden auch im Ozean erhebliche Wärmemengen transportiert. Hierfür sind die Meeresströmungen verantwortlich, die sich die Aufgabe des Energietransports auf der Erde etwa im Verhältnis 50:50 mit der Atmosphäre teilen.

Wenn sich Ozeanographen und Meteorologen miteinander unterhalten, müssen sich beide Seiten übrigens stark konzentrieren, und manch Zuhörer wird vielleicht sogar einen »Richtungsstreit« vermuten. In der Meteorologie ist ein Wind nämlich immer nach seiner Herkunft bezeichnet, das heißt, ein Westwind kommt von Westen und die Luft strömt somit nach Osten. Eine Bewegung von West nach Ost ist für den Meteorologen also ein Westwind, für den Ozeanographen aber eine Ostströmung. Und wenn man daran denkt, wie oft Westen und Osten ohnehin schon vertauscht werden, dann wird die Bedeutung dieser Konzentrationsübung in der wissenschaftlichen Kommunikation sicher klar.

Weiterhin gehören die Kryosphäre, also die von Eis und Schnee bedeckten Gebiete, sowie die Biosphäre, die Pflanzen, Tiere und auch uns Menschen umfasst, zum Klimasystem dazu. Auch die Pedosphäre (der Boden) und die Lithosphäre (das Gestein) sind ebenso in diesem System enthalten wie alle chemischen Prozesse, die auch zum natürlichen und zum menschengemachten Treibhauseffekt beitragen.

Von zentraler Bedeutung ist nun, dass die unterschiedlichen Komponenten dieses Klimasystems in einer Wechselwirkung zueinander stehen, und zwar auf völlig verschiedenen Zeitskalen. Vorgänge in der Atmosphäre finden oft innerhalb von Stunden oder in noch kürzeren Zeiträumen statt, wie beispielsweise die Bildung einer Wolke, eines Gewitters oder eines Tornados. Die Tiefenzirkulation des Ozeans braucht hingegen bis zu einem Jahrtausend, um auf Veränderungen zu reagieren, und die großen Eisschilde beispielsweise der Antarktis benötigen dazu 100 000 oder mehr Jahre.

Man hat es also mit einer Vielzahl von Wechselwirkungen zu tun, durch die Prozesse verstärkt (positive Rückkopplung) oder abgeschwächt werden (negative Rückkopplung). Deshalb und wegen der großen zeitlichen Unterschiede – viele davon sind innerhalb eines Menschenlebens gar nicht spürbar – der einzelnen Komponenten ist das Klimasystem derart komplex, dass man niemals erwarten kann, dass eine Ursache nur eine Wirkung hat. So gerne wir das so hätten, weil der gegenwärtige Zustand unseres Klimas dann auch viel leichter in der Gesellschaft vermittelbar wäre, so deutlich müssen wir von diesem Wunsch Abstand nehmen. Um es noch klarer zu formulieren: Wir Menschen sind nicht an allem schuld, was mit dem Klima derzeit passiert, aber wir sind ebenso wenig an nichts schuld.

Ich vergleiche die Prozesse im Klimasystem gerne ansatzweise mit denen in der Technik in unserem Fernsehstudio. Wenn meine Kollegen in der Regie einen von Hunderten von Reglern bewegen, dann ändert sich zum Beispiel die Intensität der Beleuchtung. Dies war sicher auch gewünscht, doch kann das zusätzlich zur Folge haben, dass ein glänzender Fleck auf meiner Stirn entsteht, die Farben der Kleidung anders erscheinen und sich zudem die Schattenwürfe verändern. Das Bild insgesamt verliert an Qualität. Deshalb muss ich nun meine Position verändern, wodurch wir Probleme mit dem Ton bekommen, die ihrerseits mit anderen Reglern korrigiert werden müssen. Diese Korrektur nimmt aber wiederum Einfluss auf weitere Teilaspekte, und so weiter.

Kurzum: Eine einzige Veränderung stößt eine Reihe weiterer Veränderungen an. Das ist auch der Grund, warum die Mitarbeiter in der Regie so geschult sind, dass sie die Zusammenhänge verstehen und erst dann schalten und walten. Ein wildfremder Besucher hat sicher eine natürliche und sehr vernünftige Scheu davor, willkürlich auf irgendeinen Knopf zu drücken. Er weiß, dass daraus unabsehbare Folgen entstehen können, die möglicherweise gar nicht mehr oder nur mit erheblichem Aufwand revidiert werden können. Oder – heute ist das zwar nicht mehr möglich – gehen Sie mal in ein Cockpit im Flugzeug: Schon aus eigenem Überlebenswillen heraus würde hier wegen der leicht erkennbaren Komplexität kein Fluggast einfach so einen Schalter umlegen, ohne vorher den Piloten zu fragen, welche Folgen das hat. Oder denken Sie einmal an zweifellos vorhandene Erfahrungen mit Ihrem PC. Was gibt es da nicht alles für überraschende, oft höchst unerfreuliche und zeitraubende Vorgänge ...

Diese Komplexität führt dazu, dass sich ein Prozess auf *viele* andere auswirkt und eben nicht nur auf *einen* anderen. Und genau damit hat man es auch beim Klimasystem zu tun. Deshalb werden nun einzelne Komponenten und in einem zweiten Schritt einige ihrer Wechselwirkungen genauer betrachtet. Denn erst daraus ergibt sich ein Grundverständnis der Vorgänge im Klimasystem und damit auch eine Möglichkeit, unser eigenes Tun richtig einzuschätzen und daraus im Anschluss Konsequenzen zu ziehen. Sich einfach einzelne Teilaspekte herauszugreifen und möglicherweise mit gefühlten Wettereindrücken zu verquirlen, funktioniert nicht und führt in eine Sackgasse.

Der Kreislauf des Wassers

Mehr als zwei Drittel unseres Planeten bestehen aus Wasser. Rechnet man alles zusammen, kommt man auf beeindruckende 1380 Trillionen Liter. Um sich die Zahl besser vorstellen zu können: Hier müssen 18 Nullen hinter die 1380 geschrieben werden. Davon kommen knapp 97,4 Prozent als Salzwasser in den Ozeanen vor, nur 2,6 Prozent sind also Süßwasser. Der Trinkwasseranteil liegt bei mageren 0,03 Prozent.

Wasser kommt auf der Erde in allen drei Aggregatzuständen vor: fest (Eis), flüssig (Wasser) und gasförmig (Wasserdampf). Zur Umwandlung in einen anderen der drei Zustände wird entweder Energie gebraucht oder freigesetzt. Dies ist abhängig von der Richtung. Führt man Energie, also Wärme zu, so taut Eis auf und wird zu Wasser oder Wasser verdunstet zu Wasserdampf. Rückwärts funktioniert das natürlich auch. Kondensation, also die Umwandlung von Wasserdampf in flüssiges Wasser, die wir besonders bei der Wolkenbildung beobachten können, oder das Gefrieren von Wasser zu Eis setzen die Energie wieder frei. Denn am Ende darf nach einem der wichtigsten Sätze in der Physik keine Energie verloren gehen, wie Hermann von Helmholtz 1847 endgültig ausformuliert hat.

Im Zusammenhang mit dem natürlichen Treibhauseffekt wurde weiter oben festgestellt, dass 21 der 33 Grad – und damit das Gros des Treibhauseffektes – durch Wasserdampf verursacht werden. Zwar ist das CO_2 25-mal treibhauswirksamer als der Wasserdampf, doch gibt es 74-mal mehr Wassermoleküle als Kohlendioxidmoleküle. Aber warum wird in der Klimadebatte dann eigentlich nie vom Wasserdampf gesprochen? Weil der Mensch den Anteil dieses in seiner atmosphärischen Konzentration höchst variablen Gases gar nicht beeinflussen kann! Der Wasserdampf ist also in erheblichem Maße für den *natürlichen*, nicht jedoch für den *anthropogenen* Anteil am Treibhauseffekt verantwortlich. Zudem wird er im Vergleich zu langlebigen Treibhausgasen, die Jahrzehnte bis Jahrhunderte in der Atmosphäre verweilen können, viel zu schnell ausgetauscht. Der natürliche Wasserkreislauf sorgt nämlich dafür, dass Wasserdampf gerade mal vier bis vierzehn Tage in der Atmosphäre bleibt.

Wenn man sich diesen Kreislauf einmal genauer anschaut, dann stellt man fest, dass der Großteil des Wassers in seinen Reservoirs verbleibt, also in den Ozeanen oder als Eis gebunden. Weniger als 1 Prozent des Wassers wechselt seinen »Aufenthaltsort« zwischen Ozean, Atmosphäre und Landmasse. Am meisten Wasser verdunstet dabei aus den Ozeanen, wobei das Salz natürlich zurückbleibt. Innerhalb eines Jahres ist das weltweit übrigens rund 20-mal so viel Wasser, wie die gesamte Ostsee enthält. Außerdem gelangt Wasserdampf durch Verdunstung aus Seen und aus der Vegetation heraus in die Luft. Bäume sind dabei durch das Wurzelwerk in der Lage, Wasser aus tieferen Bodenschichten anzuzapfen.

Trotz dieser Wasserdampfzufuhr befinden sich nur rund 0,001 Prozent des gesamten Wasserhaushalts der Erde in der Atmosphäre. Damit liegt der Wasserdampfanteil dort gerade mal bei 0,25 Prozent. In der Troposphäre, der untersten Schicht unserer Atmosphäre, die bis rund 12 Kilometer (an den Polen 8 Kilometer, am Äquator 16 Kilometer) hinaufreicht und in der unser Wettergeschehen stattfindet, sind es im globalen Mittel etwa 1,5 Prozent. Durch die extremen Schwankungen, die bei diesem Gas auftreten können, können es lokal auch Konzentrationen bis zu 5 Prozent sein. Um Verwechselungen vorzubeugen: Bei diesen Prozentzahlen geht es um den Wasserdampfanteil bei der gesamten Luftzusammensetzung. Mit der relativen Luftfeuchtigkeit, die das Verhältnis von momentaner zu maximal möglicher Wasserdampfmenge in einem Luftpaket angibt, hat das nichts zu tun.

Die eingangs beschriebene atmosphärische Zirkulation auf unserer Erde ist das Ergebnis des Energietransports, und ein wesentlicher Mittelsmann ist dabei der Wasserdampf. Er erzeugt das für uns sichtbare Wettergeschehen, denn ohne ihn gäbe es zum Beispiel keine Wolken und keinen Regen. Ähnlich wie zuvor schon beim Nervengift Botulinumtoxin oder beim Kohlendioxid wird auch hier wieder deutlich, dass die Konzentration eines Stoffes nicht ausschlaggebend ist, sondern seine Wirkung. Schließlich »machen« nur 1,5 Prozent Wasserdampf das Wetter.

Ganz wichtig, damit man nicht durcheinanderkommt: Wasserdampf ist unsichtbar und geruchlos. Umgangssprachlich wird ja oft gesagt etwas »dampft«, zum Beispiel der Kochtopf auf dem heißen Herd. Bei dem »Dampf«, den man da sieht, handelt es sich aber um flüssiges Wasser – nämlich kleinste Wassertröpfchen. Und das ist eben genau *kein* Wasserdampf! Genauso bestehen auch Wolken aus kondensiertem Wasserdampf, und das ist nichts anderes als Wasser. Nur sind diese Wassertröpfchen sehr klein und daher in der Lage, in der Atmosphäre zu schweben. Wenn mal Nebel herrscht – was ja nichts anderes ist als eine tief liegende Wolke – und Sie in diesem herumspazieren, dann entgeht Ihnen vor allem als Brillenträger nicht, dass Sie mit kleinen Wassertröpfchen in Kontakt stehen.

Nun muss der Kreislauf noch geschlossen werden: Über Niederschläge gelangt das Wasser entweder direkt oder über den Umweg Land via Flüsse oder Grundwasser zurück in den Ozean.

Der Kohlenstoffkreislauf – warum wir auf der Uratmosphäre stehen

Im Zusammenhang mit dem Treibhauseffekt wurde ja bereits ausführlich über die Bedeutung des Kohlendioxids gesprochen. Es rückt in der Klimadebatte deshalb so sehr in den Fokus, weil die Hauptbestandteile der Atmosphäre, der Stick- und der Sauerstoff, durch ihr Absorptionsverhalten gar nichts zum Treibhauseffekt beitragen können, und auch das wichtigste Treibhausgas Wasserdampf hat wegen seiner Kurzlebigkeit und der Tatsache, dass der Mensch es quasi nicht emittiert, keine Bedeutung für den anthropogenen Anteil des Treibhauseffektes. Und da in den letzten Jahrzehnten auch keine wesentlichen Änderungen bei der Sonnenintensität gemessen werden konnten, kommt unseren Kohlendioxidemissionen erst eine so große Bedeutung zu. Denn notwendig bleibt ja der Erhalt eines energetischen Gleichgewichts im Klimasystem – und das kann unser Planet derzeit nur durch eine Erwärmung erreichen. Weil im Kohlendioxid auch Kohlenstoff (C für Carbonium) steckt, wird nun dessen Kreislauf genauer betrachtet.

Genau wie beim Wasserkreislauf gibt es natürlich auch beim Kohlenstoff einen Austausch zwischen den verschiedenen Reservoirs, in denen er langfristig gelagert ist. Für uns Menschen und andere Lebewesen ist Kohlenstoff deshalb von zentraler Bedeutung, weil er bei Temperaturen unter 100 Grad Celsius in der Lage ist, lange Kettenmoleküle zu bilden. Und aus diesen besteht so mancher Baustein des Lebens. Deshalb kommt er in unserem Körper auch ganz schön reichhaltig vor: 50 Prozent unserer festen Materie bestehen nämlich aus Kohlenstoff.

Das Hauptreservoir von Kohlenstoff sind die sogenannten Karbonatsedimente. Hier lagern 100 Millionen Gigatonnen Kohlenstoff. Um das in Tonnen auszudrücken, ist eine 1 mit 17 Nullen nötig. Die zweitgrößte Kohlenstofflagerstätte, die im Vergleich zu den Sedimenten, aus denen ganze Gebirge wie zum Beispiel die Dolomiten bestehen, schon verschwindend klein anmutet, ist der Ozean. Hier befinden sich knapp 40 000 Gigatonnen, über 38 000 davon im mittleren und tiefen Ozean. Nur ein kleiner Teil ist in der ozeanischen Deckschicht zu finden, wo es zu einem vergleichsweise zügigen Austausch mit der Atmosphäre kommt. Die Atmosphäre ist übrigens nach der Vegetation (550 Gigatonnen Kohlenstoff) mit ihren 750 Gigatonnen das zweitkleinste Kohlenstoffreservoir. Die Böden haben einen Anteil von rund 1500 und die fossilen Brennstoffe (Erdöl, Erdgas) umfassen etwa 5000 Gigatonnen Kohlenstoff. Letztere gelangen nun durch unser Zutun wieder in den Kreislauf, da wir Menschen sie mit hoher Geschwindigkeit verbrennen.

Ein Kohlenstoffatom, das wie der Wasserdampf unsichtbar und geruchlos ist, gelangt nach der Verbrennung in einen Teilkreislauf, in dem es für rund 100 000 Jahre zwischen Pflanzen, Erde, Luft und Wasser hin- und herpendelt. Danach kommt es in den Sedimenten vorläufig zur Ruhe. Aber wichtig ist das Wort »vorläufig«, denn diese Sedimente sind ebenfalls in Bewegung. Sie schieben sich langsam unter die Kontinente, die sie wiederum ins Erdinnere drücken, und unter hohem Druck und großer Hitze reagieren sie dort mit anderen Stoffen. Das Ergebnis sind neue Silicatgesteine, deren Produktion neues CO_2 freisetzt, das wieder in den Ozean beziehungsweise die Atmosphäre gelangt. Etwa 20 dieser »langen Zyklen« hat jedes Kohlenstoffatom seit Beginn der Erdgeschichte durchgemacht.

Das Sediment

Dass solche Kreisläufe auch eine Lebensgrundlage schaffen und somit zur Stabilität des gesamten »Organismus Erde« beitragen, zeigt der Prozess der Sedimentation: In der Deckschicht, der rund 500 Meter dicken, oberen Schicht des Ozeans, löst sich CO_2 und bildet zusammen mit Wasser die Kohlensäure. Diese Kohlensäure macht den Ozean bei zunehmendem Kohlendioxideintrag immer saurer – ein Problem, das später noch ausführlicher behandelt wird. Durch weitere chemische Reaktionen entsteht aus der Kohlensäure Karbonat. Dieses wiederum reagiert mit Kalziumionen, die durch die Verwitterung von Gestein entstehen, dessen Mineralien Flüsse und Bäche in den Ozean spülen. Das Ergebnis dieser Reaktion ist fester Kalk. Daraus wiederum bilden einige in der Deckschicht des Ozeans lebende Algen und einzellige Organismen Schalen. Sterben nun diese Organismen ab, sinken sie samt ihrer Kalkschale in die Tiefe des Meeres. Viele der absinkenden Partikel werden auf diesem Weg zwar von Mikroorganismen abgebaut oder chemisch gelöst, ein Teil gelangt aber bis zum Meeresboden – Sediment ist entstanden.

Denken Sie noch einmal zurück an die Klimazeitreise und die »Schlechtwetterperiode« vor mehr als 3 Milliarden Jahren. Die damalige Abkühlung und die daraus folgende Kondensation des Wasserdampfes führten nicht nur zur Bildung der Ozeane, sondern auch zum Auswaschen ungeheurer CO_2- und damit Kohlenstoffmengen. Davon stand reichlich zur Verfügung, schließlich hatte die Uratmosphäre höchstwahrscheinlich einen CO_2-Gehalt von rund 25 Prozent, also etwa 700-mal mehr als heute. Exakt nachprüfbar ist das natürlich nicht, denn Proben der damaligen Luft gibt es nicht mehr.

Mit Hilfe des beginnenden Lebens kam es nun zum oben beschriebenen Kohlenstoffkreislauf, und in den Weltmeeren türmte sich das Karbonatgestein mächtig auf. Die Plattentektonik schob es quer über den Erdball, und so falteten sich bei Zusammenstößen der Platten die Kohlenstoffgebirge auf. Anders ausgedrückt: Wenn wir heute auf einigen Alpen- oder Himalayagipfeln stehen und den Ausblick genießen, so stehen wir quasi auf den Resten dieser Uratmosphäre. Eine unterschiedliche »Kohlenstoffaufbewahrung« macht auch den entscheidenden Unterschied zwischen den ähnlich großen Planeten Venus und Erde aus. Bei uns steckt der Kohlenstoff vorwiegend im Gestein, auf der Venus als Gas in der Atmosphäre. Die Gesamtmengen sind aber vergleichbar. Übrigens können wir nicht nur auf der Uratmosphäre stehen, sondern auch in ihr schwimmen. Schließlich ist das heutige Wasser der Wasserdampf von damals.

Der »kurze Kreislauf«

Der »kurze«, etwa 100 000-jährige Kohlenstoffkreislauf wurde oben zwar schon erwähnt, soll jetzt aber noch ausführlicher erläutert werden. Ausgetauscht wird der Kohlenstoff zwischen Ozean und Atmosphäre sowie zwischen Biosphäre und Atmosphäre.

Beginnt man mit dem Austausch zwischen Ozean und Atmosphäre, so ist zunächst festzustellen, dass die Flussrichtung auch hier von »viel« zu »wenig« verläuft. Hat die Atmosphäre einen höheren CO_2-Partialdruck als der Ozean, dann strömt Kohlendioxid von der Atmosphäre zum Ozean; ist der Ozean hingegen »voll«, so bewegt sich das CO_2 von dort in die Atmosphäre. Seit Beginn der Industrialisierung hat sich das Kohlenstoffreservoir Atmosphäre von etwa 600 Gigatonnen Kohlenstoff auf die oben genannten 750 erhöht. Dies wird im Wesentlichen vom Menschen durch die Verbrennung fossiler Energieträger verursacht, deren Kohlenstoffatome sonst nicht in die Atmosphäre gelangen könnten. Deshalb ist dies der anthropogene Anteil des Kohlenstoffkreislaufs. Wieder ist es so, dass eine kleine Größenordnung, also eine Veränderung im zweitkleinsten Kohlenstoffreservoir, große Veränderungen nach sich ziehen kann, weil nämlich der natürliche Kreislauf aus dem Gleichgewicht gerät. Der Partialdruck von CO_2 in der Atmosphäre nimmt durch unseren Eintrag zu, und darum versucht diese, CO_2 an den Ozean abzugeben. Genau dies gelingt ihr momentan auch. Denn die Deckschicht des Meeres kann in verhältnismäßig kurzer Zeit, das heißt während einer Generation, rund 25 bis 30 Prozent des von uns Menschen emittierten Kohlendioxids aufnehmen und damit der Atmosphäre entziehen.

Würden unsere Emissionen in die Atmosphäre nicht so schnell erfolgen, könnte übrigens auch die tiefere Schicht des Ozeans beim CO_2-Abbau mithelfen. Sie ist in der Lage, rund 80 Prozent des zusätzlichen CO_2 zu »schlucken«, braucht dafür aber rund 500 bis 1000 Jahre. Verantwortlich für diese lange Dauer ist die nicht gerade hastig erfolgende Umwälzung des Ozeantiefenwassers, und so kommt die Hilfe von dieser Seite für uns zweifellos viel zu langsam. Sie merken aber erneut: Der Ozean hat für das Klima eine immense Bedeutung.

20 Prozent der anthropogenen Emission können zudem Vegetation und Böden aufnehmen. Der Rest, also etwa die Hälfte des zusätzlichen Kohlendioxids, ist seit Beginn der Industrialisierung in der Atmosphäre verblieben und hat dafür gesorgt, dass die Konzentration des Kohlendioxids hier von 0,028 Prozent in der vorindustriellen Zeit auf rund 0,038 Prozent heute gestiegen ist. An dieser Stelle wird klar, dass die Temperaturen auf der Erde ohne die Hilfe von Ozean und Vegetation deutlich stärker steigen würden, als sie es derzeit tun.

Die Biosphäre ist gleichzeitig Senke und Quelle für Kohlenstoff. Durch ihr »Atmen«, also durch die Photosynthese, sind Pflanzen in der Lage, Kohlenstoff in Form von Kohlendioxid aufzunehmen und in Traubenzucker und Sauerstoff umzuwandeln. In diesem Fall fungieren sie als Kohlenstoffsenke – sie nehmen ihn auf. Auf der anderen Seite bewirkt die Atmung von Tieren und Menschen unter

Sauerstoffverbrauch wieder eine CO_2-Freisetzung. Bei uns Menschen liegt dieser Wert allein durch die Atmung bei rund 350 bis 500 Kilogramm CO_2 pro Person und Jahr – da bringen knapp 7 Milliarden Individuen schon einen stattlichen Wert zustande. Das Atmen einzustellen wäre aus Sicht des Erdklimas also sicher ein prima Ansatz, um für Besserung zu sorgen, wenn es nicht nach wenigen Minuten zu ungleich größeren Problemen für die menschliche Gesellschaft käme ...

Nun aber wieder ernsthaft: Auch der Biomasseabbau, die Zersetzung von totem, organischem Material durch Mikroorganismen, setzt Kohlendioxid frei. In diesem Fall ist die Biosphäre ebenfalls eine Kohlenstoffquelle.

Die grüne Lunge

Die gesamte Erdoberfläche umfasst etwa 510 Millionen Quadratkilometer, davon sind 366 Millionen Quadratkilometer, also mehr als 70 Prozent, Wasserflächen. Von den Landflächen sind derzeit rund 40 Millionen Quadratkilometer Waldflächen, davon 8 Millionen Quadratkilometer Tropenwälder. Im Jahre 1750 umfasste die Waldfläche auf der Erde noch 52 Millionen Quadratkilometer. Heutzutage vernichtet der Mensch durch veränderte Bodennutzung jährlich etwa 130 000 Quadratkilometer Wald, der Nettoverlust liegt durch die natürliche Ausdehnung des Waldes und durch Wiederaufforstungsmaßnahmen jedoch »nur« bei 73 000 Quadratkilometern pro Jahr – das entspricht ziemlich präzise der Fläche der Beneluxstaaten. Dies sind zunächst einmal nur die nackten Zahlen.

Entscheidend ist aber – vor allem im Bezug auf die nachher beschriebenen Rückkopplungsprozesse – in welcher Region sich der Waldbestand wie ändert. So nimmt die Waldfläche in tropischen Ländern wie Brasilien, Indonesien und Nigeria um bis zu 5 Prozent pro Jahr ab, und wie dramatisch der Mensch eine Region letztlich verändern kann, sieht man an Äthiopien. Waren vor rund 100 Jahren noch 40 Prozent des Landes bewaldet, so sind es heute nur etwa 4 Prozent. Studien zeigen, dass die extremste Abholzung des Waldes von einer armen, schnell wachsenden Bevölkerung verursacht wird, die mit dem Holz heizt, es verkauft oder auf dem gerodeten Gebiet Anbau betreiben möchte. Bei uns in Europa nehmen die Waldflächen hingegen pro Jahr um etwa 6600 Quadratkilometer oder 0,1 Prozent zu.

Für den gesamten Globus liegt nun die Feststellung auf der Hand, dass der Rückgang des Waldbestandes die CO_2-Senke Biosphäre verkleinert, so dass mehr Kohlendioxid in der Atmosphäre verbleiben muss. Bei der Betrachtung der Rückkopplungsprozesse wird es zusätzlich noch um den Einfluss der Albedo in Zusammenhang mit einer veränderten Bewaldung gehen, und außerdem spielt die Eigenschaft des CO_2 eine Rolle, eine Art »Dünger« zu sein.

Der Mauna Loa

Wie eng das atmosphärische CO_2 mit der Vegetation gekoppelt ist, zeigt die berühmte Messreihe von Charles Keeling. 1958 begann er mit der bis heute ununterbrochen fortgeführten Messung des atmosphärischen CO_2-Gehalts, und zwar auf dem Vulkan Mauna Loa auf Hawaii. Das Observatorium ist auf knapp 3400 Metern Höhe gelegen und weit entfernt von jeglicher Kohlendioxidemissionsquelle. Weil sich das langlebige Treibhausgas in der gesamten Atmosphäre ausbreitet, lassen sich hier ungestört Messungen vornehmen.

Die mittlerweile 50-jährige Messreihe ist eines der zentralen Symbole des Klimawandels, weil sie den menschlichen Einfluss auf die Natur eindrücklich dokumentiert. Der Trend verläuft ganz regelmäßig nach oben, und zwar von 316 ppm zu Beginn der Messreihe zu 386 ppm Kohlendioxid 50 Jahre später – eine Steigerung von 22 Prozent. Der langfristige Trend überlagert die jahreszeitliche Variabilität, an der sich die Bedeutung der Vegetation für den atmosphärischen CO_2-Gehalt erkennen lässt.

Für die regelmäßigen jahreszeitlichen Schwankungen verantwortlich sind nämlich die Pflanzen auf unserer landreichen Nordhalbkugel. Sobald im Frühjahr und im Sommer Wachstumszeit herrscht, atmet die Vegetation eine große Menge an Kohlendioxid ein, entzieht es also der Atmosphäre. Die gemessene Konzentration nimmt ab, um jedoch im folgenden Herbst ein neues Maximum zu erreichen.

Neue Erkenntnisse

Will man die Prozesse, die derzeit zur Klimaänderung führen, gründlich erfassen, so ist das Verständnis des Kohlenstoffzyklus von zentraler Bedeutung. Derzeit sind die Lücken im Detailwissen aber noch groß, weshalb eine Vielzahl von Forschungsinstituten daran arbeitet, dieses Wissen zu mehren. Eine überraschende Erkenntnis war etwa die Tatsache, dass nur 7 bis 11 Prozent der europäischen CO_2-Emission von eigenen europäischen Ökosystemen gebunden werden können. Wichtig in diesem Zusammenhang ist, dass Mischwälder mehr Kohlendioxid aufnehmen als Monokulturen.

Auch die Wirkung des Hitzesommers 2003 ließ sich im Vorfeld nicht abschätzen. Untersuchungen ergaben, dass CO_2-freisetzende Mikroben bei Hitze richtig loslegen und in jenem Sommer deshalb in Europa etwa 500 Millionen Tonnen CO_2 mehr in die Atmosphäre gelangten, als man erwartet hatte. Das entspricht etwa der Menge, die die Wälder zwischen 1999 und 2002 zwischengespeichert hatten.

Auf der anderen Seite hat man festgestellt, dass das Pflanzenwachstum in einigen Regionen Deutschlands seit Beginn des 20. Jahrhunderts um rund 20 Prozent zugenommen hat. Liegt es an dem zusätzlichen Kohlendioxid und seiner Wirkung als Dünger oder an den höheren Temperaturen und der längeren Vegetationsperiode? Auch bei der CO_2-Aufnahmekapazität der Ozeane hat man neue Erkenntnisse gewonnen: Je kräftiger der Wind ist, desto mehr Kohlendioxid vermag der Ozean aufzunehmen.

Methan – das intensive Treibhausgas

Das nach dem Wasserdampf und dem Kohlendioxid drittwichtigste Gas, das am Treibhauseffekt beteiligt ist, ist das Methan (CH_4). Es ist sogar 21-mal intensiver in seiner Treibhauswirkung als das CO_2, aber es wird in einer viel geringeren Dosis vom Menschen emittiert. Dennoch hat sich die Methankonzentration seit Beginn der Industrialisierung mehr als verdoppelt, denn für 60 bis 80 Prozent der gesamten Methanemission zeichnet der Mensch verantwortlich. Freigesetzt wird es vor allem beim Abbau von organischem

Material, das nicht mit Sauerstoff in Berührung kommt, bei der Tierhaltung, dem Reisanbau, auf Mülldeponien sowie generell in Feuchtgebieten. Auch Erdgas ist eine Methanquelle. Jüngste Untersuchungen aus dem Jahr 2006 haben überraschend ergeben, dass auch lebende und damit mit Sauerstoff in Kontakt stehende Pflanzen Methan emittieren, die Mengen sind aber eher gering.

Die Atmosphäre selbst ist eine Senke für Methan, denn anders als Kohlendioxid wird es an der Luft chemisch abgebaut und oxidiert über Kohlenmonoxid zu Kohlendioxid – womit es natürlich klimawirksam bleibt. Die Folge ist aber, dass Methan nur rund acht Jahre in der Atmosphäre verweilt, weshalb eine Stabilisierung der Konzentration in einem recht kurzen Zeitraum erreichbar ist. Für lange Zeit stieg die Methankonzentration gleichmäßig an, doch seit den späten 1990er Jahren ist dieser Trend nicht mehr festzustellen. Die Werte liegen seither relativ konstant bei knapp 1800 ppb (parts per billion; das bedeutet, dass 1800 von einer Milliarde Luftmoleküle CH_4-Moleküle sind). Nach den Gründen für diese Entwicklung wird gegenwärtig gesucht, Klarheit besteht aber noch nicht. Anstiege der Methankonzentration wurden zuletzt nur noch in Jahren festgestellt, in denen es etwa ausgedehnte Waldbrände gab, wie 1998 oder 2003.

Warum tiefe Wasser nicht still sind

Im Verlauf des Buches habe ich immer wieder auf die Bedeutung des Ozeans für das Erd- und damit das Klimasystem hingewiesen. Bisher wurde deutlich, welch ungeheure Wassermassen er enthält und dass er an vielen Umwandlungsprozessen in den Stoffkreisläufen entscheidend mitwirkt. Das Wichtigste ist aber wohl die Tatsache, dass rund 50 Prozent des weltweit notwendigen Energietransports durch ihn und damit durch die Meeresströmungen erfolgen.

Die Anomalie des Wassers
Bevor das Wasser aber strömen darf, noch schnell ein Blick auf das Wassermolekül. Es ist nämlich asymmetrisch aufgebaut und dadurch bipolar, es hat also einen positiven und einen negativen Pol.

Deshalb ziehen sich Wassermoleküle gegenseitig an und es kommt zur Wasserstoffbrückenbildung. Sie sorgt für viele nützliche Eigenschaften des Wassers, wie zum Beispiel die Fähigkeit, in ihm andere Stoffe auflösen zu können. Außerdem weist das Wasser seine größte Dichte bei +4 Grad Celsius auf. Eis, das ja mit 0 Grad kälter ist, ist also leichter als Wasser, und folglich schwimmt es. Das kann man an den Eisbergen, von denen sich durch ihr Eigengewicht allerdings rund neun Zehntel der Masse unter Wasser befinden, ebenso sehen wie an der Tatsache, dass Seen im Winter von oben zufrieren. Und manch Wasserlebewesen wird dem Molekül für diese Asymmetrie danken, denn sonst fröre ein See ja von unten zu und Fische müssten bei Vereisung immer weiter nach oben ausweichen, bis sie auf der eisigen Oberfläche qualvoll verendeten. Gut also, dass manche Dinge so sind, wie sie sind.

Außerdem hat Wasser auch eine sehr hohe Wärmekapazität – also die Fähigkeit, Wärme zu speichern. Wir profitieren davon, dass das Meer extreme Temperaturausschläge dämpft, da sich das Wasser sowohl langsamer erwärmt als auch langsamer abkühlt als die Luft. An Nord- und Ostsee kann man deshalb im September oft noch baden, was im Mai – wo die Lufttemperaturen im Mittel ähnlich sind wie im September – nur den hartgesottensten Zeitgenossen vorbehalten ist. Zu guter Letzt sei noch darauf hingewiesen, dass ein symmetrisches Wassermolekül bei −80 Grad Celsius kochen und bei −110 Grad Celsius gefrieren würde. Nicht sehr praktisch für die Zubereitung einer heißen Mahlzeit oder für ein schönes wärmendes Bad in der kalten Jahreszeit.

Der Wind als Antrieb für die Meeresströmungen

Denkt man darüber nach, weshalb sich in unseren Ozeanen Meeresströmungen bilden, so kommt man sicherlich zuerst auf den Wind als Antrieb. Die großen Windsysteme, die die mittlere Zirkulation der Atmosphäre ausmachen, setzen durch den Windschub Wasser in Bewegung. Auch die Corioliskraft, die ja schon in der Luft zur Drehung von Hochs und Tiefs führt, hat einen Einfluss auf die Meeresströmungen, ebenso wie der Verlauf der Kontinente.

Besonders bekannt ist der Golfstrom, der gleich noch genauer betrachtet wird, aber auch der Humboldt- oder Perustrom vor der Südwestküste Südamerikas ist kein Unbekannter. Der Südostpassat drückt hier das warme Oberflächenwasser von der Landmasse weg, wodurch das nährstoffreiche kalte Tiefenwasser aufsteigt – neben der horizontalen Strömung kommt es also auch zum vertikalen Austausch von Wassermassen. Doch nur die Oberfläche des Ozeans steht mit dem Wind in Verbindung und wird durch ihn angetrieben. Diese Oberflächenschicht reicht etwa bis in eine Tiefe von 500, teilweise 800 Metern, und ihr oberster Teil, die Deckschicht, hat eine Tiefe von 10 bis 100 Metern. Dieser Teil ist am stärksten durchmischt und in Bewegung, die darunter befindlichen Schichten fließen nur langsam. Die Reibung an den Stellen, wo sich die Fließgeschwindigkeiten unterscheiden, führt daher zu Wirbeln und Turbulenzen unter Wasser.

Die vom Wind angetriebenen Meeresströmungen verlaufen meist breitenparallel, weshalb sie nur wenig zum nötigen Energietransport zwischen Äquator und Pol beitragen können. Vor allem aber macht der Wind lediglich 20 Prozent des gesamten Antriebes aus und beschränkt sich zudem auf die Meeresoberfläche – 80 Prozent des Antriebs fehlen bisher noch. Dazu werden wir gleich den Ozean dreidimensional betrachten.

Das Salz in der Suppe

Wie schon gezeigt wurde ist Wasser ein hervorragendes Lösungsmittel. So wird zum Beispiel Salz im Ozeanwasser gelöst, der mittlere Salzgehalt über alle Meere beträgt 34,7 Promille (in der Ozeanographie werden Konzentrationen zumeist pro Tausend angegeben). Dieses Salz verändert nun die Eigenschaften des Wassers erheblich. Zum einen wird der Gefrierpunkt auf in diesem Fall −1,9 Grad Celsius herabgesetzt. Diesen Effekt, nur mit deutlich höherer Salzkonzentration, nutzen wir auch beim Salzstreuen im Winter, um Straßenglätte zu vermeiden. Zum anderen sinkt im Salzwasser die Temperatur der größten Dichte ganz erheblich von +4 auf −3,8 Grad Celsius ab, also noch unter den Gefrierpunkt. Im Ozean passiert daher exakt das Gleiche wie in der Atmosphäre: Konvektion (vom lateinischen Wort *convehere*, mitnehmen).

Wie Wärme vertikal transportiert wird

Wenn sich die Atmosphäre tagsüber durch die Sonneneinstrahlung aufheizt, erwärmen sich die Luftpakete. Da wärmere Luft leichter ist als kältere, steigt sie auf. Wärme kann auf diese Weise von unten nach oben verlagert werden, und Menschen wie ich, die den Hobbys Gleitschirm- und Segelfliegen frönen, freuen sich, dass sie diese Aufwinde und damit die Kräfte der Natur nutzen können, um Höhe zu gewinnen.

Beim salzhaltigen Ozean bewirkt die Konvektion genau dasselbe, nur verfolgt man hier die Bewegung eines Wasserpaketes von der Oberfläche nach unten. Wird Wasser an der Oberfläche durch kalte Luft immer mehr abgekühlt, so wird es immer dichter und damit schwerer: Es sinkt ab und macht Platz für wärmeres Wasser aus der Tiefe. Konvektion transportiert also auch im Ozean Wärme und sorgt gemeinsam mit der Bewegung der Wasseroberfläche und mit dem durch den Salzgehalt tieferen Gefrierpunkt dafür, dass die Ozeane nur selten zufrieren. Bezogen auf die Dichte des Wassers hat Salz große Auswirkungen: Nur ein Promille mehr Salz erhöht sie so stark wie eine Abkühlung um 3 bis 4 Grad Celsius.

Die thermohaline Zirkulation

Wärme und Salz verändern also gemeinsam die Wasserdichte und sorgen dadurch für Bewegung in den Meeren. Diese Vorgänge werden auch als thermohaline Zirkulation bezeichnet. Die dabei entstehenden Vertikalbewegungen wurden mit Hilfe der Konvektion schon erklärt, fehlen also noch die horizontalen Bewegungen.

Und jetzt wird es spannend. Nehmen Sie sich einmal einen Atlas zur Hilfe und schauen sich die topographische Weltkarte an, wo ja auch die Berge zu sehen sind. Vielleicht erinnern Sie sich noch aus Schulzeiten, dass es bei uns – also in den mittleren Breiten – im Schnitt eine westliche Strömung gibt. Deswegen haben wir ja auch oft Westwetterlagen. Auch die Nordostpassate in den Subtropen der Nordhalbkugel haben Sie vielleicht noch parat oder kennen sie womöglich von den Kanarischen Inseln. Deren Nordostseiten liegen oft unter Wolken, weil der Nordostpassat die feuchte Meeresluft direkt gegen die Berge drückt, die Luft aufsteigen muss und sich durch die Abkühlung Wolken bilden. Gleichzeitig sind die Südseiten der Kanaren oft sonnig, heiß und entsprechend karg.

Nun schauen Sie noch mal auf die Weltkarte. Der nördliche Atlantik ist im Westen durch die USA begrenzt. Im Westen der USA wiederum befinden sich die Rocky Mountains – ein hohes, quer zur Strömung stehendes Gebirge. Auf deren Luvseite, also der windzugewandten Westseite, kommt es deshalb zu viel Niederschlag, auf der Leeseite ist es deutlich trockener. Niederschlagsmessungen über dem Nordatlantik zeigen, dass durch diese Berge weniger Feuchtigkeit zum Atlantik transportiert wird, als aus ihm verdunstet und über den flachen eurasischen Kontinent nach Osten verschwindet. Zusätzlich findet man in der Zone der Nordostpassate im Westen des Atlantiks das flache und schmale Mittelamerika. Hier kann ebenfalls viel mehr Wasserdampf abgeführt werden, als über den afrikanischen Kontinent zum Atlantik gelangt. Das heißt: Der Atlantik verliert im Mittel Wasser, der indische und der pazifische Ozean hingegen gewinnen welches hinzu. Dieser Wasserverlust des Atlantiks ist beträchtlich, denn er betrüge mehr als 15 Zentimeter im Jahr, wenn die Ozeane nicht miteinander verbunden wären. Durch diese Verbindung aber wird eine riesige Strömung in den Weltmeeren in Gang gesetzt, die die Unterschiede ausgleicht.

Jetzt wird es noch ein bisschen komplizierter, denn diese Strömungen finden ja nicht nur an der Meeresoberfläche statt, sondern auch in der Tiefe des Ozeans – man muss sich das Ganze also dreidimensional vorstellen. Und nun spielt das Salz eine erhebliche Rolle. Verdunstet mehr Atlantikwasser, wird es auch salzhaltiger, weil das Salz ja zurückbleibt. Der Atlantik muss somit nicht nur seinen Wasserverlust ausgleichen, sondern auch salzhaltigeres Wasser abtransportieren, um nicht mit der Zeit zu versalzen. Dies gelingt mit Hilfe von salzhaltigem und damit schwerem Tiefenwasser. Und damit der Atlantik Tiefenwasser abtransportieren kann, muss er es erst mal produzieren, oder anders ausgedrückt: Es muss im Atlantik Bereiche geben, in denen großräumig Oberflächenwasser in die Tiefe sinkt. Dies geschieht zum einen im Südatlantik und zum anderen im Nordatlantik zwischen Grönland, Island und Norwegen. Hier sitzen also die Pumpen, die die ozeanweite thermohaline Zirkulation antreiben.

Der Golfstrom und die Pumpe

Die Oberflächenzirkulation im Nordwestatlantik, wegen des Ursprungs im Golf von Mexiko auch Golfstrom genannt, führt warmes Wasser zunächst immer weiter nach Norden. Den Begriff Golfstrom verwenden die Ozeanographen übrigens nur für den Subtropenwirbel, der vor allem durch den Wind angetrieben wird. Sein verlängerter Arm, der bis nach Europa reicht, heißt Nordatlantikstrom, und erst er wird in entscheidendem Maß von der »Pumpe« bewegt.

Auf dem Weg des Wassers nach Norden nimmt der Salzgehalt durch Verdunstung zu und das Wasser wird, wie schon erklärt wurde, schwerer. Gleichzeitig kühlt es sich in nördlicheren Gefilden weiter ab, was sein Gewicht ebenfalls zunehmen lässt. Und bildet sich bei der Abkühlung später noch Eis, wobei das Salz im Wasser gelöst bleibt, ist ein drittes Argument gefunden, weshalb das Wasser schwerer wird. Diese Gewichtszunahme führt im Seegebiet zwischen Grönland, Island und Norwegen dazu, dass eine Art unsichtbarer Wasserfall entsteht. Er hat einen Durchmesser von rund 50 Kilometern, und damit sich dort kein »Wasserloch« bildet, wird sogleich neues Wasser angezogen – der Antrieb des Nordatlantikstroms. Deshalb spricht man von der Pumpe, und deshalb kann das warme Wasser aus dem Süden überhaupt so weit nach Norden vordringen.

Die Kombination aus Windschub und thermohaliner Zirkulation führt am Ende zu einer sich selbst antreibenden globalen Ozeanzirkulation, die stets in Bewegung bleibt. Die Wassermenge, die dadurch innerhalb der Meere bewegt wird, ist unvorstellbar groß, umfasst sie doch etwa das 20-Fache dessen, was alle Flüsse auf der Erde zusammen bewegen. Trotzdem dauert es sehr lange, bis ein Wassermolekül die ganze Runde gedreht hat: nämlich etwa 500 bis 1000 Jahre. Was die Ozeane tun, ist also nichts anderes, als untereinander den Wasserspiegel und den Salzgehalt auszugleichen, und sie transportieren dabei gleichzeitig Energie von den Überschussgebieten in Regionen, die unterversorgt sind. Das Prinzip ist wissenschaftlich verstanden, doch es gibt noch viele unbekannte Details, die erst durch – im tiefen Ozean gar nicht so leicht machbare – Messungen entdeckt werden müssen.

Gefühlte 1500 Kilometer

Der Golfstrom und der aus ihm resultierende Nordatlantikstrom sind also ein kleiner Teil dieser weltweiten Wasserbewegung. Dennoch werden hierbei 1,2 Billiarden Watt (wieder sind 15 Nullen nötig), die Leistung von mehreren Hunderttausend Kraftwerken, transportiert. Die Folgen dieses Transports spüren wir an den klimatischen Bedingungen. Selbst der Hamburger, der so manches Mal mit dem dortigen Schmuddelwetter zu kämpfen hat, freut sich wohl über den Nordatlantikstrom. Hamburg liegt ganz knapp nördlich des 53. Breitengrades, der kanadische Luftwaffenstützpunkt Goose Bay in der Provinz Labrador und Neufundland ebenso. Nur genießt der Hamburger im Juli eine Mitteltemperatur von 17 Grad, während man sich in Goose Bay mit 10 Grad begnügen muss. Der Januar fällt noch heftiger aus. Sind es in Hamburg 0 Grad, so werden in einem durchschnittlichen Goose-Bay-Januar –15 Grad gemessen. Diesen Unterschied verdanken wir schlicht und einfach unserer »gigantischen Fernheizung« Nordatlantikstrom. Insgesamt ist festzustellen, dass die Klimazonen Europas bezogen auf ihren Breitenkreis dadurch rund 1500 Kilometer weiter nördlich liegen, als das sonst der Fall wäre. Grund zur Freude!

Über die Zirkulation im Ozean habe ich deshalb so ausführlich berichtet, weil erst durch das Verständnis der ablaufenden Prozesse klar wird, weshalb der (tiefe) Ozean so träge auf Vorgänge reagiert, die sich in der Atmosphäre abspielen. Mit dieser Kenntnis lassen sich Rückkopplungsprozesse, an denen der Ozean beteiligt ist, besser einschätzen. Eine andere wichtige Rolle spielen natürliche Schwankungen in Ozean und Atmosphäre.

El Niño – das Christkind

Können Sie sich noch an ein paar Zeitungs- und Zeitschriftenartikel aus den 1980er Jahren erinnern? Damals haben die Medien im Zusammenhang mit unserem Wetter »El Niño« für sich entdeckt. Urplötzlich wurde fast jedes Unwetter auf dieses Ereignis zurückgeführt. Das klang auch alles sehr aufregend und übte viel Faszination aus, doch schon damals hatte die Wissenschaft längst herausgefunden, dass »El Niño« sich praktisch nicht auf das europäische Wetter auswirkt – wohl aber auf andere Regionen dieser Welt.

Seinen Ursprung hat die Bezeichnung »das Christkind« in Peru. Alle etwa drei bis sieben Jahre beobachteten die Fischer dort um die Weihnachtszeit herum – deshalb der Name – das Verschwinden der für sie so wichtigen großen Fischschwärme. Dies wiederum lag daran, dass die Wassertemperaturen für einen Zeitraum von meist rund einem Jahr viel höher ausfielen, als das normalerweise der Fall ist. Teilweise kam es zu Anomalien von rund 5 Grad, wie es beim besonders starken Ereignis 1997/98 der Fall war. Dies ist auch einer der Gründe, weshalb die globale Mitteltemperatur 1998 derart hoch ausgefallen ist.

Weiter oben habe ich bereits den Humboldtstrom erwähnt und mit ihm die Tatsache, dass die Südostpassate vor Südamerika das warme Oberflächenwasser nach Westen drücken, so dass kälteres und nährstoffreicheres Tiefenwasser nach oben quillt. Dies ist der Grund für die zahlreichen Fischschwärme in dieser Gegend. Lassen nun die Passatwinde nach, dann wird das warme Wasser nicht mehr von der Küste weggedrückt und es schwappt obendrein warmes Wasser aus dem westlichen Pazifik gegen die peruanische Küste. Ergebnis: Es gibt kaum Fische, da das warme Wasser nährstoffarm ist.

Da das ozeanische Phänomen »El Niño« mit den Passatwinden und damit mit den Vorgängen in der Atmosphäre verknüpft ist, spielt hier auch die sogenannte »südliche Oszillation« in der Atmosphäre eine Rolle. Normalerweise herrscht über dem Ostpazifik im Bereich rund um Peru hoher Luftdruck und Wüstenklima, über Indonesien und den Philippinen hingegen tiefer Druck mit oft kräftigen tropischen Regengüssen. Und zwischen diesen Drucksystemen weht der Südostpassat, weil der Wind die Luftdruckunterschiede auszugleichen trachtet. Steigt nun der Luftdruck über Indonesien, werden die Druckdifferenzen schwächer und somit auch der Südostpassat. Man kann hieran prima erkennen, wie Ozean und Atmosphäre einen Prozess gemeinsam verstärken.

Für den quasi-zyklischen Charakter – von regelmäßigem Zyklus kann nicht gesprochen werden – sorgen verschiedene Prozesse. Die Auslösung hängt zumeist mit Westwindperioden in den östlichen Philippinen zusammen und das Ende mit einer einsetzenden besseren Durchmischung der ozeanischen Deckschicht. Dadurch sinken die Wasseroberflächentemperaturen, was zur Folge hat, dass die Luft weniger erwärmt wird und deshalb nicht mehr aufsteigt. Der Luftdruck über dem Ostpazifik steigt, die Südostpassate intensivieren sich wieder.

Eine Art »Schaukel« ist also entstanden. Das Pendeln hin zur Warmwasseranomalie ist »El Niño«, die Kaltwasseranomalie heißt »La Niña«. Das Jahr 2008 war beispielsweise ein »La Niña«-Jahr. Damit hängt auch zusammen, dass die Mitteltemperatur auf unserem Globus etwas niedriger ausgefallen ist als in den Jahren davor. Doch immerhin lag 2008 selbst mit dieser natürlichen Kälteanomalie noch auf Platz 10 der wärmsten Jahre seit 1890 und zeigt damit einmal mehr den starken Erwärmungstrend der letzten Jahre.

Das gesamte Phänomen mit ozeanischen und atmosphärischen Prozessen wird als ENSO-Phänomen (»El Niño«/Southern Oscillation) bezeichnet. ENSO zeigt nicht nur, dass aus dem Zusammenwirken verschiedener Sphären des Klimasystems natürlich angetriebene Schwingungen entstehen, sondern es zeigt auch, dass die Atmosphäre die Fähigkeit zur Fernwirkung hat. In »El Niño«-Jahren kommt es beispielsweise zu Dürren in Südostasien und Australien sowie zu verstärkten Niederschlägen an der südamerikanischen Westküste. Aber auch der indische Monsun wird beeinflusst, und selbst Teile der südlichen USA weisen Anomalien auf. Europa ist – wie erwähnt – mit diesen Ereignissen nahezu nicht korreliert.

»El Niño« lässt sich mittlerweile mit Computermodellen in Zeiträumen von sechs bis zwölf Monaten vor dem Ereignis prognostizieren. Das zeigt, dass wesentliche Zusammenhänge richtig verstanden wurden, und dies ist auch die Grundlage für Jahreszeitenvorhersagen, die von verschiedenen Wetterdiensten mit zunehmendem Erfolg angeboten werden. Solche Vorhersagezeiträume stellen ein Zwischenstück zwischen Wetter- und Klimasimulation dar und sie geben an, mit welcher Wahrscheinlichkeit in welcher Region beispielsweise die Temperaturen im Sommer zu hoch oder zu niedrig ausfallen werden. Einzelne Wetterereignisse entziehen sich jedoch, wie schon gezeigt wurde, solchen Prognosezeiträumen.

Neuere Studien zeigen nun, dass eine Erwärmung der Erde einen Klimazustand nach sich ziehen könnte, der einer Art permanentem »El Niño« entspricht. Darauf wird im Kapitel *Auf welche Welt müssen wir uns einstellen?* noch eingegangen.

Die Nordatlantische Oszillation

Auch in Europa gibt es eine wichtige Oszillation, bei der die Kopplung von Ozean und Atmosphäre eine Rolle spielt. Sie heißt Nordatlantische Oszillation und wird durch den NAO-Index beschrieben. Sie schwankt auf verschiedensten Zeitskalen, die sich überlagern, daher ist eine regelmäßige Oszillation kaum festzustellen. Gegenstand der Forschung ist es derzeit herauszufinden, ob und wie viel Determinismus in den Schwankungen steckt

Sie kennen sicher das berühmte Azorenhoch, das uns vor allem dann beschäftigt, wenn es in kühlen Sommern nicht den Weg zu uns findet. Ihm gegenüber stehen die Islandtiefs, die unser Wetter ebenfalls entscheidend beeinflussen. Ist der Luftdruckunterschied zwischen diesen beiden Systemen nun besonders groß, ergibt das einen positiven NAO-Index. Das bedeutet, dass unser Wetter maritimer beeinflusst wird: Die Westwinde fallen kräftig aus, die Temperaturunterschiede sind geringer und es kommt zu häufigeren Niederschlägen, nicht selten auch zu flächendeckenden Stürmen. Sind nun umgekehrt Azorenhoch und Islandtief schwächer ausgeprägt, so ist der NAO-Index negativ und das europäische Wetter ist kontinentaler beeinflusst. Nord- und Südlagen setzen sich viel leichter durch. Die Folge sind erheblich größere Temperaturunterschiede – wir spüren dann extremeres Wetter, weil der ausgleichende Ozeaneinfluss fehlt. Durch die größeren Temperaturgegensätze bauen sich zudem auch kräftigere Gewittergüsse auf, oft von Hagel und lokalen Sturmböen begleitet.

Betrachtet man die Nordatlantische Oszillation über einen längeren Zeitraum, so fällt auf, dass der Index bis in die 1990er Jahre recht hoch war, nun aber, vor allem seit 2004, deutlich niedriger ausfällt. Eine mögliche dynamische Wechselwirkung mit dem Ozean wird derzeit weiter erforscht. Klimamodelle zeigen beim Szenario weiterer Erwärmung eine leichte Intensivierung sowie auch eine Veränderung des räumlichen Musters der NAO, was eine Änderung der Tiefdruckaktivität über Europa zur Folge hätte.

ENSO und NAO sind sicher die bekanntesten Oszillationen, aber es gibt noch weitere, die jedoch nur am Rande erwähnt seien. Der NAO beispielsweise ist vermutlich in eine Arktische Oszillation eingebettet, und auch in der Antarktis ist eine solche Schwankung bekannt: die Antarktische Zirkumpolarwelle. Und der Pazifik bietet neben ENSO noch mindestens eine weitere Schwingung, die Pazifische-Dekaden-Oszillation. All diese Prozesse machen deutlich, wie stark die Sphären zusammenwirken und dass die Vorgänge schon ohne einen menschgemachten Einfluss sehr komplex sind. Das lässt uns erahnen, wie schwer es ist, unseren Einfluss auf diese Oszillationen und, noch größer, auf das ganze Erdsystem zu quantifizieren.

Von Aerosolen, Wolken und Regen

Dass Wasser sowohl in fester, flüssiger und gasförmiger Form auf der Erde ein Schlüssel zum Leben ist, steht wohl außer Zweifel. In Gestalt von Wolken und Regen lässt es allerdings die Köpfe so mancher Forscher rauchen. Das sind zwei Phänomene, die man sich aber auch als Nichtforscher während besonders trostloser Wetterphasen gerne mal zur Hölle wünscht. Doch wenn wir längere Zeit in kargen Urlaubsgebieten oder sogar in Wüsten wie der Sahara zugebracht haben, dann ändert sich unsere Meinung schnell wieder. Wir genießen das Nass, das Grün und auch die wundervollen Formen, die uns die Wolken am sonst eher öden Himmel präsentieren.

Für Klimaprognosen sind Wolken und Regen aber ein entscheidender Knackpunkt, weil sie ordentlich zur Unsicherheit bei der Berechnung des zukünftigen Klimas beitragen. Im Kapitel über die Klimamodellierbarkeit war schon zu sehen, dass es sich bei Wolken und Regen um Prozesse handelt, die weit unterhalb der Maschenweite der Computermodelle liegen. Sie schlüpfen quasi durch das mathematische Gitter des Modells, sie sind einfach zu kleinräumig und zu schnell in ihrer Entwicklung und ihrem Verschwinden. Deshalb müssen sie parametrisiert werden.

Doch ohne Frage haben sie viel Einfluss auf unser Klima. Wolke ist nämlich nicht gleich Wolke. Tiefe, dicke Wolken sorgen für eine Abkühlung, weil sie das Sonnenlicht stark reflektieren und die Wärme zurück ins Weltall werfen. Wenn es von den Temperaturen her gerade mal für ein Sonnenbad reicht, können wir das bestens fühlen: In dem Moment, wo die Sonne hinter einer Wolke verschwindet, wird es frisch, und wir beginnen schnellstens damit, den Himmel nach den nächsten größeren Lücken abzusuchen und bei deren Ausbleiben frustriert etwas überzuziehen. Dünne hohe Wolken, die Cirren, tragen hingegen eher zur Erwärmung bei, weil sie das kurzwellige Sonnenlicht relativ ungehindert passieren lassen, die langwellige Strahlung vom Boden aber kaum. Und gleichzeitig ist ihre eigene langwellige Abstrahlung recht gering, weil sie sich in großer Höhe und damit Kälte befinden.

Die entscheidenden Prozesse, die zur Wolkenbildung führen, sind die Konvektion und das großräumige Aufsteigen von Luftmassen an Gebirgen sowie an den Frontensystemen unserer Tiefdruckgebiete. Bei all diesen Hebungsprozessen passiert Folgendes: Die angehobene Luft gelangt unter geringeren Luftdruck, da dieser mit der Höhe abnimmt. Je weniger Druck von außen auf ein Luftpaket wirkt, desto mehr kann es sich ausdehnen. Seine Dichte nimmt also ab, und das hat nach den thermodynamischen

Gesetzen eine Abkühlung zur Folge. Da nun kältere Luft viel weniger Wasserdampf aufnehmen kann als wärmere, ist die Luft irgendwann gesättigt und der Wasserdampf kondensiert zu Wasser, also zu kleinen Wolkentröpfchen. Die Temperatur, bei der die Kondensation einsetzt, heißt übrigens Taupunkt, und so wird bei der Wolke deren Untergrenze oder – für Flieger – deren Basis markiert. Der Wassertropfen braucht zu Beginn der Kondensation jedoch irgendeinen Gegenstand, an dem er sich »festhalten« kann, also einen Kondensationskeim: das Aerosol.

Aerosole und ihre weitreichende Wirkung

Aerosole sind mickrig klein und doch unglaublich bedeutend. Unsere Luft ist voll von diesen kleinen Teilchen aus fester Materie mit einem Durchmesser von vorwiegend 0,01 bis 1 Mikrometer (μm). Ein Kubikzentimeter Luft enthält bei »sauberen Verhältnissen« 20 bis 500, in ländlich besiedelten Gebieten 1000 bis 20 000 und in Städten bis zu einer Million solcher Aerosole. Diese Zahlenwerte machen eindrücklich klar, welchen großen Anteil der Mensch an ihrer Existenz hat.

In der Natur sind Staubpartikel, Pollen und Meersalz die häufigsten Formen des Aerosols, und sie werden vom Wind in die Atmosphäre getragen. Der Mensch erzeugt durch die Verbrennung fossiler Energieträger sowie beim Verbrennen von Biomasse (zum Beispiel Brandrodung) kohlenstoffhaltige, nitrathaltige und sulfathaltige Aerosole – letztere werden auch bei Vulkanausbrüchen freigesetzt.

Aerosole verändern auch die Himmelsfarbe. So konnte man nach Ausbruch des Krakatau im Jahr 1883 in Indien länger als eine Stunde nach Sonnenuntergang zunächst ein gelbes, dann ein orangefarbenes und schließlich ein tiefrotes Farbenspiel beobachten. Das ist in diesen Breiten normalerweise gar nicht möglich, geht die Sonne hier doch sehr schnell unter. Edvard Munch schrieb dazu im Tagebuch über die Lichterscheinungen, die auch in Europa sichtbar waren: »Plötzlich färbte sich der Himmel blutrot, die Wolken als Blut und Flammen hingen über dem blauschwarzen Fjord und der Stadt.« Völlig unabhängig vom vulkanischen Geschehen legt sich in vielen Großstädten dieser Erde eine regelrechte Dunstglocke über die dort lebenden Menschen, so dass selbst an sonnigen Tagen der Himmel einen weißlichen Eindruck macht und die fallenden Schatten gar nicht klar umrandet sind. Ein eher bedrückender Zustand.

Die wichtigste Feststellung ist sicherlich, dass die Aerosole eine abkühlende Wirkung haben, denn sie reflektieren einen Teil des Sonnenlichtes und streuen es ins Weltall zurück. Wie stark die Abkühlung ist, hängt im Einzelfall nicht nur von der Größe des Aerosols ab, sondern auch von seiner chemischen Zusammensetzung. Zudem sind die Aerosole in den tieferen Atmosphärenschichten nur für etwa vier bis fünf Tage zu finden, ehe sie zu Boden sinken oder durch Niederschläge ausgewaschen werden. Das Ergebnis ist, dass sie sich im Unterschied zu den langlebigen Treibhausgasen nicht gleichmäßig in der Atmosphäre verteilen können, sondern vornehmlich an ihrem Entstehungsort verweilen. Damit entfachen sie ihre abkühlende Wirkung natürlich entsprechend ungleichmäßig über den Globus.

In der Stratosphäre, in 20 bis 50 Kilometern Höhe und damit oberhalb unseres Wettergeschehens, können Aerosole nicht mehr durch Niederschlag ausgewaschen werden und halten sich daher viel länger. Dementsprechend ist der durch Vulkanausbrüche vorübergehend verursachte Temperaturrückgang recht drastisch, denn ein solcher Ausbruch schleudert Staubteilchen mühelos in diese Höhen. Während die bodennahen Temperaturen dadurch abnehmen, wird es in der Stratosphäre durch Absorption und Strahlung der Vulkanaerosole hingegen deutlich wärmer.

Das Reflektieren der kurzwelligen Sonnenstrahlung ist eine direkte Wirkung der Aerosole, aber es gibt noch einige indirekte Wirkungen. Je mehr Partikel sich nämlich in der Luft befinden, je mehr Kondensationskeime also da sind, desto leichter bilden sich Wolken. Somit wirken die Aerosole auch durch die vermehrte Entstehung von Wolken. Die Folge kann – wie oben beschrieben je nach Wolkenart – sowohl eine Erwärmung als auch eine Abkühlung sein.

Aber damit nicht genug. Stehen für die gleiche Menge Wasserdampf mehr Aerosole zur Verfügung, so bilden sich mehr Wassertröpfchen, die jedoch entsprechend kleiner sind. Dies zieht zwei Reaktionen nach sich: Zum einen fallen kleinere Tropfen weniger gern aus der Wolke, weil sie leichter sind. Insofern wird die »Regenfreude« einer Wolke in verschmutzten Regionen zunächst gebremst. Zum anderen führt eine Erhöhung der Tröpfchenzahl dazu, dass die Wolke weißer erscheint. Das Ergebnis davon: Sie reflektiert und streut das Sonnenlicht stärker, die Abkühlung wird größer.

Es wird aber noch etwas komplexer: Da die Aerosole Sonnenstrahlen absorbieren und reflektieren, werden die Temperaturen in verschiedenen Höhen verändert – die vertikale Schichtung der Atmosphäre wird also beeinflusst. Infolgedessen können sich auch die Windgeschwindigkeiten ändern, und das wirbelt möglicherweise mehr Staub auf. Die Aerosolzahl wächst. Wenn wir uns dann noch dunkle Rußpartikel anschauen, wird deutlich, dass sie ähnliche Wirkungen wie Treibhausgase entfachen dürften, weil dunkle Bereiche mehr Wärme absorbieren – dies ist jedoch nur ein theoretischer Ansatz, hinreichende Messungen liegen nicht vor. Sollte jetzt ihr Kopf rauchen, dann schnaufen Sie kurz durch und lesen die letzten Zeilen eventuell noch mal. An diesen Zeilen können Sie nämlich hervorragend erkennen, dass das Prinzip »eine Ursache – eine Wirkung« im Klimasystem einfach nicht stimmen kann.

Da Aerosole insgesamt eher eine abkühlende Wirkung haben, kann dies im ersten Moment natürlich Freude auslösen, wird dadurch die Erwärmung doch abgebremst. Klimamodelle rechnen zum Beispiel für China in den kommenden 100 Jahren mit einer Nettoabkühlung – wegen der durch den Menschen freigesetzten Aerosole, da die Luftverschmutzung hier massiv zunimmt. Kühlende Abgase als Lösung für das Problem, das wärmende Abgase verursachen? Die Freude endet, denn das kann keine Lösung sein.

Doch eines wird deutlich: Die Aerosole müssen in der Klimamodellierung mit betrachtet werden und werden es auch seit vielen Jahren. Bevor das so war, wiesen die Berechnungen deshalb einen zu starken Temperaturanstieg auf. Vor allem die Sulfataerosole, die durch starke Schwefelemissionen in der Mitte des 20. Jahrhunderts entstanden sind, können ein Grund für den zwischen 1940 und 1970 aufgetretenen Rückgang der Temperaturen sein. Als die Luft durch Emissionsbegrenzungen sauberer wurde, stiegen auch die Temperaturen wieder an, weil dieser Effekt die Oberhand gewann.

Saurer Regen und Waldsterben

Beim Thema Schwefelemission ist ein kurzer Einschub zum Thema Waldsterben wichtig, denn ein paar Parallelen zum Klimawandel sind festzustellen. In den 1980er Jahren wurde das Schwefeldioxid unter dem Stichwort »saurer Regen« als ganz entscheidender Faktor für die zunehmende Erkrankung unserer Wälder verantwortlich gemacht. Dem ist auch so, wobei damals wie heute klar war, dass auch hier nicht eine Ursache die Wirkung nach sich zieht, sondern eine Verquickung vieler biotischer und abiotischer Faktoren. In den Medien explodierte das Thema damals förmlich, mit dem Ergebnis, dass sich viele von uns schon für die 1990er Jahre einen entlaubten, toten Wald vorstellten. Als dieses von keinem Wissenschaftler erwartete Szenario ausblieb, wurde schnell der Vorwurf der Hysterie laut: »Guckt mal, da ist doch gar nichts passiert, warum wurde denn so ein Geschrei gemacht? Das sind doch alles übertriebene und falsche Prognosen gewesen!« Hier finde ich jetzt wieder Gelegenheit für ein »Halt, stopp, langsam«. Zum einen war das Extremszenario ja gar keine Prognose, sondern es ist langsam und mit medialer Unterstützung in unserer Fantasie gewachsen. Zum anderen blieb man keineswegs passiv, sondern es wurde entscheidend gegen das Waldsterben und damit gegen die Emissionen gekämpft. So gab man umgerechnet fast 200 Millionen Euro für die Waldsanierung aus, und insbesondere konnte die Emission von Schwefeldioxid durch Filteranlagen und den Zusammenbruch der ostdeutschen Wirtschaft immens vermindert werden. Waren es in Deutschland 1980 noch 7,5 Millionen Tonnen SO_2, die emittiert wurden, sank der Wert 1993 auf 2,9 Millionen Tonnen und betrug 2005 gar nur noch 560 Tausend Tonnen. Ein Rückgang von 93 Prozent! Das dieser massive Rückgang Auswirkungen hat, ist klar und erfreulich. Grundlos verbesserte sich die Prognose für den Wald also nicht – trotzdem sind derzeit nur 28

Prozent unseres Waldes vollkommen gesund. Das entgeht uns oft, ist doch der Zustand unseres Waldes im Moment kein großes Medienthema.

Kurzum: Würden wir bei der Kohlendioxidemission ebenfalls eine Reduktion von 93 Prozent schaffen (wovon wir meilenweitest entfernt sind!), dann dürften wir auch mit einem anderen Erwärmungstrend rechnen, als es uns die heutigen Prognosen zeigen. Und dann wäre das Klimathema vielleicht zu Recht nur noch eine Randnotiz.

Wie Regen entsteht

Zurück zu den Wolken und zu »richtigem« Regen. Regen entsteht durch das Zusammenwachsen der Wolkentröpfchen, wobei die großen Tropfen auf Kosten der kleinen wachsen. Irgendwann sind sie zu schwer und fallen herunter – es regnet. Allerdings ist diese Erklärung nur für Nieselregen geeignet. Stärkere Regengüsse bedürfen einer Eisphase in den hochreichenden Wolkentürmen. Weil Wasserdampf auf Eis leichter kondensiert als auf Wasser, wachsen die Eiskristalle auf Kosten der Tropfen. Dieses Wachstum kann sich fortsetzen, solange die Aufwinde in der Wolke ausreichen, dass der Eisklumpen nicht herausfällt. Irgendwann ist er jedoch – genau wie der wachsende Wassertropfen – zu schwer und fällt. Fällt das Eis nun ausreichend lange durch warme Luft, so schmilzt es, und es kommt zu stärkerem Regen. Schafft es das Eis hingegen nicht, vor dem Aufprall zu tauen, heißt es Deckung suchen – es beginnt zu hageln. Da Regen, Hagel oder auch Schnee an Wolken gebunden sind, sind natürlich auch Niederschläge kleinräumig und viel schwerer zu prognostizieren als beispielsweise Temperaturen.

Der Luftverkehr und seine selbst gemachten Wolken

Im Zusammenhang mit den Wolken sollten auch die »selbst gemachten« Wolken genannt werden: die durch den Luftverkehr in großer Höhe erzeugten Kondensstreifen. Sie sind meist in 8 bis 13 Kilometern Höhe zu finden und entstehen im Temperaturbereich von −35 bis −70 Grad. Verbrennt das Flugzeugtriebwerk 1 Kilogramm Kerosin, so entstehen 1,25 Kilogramm Wasserdampf und 3 Kilogramm Kohlendioxid, aber auch Stickoxide und Ruß.

Da die Luft dort oben ungeheuer kalt ist, kann sie wenig Wasserdampf aufnehmen und es kommt schnell zur Kondensation. Wir sehen eine lang gestreckte Wolke dort, wo das Flugzeug zuvor entlanggeflogen ist. Dies passiert vor allem dann, wenn die Luft ohnehin schon stark mit Feuchtigkeit angereichert war, so dass nur noch wenig dazukommen muss, um die Sättigung zu erreichen und damit Kondensation stattfinden zu lassen. Ein langer und sich lang haltender Kondensstreifen zeigt daher an, dass die Luft in der Höhe feucht ist – er ist damit ein Hinweis auf eine Wetterverschlechterung.

Die Kondensstreifen sind somit quasi hohe Schleierwolken und tragen damit, wie zuvor bereits erwähnt, netto zur Erwärmung bei. Wichtig ist aber festzuhalten, dass ihr Beitrag viele Jahre lang überschätzt wurde (etwa um den Faktor drei). Messungen zeigen, dass die Kondensstreifenbedeckung des Himmels auf stark beflogenen Routen etwa 0,5 Prozent ausmacht, im Vergleich zu 20 Prozent natürlich entstandener Cirren. Entsprechend errechnen die Klimamodelle, dass der Anteil der Kondensstreifen am gesamten Temperaturanstieg derzeit nur 0,05 Grad beträgt, also nicht gerade erheblich ist.

Natürlich verursacht der Luftverkehr nicht nur Kondensstreifen, sondern vor allem erhebliche CO_2-Emissionen. Deshalb – und das wird gegen Ende des Buches thematisiert – bleibt es sinnvoll, Flugreisen dann zu vermeiden, wenn es mögliche Alternativen gibt. Zumal das emittierte Kohlendioxid in der Höhe stärker wirkt als in Bodennähe. Die Wissenschaft diskutiert hier über einen Faktor von 1,2 bis 4,7. Außerdem kommen die Stickoxide dazu, die eine Lebensdauer von einigen Wochen haben und zur Ozonbildung und dadurch ebenfalls zur Erwärmung beitragen. Doch es gibt auch eine gegengerichtete Wirkung, denn Stickoxide bauen das Treibhausgas Methan ab, was ihren Beitrag zur Erwärmung wieder etwas reduziert.

2,2 Prozent

Da ich in der Einleitung ja versprochen habe, Größenordnungen auch einzuordnen, sind mir die folgenden Zeilen immens wichtig. Wird das Thema Klimawandel behandelt, so steht der Flugverkehr fast immer sofort im Mittelpunkt der Diskussion, und dabei wird uns nicht selten suggeriert, dass man durch Verzicht auf das Flugzeug einen Großteil des Klimaproblems lösen könne. Dem ist nicht so, macht doch der Luftverkehr heute nur 2,2 Prozent der weltweiten CO_2-Emission aus, oder anders herum geschrieben: für 97,8 Prozent unseres Kohlendioxidausstoßes können die Flugzeuge nichts. Selbst wenn man den oben erwähnten Faktor wegen der großen Höhe einrechnet und berücksichtigt, dass die Emissionen vermutlich weiter zunehmen, weil der Luftverkehr eine überproportional wachsende Branche ist, ist es wichtig, die Relationen nicht aus den Augen zu verlieren.

In der Luftfahrt gibt es zudem starke Bestrebungen, den CO_2-Ausstoß pro Flugkilometer weiter deutlich zu reduzieren. Obendrein ist es bereits gelungen, die Steigerung der Emissionen von Jahr zu Jahr auf rund 2 bis 3 Prozent zu beschränken, während die Flugverkehrsleistungen um mehr als 5 Prozent zunahmen. Ein moderner Jet verbraucht heute bei voller Besetzung rund 3 Liter Kerosin pro Person auf 100 Kilometer. An solchen Zahlen ist zu sehen, dass die technische Weiterentwicklung einer der Schlüssel zum Erfolg im Kampf gegen den Klimawandel ist.

Weil wir gerade bei Relationen sind: Weltweit gibt es heute etwas mehr als eine Milliarde Computer, die im Einsatz sind. Um sie alle zu betreiben, muss so viel Energie produziert werden, dass der CO_2-Ausstoß am Ende ziemlich exakt genau so hoch ist wie beim gesamten Luftverkehr.

Wenn das Eis schmilzt

Nun zu einem Themenkreis, der bisher noch gar nicht erörtert wurde: die Kryosphäre, also die eisbedeckten Flächen der Erde. Sie sind eine Art Frühwarnsystem, denn an ihnen sind die Klimaveränderungen am stärksten zu bemerken. Wir Menschen in Europa erhalten einen Eindruck dieser massiven Veränderungen der letzten Jahre jedoch nur über Bilder und Berichterstattungen. In unserem Alltag zu Hause erleben wir davon nämlich nichts.

Besondere Aufmerksamkeit hat wohl eine Meldung im September 2007 erlangt, nach der die Nordwestpassage zwischen Atlantik und Pazifik erstmals für normale Schiffe passierbar wurde, da sich das Eis so weit wie noch nie seit 1978 (dem Beginn der regelmäßigen Satellitenbeobachtungen) zurückgezogen hatte. Der September ist am Ende des Nordsommers stets der Monat mit der geringsten Eisbedeckung der Arktis, und in der Tat gab es dort im September 2007 nur noch eine Eisfläche von 4,14 Millionen Quadratkilometern, deutlich über eine Million Quadratkilometer weniger als in den Septembermonaten der beiden Jahre zuvor. Im global etwas kühleren Jahr 2008 lag dieses Minimum wieder bei 4,59 Millionen Quadratkilometern – trotz dieses Anstiegs die zweigeringste jemals gemessene Eisausdehnung bisher. Betrachtet man einen langen Zeitraum, nämlich den seit Ende der 1970er Jahre, so hat sich die Meereisausdehnung in den Septembermonaten um etwa 20 Prozent verringert. Der Mittelwert lag zwischen 1979 und 2004 bei 6 bis 7,5 Millionen Quadratkilometern.

Wichtig bei der Betrachtung der Zahlen ist also auch hier wieder, zwischen kurzfristigen Schwankungen und langfristigem Trend zu unterscheiden. Nach einem Extremwert wie im Jahr 2007 ist weder zu erwarten, dass die Eisschmelze ab jetzt *immer* im zehnfachen Tempo fortschreitet, noch, dass ein *einzelnes* Jahr mit mehr Eis diesen abnehmenden Trend alleine unterbricht. Vielmehr war sogar zu erwarten, dass nach einem extremen Wert wieder ein »normalerer« Wert auftritt. Der Trend zur Eisabnahme betrifft im Übrigen nicht nur die Eisausdehnung, sondern auch die Eisdicke. Sie geht derzeit pro Jahrzehnt um knapp 10 Prozent zurück, wie Mikrowellendetektoren zeigen.

Die Unsicherheit unter den Forschern, wann die Arktis im Sommer eisfrei sein wird, nimmt durch die neusten Messungen zu. Dass es so kommt, darüber ist man sich überwiegend einig. War bisher das Jahr 2080 am häufigsten genannt, so tauchen jetzt immer öfter die Jahre 2030 bis 2040 auf, und einige Studien halten sogar einen weitaus früheren Zeitpunkt für möglich. Grund für die jüngste Beschleunigung ist mit hoher Wahrscheinlichkeit die Wirkung der schon erwähnten Eis-Albedo-Rückkopplung. Und zusätzlich tritt auch der Wind mit auf den Plan. Denn ist das Eis hinreichend dünn, so schafft er es leichter, die Eisflächen zu zerteilen. Und viele kleine Eisbruchstücke können erheblich leichter vom umgebenden wärmeren Wasser »angenagt« werden als eine große, quasi durch sich selbst geschützte Eisfläche.

Dass die Nordwestpassage im Sommer auch für Handelsschiffe passierbar wird – bei der derzeitigen Entwicklung ab etwa 2015 – ist einerseits besorgniserregend, weil es die unmittelbar bevorstehenden Veränderungen offenbart, andererseits von Vorteil, können doch auf diese Weise ewig lange und damit ressourcenverbrauchende Schiffsrouten über den Panamakanal erheblich verkürzt werden. Auch hier zeigt sich, dass jede Medaille zwei Seiten hat.

Am Südpol sind die Verhältnisse deutlich schwieriger zu interpretieren. Hier sei zunächst darauf hingewiesen, dass die Temperaturen auf der antarktischen Halbinsel – hier erstreckt sich dieser Kontinent am weitesten nach Norden – seit 1950 mit 2,5 Grad erheblich zugenommen haben (zum Vergleich: global waren es in diesem Zeitraum etwa 0,5 Grad). Damit hat sich natürlich der Eisrückgang weiter beschleunigt. So löste sich das in den letzten 10 000 Jahren stabile und 3250 Quadratkilometer große Larsen-B-Schelf zwischen Ende Januar und Anfang März 2002 auf. Schelfeis bezeichnet Eis, das auf dem Meer, meist in Buchten, schwimmt, aber von einem Gletscher an Land stammt und noch fest mit ihm verbunden ist. Schelfe sind meist 200 bis 1000 Meter dick. Anders sind die Verhältnisse aber auf dem großen Rest der Antarktis. Zwar treten hier auch vermehrt Schelfeisabbrüche auf, doch nimmt die Temperatur dabei nicht zu. Der größte Teil der Antarktis ist quasi von der globalen Erwärmung abgekoppelt. Weshalb das aller Wahrscheinlichkeit nach so ist, wird an späterer Stelle im Zusammenhang mit weiteren Rückkopplungen erläutert.

Auch viele Gletscher, unter anderem die Alpengletscher, ziehen sich mit hoher Geschwindigkeit zurück. Verschiedene Vergleichsfotos zeigen das eindrücklich. Deshalb versucht man zum Beispiel auf der Zugspitze, den dortigen Gletscher im Sommer mit riesigen Plastikplanen am Schmelzen zu hindern – ein teures Unterfangen, was den Prozess allenfalls verzögert, aber letztlich wohl nicht verhindern kann. Steigen die Temperaturen um 3 Grad, so werden wohl 80 Prozent der Alpengletscher verschwinden, bei 5 Grad ist »unser« Hochgebirge eisfrei.

Die Folgen für Eisbär und Co.

Das Schmelzen des Eises – egal, ob an den Polen oder auf den höchsten Bergen – schränkt den Lebensraum der dort lebenden Fauna drastisch ein. So ist der Eisbär etwa zur Ikone des Klimawandels geworden. Auch wenn es im nächsten Teil des Buches ausführlich um Argumente und Gegenargumente beim Thema Klimawandel geht, möchte ich anhand des Eisbären einen kleinen Vorgeschmack liefern, wie Argumentationsketten wirken, wenn man sie nicht zu Ende führt. Das ist vergleichbar mit dem Thema Waldsterben: Das Wichtigste ist hierbei, immer zu erwähnen, dass man die Schwefeldioxidemission um 93 Prozent reduziert hat. Wenn man das verschweigt, ist der Weg frei für den Vorwurf, dass man damals wohl alles übertrieben und falsch prognostiziert hat. Nennt man den Zahlenwert hingegen, wird dieser Vorwurf obsolet – die Verbesserung der Situation ist zum großen Teil unserem Handeln zu verdanken.

Machen wir das Gleiche beim Eisbären. Die Population des Eisbären beträgt heute etwa 22 000 freilebende Tiere, 1950 waren es 5000 Tiere. Wird nun zu diesen Zahlen nichts mehr gesagt, so wird man als Leser erstens vermutlich überrascht sein, wenn man sich mit dem Thema bisher nicht beschäftigt hat. Und im zweiten Schritt empfänglich für das Argument, dass die Situation ja so schlimm wohl nicht sein kann, hat sich die Population doch mehr als vervierfacht. Vielleicht ist man sogar ein bisschen glücklich – erstens wegen der erfreulichen Nachrichten für den Eisbären, der uns doch dank Knut so ans Herz gewachsen ist; zweitens, weil man mit Zahlenwissen denjenigen »überführen« kann, der seine Sorge über den schrumpfenden Lebensraum dieser Tierart zum Ausdruck bringt und so vor dem Klimawandel warnt.

Aber es fehlte bisher ja jeglicher Hinweis, weshalb sich die Population so vergrößert hat. Sicher nicht wegen einer Ausdehnung des Lebensraumes, denn die hat es ja nicht gegeben. Der Schlüssel liegt schlicht in einer Erholung der Population durch ein Artenschutzabkommen aus dem Jahr 1967, das verhinderte, dass der Eisbär durch Pelztierjäger völlig ausgerottet wurde – was zu Beginn des 20. Jahrhunderts fast passiert wäre. Böse gesprochen führt also obiger Zahlenvergleich nur zu der wenig überraschenden Erkenntnis, dass ein Tier besser lebt, wenn wir es nicht erschießen. Hilfreicher sind deshalb jüngere Studien, die zeigen, dass zum Beispiel in der südlichsten Eisbärpopulation der Welt, in der kanadischen Hudson Bay, heute 22 Prozent weniger Eisbären leben als noch 1987. Auch haben Untersuchungen gezeigt, dass die Tiere heute im Mittel kleiner sind als vor 1990 und dass heute nur 43 Prozent der Bären das erste Lebensjahr überleben. Anfang der 1990er Jahre erreichten dieses Alter noch 65 Prozent der Eisbären.

Das Meer erobert Land

Auf dem Höhepunkt der letzten Eiszeit vor 20 000 Jahren waren rund 30 Prozent der Landoberfläche von Eis bedeckt. Heute sind es rund 10 Prozent (15 Millionen Quadratkilometer) – mit sinkender Tendenz. Knapp 90 Prozent des Inlandeisvolumens finden sich in der Antarktis; der Grönländische Eisschild macht 10 Prozent aus; alle Gletscher der Welt kommen zusammen auf verhaltene 0,6 Prozent. Zum Inlandeis muss noch das Meereis hinzugerechnet werden. Seine Fläche beträgt im Jahresmittel 22,5 Millionen Quadratkilometer, so dass insgesamt etwas mehr als 7 Prozent der Erdoberfläche eisbedeckt sind.

Bezogen auf Veränderungen des Meeresspiegels hat letztgenanntes Eis beim Schmelzen keine Auswirkungen, denn die Eismasse befindet sich ja bereits auf dem Wasser und beansprucht schon ihren Platz. Anders beim Eis auf dem Land. Schmilzt es und fließt deshalb ins Meer, so erhöht sich natürlich der Meeresspiegel. Rechnet man die Eisvolumina auf die daraus entstehende Wassermenge um und vergleicht sie mit der weltweiten Gesamtwassermenge in den Ozeanen, so sind im Grönländischen Eisschild rund 7 Meter Meeresspiegel gespeichert, der gleiche Wert ergibt sich auch bei der Umwandlung des westantarktischen Eises zu Wasser. Noch beeindruckender ist jedoch der Beitrag der ostantarktischen Eismasse. Würde sie abschmelzen, ginge es mit dem Meeresniveau um mehr als 60 Meter nach oben. Diese Gefahr besteht jedoch nicht, da die Ausgangstemperaturen so tief sind, dass es selbst bei einem noch massiveren Anstieg der Temperaturen als es die unerfreulichsten Szenarien zeigen, nicht zu einem Abschmelzprozess kommt.

Nebenbei sei noch erwähnt, dass der Meeresspiegel derzeit vor allem durch die thermische Ausdehnung steigt – wärmeres Wasser braucht mehr Platz. Würde die Temperatur des gesamten Ozeanwassers um 1 Grad steigen, so stiege der Meeresspiegel um etwa 25 bis 50 Zentimeter. Schlagartig kann das aber nicht passieren, denn die beschriebenen langfristigen Prozesse im Ozean haben ja verdeutlicht, wie viel Zeit das tiefe Wasser braucht, um auf eine durch die Atmosphäre verursachte Erwärmung zu reagieren.

Um Schwankungen beim Meeresspiegel besser einordnen zu können, werfen wir an dieser Stelle kurz einen Blick auf seine Entwicklung. Seit dem Höhepunkt der letzten Eiszeit ist er in der Summe um rund 120 Meter gestiegen. Zunächst kräftig mit oft mehr als einem Meter pro Jahrhundert, vor 8000 Jahren verlangsamte sich aber der Anstieg und kam vor rund 2000 Jahren zum Stillstand. Auch das 18. Jahrhundert kann man mit nur 2 Zentimetern noch quasi als Stillstand bezeichnen, im 19. Jahrhundert beschleunigte sich der Anstieg wieder auf 6 und im 20. Jahrhundert auf über 15 Zentimeter.

Derzeit werden folgende Veränderungen beobachtet: Von 1870 bis 2004 hat sich der Meeresspiegel um knapp 20 Zentimeter erhöht. Aktuelle Satellitenmessungen zeigen eine Zunahme des Anstiegs auf etwa 2,5 bis 3 Millimeter pro Jahr (das entspräche 25 bis 30 Zentimeter in 100 Jahren), während lokale Messungen die Rate unverändert mit 1,5 bis 2 Millimetern pro Jahr oder 15 bis 20 Zentimetern in 100 Jahren ausweisen. Den Meeresspiegel zu messen ist nicht so einfach, weil einzelne Ozeanregionen um −20 bis +25 Zentimeter vom mittleren Wert abweichen. Dies wird vorwiegend durch Meeresströmungen verursacht.

Das Ozonloch und was wir daraus lernen können

Vom Ozean zum Ozon. Im Zusammenhang mit dem Klimawandel müsste das Ozon eigentlich ausschließlich wegen seiner Wirkung als Treibhausgas betrachtet werden. Viel bekannter ist es jedoch durch das in den 1970er Jahren erstmals in der Antarktis entdeckte und durch uns Menschen verursachte Ozonloch. Das Ozonloch zeigt einerseits – ähnlich wie das Waldsterben – die Beeinflussung der Umwelt durch den Menschen, aber andererseits auch, dass wir in der Lage sind, erfolgreich gegenzusteuern. Denn in absehbarer Zeit wird sich das Ozonloch wieder verkleinern. Aber der Reihe nach.

Die wichtigste Funktion des Ozons besteht darin, die Landlebewesen vor der gefährlichen kurzwelligen Sonnenstrahlung, der UV-B-Strahlung, zu schützen. Dafür ist das Ozon in der Höhe zuständig, so wie es bereits bei der Betrachtung der Klimageschichte beschrieben wurde. 90 Prozent des gesamten Ozons befinden sich in der Stratosphäre, jener Schicht, die oberhalb unserer Wettersphäre, der Troposphäre, liegt. Das meiste davon findet sich in Höhen zwischen 15 und 35 Kilometern. »Das meiste« klingt nach viel, ist es aber nicht. Die Mittelwerte der gesunden Ozonschicht liegen nämlich zwischen 280 und 440 Dobson Units. Diese Einheit bedeutet nichts anderes, als dass die Dicke dieser Ozonschicht, würde man sie unter normalen Druckverhältnissen komplett auf den Boden »legen«, 2,8 bis 4,4 Millimeter betrüge. Ein weiteres Zeichen dafür, dass die Konzentration eines Stoffes nichts darüber aussagt, wie groß seine Wirkung ist. Trotz ihrer »Dünnhäutigkeit« sorgt erst diese Schicht dafür, dass es Leben an Land und in den oberen Wasserschichten geben kann. Ohne sie würden lebenswichtige Proteine ebenso zerstört wie die DNA, die unsere Erbinformationen trägt. Schäden kann es bereits bei einer dünneren Ozonschicht geben, weshalb dann vermehrt Hautkrebs auftritt.

Da dieses »gute« Ozon in der Stratosphäre kurzwellige UV-Strahlung absorbiert, strahlt es auch Wärme ab. Das hat zur Folge, dass die Temperatur in der Stratosphäre mit der Höhe wieder zunimmt – anders als in der Troposphäre, wo gilt »je höher, desto kälter«. In der Stratosphäre liegt also immer die wärmere und damit leichtere über der kälteren, schwereren Luftmasse. Bei einer solchen Schichtung kann es kaum zu vertikalem Austausch kommen, und damit ist das Geschehen in dieser Höhe weitestgehend von dem darunter abgekoppelt. Daher endet auch jede noch so stark aufstrebende Gewitterwolke hier, so dass sie zur Bildung eines in die Breite gehenden, ambossartigen Eiskristallplateaus gezwungen wird, was ihr das charakteristische Aussehen und den einfachen Namen »Cumulonimbus capillatus incus« verleiht. Aber was noch viel wichtiger ist: Es führt dazu, dass nur sehr langlebige Gase in die Stratosphäre vordringen können wie beispielsweise die Fluorchlorkohlenwasserstoffe (FCKW). FCKW können je nach Typ 50 bis über 100 Jahre in der Atmosphäre verweilen und verteilen sich in dieser langen Zeit gleichmäßig in der Luft. Sie sind ausschließlich menschlichen Ursprungs – sie kommen in der Natur nicht vor.

Bevor es um deren Wirkung in Bezug auf das Ozonloch geht, noch der Hinweis, dass den 90 Prozent stratosphärischen Ozons noch 10 Prozent troposphärisches Ozon gegenüberstehen. Da Ozon für Mensch und Tier ein Giftgas ist, das die Atemwege schädigt, sollte die Konzentration des bodennahen, »schlechten« Ozons möglichst gering bleiben. Durch Verbrennungsvorgänge setzen wir jedoch Stickoxide frei, die durch photochemische Prozesse wiederum zur Bildung von Ozon beitragen. So haben wir seit der industriellen Revolution im 19. Jahrhundert den bodennahen Anteil mehr als verdoppelt.

Eine Schutzschicht verschwindet

Zunächst einmal ist die Bezeichnung »Ozonloch« genau genommen falsch. Es gibt nämlich kein wirkliches Loch in der stratosphärischen Ozondecke, aber eine vorübergehend deutlich dünnere Schicht. Man spricht bei Werten unter 220 Dobson Units vom Ozonloch, es wurden aber auch schon Werte unter 100 Dobson Units gemessen. Am dünnsten wird die schützende Ozonschicht regelmäßig Ende September über der Antarktis, wenn dort der

Frühling beginnt und die lange Polarnacht mit der über den Horizont steigenden Sonne endet. Die Fläche des Ozonlochs betrug in den extremsten Jahren, 1998 und 2006, 25 beziehungsweise etwas über 27 Millionen Quadratkilometer. Auch auf der Nordhemisphäre treten mittlerweile im Frühjahr deutliche Ozonreduktionen auf, an die der Südhemisphäre können sie in ihrer Intensität aber nicht heranreichen.

Um die Ozonschicht über der Antarktis derart anzugreifen, müssen sich verschiedene Prozesse miteinander verzahnen und ein paar Voraussetzungen gegeben sein. Die Sonne muss aufgehen; es muss zuvor polare stratosphärische Wolken gegeben haben, die nur bei extremer Kälte entstehen; es braucht einen Kontinent, der wie die Antarktis am Pol liegt und gleichzeitig vollständig vom Meer umgeben ist; und es braucht genug Chlor, denn ein einziges Chloratom ist in der Lage, 100 000 Ozonmoleküle zu zerstören. Letzteres lieferte der Mensch durch die FCKW, weshalb wir auch ganz alleine für das Ozonloch verantwortlich zeichnen.

Jetzt müssen die Zutaten nur noch in die richtige Reihenfolge gebracht werden: Fangen wir mit der Lage der Antarktis an. Sie ist fast kreisrund um den Südpol angeordnet und erhält dort wenig Sonnenenergie. Demzufolge ist sie vereist, und deshalb wird von dieser wenigen Sonnenenergie durch die hohe Albedo auch noch rund 90 Prozent zurückgeworfen. Gleichzeitig ist die Antarktis auch ein bergiger und damit hoch gelegener Kontinent, was die Kälte nochmals vergrößert. Da es im Südwinter dort zudem monatelang dunkel ist, können Temperaturen von unter –60 Grad mühelos erreicht werden. Der Temperaturrekord der Antarktis und damit auch der ganzen Welt wurde übrigens an der russischen Station Vostok am 21. Juli 1983 gemessen. Auf der knapp 3500 Meter hoch gelegenen Station herrschten an diesem Tag winterlich anmutende –89,2 Grad Celsius.

Nun ist dieser Kältepol von im Vergleich dazu »warmem« Wasser mit Temperaturen um den Gefrierpunkt umgeben. Atmosphärisches Ergebnis: Im Winter bildet sich der antarktische Polarwirbel über der kalten Landmasse aus. Diese gegen von außen einströmende wärmere Luft abgeschirmte Zirkulation hält die Luft quasi gefangen, und mangels Einstrahlung kühlt sie sich weiter ab. Sinken dabei die Temperaturen in der Stratosphäre unter −78 Grad ab, so bilden sich polare stratosphärische Wolken. An den Eiskristallen dieser Wolken entsteht durch chemische Prozesse Chlorgas, und zwar umso mehr, desto mehr Chlor – eingetragen durch unsere langlebigen FCKW – zur Verfügung steht. Solange es dunkel ist, ist Chlorgas stabil. Geht aber die Sonne auf, zerstört die kurzwellige Sonnenstrahlung das Chlorgas, sie photolysiert es zu zwei Chloratomen. Trifft nun ein solches Chloratom auf ein Ozon-Molekül, zerstört es dieses und verbindet sich zu Chlormonoxid und Sauerstoff. Der Ozonabbau durch die Photolyse hält so lange an, bis die Erwärmung dazu beiträgt, dass sich keine polaren stratosphärischen Wolken mehr bilden können und sich auch der Polarwirbel abschwächt. Luft aus niedrigeren Breiten mischt sich dann wieder unter die antarktische Luft, das Ozonloch löst sich wieder auf – bis zum nächsten polaren Sonnenaufgang.

Da es auf der Nordhalbkugel durch die völlig andere Verteilung von Landmasse und Ozean nicht zu einem abgeschlossenen Wirbel kommt, sondern sich oft mehrere kleine Strukturen bilden, denen immer wieder Mischluft zugeführt wird, reicht die Kälte meist nicht aus, um die nötigen Eiswolken entstehen zu lassen – deshalb ist das Ozonloch auf der Südhalbkugel viel intensiver als bei uns.

Wie der Zufall eine Katastrophe verhinderte

Als die Menschheit begann, FCKW herzustellen, um sie als Kältemittel, Treibgas in Spraydosen, Treibmittel für Schaumstoffe und Lösungsmittel einzusetzen, waren niemandem die Auswirkungen auf die Ozonschicht bekannt. Das Ozonloch war damit im Nachhinein eine ungeheure, eine nicht vorhersehbare Überraschung. Es hat die in den 1970er Jahren noch bestehende Haltung, der »kleine Mensch« können die »riesige Natur« nicht beeinflussen, grundlegend verändert.

Trotzdem: Wir können sehr froh sein, das Chlor damals besser und billiger zu bekommen war als das Element Brom. Hätte man nämlich damals nicht FCKW, sondern FBKW – eben mit Brom statt

Chlor – entwickelt, hätte unser Planet einer Apokalypse wohl kaum entgehen können. Die Eigenschaften von Brom und Chlor sind sich bezogen auf den geplanten Einsatz so ähnlich, dass beide zur Herstellung geeignet wären. Nur reagiert Brom noch viel intensiver mit Ozon als Chlor. Das hätte schon Mitte der 1970er Jahre ein Riesenozonloch zur Folge gehabt, und zwar nicht nur über der Antarktis, sondern über der ganzen Welt. Wie leicht es zu völlig unerwarteten Überraschungen beim Einmischen des Menschen in die Natur kommen kann, ist an diesem Beispiel hervorragend zu sehen.

Aufatmen

Nach diesem Schreck für die Menschheit kam es zu einer positiven und vor allem schnellen Entwicklung. Wurden 1985 überhaupt erst die entscheidenden Messungen zum Ozonschwund veröffentlicht, so gipfelten die neuen Erkenntnisse schon 1987 im Montrealer Abkommen. Es trat 1989 in Kraft und sorgte für einen erheblichen, fast vollständigen Stopp der FCKW-Emissionen. Auch wenn sich ein Rückgang der Konzentrationen noch kaum beobachten lässt, weil die Verweildauer in der Atmosphäre so lange Zeiträume umfasst, so kann das Ende des Ozonlochs schon jetzt ganz gut datiert werden. Zwar wird es in den kommenden 20 Jahren kaum Veränderungen geben, doch danach wird es schrumpfen. Man kann zwischen 2060 und 2075 wieder damit rechnen, Verhältnisse wie vor 1980 anzutreffen. Das zeigt, dass die menschliche Gesellschaft etwas erreichen kann, wenn sie will und muss: Diese Geschichte wird wohl ein Happy End haben.

Allerdings müssen wir auf dieses Happy End 10 bis 25 Jahre länger warten, als 2002 noch gemutmaßt wurde. Grund dafür ist ausgerechnet der Klimawandel, namentlich der Temperaturanstieg in Bodennähe, der mit einer Abkühlung der Stratosphäre einhergeht. Diese Abkühlung macht es nämlich den stratosphärischen Wolken wieder leichter, sich zu bilden und für einen längeren Zeitraum zu existieren, mit allen oben beschriebenen Folgen für die Ozonschicht. Außerdem könnte die Veränderung der Luftzirkulation in der Stratosphäre gerade auf der Nordhalbkugel eine Verstärkung der winterlichen Polarwirbel verursachen. Ergebnis: eine vorübergehende Intensivierung des Ozonlochs bei uns. Wieder einmal wirkt sich also eine Veränderung auf die andere aus. Rückkopplungen allüberall – und deshalb rücken sie jetzt in den Fokus.

Der Stein, der andere ins Rollen bringt

Einen Überblick über das Erdsystem und die auf unterschiedlichste Art beteiligten Komponenten zu bekommen, ist nicht ganz leicht – das hat das vorherige Kapitel sicher gezeigt. Für mich war das Schreiben an vielen Stellen jedenfalls spannend und ich hoffe, dass der eine oder andere Funke auf Sie übergesprungen ist. Immer wieder wurden dabei Rückkopplungen erwähnt, also die verstärkende oder abschwächende Wirkung eines Prozesses auf einen oder mehrere andere, und es wurden einige Beispiele gezeigt, etwa bei den Aerosolen. Um zu weitreichende Ausflüge in einzelne Details zu verhindern, habe ich allerdings die komplexeren Rückkopplungsmechanismen bisher vor mir hergeschoben. Das soll sich nun ändern, und so wird im folgenden Kapitel auf das bisherige Grundgerüst aufgebaut. Drehen wir also jetzt einfach mal an ein paar Schrauben im Klimasystem und lassen uns davon überraschen, was das womöglich für Folgen hat ...

Die Strahlkraft von Eis und Schnee

Schon im Kapitel über die Klimageschichte wurde dieser Effekt behandelt: Sorgt eine einsetzende Erwärmung dafür, dass eis- oder schneebedeckte Flächen schmelzen, so verschwindet immer mehr weiße Fläche und an ihre Stelle treten dunklere Bereiche. Da die Albedo, also das Rückstrahlvermögen, über dunklen Flächen deutlich geringer ist als über weißen, kann nun viel mehr Strahlung absorbiert und damit Wärme erzeugt werden – der ohnehin schon stattfindende Temperaturanstieg beschleunigt sich weiter. Angrenzende Gebiete mit Eisbedeckung tauen deshalb ebenfalls schneller, und es geht so in die nächste Runde mit noch mehr dunkler

Oberfläche und noch kleinerer Albedo. Einen sich selbst verstärkenden Effekt nennt man positive Rückkopplung. Sie endet erst, wenn ihr andere Effekte entgegenwirken.

Betrachtet man die Temperaturveränderungen auf verschiedenen Breitengraden, so ist diese Rückkopplung der Grund dafür, weshalb sich die Polarregionen stärker erwärmen als die schnee- und eisfreien Gebiete. Modellrechnungen zeigen, dass bis zum Ende dieses Jahrhunderts mit einem globalen Temperaturanstieg von rund 3 Grad zu rechnen ist, doch über Teilen der Westantarktis sind 4 bis 5 und über der Arktis sogar 7 bis 8 Grad möglich.

Das »seltsame« Verhalten der Antarktis

Eisschilde sind keineswegs starre Gebilde, sondern sie unterliegen stets Fließbewegungen, die durch ihr eigenes Gewicht hervorgerufen werden. Man kann diese Bewegung mit den Augen nicht wahrnehmen, weil alles viel zu langsam abläuft. Manchmal ist es jedoch zu hören, wenn man an einer Gletscherzunge steht und sich Eismassen gerade in dem Moment unter lautem Knacken und Rumoren gegeneinander verschieben. Würde man sich einen Zeitrafferfilm der Eisbewegung ansehen, so sähe alles wie fließendes, weißes Wasser aus. Im Idealfall befinden sich Gletscher in einem dynamischen Gleichgewicht, denn dann kommt so viel neue Masse in Form von Schnee dazu, wie durch Schmelzen und Kalben, also dem Abbrechen von Eis an seinem Rand, verloren geht. Niederschlagsmenge und Temperatur bestimmen also die Massenbilanz.

Da sich 90 Prozent des Eises der Erde auf der Antarktis befinden, liegt es nahe, zunächst dorthin zu schauen. Sie ist zwar weit von uns entfernt, aber für das Klima umso wichtiger. Das war schon mehrmals und nicht zuletzt auch im Zusammenhang mit dem Ozonloch zu sehen. Aber wenn Sie sich über die Klimaänderungen in der Antarktis informieren, dann werden Sie wahrscheinlich schnell durcheinanderkommen. Da wird geschrieben von riesigen Eisabbrüchen – wie dem schon genannten Larsen-B-Eisschelf – und überproportionaler Erwärmung, dann wieder von einer Zunahme der Eisdecke und der Tatsache, dass sich doch über 90 Prozent der

Antarktis abkühlen. Und plötzlich weisen jüngste Studien darauf hin, dass sich wieder mehr Eisberge an den Küsten finden und die Ozeantemperaturen teilweise zurückgehen, teilweise aber auch steigen.

Das kann doch alles gleichzeitig nicht sein, was für ein Chaos! Ist der Kontinent einfach zu weit weg und sind wir deshalb nicht in der Lage, eindeutige Informationen zu bekommen? Wohl kaum. Aber was ist dann los? Wie passt das alles zusammen? Endlich wieder Zeit für ein »Halt, stopp, langsam!«. Wir müssen hier »einfach« alles in die richtige Reihenfolge bringen, dann werden Sie sehen, dass gar kein Widerspruch existiert – aber das funktioniert nur, wenn man viele Rückkopplungen gemeinsam anschaut. Erst dann ergibt sich ein logisches Konstrukt, ein Sinn. Reißt man Einzelteile aus dem Zusammenhang, so wird es verwirrend, und wenn man diese dann noch als Argumente für oder gegen einen menschengemachten Klimawandel einsetzt, ist es kontraproduktiv. Denn durch das Herausreißen aus dem Zusammenhang können völlig gegensätzliche Aussagen jeweils durch Studien belegbar werden – so wie man durch ein Zitat, das aus dem Zusammenhang gerissen wird, eine Aussage »belegen« kann, die die zitierte Person so nie gemacht hat. Sortieren wir also nun die Beobachtungen und Vorgänge und bleiben uns zudem der Tatsache bewusst, dass wir, egal welchen Zeitpunkt wir in der Vergangenheit, der Gegenwart oder der Zukunft herausgreifen, niemals *alle* Zusammenhänge kennen, also niemals *alles* wissen.

Die antarktische Halbinsel

Die Antarktis lässt sich geografisch in drei verschiedene Bereiche unterteilen. Das ist einmal die riesige Ostantarktis, die verbreitet höher als 3000 Meter gelegen ist. Dann kommt die Westantarktis hinzu, die abgesehen von einzelnen Hochgebirgsregionen deutlich tiefer liegt, und als dritter Teil verbleibt die antarktische Halbinsel, die wie eine Speerspitze nach Norden – in der Nähe des Südpols heißt das folglich in wärmere Regionen – hineinreicht. Wie schon festgestellt wurde, hat sich diese Region mit rund 2,5 Grad seit 1950 überdurchschnittlich erwärmt. Eine solche Erwärmung entspricht am ehesten den Erwartungen, weil sie mit dem globalen Trend übereinstimmt. Die Erwärmung verlängert in dieser tiefliegenden Region der Antarktis die Zeiten im Jahr, in denen das Eis taut. So lässt sich der Abbruch etwa des Larsen-Eisschelfs erklären (Larsen A im Jahr 1995, Larsen B im Jahr 2002).

Das exakte Verhalten großer Eismassen ist wissenschaftlich bis heute nicht vollständig verstanden. Die Beobachtung, dass die Geschwindigkeit der Gletscher nach dem Abbruch dieser Schelfe massiv – teilweise um das Achtfache – zugenommen hat, überraschte und beunruhigte die Forscher. Mittlerweile weiß man, dass das Schelfeis wie ein Korken wirkt. Das heißt, es hält das dahinter befindliche Eis des Gletschers zurück oder bremst es zumindest aus; der Gletscher wandert nur langsam. Verschwindet das Schelf, so fehlt der Korken, das Eis rutscht zügiger nach und gelangt in Form vieler Eisberge in den Ozean.

Ein Grund für das zügige Rutschen des Eises kann folgender Prozess sein: Stellt man sich den Eispanzer als riesigen Schneehaufen vor, der unter seinem eigenen großen Gewicht lastet, so ist klar, dass er an seinen Rändern auseinandergedrückt wird. Deshalb wird es ihn prinzipiell in Richtung Meer drängen. Nun ist der Untergrund der antarktischen Halbinsel und übrigens auch der Westantarktis vorwiegend unterhalb des Meeresspiegels gelegen. Damit handelt es sich um einen sogenannten marinen Eispanzer, der direkt auf der dünnen ozeanischen Kruste aufliegt. Hier findet eine stete Erwärmung vom Erdinneren her statt, die deutlich stärker ist als bei einer dicken kontinentalen Kruste. Durch diese Erwärmung und durch den hohen Druck des Eises kann nun der Schmelzpunkt erreicht werden; es entsteht Wasser und damit ein »Schmierfilm«, auf dem das Eis besonders gut abgleiten kann. Nimmt man also vorne den »Korken Schelfeis« weg, sorgt dieser »Schmierfilm« für das beschleunigte Abrutschen der Gletscher. Zudem ziehen sich schmelzende Eisschilde, die ins Meer münden, bei einer Erwärmung auch nicht gleichmäßig zurück. Vielmehr – und das hängt mit der unterschiedlichen Wassertiefe an verschiedenen Stellen unter ihnen zusammen – können die Eisschilde instabil werden, ihre Ausdehnung kann dadurch sprunghaft abnehmen.

Dies ist wieder eine positive Rückkopplung, denn hat die Erwärmung erst einmal für ein Verschwinden des ersten Eises gesorgt, dann beschleunigen weitere Mechanismen diesen Vorgang.

Für einen Beobachter in der Abbruchzone kann jedoch ein ganz anderer Eindruck entstehen. Weil das Eis des Gletschers durch die Erwärmung schneller abrutscht, kalbt er auch stärker. So entstehen mehr Eisberge in Küstennähe, und wenn mehr Eis im Wasser schwimmt, dann kühlt sich das Wasser dadurch regional natürlich ab. Betrachtet man diese Abkühlung und die Eisberge, ohne ihre Herkunft zu analysieren, entsteht der Eindruck, alles sei im Lot oder es gäbe sogar einen Trend der Eisausdehnung. Im Gesamtkontext stellt sich die Lage aber völlig anders dar: Eisberge und kälteres Wasser sind die vorübergehende Folge eines durch die Erwärmung aus dem dynamischen Gleichgewicht geratenen Gletschers.

Der Grund für das erste Abbrechen des Schelfs – nicht nur auf der antarktischen Halbinsel, sondern zum Beispiel auch in der zur Westantarktis gehörenden Amundsensee – wird allerdings in einem möglichen Anstieg der Ozeantemperaturen gesehen, doch das wiederum hat eng mit weiteren Prozessen im großen Rest der Antarktis zu tun, die wir uns deshalb zuerst anschauen.

Die »abgekoppelte« Antarktis

Wie schon im ersten Kapitel des Buches zu sehen war, bedeutet der Begriff globale Erwärmung nicht, dass es an *jedem* Ort der Erde wärmer werden muss, damit sich die Mitteltemperatur erhöht. Abgesehen von der antarktischen Halbinsel kühlt sich der Rest des polaren Kontinents derzeit tatsächlich ab! Von vielen Kritikern des vom Menschen mitverursachten Klimawandels wird die gegensätzliche Entwicklung an Nord- und Südpol als Beleg dafür gesehen, dass die natürlichen Prozesse offensichtlich doch die Oberhand haben müssen. Das klingt zunächst plausibel, doch hier gilt es erneut, verschiedene Rückkopplungsprozesse zu betrachten. Und die Kenntnisse, die man dort in der letzten Zeit hinzugewonnen hat, sind wirklich spannend.

Der Schlüssel liegt in Veränderungen der Windverhältnisse. Durch die Verteilung von Land und Meer verläuft die Strömung auf der Südhalbkugel ziemlich ungestört. Von den »brüllenden Vierzigern« am 40. Breitengrad über die »wilden Fünfziger« bis hin zu den »heulenden Sechzigern« gibt es eine kräftige Westwindzone rund um den antarktischen Kontinent. Die polare Tiefdruckrinne, in denen sich eine Vielzahl von Sturmtiefs im Wechsel mit Zwischenhochs um die Antarktis bewegt, liegt etwa zwischen dem 60. und 65. südlichen Breitengrad. Direkt an den Küsten wiederum herrschen Ostwinde vor. Dies sind die aus dem Inland kommenden Fallwinde, die die Corioliskraft auf der Südhalbkugel nach links ablenkt.

Was man in den letzten Jahren beobachtet, ist eine Verstärkung der Westwinde rund um die Antarktis. Damit aber wächst die Barriere für den meridionalen Wärmetransport – wärmere Luft aus Norden gelangt viel schlechter in Richtung Antarktis. Auf diese Weise wird der Kontinent von den Prozessen um ihn herum noch stärker abgeschirmt als vorher. Er bekommt quasi »nichts mehr mit« von der Erwärmung der restlichen Welt, und von ganz alleine kann sich diese sonnenenergiearme Eisregion nicht erwärmen, schließlich hat sie eine negative Strahlungsbilanz. Die Lage des Kontinents sorgt also für seine spezielle klimatische Entwicklung, genau so, wie sie auch dafür gesorgt hat, dass es gerade dort das Ozonloch gibt, sonst auf der Welt aber nicht oder allenfalls viel schwächer.

Die Ostantarktis – der stille Riese

Für die ausgedehnte Ostantarktis sind all diese Entwicklungen nur von geringer Bedeutung. Eine Abkühlung kann dem Eis ohnehin nicht schaden, und selbst wenn es in dieser Region zu einer Erwärmung käme, so hätte das keine negativen Auswirkungen auf die Eisbedeckung. Dort ist es so kalt, dass auch ein massiver Temperaturanstieg nicht für Plusgrade sorgen würde.

Im Falle einer solchen Erwärmung wäre sogar eher eine Ausdehnung des Eises zu erwarten. Denken Sie noch einmal an die eingangs gemachte Feststellung, dass die Massenbilanz von Gletschern nicht nur von der Temperatur, sondern auch von der Niederschlagsmenge abhängt. Hier kommt nun ein entscheidender

Zusammenhang ins Spiel: Die Fähigkeit von Luft, Wasserdampf aufzunehmen, hängt nämlich von der Temperatur ab. In warme Luft passt mehr Wasserdampf hinein als in kalte. Das gilt immer und überall auf der Erde, in den eisigen Gefilden der Antarktis ebenso wie in tropischen Ländern. Und dieser Zusammenhang ist nicht linear, sondern exponentiell. So kann der Wasserdampfgehalt mit jedem Grad Erwärmung um rund 7 Prozent steigen, weshalb bei −10 Grad Celsius 2,1 Gramm, bei 0 Grad 4,8 Gramm und bei 30 Grad 30,3 Gramm Wasserdampf in einem Kubikmeter Luft Unterschlupf finden.

Wenn aber mehr Wasserdampf in der Luft enthalten ist, dann kann auch mehr Wasserdampf kondensieren und letztlich – je nach Temperatur – als Tropfen oder Schneeflocke aus der Wolke herausfallen. Man kann den Zusammenhang zwischen Wasserdampf und Temperatur auch in unseren Wintern beobachten. Die dicksten Schneeflocken sieht man bei 0 bis +2 Grad, schneit es mal bei −10 Grad, so machen die Flocken einen eher winzigen Eindruck. Kein Wunder, es ist ja auch nur wenig Wasserdampf da. Kurzum: Wärmere Luft bedeutet mehr Niederschlag.

Flächendeckende Messungen über die Massenbilanz der Gletscher der Ostantarktis gibt es derzeit jedoch nicht. Die zu geringen Niederschlagsmengen in dieser Eisluft und die große, durch den Wind verursachte Schneedrift verhindern das. Satellitenbeobachtungen zeigen aber, dass die Eisbedeckung hier keine Veränderungen aufweist.

Die kritische Westantarktis

Während sich die Ostantarktis unbeeindruckt von globalen Klimaveränderungen zeigt und die antarktische Halbinsel im Gegensatz dazu eindeutig eine Erwärmung aufweist, macht den Forschern die Westantarktis die größten Sorgen, weil ihre Entwicklung derzeit kaum vorhersehbar ist. Da es hier ebenfalls keine Erwärmung gibt, könnte man zunächst erwarten, dass sich beim Eis dann wohl auch nichts tut. Doch wenn man sich etwa die riesige Amundsensee anschaut, zeigt sich hier trotzdem ein Eisabbruch, der mit dem der antarktischen Halbinsel vergleichbar ist.

Grund hierfür ist wahrscheinlich der Ozean, denn das dortige Eis steht ja unmittelbar mit ihm in Verbindung. Wird er wärmer, so nagt er natürlich am Eis. Doch wenn Sie die Nachrichten im vergangenen Jahr verfolgt haben, ist Ihnen sicherlich aufgefallen, dass Messungen des deutschen Forschungsschiffes »Polarstern« ergeben haben, dass sich das Tiefenwasser dort derzeit sogar abkühlt – allerdings geht es hier nur um einige Hundertstel Grad.

Zur weiteren Erläuterung muss jetzt noch ein etwas komplexerer Teil beim Verständnis von Meeresströmungen mit betrachtet werden. Dazu setzen wir noch mal bei den stärker gewordenen Westwinden über dem Ozean an. Der Wind wirkt sich – wie schon gesehen – auf die Strömung des Wassers aus, doch schiebt er es nicht einfach vor sich her. Vielmehr wird das Wasser durch die Corioliskraft abgelenkt, und der Wechsel der Strömungsrichtung sieht mit zunehmender Wassertiefe ähnlich aus wie ein Korkenzieher. Ohne die dahinterstehende und durch die Ekmanspirale beschriebene Physik näher zu erläutern, ist das Ergebnis, dass das Wasservolumen auf der Südhalbkugel rechtwinklig zum Wind nach links gedrückt wird. Einfacher: Das Oberflächenwasser wird durch mehr Westwind nach Norden und damit weg von der Landmasse der Antarktis transportiert. Verschwindet jedoch Oberflächenwasser, so muss natürlich welches nachströmen, und genau das geschieht aus der Tiefe. Und dieses Tiefenwasser mit wenigen Grad über Null ist an der Küste der Antarktis wärmer als das mit dem Eis in Verbindung stehende Oberflächenwasser von ziemlich genau 0 Grad. Das gilt auch dann noch, wenn es um ein paar Hundertstel Grad kühler geworden ist. Und genau dieses wärmere Tiefenwasser ist aller Wahrscheinlichkeit nach die Ursache für den Eisverlust der Westantarktis.

Nur am Rande sei noch erwähnt, dass neben dieser, von der Wissenschaft favorisierten Hypothese weitere Einflussfaktoren hinzukommen. So sind zum Beispiel die Zusammenhänge tropischer Phänomene wie El Niño stark mit der Westantarktis gekoppelt. Kurzfristige Temperaturschwankungen um mehrere Grad sind dabei möglich und auch schon beobachtet worden.

Grönlands Gletscher

Schauen wir noch in aller Kürze auf die Nordhalbkugel. Das grönländische Inlandeis umfasst 10 Prozent der Landeisbedeckung und es zieht sich derzeit deutlich schneller zurück, als es die Modellrechnungen der Klimaforscher zeigen. Pro Jahr beträgt der Eisverlust derzeit 100 bis 150 Millionen Kubikkilometer – damit ließe sich Deutschland zwei bis drei Jahre mit Wasser versorgen.

Grönlands Gletscher verlieren ihr Eis vor allem durch beschleunigtes Kalben. Zuletzt hat die Geschwindigkeit der Gletscherbewegung massiv zugelegt, teilweise um mehr als das Doppelte. Immer größere Eismengen in den küstennahen Randgebieten der Gletscher schmelzen, und damit gerät das nachfolgende Eis immer mehr ins Rutschen. Und auch hier ist wohl wieder ein »Schmierfilm« beteiligt, der für diese zunächst unerwartete Geschwindigkeitszunahme sorgt. Taut das Eis im Sommer, so bilden sich große Gletscherseen. Immer wieder ließ sich jedoch beobachten, wie diese plötzlich verschwanden. Das liegt an entstehenden Gletscherspalten, durch die das Wasser dann bis zum Grund des Gletschers – dort, wo er auf dem Fels lagert – gelangen kann. Auf diesem Wasser gleitet das Eis natürlich viel besser als auf der rauen Felsoberfläche.

Zusätzlich hat der deutliche Temperaturanstieg auf Grönland noch eine weitere Folge: Je stärker die Eisoberfläche taut, desto tiefer liegt sie – und gelangt damit in wärmere Atmosphärengefilde. Dadurch beschleunigt sich der Abschmelzprozess nochmals. Dennoch bleibt die Reaktion der Gletscher auf die Erwärmung komplex. Unsicher ist noch, ob es sich derzeit nur um eine Episode beschleunigten Abschmelzens handelt und ob weitere Einflussfaktoren diesen Prozess wieder bremsen werden oder nicht.

Gebirgsgletscher und manche Täuschung

Und noch einmal zum Eis, das uns hoffentlich weiterhin dabei hilft, einen kühlen Kopf zu bewahren. Über mehr als 99 Prozent des Eises auf der Welt wurde bereits gesprochen. Für uns Menschen am eindrücklichsten sind aber oft die Hochgebirgsgletscher, die weniger als 1 Prozent des weltweiten Eises ausmachen. In Europa kann man ihnen vor allem in den Alpen gegenüberstehen und so die Erwärmung am eindrücklichsten mit den eigenen Augen sehen – zum Beispiel durch den Vergleich mit historischen Aufnahmen.

Auch für die Bilanz der Gebirgsgletscher sind natürlich Temperatur und Niederschlagsmenge entscheidend, aber nur diese Faktoren zu betrachten und danach das Verhalten der Gletscher über einen Kamm zu scheren, genügt bei Weitem nicht. Die Gletschergröße, das durch verschiedene Temperaturen unterschiedliche Fließverhalten, die Beschaffenheit des Untergrundes, die Hangneigung, die Talform, die Abflüsse von Gletscherschmelzwasser, aber auch der Wind mit seinen Luv- und Lee-Effekten sind alles Faktoren, die letztlich für das Verhalten des Eises eine Rolle spielen.

Schaut man sich die Gletscher dieser Welt an, so ist auf der einen Seite festzustellen, dass fast bei allen untersuchten Gletschern ein deutlicher Rückgang der Eisfläche gemessen wird und die Geschwindigkeit des Rückzugs in jüngster Zeit meist zunimmt. Detaillierte Daten dazu sind in den Berichten des WGMS (World Glacier Monitoring Service) zu finden. Hier sei nur festgestellt, dass sich zwischen 1995 und 2000 von den untersuchten Alpengletschern 103 der 110 in der Schweiz, 95 der 99 in Österreich, alle 69 in Italien und alle sechs in Frankreich zurückgezogen hatten. Betrachtet man den größten Gletscher der Alpen, den Großen Aletschgletscher, so hat er sich seit 1870 um 2,8 Kilometer auf eine Gesamtlänge von 22,9 Kilometer verkürzt, 965 Meter davon nach dem Jahr 1980. In 2006, dem Jahr mit dem sonnigen und heißen WM-Sommer, waren es allein 115, im darauffolgenden Jahr noch 32 Meter. Auf der anderen Seite darf aber nicht vergessen werden, dass 1870 das Ende der kleinen Eiszeit mit der zwischenzeitlich maximalen Gletscherausdehnung nicht lange zurücklag und dass die heutige Ausdehnung etwa der zur Zeit des römischen Optimums entspricht. In der Bronzezeit vor über 3000 Jahren war der Aletschgletscher gar 1000 Meter kürzer als heute.

Eindrücklich sind auch die Zahlen des Furtwängler-Gletschers auf dem Kilimandscharo. Er ist mit seiner Lage in Tansania ein tropischer Gletscher, der bis auf 5895 Meter hinaufreicht. Seit 1912 hat die Eisbedeckung hier um 75 Prozent abgenommen. 2005 waren zum ersten Mal seit 11 000 Jahren Teile des Gipfels eisfrei. Der Rückgang hängt jedoch neben der Erwärmung auch mit der Tatsache zusammen, dass das Klima in dieser Region deutlich trockener geworden ist.

Es gibt aber auch Regionen, die zunächst wie Ausnahmen erscheinen: Norwegen und Neuseeland sind solche Kandidaten. Hier stießen einzelne Gletscher vor, und dies erscheint im ersten Moment ein Argument dafür zu sein, dass vielleicht keine Erwärmung vorliegt oder diese sich nicht auf das Verhalten von Gletschern auswirkt. Schaut man sich die Daten jedoch genauer an, so ist festzustellen, dass es auch hier einen langfristigen Rückgang des Eisvolumens gibt und gab. In Neuseeland schrumpfte das Eis zwischen 1995 und 2005 um über 7 Kubikkilometer auf nun etwa 45 Kubikkilometer. Der Vorstoß einzelner Gletscher (in Norwegen in den 1990er Jahren 11 von 25) konnte dies nicht ausgleichen, und zudem ziehen sich auch diese Einzelkandidaten heute meist wieder zurück.

Trotzdem macht diese Beobachtung natürlich auf die Prozesse neugierig, die sich hinter diesen Vorstößen verbergen. Ergebnis: Der Niederschlag spielt hier die entscheidende Rolle, und der hat in beiden Regionen zeitweilig kräftig zugenommen. Dadurch wächst die Schneelast ganz erheblich, drückt durch ihr Gewicht auf das darunter liegende Eis und schiebt es den Hang hinab. Der Gletscher stößt so natürlich vor, aber dies ist kein Widerspruch zur stattfindenden Erwärmung. Die größeren Niederschlagsmengen waren ihrerseits Folgen der atmosphärischen Zirkulation, die ja bekanntlich Schwankungen unterliegt. In diesen beiden Fällen sind die bereits bekannten NAO und ENSO zu nennen. Wenn veränderte Zirkulationsmuster feuchtere und wärmere Luft herantransportieren, so kommt der Effekt noch hinzu, dass warme Luft mehr Wasserdampf aufnehmen kann als kältere.

Schauen wir uns die Reaktion zweier besonders bekannter neuseeländischer Gletscher dazu einmal beispielhaft an. Der Fox- und der Franz-Joseph-Gletscher sind damals innerhalb eines Jahres um 84 beziehungsweise 89 Meter gewachsen. Bei beiden Gletschern handelt es sich um große Gletscher an einem Steilhang, die demzufolge schnellfließend sind. Sie reagieren also schnell auf äußere Einflüsse und damit eben auch auf schwankende Niederschlagsmengen, die es am Westrand der neuseeländischen Südinsel oft gibt. Bei viel Schneenachschub kommt es so zu Gletschervorstößen, die sich in weniger günstigen Jahren schnell wieder in Rückzüge umwandeln – beide Gletscher haben seit Beginn des 20. Jahrhunderts etwa 2,5 Kilometer ihrer Eiszunge verloren. Kurzum: Dieser Gletschertyp ist durch seine für Eismassen geradezu hektische Reaktion weniger geeignet, Klimaveränderungen aufzuspüren, sondern er gibt vielmehr Hinweise auf Niederschlagsschwankungen.

Die letzten Seiten haben sicherlich gezeigt, dass zur Beurteilung des Verhaltens von Gletschern und großen Eismassen wie denen in der Arktis und der Antarktis etwas Hintergrundwissen erforderlich ist. Erst dann kann man sie im Kontext bewerten und mit der Erwärmung des Klimas in einen sinnvollen Zusammenhang bringen. Andernfalls können uns Einzeleindrücke ein falsches Bild liefern – eine Gaukelei, der wir dann kaum gewahr werden können.

Die Auswirkungen auf andere Sphären

An diesem Beispiel konnten Sie sehen, wie sehr die verschiedenen Sphären miteinander verwoben sind. Denken Sie nur noch einmal an die Verstärkung der Westwinde (Atmosphäre) und die daraus resultierende Meeresströmung (Hydrosphäre), die wärmeres Tiefwasser an der Antarktisküste aufquellen lässt, das wiederum am Eis knabbert (Kryosphäre). Sie merken schon, worauf es hinausläuft: Die Rückkopplungen führen zu einer engen Vernetzung des gesamten Klimasystems, so dass uns dieses immer mehr wie ein ganzer Organismus erscheint. Doch alle Wechselwirkungen und Verzweigungen eines solchen Organismus einzeln durchzugehen, ist kaum möglich, so viele Buchseiten möchte sicher niemand lesen und ich auch nicht schreiben. Einige Beispiele möchte ich aber noch nennen.

Wird der Golfstrom versiegen?

In Wissenschaftlerkreisen, aber auch in der breiten Öffentlichkeit wird immer wieder das Thema diskutiert, ob und wie sich durch den Klimawandel in der nächsten Zeit der Golfstrom verändert und welche Auswirkungen das auf unser Wetter in Europa haben wird. Auch hier kommt eine Rückkopplung ins Spiel, aber eine negative: Veränderungen am Golfstrom würden die globale Erwärmung in Europa lokal bremsen oder sogar in eine Abkühlung verwandeln. Es geht hierbei um Wechselwirkungen zwischen Ozean, Atmosphäre und nicht zuletzt auch wieder Eis.

Nehmen Sie sich einmal ein Glas mit schlichtem Leitungswasser und kippen ein paar Tropfen Öl darauf. Sie werden sehen, dass sich Öl und Wasser schlecht bis gar nicht vermischen und allenfalls ein paar »Fettaugen auf der Suppe«, also dem Wasser, herumschwimmen. Das ist zwar kein vollständiges Nachahmen des Golfstromes, aber es macht deutlich, wo die Erklärung hinführt. Lassen Sie noch einmal die Erläuterungen zur thermohalinen Zirkulation im Ozean Revue passieren. Da bestand der Knackpunkt darin, dass der Atlantik Tiefenwasser produzieren muss. Das gelang ihm durch salzhaltiges und damit schweres Wasser, das zum Beispiel zwischen Island, Grönland und Norwegen absinkt. Jetzt stellen Sie sich vor – wie bei dem Öl im Wasserglas –, Sie »kippen« viel Süßwasser in den salzigen Atlantik. Dann können Sie dadurch die Bildung von Tiefenwasser erschweren oder sogar verhindern, weil das leichtere Süßwasser einfach oben schwimmt. Es sinkt nicht mehr ab; die Pumpe, die die thermohaline Zirkulation antreibt, schwächelt oder geht aus. Und der Golfstrom schwächelt mit oder kommt ebenfalls zum Erliegen. Und da er nun mal Europas gigantische Fernheizung ist, würde es bei uns somit kühler, in den langen Wintern sogar richtig eisig.

Weil in der öffentlichen Diskussion meist nur vom Golfstrom gesprochen wird, habe ich es hier auch getan. Gemeint ist dabei aber sein verlängerter Arm, der Nordatlantikstrom. Nur dieser kann durch eine schwächere »Pumpe« mitgeschwächt oder im Extremfall ausgeschaltet werden. Beim Golfstrom selbst ist das nicht möglich, da er durch den Wind angetrieben wird.

Aber wo ist jetzt die Rückkopplung? Wir haben bisher noch gar nicht geschaut, wo das Süßwasser, das diese Schwächung der Zirkulation ausmacht, eigentlich herkommt. Das Stichwort ist Erwärmung! Sie führt dem Atlantik einerseits durch das Abschmelzen von Eis und andererseits durch die Tatsache, dass wärmere Luft mehr Wasserdampf aufnehmen kann und damit mehr Regen fällt, immer mehr Süßwasser zu. Entweder wird das Süßwasser direkt oder durch Flüsse in den Atlantik eingetragen. Kurzum: Das durch die Erwärmung entstandene zusätzliche Süßwasser schwächt den Nordatlantikstrom, und damit kann es in Europa kälter werden. Verkürzen Sie es noch weiter, kommt dieser schon grotesk anmutende Satz heraus: Die globale Erwärmung kann in Europa zu einer Abkühlung führen – eindrücklicher kann eine negative Rückkopplung nicht sein.

Nun stellen Sie sich sicher die Frage, ob diese einleuchtende Theorie denn zur Wirklichkeit wird und, wenn ja, wann? Zunächst müssen wir der Frage nachgehen, ob es sich um reine Theorie handelt oder ein Fünkchen Praxis dabei ist. Und auch da können Sie wieder ein Stück zurückblättern und treffen so noch mal auf das jüngere Dryas-Ereignis, das in Europa zum Ende der letzten Eiszeit einen erneuten massiven Gletschervorstoß brachte, sowie auf die Dansgaard-Oeschger-Ereignisse, jene in Eisbohrkernen nachgewiesenen plötzlichen Temperaturveränderungen in Grönland. Ohne eine Rückkopplung mit den ozeanischen Strömungen – nämlich dem Abschalten oder Einschalten der »Pumpe« – können diese Ereignisse kaum erklärt werden, und damit wird deutlich, dass die Wechselwirkung mit der thermohalinen Zirkulation schon in der Klimageschichte entscheidend gewirkt haben muss. Doch im Vergleich zu heute bestand ein riesiger Unterschied: Zum Ende der Eiszeit standen nämlich gigantische Eismengen zur Verfügung, die in Süßwasser umgewandelt werden konnten. Grobe Abschätzungen zeigen, dass ein Süßwassereintrag von 100 000 bis 350 000 Kubikmetern pro Sekunde eine kritische Größe für den Nordatlantikstrom darstellt. Eine solche Größenordnung ist heute kaum zu generieren, auch wenn durch Messungen gezeigt werden kann, dass der Salzgehalt im nördlichen Atlantik bereits leicht zurückgegangen ist.

Die Unsicherheit, ob und wann ein solches Szenario stattfindet, ist so groß, dass man seriöserweise zugeben muss, dass sein Eintreten unkalkulierbar ist. Modellrechnungen führen hier ebenfalls zu unterschiedlichen Ergebnissen, wobei in der Spannbreite der Ergebnisse auch Läufe enthalten sind, die schon Mitte dieses Jahrhunderts eine deutliche Abkühlung in Skandinavien durch diesen Effekt zeigen. Zumeist wird in wissenschaftlichen Studien aber darauf hingewiesen, dass die globale Erwärmung, ohne die der Golfstrom ja gar nicht abgeschwächt werden kann, diese Rückkopplung am Ende vermutlich kompensiert und dadurch lediglich der Temperaturanstieg bei uns gedämpft werden würde.

Sollte sich diese so wichtige Ozeanzirkulation aber dennoch verändern, dann hätte das viele Nebenwirkungen: Eine davon wäre ein grundlegender Wandel im fischreichen Ökosystem des Nordatlantiks. Denkbar ist aber auch eine leichte Verlagerung der innertropischen Konvergenzzone – jener Bereich intensivster tropischer Gewitterregen – nach Süden. Das hätte zur Folge, dass sich Niederschlagsregionen verschieben können, was für Länder in Afrika erhebliche Folgen haben kann – Länder, die geographisch so gar nichts mit dem Nordatlantik zu tun haben.

Der saure Ozean

Bleiben wir bei Rückkopplungen im Ozean und schauen wir noch einmal auf die Bedeutung der Kohlensäure – worin das Wort »sauer« ja bereits steckt. Im Zusammenhang mit dem Kohlenstoffkreislauf wurde festgestellt, dass der Ozean derzeit (zumindest im Mittel) eine Senke für CO_2 ist. Ihm ist es zu verdanken, dass etwa ein Drittel unserer gesamten CO_2-Emissionen seit Beginn der Industrialisierung nicht in die Atmosphäre gelangt ist. Aber dieses CO_2 ist damit natürlich nicht einfach weg, sondern es befindet sich weiter im Wasser und verändert dort die Chemie der Weltmeere.

Es wurde schon festgestellt, dass aus CO_2, das ins Wasser gelangt, Kohlensäure wird, und weitere chemische Reaktionen Karbonat entstehen lassen. Diese Umwandlung zu Karbonat setzt jedoch Wasserstoffionen frei, und genau deren zunehmende Konzentration lässt den pH-Wert, das Maß für den Säuregrad einer Lösung, sinken. Wird er kleiner, dann heißt das nichts anderes als dass der Ozean saurer wird. Stehen aber durch einen zu großen CO_2-Eintrag zu viele Wasserstoffionen zur Verfügung, so reagiert das Karbonat teilweise zu Hydrogenkarbonat. Allerdings wird nicht Hydrogenkarbonat, sondern Karbonat gebraucht, damit kalkige Skelette von großen Algen, Muscheln, Seeigeln, Krebsen und besonders von Korallen entstehen können. Dadurch sind solche Lebewesen und in weiterer Folge große Teile der Nahrungskette im Ozean gefährdet.

Seit Beginn der Industrialisierung ist die Konzentration der Wasserstoffionen in den Weltmeeren um 30 Prozent gestiegen – ein Vorgang, der auf unsere Kohlendioxidemissionen zurückzuführen ist. Modellrechnungen zeigen, dass der pH-Wert der Ozeane bis zum Ende des Jahrhunderts vom heutigen Wert 8,2 auf 7,7 fallen könnte. Das sieht nicht nach viel aus, aber diese Schwankung ist mehr als 100-mal schneller als die natürlichen Änderungen in der Ozeanchemie der letzten Jahrhunderttausende. Die Aufnahme von Kohlendioxid durch den Ozean wird sich jedoch in den kommenden Jahrzehnten allmählich verlangsamen. Zum einen dadurch, dass sich der Anteil ungelösten Kohlendioxids erhöht. Sein Partialdruck im Ozean steigt und der »Platz« für die Neuaufnahme von CO_2 aus der Atmosphäre schwindet. Zum anderen bremst ausgerechnet die globale Erwärmung selbst die Aufnahmekapazität des Ozeans. Denn wärmere Luft produziert wärmeres Wasser, und je wärmer das Wasser ist, desto weniger CO_2 passt hinein. Irgendwann ist seine Aufnahmekapazität gänzlich erschöpft, so dass der Ozean sogar zu einer CO_2-Quelle werden kann. So undenkbar ist dieses Szenario übrigens gar nicht, denn wenn die Temperaturen der Deckschicht mal gerade um 1 Grad steigen, dann steigt der Partialdruck des CO_2 bereits um 4,2 Prozent. In diesem Fall würde der Ozean doppelt so viel CO_2 in die Atmosphäre entlassen, wie er derzeit von ihr aufnimmt. Durch die Veränderungen im Ozean verbleibt in Zukunft auf jeden Fall mehr des neu emittierten Kohlendioxids in der Atmosphäre, und dieses kurbelt die Erwärmung stärker an, wodurch sich die Ozeantemperatur beschleunigt erhöht, was die CO_2-Aufnahme weiter senkt – und so weiter. Eine klassische positive Rückkopplung.

Sie sehen: Rückkopplungen allüberall. Dabei haben wir bisher nur die Deckschicht des Ozeans, die im direkten Austausch mit der Atmosphäre steht, betrachtet. Die tiefen Ozeanschichten noch komplett mit einzubeziehen, würde hier zu weit führen, doch ein Satz sei mir gestattet. Nicht nur die Löslichkeit von CO_2 ist in wärmerem Wasser verringert, sondern auch die von Sauerstoff. Messkampagnen zeigen vor allem im subtropischen und im subpolaren Gebiet einen entsprechenden Rückgang. Dieser Sauerstoffrückgang ist nicht nur ein Problem für die Lebewesen in der Deckschicht, sondern wegen der daraus folgenden abnehmenden »Belüftung« auch für die Tiefsee.

Wolken als Thermostat

Die Wolken wurden bereits als besonders große Unsicherheitsfaktoren in der Klimaprognose ausgemacht. Tiefhängende Stratusbewölkung, die die Einstrahlung vermindert, bringt Abkühlung; hohe Schleierwolken sorgen vorwiegend für eine Erwärmung. Sind sie allerdings sehr dicht und schirmen die Sonneneinstrahlung ab, so fällt auch ihnen ein abkühlender Effekt zu. Wird nun der Ozean wärmer, verdunstet auch mehr Wasserdampf und steht für die Bildung von Wolken zur Verfügung. Möglicherweise kommt es dadurch in der Summe zu einer abkühlenden Wirkung, also einer negativen Rückkopplung. Dieser »Thermostat« könnte ein übermäßiges Aufheizen von Ozeanwasser verhindern, und er erhält möglicherweise weitere Unterstützung von auffrischenden Winden oder sich verstärkenden regionalen Wasserströmungen, die die Hitze abführen.

Sehr unsicher ist jedoch, welcher Wolkentyp überwiegen wird. Flache Schichtwolken werden sich in der schwülwarmen Luft kaum bilden. Vielmehr ist die zunehmende Entwicklung hochreichender Quellbewölkung mit Regengüssen, wie man es zum Beispiel von den Malediven her kennt, zu erwarten. Da zwischen aufsteigenden Luftmassen aber auch Absinkgebiete liegen müssen, bleibt unsicher, wie stark die Gesamtbedeckung überhaupt zunehmen kann. Denn schließlich lösen sich Wolken in absinkender Luft durch die Erwärmung auf.

Wie stark der Beitrag hoher Wolken ist, ist ebenfalls unklar. Treten sie als Reste der hochreichenden Wolkentürme dann häufiger auf, oder bestätigt sich das Ergebnis einer über 20 Monate – und damit über einen recht kurzen Zeitraum – durchgeführten Studie? Danach ergab sich, dass in Regionen mit hohen Meeresoberflächentemperaturen und vermehrt auftretenden tiefen Wolken die Bedeckung mit hohen Eiswolken geringer ausfiel. Es scheint, dass in der unteren Schicht mehr Wolkentropfen zur Bildung von Regentropfen benötigt werden und sie deshalb nicht mehr den höheren Schichten zur Bildung von Eiskristallen zur Verfügung stehen.

Kosmische Strahlung

Wenn es um die wirklich nicht einfache Bewertung geht, wie groß der Einfluss der Menschheit auf die derzeitige Erwärmung ist, dann sind neben dem Kohlendioxid und anderen Treibhausgasen sicherlich der Sonne als unserem »Energielieferanten mit Schwankungen« und den Wolken als dem »Unsicherheitsfaktor Nummer eins« größte Aufmerksamkeit zu schenken.

Eine Studie dänischer Wissenschaftler wurde Ende der 1990er Jahre besonders beachtet, denn sie brachte diese Faktoren – die kosmische Strahlung in Abhängigkeit von der Sonnenintensität und die Wolkenbildung – in einen plausiblen Zusammenhang. Die Ergebnisse schienen zunächst bestechend, denn sie stellten den anthropogenen Einfluss am Klimawandel in den Schatten, und das kam natürlich der Haltung jener Kreise entgegen, die den Menschen von einer Mitverantwortung für die Klimaänderungen entbinden möchten.

Die Hypothese der Dänen ist folgende: Die Erde ist ständig kosmischer Strahlung aus den Tiefen des Alls ausgesetzt. Sonnen- und Erdmagnetfeld schützen die Erde allerdings vor dieser Strahlung. Doch die Intensität, mit der die Sonne glühendes Gas ins All schleudert, schwankt, wie schon im Kapitel über die Sonne beschrieben wurde. Ist die Sonne nun sehr aktiv, so verstärkt sich auch das Magnetfeld, und der Schutz der Erde vor der kosmischen Strahlung nimmt zu. Nun wirkt die hochenergetische kosmische Strahlung beim Auftreffen auf unsere Atmosphäre aber so, dass sie die Luft ionisiert und damit Kondensationskerne entstehen lässt. Und je mehr Kondensationskerne, desto mehr Wolken, so die dänischen Wissenschaftler. Noch kürzer heißt das: Nimmt die Sonnenaktivität zu, so nimmt die Wolkenbedeckung ab und damit die Wärme zu – und umgekehrt. Ein Effekt, der den Einfluss der Sonne deutlich verstärken würde.

Die Theorie überzeugte zunächst, zumal im Zeitintervall von 1980 bis 1995 die Sonnenintensität und die Wolkenbedeckung sehr stark korrespondierten – hier sind die bekannten regelmäßigen Schwankungen gemeint, denn ein langfristiger Trend bei der Sonnenintensität liegt, wie erwähnt, nicht vor. Kritisiert wurden dann aber der zu kurze Zeitraum der Untersuchung und eine nachträgliche Datenbehandlung, die maßgeblich zu den guten Ergebnissen beitrug. Spätere Korrelationen fielen weitaus schlechter aus, und die Situation vor 40 000 Jahren spricht sogar gänzlich gegen diesen Zusammenhang. Damals hatte das Erdmagnetfeld für einige Jahrtausende nur ein Zehntel seiner heutigen Stärke. Als Folge davon müsste die kosmische Strahlung nun massiv zugenommen haben, und genau das lässt sich in Eisbohrkernen auch finden. Nach der Hypothese der dänischen Wissenschaftler hätte dadurch aber auch die Bewölkung zunehmen und die Temperatur abnehmen müssen. Das wiederum müsste man im gleichen Eisbohrkern natürlich auch sehen, denn diese Abkühlung hätte, wie weiter oben erläutert, die Konzentration des Sauerstoffisotops ^{18}O deutlich abnehmen lassen müssen. Dies bestätigt der Eisbohrkern aber nicht. Unabhängig davon ist bis heute nicht geklärt, ob zusätzliche Kondensationskerne zu verstärkter Bewölkung führen, wenn ihre Zahl zuvor bereits ausreichend ist. Und auch wenn dies festgestellt werden sollte, bleibt unsicher, ob durch die kosmische Strahlung mehr hohe oder mehr tiefe Wolken erzeugt werden – die einen sprechen aber für Erwärmung, die anderen für Abkühlung.

Zwar ist das letzte Wort über die Hypothese noch nicht gesprochen, doch zeigt sich auch hier wieder, dass eine einzelne Erklärung für die komplexen Zusammenhänge im Klimasystem wohl nicht gefunden werden kann und uns die Natur immer wieder zeigt, dass wir es mit einem Zusammenspiel vieler Faktoren – natürlicher und menschengemachter – zu tun haben, ob wir das wollen oder nicht.

Aufforstung gleich Abkühlung?

Die Vegetation ist eine außerordentlich aktive Komponente des Klimasystems. Sie ist in den Kohlenstoffkreislauf massiv eingebunden, sie wirkt sich auf den Wasserkreislauf aus, sie hat über die unterschiedliche Albedo verschieden bewachsener Flächen Auswirkungen auf den Strahlungshaushalt und ist selbst mit dem Drehimpulshaushalt der gesamten Erde verknüpft. Im Volksmund ist sie jedoch hauptsächlich als Speicher von CO_2 bekannt, und so wird die Aufforstung oder Wiederaufforstung oft als ein Gegenmittel für die Erwärmung gesehen. Sicher ist das in vielen Regionen der Erde ein Beitrag in die richtige Richtung, und deshalb wird zum Beispiel auch intensiv an den Möglichkeiten eines besseren Landmanagements geforscht. Doch dürfen die Möglichkeiten nicht überschätzt werden. Derzeit bindet die Vegetation rund 20 Prozent unserer CO_2-Emissionen. Eine Aufforstung, die zu einer ganz grundsätzlichen Änderung dieser Größenordnung führt, ist schon aus Platzgründen nicht möglich. Außerdem spielt eine wichtige Rückkopplung eine Rolle, die den einfachen Zusammenhang »Aufforstung gleich Abkühlung« komplizierter macht. Verantwortlich dafür ist die Albedo.

Waldgebiete und überhaupt Gebiete mit Vegetation haben eine geringere Albedo also solche ohne Bewuchs. In hohen Breiten wirken deshalb zwei Prozesse gegeneinander (es wird hier nur die Nordhalbkugel betrachtet, weil die hohen Breiten der Südhalbkugel ja von Wasser bedeckt sind): Forstet man den Wald auf oder erobert er durch die Erwärmung nördlichere Regionen, wird die Landschaft meist deutlich dunkler und damit die Albedo geringer.

Dem kühlenden Effekt des CO_2-Entzugs aus der Atmosphäre wirkt also die intensivere Absorption der Sonnenstrahlung entgegen. Untersuchungen zeigen, dass der Albedo-Effekt hier wahrscheinlich überwiegt und somit mehr Vegetation in hohen Breiten zu einer Erwärmung führt. Umgekehrt führt die Abholzung hier zu einer Abkühlung. Doch überflüssig zu sagen, dass Waldabholzung bei uns aus sicher jedem ohne Erklärung einleuchtenden Gründen keine Hilfe gegen die globale Erwärmung sein kann.

Bei der tropischen Vegetation ist es anders herum. Eine Abholzung führt hier zur Erwärmung, der dominierende Effekt ist das Verbleiben von mehr CO_2 in der Atmosphäre. Die Veränderungen bei der Albedo spielen eine untergeordnete Rolle, denn sie verändert sich nur unwesentlich durch den Wegfall von Waldflächen – es würde ja bei Bewuchs bleiben. Durch die derzeitige massive Abholzung des tropischen Regenwaldes haben deshalb auch Entwicklungs- und Schwellenländer, wie zum Beispiel Brasilien oder Indonesien, erheblichen Einfluss auf die Klimaveränderungen.

In tropischen Wäldern kommt es aber noch zu weiteren Rückkopplungen zwischen Kohlendioxid und Wasserhaushalt. Am Regenwald im Amazonasbecken etwa kann man deutlich sehen, dass der Wald in erheblichem Maß für seinen eigenen Wasserkreislauf mitverantwortlich ist. Weil er nämlich große Wassermengen verdunstet, kommt es zur Wolken- und Regenbildung. Und dieser Regen kommt bei schwachen Windverhältnissen dem Wald selbst wieder zugute. Die Pflanzen möchten nun aber möglichst wenig des kostbaren Wassers verlieren, das sie in ihre Blätter geführt haben, und genau diese Tatsache ist der Grund für folgende Rückkopplung: Die Pflanze muss ihre Spaltöffnungen der Blätter öffnen, um der Luft CO_2 entnehmen zu können, und genau dabei verdunstet auch Wasser. Befindet sich nun mehr CO_2 in der Luft, dann werden die Blattspalte weniger stark geöffnet, da die Pflanze schneller ausreichend Kohlendioxid erhält. Ergebnis: Es verdunstet weniger Wasser und die Niederschläge der Region können abnehmen.

Auch mit anderen Treibhausgasen, zum Beispiel dem Methan, wechselwirkt die Vegetation. Zum einen wurde jüngst festgestellt, dass Pflanzen grundsätzlich auch Methan produzieren, zum anderen besteht eine Rückkopplung über die Ausdehnung von Feuchtgebieten. Feuchtgebiete kommen wegen der Erwärmung in immer höheren Breiten vor, und mit Erhöhung der mikrobiellen Aktivität erhöht sich auch die Methan-Emission. Übrigens hat Methan auch eine Rückkopplung mit dem Ozonloch zu bieten: Die Zerstörung von Ozon setzt Hydroxylradikale frei, und die wiederum bauen Methan ab.

Brennendes Eis

Im Zusammenhang mit dem Methan bietet die Natur noch etwas ganz anderes, das sich manchmal als Segen, oft aber durch ausufernde Rückkopplungen als Gefahr erweist: das Methanhydrat oder berühmte »brennende Eis«. Hier wird das Methan vollständig von Eismolekülen eingeschlossen beziehungsweise eingelagert. Deswegen spricht man bei Gashydraten von sogenannten Einlagerungsverbindungen, auch Klathrate genannt. Die Bezeichnung Klathrat stammt vom lateinischen Wort clatratus, und das heißt nichts anderes als »vergittert«. »Hinter Gitter« kommt im Falle des Methanhydrats natürlich das Methan.

Unter normalen atmosphärischen Bedingungen ist Methanhydrat nicht stabil, es verflüchtigt sich sofort in seine Bestandteile Wasser und Methan. Unter hohem Druck von mindestens 20 Bar und bei großer Kälte ist es allerdings stabil, weshalb es am Meeresboden unterhalb von 190 Metern (ab da beträgt der Druck 20 Bar) ebenso vorkommen kann wie in Permafrostböden. Im Ozean sind die Bedingungen ideal an Kontinentalhängen in Tiefen zwischen 500 und 2000 Metern bei Temperaturen um 1 Grad am Meeresgrund. Die Kontinentalhänge sind deshalb erforderlich, weil nur hier die vielen Reste toter Pflanzen und Tiere vorkommen, die durch Fäulnisbakterien anaerob in Methan verwandelt werden. In der Tiefsee sind zwar Kälte und hoher Druck gegeben, es fehlt aber einfach das Methan.

Weil das Methanhydrat eine unglaubliche Methandichte aufweist – ein Kubikmeter Methanhydrat speichert 164 Kubikmeter

Methan –, ist es trotz der Tatsache, dass es sich um Eis handelt, leicht entzündlich und verbrennt sehr energiereich. Genau das ist das für die Menschheit möglicherweise wichtige Stichwort: energiereich. Denn es gibt mit geschätzten 12 Billionen Tonnen mehr als doppelt so viel davon wie Erdöl, Erdgas und Kohle zusammen. Methanhydrat könnte sich – sollte man die vielen technischen Schwierigkeiten bei seinem Abbau überwinden können – zu dem fossilen Energieträger schlechthin entwickeln, denn es verbrennt etwa so »sauber« wie Erdgas. Das erzeugt zwar auch CO_2 und erwärmt unsere Atmosphäre, aber in deutlich geringerem Umfang als Kohle oder Erdöl.

Ein bisschen Euphorie darf dabei sicher aufkommen, weshalb die Erforschung des Klathrats und der technischen Möglichkeiten seines Abbaus in einigen wissenschaftlichen Instituten große Bedeutung hat. Dabei wird auch darüber nachgedacht, den Lagerstätten nach Entnahme des Klathrats Kohlendioxid einzuimpfen, Letzteres also auf diese Weise zu entsorgen und aus der Atmosphäre fernzuhalten. Dieser Schachzug erhält dann obendrein noch die Festigkeit der Sedimente. Allerdings ist die technische Komplexität, das kann man sich auch als Laie vorstellen, dabei ganz erheblich. Länder wie China, Indien und Japan denken trotzdem über einen Abbau in großem Stil nach. Dennoch darf nicht vergessen werden, dass es sich wieder um einen fossilen Energieträger handelt, der den Anteil der Treibhausgase in der Atmosphäre unweigerlich weiter steigern und die Erwärmung weiter zunehmen lässt.

Manch Leser wird sich jetzt vielleicht fragen, warum das alles im Kapitel Rückkopplungen steht und ich das Methanhydrat nicht gemeinsam mit Erdöl und Erdgas behandele. Der Grund liegt in einer Rückkopplungsschleife und mit ihr in Zusammenhang stehenden Nebeneffekten, die massive Auswirkungen haben können. Das »brennende Eis« braucht wie gesagt tiefe Temperaturen am Meeresgrund, da es sonst nicht stabil ist. Nun stellen Sie sich vor, der Ozean erwärmt sich – auch wenn das wegen der beobachteten Mechanismen sehr lange dauern wird. Bei einem Temperaturanstieg von wenigen Grad Celsius ist es bereits möglich, dass das

Methanhydrat instabil wird und so kolossale Mengen von Methan freigesetzt werden und in die Atmosphäre gelangen können. Da Methan im Vergleich zum Kohlendioxid ja ein rund 21-mal intensiveres Treibhausgas ist, wird klar, dass die Temperaturen nach dessen Freisetzung rascher steigen, was wiederum die Ozeane weiter erwärmt und neuerlich Methan freisetzt – eine klassische positive Rückkopplung. Das Gleiche geschieht selbstverständlich auch beim Auftauen von Permafrostböden, was im Gegensatz zu ozeanischen Veränderungen schneller passieren kann beziehungsweise schon passiert.

In der Wissenschaft ist umstritten, wann eine solche Rückkopplungsschleife einsetzen wird. Klar ist, dass das in Permafrostböden eingeschlossene Methan viel früher freigesetzt werden kann als das im Ozean. Von Letzterem ginge allerdings die größte Gefahr aus, denn hier lagert das meiste Methanhydrat. Die Trägheit des Ozeans verhindert jedoch eine rasche Erwärmung in dieser Tiefe, so dass es hier wohl um eine Zeitskala von Jahrhunderten geht.

Auch für diese positive Rückkopplung finden sich Modellfälle in der Klimageschichte. Viele Wissenschaftler sehen die Verantwortung für einen massiven Temperaturausreißer vor 55 Millionen Jahren in dieser Rückkopplung, und noch spannender ist in diesem Zusammenhang das bereits beschriebene große Artensterben vor rund 250 Millionen Jahren. Kohlenstoffisotope von Fossilien und Böden zeigen, dass damals gewaltige Methanmengen freigesetzt worden sein könnten. Die Erde wurde an der Grenze vom Perm zum Trias nicht nur feuchter und wärmer, sondern der Sauerstoffgehalt ging auch massiv zurück. Methan als intensives Treibhausgas würde diese Erwärmung erklären, und weil durch Oxidation große Mengen an Sauerstoff verbraucht werden, erklärt es auch dessen Rückgang. Grund für die Freisetzung der Klathrate könnten damals Erdbeben, Vulkanausbrüche oder Meteoriteneinschläge gewesen sein. Ein auf 12 bis 15 Prozent zurückgehender Sauerstoffgehalt wird als Hauptgrund für das große Artensterben gesehen, zur Freude der Dinosaurier.

An dieser Stelle sei der Einschub gestattet, dass nicht nur Methan, sondern auch Kohlenstoff bei der Reaktion zu Kohlendioxid

Sauerstoff bindet. In diesem Zusammenhang wird hin und wieder von der Gefahr gesprochen, dass der Sauerstoffgehalt durch anthropogene Kohlenstoffemission deutlich sinken könnte. Doch keine Sorge: Die Mengen, die wir freisetzen können, reichen allenfalls für einen Rückgang der Sauerstoffkonzentration von 21 auf 20 Prozent. Wir können also auch in Zukunft weiter fleißig einatmen.

Ein Ende finden

Es kennt niemand alle Rückkopplungsprozesse, die in diesem komplexen System stattfinden. Deshalb, und weil man ja auch mal ein Ende finden muss, sollte dieses Kapitel mehr als ein Auszug verstanden werden, mit dem ich versucht habe, Ihnen ein Gefühl dafür zu geben, wie vielfältig die Sphären des Erdsystems miteinander verwoben sind und das wir es mehr und mehr als ganzen Organismus begreifen können.

Dieser erste Teil des Buches diente dazu, Ihnen ein »Klimabild« zu vermitteln. Ein »Weltbild«, das mit einem soliden Verständnis des Begriffs Klima beginnt, das die verschiedenen Komponenten des Klimasystems mit seinen teilweise sicher überraschenden Größenordnungen zeigt und das sich dann um die spannenden »Geschichten« kümmert, die aus den vielen Wechselwirkungen hervorgehen. Sie kennen alle den schönen Ausspruch »Man sieht den Wald vor lauter Bäumen nicht«. Keine Weisheit scheint mir tauglicher, um deutlich zu machen, wie wichtig es ist, ein – in diesem Fall naturwissenschaftliches – »Weltbild« eines komplexen Gefüges zu haben. Denn weiteres Detailwissen, das aus vielen Quellen gewonnen werden kann, ist viel leichter aufzunehmen, wenn es sich in ein gedankliches Konzept der Zusammenhänge einfügt. Diskussionen, die sich aus eventuellen Meinungsverschiedenheiten ergeben, lassen sich mit Überblick in der Sache solide führen. Ohne Kenntnis eines »Weltbildes« kann ein solcher Austausch hingegen leicht zu ziellosem Geschwafel verkommen. Und solche Grundkenntnisse sind auch unverzichtbar für jene Menschen, die im Rahmen ihrer Verantwortlichkeiten in Wirtschaft und Gesellschaft Entscheidungen für unseren Umgang mit dem Klimasystem treffen müssen, die der Forderung der Nachhaltigkeit genügen.

Das Verhältnis zwischen uns Menschen und dem Klima unterscheidet sich im Grunde nicht sehr stark von dem zwischen Arzt und Patient. Haben wir Symptome einer Krankheit, so erwarten wir, dass der Arzt uns qua fachlicher Kenntnis hilft. Aufgrund dessen schlägt er eine Behandlung vor und gibt uns eine Prognose, wann wohl welche Besserung eintritt. Suchen Sie aber mit einem Leiden verschiedene Ärzte auf, so ist klar, dass die Doktoren möglicherweise zu unterschiedlichen Einschätzungen gelangen. Dann helfen zwei Dinge: Erstens als Patient selbst ein bisschen Sachkenntnis mitzubringen und zweitens eine gesunde Skepsis vor Extrementscheidungen des Arztes. Treten Sie mit einem Beinbruch ins Behandlungszimmer, wird man Sie mit der Äußerung »Da machen wir mal gar nichts, das heilt alles wieder – im Mittelalter hat man da schließlich auch nichts gemacht« ebenso verwundern können wie mit der Diagnose »Da müssen wir sofort das Bein amputieren, sonst können die schlimmsten Begleiterscheinungen auftreten«.

In diesem Sinne möchte ich Sie zum nächsten Teil einladen, in dem es um Skepsis geht. Denn sie ist der Grund dafür, dass das Thema Klimaveränderung in der Öffentlichkeit in einer riesigen Bandbreite zwischen Panikmache und Bedeutungslosigkeit wahrgenommen wird. Wann und wem gegenüber ist Skepsis notwendig? Wo ist sie – mit der Folge sachlicher Diskussionen – begründet, wo ist sie übertrieben? Wo ist Lobbyismus im Spiel und wo besteht Skepsis nur aus Eigensinn, Sturheit, Unwissenheit oder einfach einem möglichen Aufmerksamkeitswunsch?

Teil II
Die Stimmen der Interessengruppen

Die kritische Haltung oder Warum die Forschung in Frage gestellt wird

Das Thema Klimaveränderung verfolgt uns seit einiger Zeit auf Schritt und Tritt. Es drängt sich uns durch die Tatsachen auf, die beobachtet und gemessen werden können, etwa der Eisrückgang in der Arktis oder der globale Temperaturanstieg. Es wird uns aber auch oktroyiert – durch die Medien. Und so bleibt uns gar nichts anderes übrig, als Notiz davon zu nehmen, sei es, wenn Sie durch Zeitungen und Zeitschriften blättern, die Nachrichten schauen, hin und wieder mal eine Wissenschaftssendung zum Thema Klimawandel verfolgen oder – das freut mich an dieser Stelle natürlich besonders – ein Buch darüber lesen. Auch Gespräche mit Freunden oder Kollegen drehen sich immer mal wieder um Wetter und Klima.

Aber schnell gerät man auch ins Grübeln und Zweifeln. Da sitzt man an einem sonnigen Spätsommertag bei 23 Grad und Windstille im Gartenstuhl und liest von ganz unglaublichen Wetterkapriolen, die bald unser Hab und Gut zerstören, über Hitze- und Flutwellen ungekannten Ausmaßes, über einen Meeresspiegel, der um Meter ansteigt, Feuerwalzen, die große Lebensräume zerstören, Temperaturen, die um 6 Grad im Mittel steigen und unsere Umwelt in ihren Grundfesten erschüttern. Man schaudert unweigerlich, man ist entsetzt und kann das alles kaum glauben, sitzt man doch gemütlich im Gartenstuhl und hört bei Sonnenschein die Vögel zwitschern. Und dann trifft man auf andere Artikel, hört und sieht man andere »Experten« davon sprechen, dass die »Klimahysteriker« doch nur deswegen solche Szenarien an die Wand malen, um noch mehr Geld von der Politik für ihre Forschung zu erhalten, und dass das Klima schon immer variabel war, weshalb es doch gar kein Grund zur Sorge gibt. Mit unserem Spurengas CO_2, das doch nur zu 0,038 Prozent in der Atmosphäre vertreten sei, könnten wir zudem überhaupt nichts an diesem riesigen System beeinflussen. Solcherlei Schilderung kann uns schon zupasskommen. Von den schlimmen Szenarien ist gar nichts zu sehen oder zu spüren, es ist doch schönes Wetter und Ostern war auch kalt – keine Erwärmung also. Da man offensichtlich gar nichts für die Veränderungen beim Klima kann – gibt es sie überhaupt? –, ist man auch gleich entspannter und sehnt sich womöglich nach weiteren derartigen Beiträgen.

Tja, nun sitzen wir da mit völlig unterschiedlichen Aussagen. Was sollen wir glauben? Was ist richtig? Wer führt uns an der Nase herum? Wenn man ein bisschen Recherche betreibt, findet man eine riesige Auswahl an Büchern und Internetseiten mit komplett gegensätzlichen Aussagen. Alles gleichzeitig kann nicht stimmen, und deshalb machen wir uns jetzt daran, das Geflecht zu entwirren. Wo kommt die Hysterie her, woher die Kritik? Und warum bleibt die Sachinformation so gerne auf der Strecke?

Was uns die Geschichte zeigt

Ist die Erde eine Scheibe oder eine Kugel? Zugegeben, diese Frage mag verwundern. Aber sie kann beim Einstieg in eine nicht ganz triviale Aufgabe sehr helfen. Würde man heute eine Umfrage machen, ob die Erde eine Kugel oder eine Scheibe ist, so wäre das Ergebnis wohl ziemlich eindeutig. Wir *wissen* einfach, dass wir auf einer Kugel leben. Jemand, der heute zu verbreiten versucht, die Erde sei doch eine Scheibe, hätte als milde Belächelter einen schweren Stand. Es gab aber Zeiten, da wäre die Scheibe eindeutig der Sieger einer solchen Umfrage geworden – entgegen der populären Auffassung galt das jedoch nicht mehr für das Mittelalter, sondern für noch frühere Zeiten.

Was bringt uns diese Erkenntnis? Es zeigt, dass sich die Erde wenig dafür interessiert, was wir von ihr glauben oder nicht glauben. Sie war und ist nun mal einfach eine Kugel. Und so geht es der Natur insgesamt: Sie gehorcht vergleichsweise emotionslos den physikalischen Gesetzen, und das wird immer so bleiben. Deshalb werden Planeten gerne kugelförmig, und deshalb sind wir Menschen auf ewig dazu verdonnert, diese Gesetze zu akzeptieren. Seit der Mensch auf dieser Erde weilt, hat er – und das ist sicher sein großes Erfolgsrezept – versucht, sich die Naturgesetze zunutze zu machen. Gegen sie zu wirtschaften macht einfach keinen Sinn, da hilft nicht mal so ein wundervoller Aufkleber wie »Schwerkraft, nein danke«! Aber Naturgesetze kann man nur nutzen, wenn man sie versteht. Dazu muss eine Wissenschaft unter Aufwendung von Zeit versuchen, sich diesem Verständnis zu nähern. Dann muss die Kunde verbreitet werden, und so sickert dieses Wissen mehr und mehr in die gesamte Gesellschaft hinein, und am Ende – auch das geschieht unter Aufwendung von Zeit – ist Allgemeinwissen entstanden. Bis »jedes Kind« wusste, dass die Erde eine Kugel ist, verging zwar eine lange Zeit, aber es musste mit der Anerkennung dieses Wissens nicht so lange gewartet werden, bis es dank der Raumfahrt Erdfotos gab, die auch den letzten Scheibenanhänger überzeugt hätten. Nein, vielmehr sprachen so viele in sich konsistente Beobachtungen dafür, dass die Erde einfach nichts anderes sein konnte als eine Kugel.

Und auf dem Weg von »Vermutung durch Beobachtung« bis hin zum Allgemeinwissen passiert eine ganze Menge. Denken Sie hier neben Scheibe und Kugel zum Beispiel auch an das heliozentrische Weltbild. Es entstanden damals ganz neue Vorstellungen, als man die Sonne im Mittelpunkt des Planetensystems wähnte. Das wichtige Wort hier ist »entstanden«, denn die Theorien waren nicht über Nacht da und fertig. Deshalb gab es in den Weltbildern von Aristarch von Samos im 2. Jahrhundert vor Christus, vom indischen Astronomen und Mathematiker Aryabhata (476–550) und vom berühmten Nikolaus Kopernikus (1473–1543) auch immer Unsicherheiten. Klar, dass die neuen Weltanschauungen schon deshalb massiver Kritik ausgesetzt waren. Doch Kritik am heliozentrischen Weltbild betraf nicht nur ganz konkrete sachliche Punkte, sondern sie konnte viel diffuser auftreten. Aus den unterschiedlichsten Gründen sollte dabei ein solches Weltbild unterdrückt werden: Denken Sie an die damals viel größere Verflechtung der Religion mit der Gesellschaft und dem Alltag. Ganze Fundamente solcher

Strukturen könnten in sich zusammenfallen, würde man sich davon verabschieden, dass die Erde der Mittelpunkt des Sonnensystems und damit irgendwie aller Dinge ist! Ist es nicht nachvollziehbar, wenn viele Gruppierungen deshalb zu verhindern suchten, dass sich ein solches Weltbild durchsetzt? Und ist es nicht auch verständlich, wenn dabei Emotionen eine große Rolle spielen? Zum einen, weil eigene Interessen oder Gruppeninteressen vertreten werden müssen, die, wenn man sich nicht durchsetzt, dafür sorgen, dass man selbst unmittelbar Nachteile erleiden kann oder zumindest vermutet, dass dies geschieht. Und zum anderen setzen Wissenslücken Emotionen frei: Wie viel weiß man selbst, und wie richtig ist das neue Weltbild, das gerade entsteht?

Erkennen Sie etwas? Ähnliches erleben wir derzeit beim Thema Klimawandel. Wir stecken mitten drin in einem Umbruch unseres gesellschaftlichen Selbstverständnisses, denn wir beginnen umfassend wahrzunehmen, dass wir höchstwahrscheinlich mit unserer Umwelt wechselwirken und demzufolge gleichzeitig Täter und Opfer einer Veränderung werden können. Dass so ein Umbruch emotional ist und dass er Kritik hervorruft, ist wenig verwunderlich. Wie »erwachsen« wir damit aber nun umgehen, ist der Kernpunkt der nächsten Seiten. Bevor ich mich in die Gefahr begebe, Kritik an der Kritik zu üben: Kritik ist das wichtigste Fundament für wissenschaftliche Entwicklung – aber sie muss sachlich sein und einer sachlichen Überprüfung standhalten, oder, wenn dem nicht so ist, verworfen werden. Und »erwachsener« Umgang soll heißen, einen Disput nicht als Selbstzweck zu sehen und daher zu kultivieren, sondern – und dabei soll dieses Buch mit ein paar Anregungen sowie sachlicher Diskussion helfen – am Ende ein konstruktives Ergebnis zu erzielen.

So banal diese Aussage auch ist: Es hilft nur, Wissen zu sammeln, sich zu bilden oder weiterzubilden. Sachzusammenhänge in breiten Gesellschaftsschichten zu verstehen und zu etablieren vermindert zum einen das emotionale Engagement bei Diskussionen, zum zweiten die Chance von Interessengruppen, aus Eigennutz »Scheinargumente« platzieren zu können, und es erhöht die Möglichkeit guter und sachlicher Kritik, sich Gehör zu verschaffen. So landen wir wieder bei der Einleitung und bei Sir Francis Bacon: »Wissen ist Macht«. Hat die Gesellschaft dieses Sachwissen, dann hat sie die Macht, Unfug abzuweisen, und die Frage »Wer führt uns denn da an der Nase herum?« stellt sich gar nicht mehr, weil es niemand mehr schafft. Wissen zu sammeln klingt fast zu einfach, um ein Rezept zu sein, doch es ist schlicht das Fundament, auf dem alles, was danach notwendig ist, aufbaut. Stellen Sie sich vor, Sie müssten ein Haus bauen und hätten keine Ahnung von Statik – es würde einfach in sich zusammenstürzen. Auch bei ganz anderen Dingen hat das Naheliegende oft große Bedeutung. Wenn wir abnehmen wollen, müssen wir beispielsweise weniger essen. Um diese banale Tatsache kommen wir einfach nicht herum! Doch wie oft versuchen wir es – stets erfolglos – mit anderen Strategien.

Eigene Erfahrungen

Bevor es gleich um die konkrete Einordnung kritischer Argumente geht, möchte ich kurz über meine eigenen Erfahrungen reden. Neulich war ich Gast einer Radiotalkshow, und zwar nicht allein, sondern mit weiteren Gesprächspartnern. Einer dieser Gesprächspartner war von Beginn an emotional sehr aufgewühlt und malte der Zuhörerschaft entsprechend plakativ dramatische Horrorszenarien durch die Klimakatastrophe, wie er es nannte, aus. Als ich ihm vorsichtig den Unterschied von Wetter und Klima verdeutlichte und einige Hintergrundinfos liefern wollte, ging bei ihm eine rote Lampe an, die ihm signalisierte, ich sei ein »Verharmloser«. Da stand ich nun, meiner Aussagen beraubt und fest und unwiederbringlich in seinem einfachen »good guy/bad guy«-Korsett verankert. Und das auch noch klar auf der Seite des »bad guy«. Nach derselben Sendung, in der ich natürlich auch über den Einfluss von uns Menschen auf das Klima sprach, erhielt ich eine Mail von einem Zuhörer, der mir verdeutlichte, dass es unverantwortlich von mir sei, so eine Panik zu schüren – die Sonne macht das Klima, und damit basta!

Hoppla, da ist mir aber ein Streich gelungen. In ein und derselben Sendung gleichzeitig »Panikmacher« und »Verharmloser« zu sein: nicht schlecht. Als Erstes habe ich mir die Sendung noch mal angehört und geschaut, ob ich mich vielleicht völlig verunglückt ausgedrückt hatte, das kommt ja schon mal vor und man merkt es gar nicht. Nachdem das aber auszuschließen war, blieb mir nur die Einsicht, wie unendlich weit die Klimabilder verschiedener Menschen auseinanderliegen. Und sie zusammenzuführen ist nicht gerade einfach, denn unsere Bereitschaft, einen Standpunkt selbst bei geeignetem Sachargument zu verändern, ist nur wenig ausgeprägt. Ich erinnere mich an ein Gespräch mit einem Zuhörer nach einem Vortrag. Es ging um Mond und Wetter und ich hatte ausgeführt, dass Wetterwechsel und Mondphase nicht zusammenhängen. Dies, weil keine Studie diesen Zusammenhang belegt, und vor allem deshalb, weil die Mondphase auf der ganzen Welt gleich ist, es aber noch nie einen Wetterwechsel gleichzeitig an jedem Ort dieser Welt gab. Der Zuhörer sprach mich an und meinte, er könne sich nicht vorstellen, dass dieser Zusammenhang nicht existiert, schließlich »mache« der Mond ja auch Ebbe und Flut. Ich bestätigte das, sagte ihm aber auch, dass Ebbe und Flut ja kein Wetter seien. Er lachte und argumentierte mit »trotzdem!«. Etwas hilflos schlug ich ihm vor, mir eine Studie zu zeigen, die den Zusammenhang klar nachweist, dann würde ich meine Meinung sofort revidieren. Darauf kam die Feststellung, das sei überflüssig. Er könne es sich nicht anders vorstellen und sei deshalb felsenfest davon überzeugt. Ich gelangte zu der Einsicht, dass es hier um eine Glaubensfrage ging – und was man glaubt oder glauben will, das kann nur jeder für sich entscheiden.

Wissenschaft und Glaube können nicht gegeneinander antreten. Es ist gut, dass es beides gibt. Die Frage, was »richtig« ist, ist aber so sinnlos wie die Suche nach einer »richtigen« Antwort auf die Frage, ob eine Himbeere oder eine Birne besser schmeckt. So wie es auch nicht möglich ist, über Wissenschaft abzustimmen und Mehrheitsentscheidungen durchzuführen. Sitzen zehn Leute in einem Raum, von denen nur einer behauptet, 2 × 3 sei 6, während alle übrigen erklären, es käme 5 heraus, dann wird Letzteres dadurch noch lange nicht richtig.

Der Frage, weshalb es derart felsenfeste Überzeugungen gibt

und weshalb »Klimawissen« so gegensätzlich ausfallen kann, bin ich nun viele Monate, wenn nicht gar Jahre nachgegangen und habe »gefühlte« tausend Artikel (und auch Bücher) gelesen – von Wissenschaftlern, von Journalisten und auch von Leuten, die gemeinhin als Skeptiker dargestellt werden. In meiner Auseinandersetzung mit dem Thema Skepsis möchte ich die Nomenklatur »Skeptiker« gerne weiterverwenden – dies aber ausdrücklich nicht abwertend, sondern in ihrer philosophischen Bedeutung, nach der der Skeptiker den Zweifel zum Prinzip des Denkens erhebt.

Der rote Faden

Die Geschichte und die eigenen Erfahrungen zeigen, dass die Analyse der Skepsis gegenüber sich entwickelnden Theorien nicht nur eine naturwissenschaftliche, sondern zweifellos auch eine sozialwissenschaftliche Komponente hat. Da es aber kaum möglich ist, alles gleichzeitig zu betrachten und dabei einen erkennbaren roten Faden zu behalten, möchte ich wie folgt vorgehen: Zunächst möchte ich einige Argumente »abklopfen«, die in der öffentlichen Diskussion auftauchen, und danach der Motivation für die Skepsis nachgehen, die sehr unterschiedliche Ursachen haben kann. Die Rolle der Medien ist in diesem Themenkomplex von großer Bedeutung, weshalb ihnen ein eigenes Kapitel gewidmet ist.

Bill Clinton und in seinem Gefolge viele weitere mehr oder weniger bedeutende Persönlichkeiten verlautbarten, dass »der Klimawandel die große Herausforderung des 21. Jahrhunderts ist«. Ob man »die große« oder lieber »eine große« Herausforderung schreiben sollte, sei mal dahingestellt, aber eines gilt sicher: Bei einem Thema dieser Größenordnung reicht eine endlos geführte Auseinandersetzung mit stets wiederholten, gleichen Standpunkten und Vorwürfen nicht aus, auch wenn uns dies viel Beschäftigung mit dem Thema und großes Engagement vortäuscht. Aus vielen Filmen – manchmal dürfen Sie das aber auch in Talkrunden erleben – kennen Sie sicher folgende Szene: Ein Haufen aufgeregter Menschen ruft lautstark und vollkommen durcheinander gegensätzliche Standpunkte in den Raum – und niemand hört zu. Bis jemand mit der Faust auf den Tisch haut und »Ruhe!« brüllt. Irgendwann besteht nämlich der Bedarf nach einem Ergebnis. Diesem Satz wird jeder, auch derjenige, der *konstruktive* Kritik übt, zustimmen. Wir bekommen auch immer wieder den Beweis geliefert, dass man trotz unterschiedlicher Standpunkte aufeinander zugehen kann und muss, sei es durch die Zusammenarbeit des neuen US-Präsidenten Barack Obama mit Hillary Clinton nach deren hartem Nominierungswahlkampf, oder sei es durch eine große Koalition im Bundestag. Auch ein Film wie »Meteor« aus dem Jahr 1979 mit Sean Connery zeigt das. Die Gefahr eines Meteoriteneinschlags auf der Erde, der ungeahnte Folgen für die ganze Menschheit gehabt hätte, ließ uns den damaligen Ost-West-Konflikt zumindest in der Filmgeschichte für kurze Zeit vergessen – Amerikaner und Russen taten sich zusammen, denn der Widersacher war ein ungleich größerer. Eine schöne Analogie zum Thema Klimaänderung. Nur war der Meteor ganz eindeutig zu sehen, die Klimaänderung ist da etwas zurückhaltender.

Kurzum: Die Auseinandersetzung muss in ein Ergebnis münden, aus dessen Perspektive sich – und das geschieht im letzten Buchteil – die Chancen ausloten lassen, die sich unserer Gesellschaft trotz oder gerade wegen des Klimawandels bieten. Sich unwissend, ängstlich oder dauerdiskutierend überrollen zu lassen, kann keine Strategie sein.

Zwei Paar Schuhe: die wissenschaftliche und die öffentliche Debatte

Geht man nun in medias res, so prallt man gleich zu Beginn auf ein großes und ganz grundsätzliches Problem, das ich an einem Beispiel veranschaulichen möchte. In Deutschland bestreiten verblüffende 38 Prozent die Evolutionstheorie, in den USA glauben sogar 55 Prozent der Menschen, dass sich das Leben so entwickelt hat, wie es die biblische Schöpfungsgeschichte darstellt. Nun ist es aber zweifellos so, dass die Evolutionstheorie nahezu vollständig wissenschaftlich abgesichert ist, die Schöpfungsgeschichte hingegen eine Glaubenssache ist – sie muss einer wissenschaftlichen Prüfung nicht genügen und würde es auch nicht. Geht es nun aber um die Verbreitung von Theorien und berücksichtigt man den in einer freien Welt fairerweise bestehenden Anspruch auf mediale Veröffentlichung *aller* Ansichten – sofern diese nicht unserer Grundauffassung menschlichen Zusammenlebens widersprechen –, dann entsteht im genannten Beispiel nach außen der Eindruck, es gäbe eine Debatte darüber, ob die eine oder die andere Theorie »richtig« ist. Mal wird schließlich die eine, dann wieder die andere Sichtweise dargestellt, gerade so, als suche die Wissenschaft noch nach dem wahrscheinlicheren zweier gleichermaßen in Frage kommenden Ansätze für die menschliche Existenz. Eine wissenschaftliche Debatte »Evolution oder Schöpfung« gibt es allerdings nicht, in der medialen Öffentlichkeit kann es aber den Anschein machen – genau dies ist beispielsweise in den USA passiert.

Wissenschaftliche Diskussionen finden eigentlich nicht über die Medien in der Öffentlichkeit statt, sondern in wissenschaftlichen Publikationen oder beim persönlichen Austausch von Wissenschaftlern. Beides ist für Nichtfachleute durch die Verwendung von Fachterminologien nur selten verständlich, und das ist auch vernünftig, um Artikel oder Gespräche untereinander in einem angemessenen Umfang zu halten. Wie diese Inhalte später an die Öffentlichkeit gelangen und welche Verbesserungsmöglichkeiten es womöglich gibt, wird zu einem späteren Zeitpunkt betrachtet. Hier ist es erst einmal wichtig festzustellen, dass alle möglichen Theorien oder sogar vage Vermutungen – von wem auch immer und aus welchem Anlass auch immer verlautbart – durch die Verbreitung in den Medien von der Öffentlichkeit als ein wissenschaftlicher Beitrag wahrgenommen werden können. Von diesem Phänomen ist besonders das Thema anthropogener Klimawandel betroffen.

Nur ist es hier ungleich komplizierter: In der Wissenschaft ist die vorherrschende Meinung die, dass der Mensch das Klima beeinflusst, dass diese Einflussnahme auf vielfältigem Weg geschieht, dass sie wegen der Komplexität des Systems nicht exakt zu beziffern ist und dass das Klima unabhängig vom anthropogenen Beitrag weiterhin verschiedensten natürlichen Schwankungen unterliegt. Die Grundlage dieser Einschätzung ist das Bild vom Klimasystem, das auch im ersten Teil dieses Buches dargestellt ist. Um das Wissen weiter zu vertiefen, Vorgänge im Detail präziser zu verstehen und vor allem um bestehende Unsicherheiten in der Prognose zu vermindern, wird weiterdiskutiert und weitergeforscht. Diese Forschung kostet, wie alle anderen Forschungsprojekte auch, Geld, und die Ergebnisse werden dann in Fachzeitschriften veröffentlicht.

Der Klimawandel aber interessiert natürlich auch die Öffentlichkeit, sind wir doch möglicherweise alle betroffen. Hier kommen die Medien ins Spiel, deren Bedeutung in der heutigen Zeit mehr und mehr zunimmt und die in gegenseitiger Konkurrenz auch gezwungen sind, »verkaufsfördernd« zu titeln. Dies ist meist die Stelle, wo der »Hysteriker mit Mitteilungsdrang« entsteht, denn diesen Typus findet man unter Naturwissenschaftlern höchst selten. Aus der Aussage »nach heutigem Kenntnisstand können wird davon ausgehen, dass die globale Mitteltemperatur der Erde bis zum Ende des Jahrhunderts um 1,1 bis 6,4 Grad steigt, wobei etwa 3 Grad am wahrscheinlichsten sind« kann so schnell die Überschrift »Die Erde stirbt den Hitzetod« werden, ein eindrückliches Feuerbild daneben tut dann ein Übriges.

Sieht der Laie dies, so ergreift ihn entweder eine Art Panik oder die berechtigte Skepsis vor diesem Szenario. »Was schürt denn die Klimaforschung für eine gnadenlose Hysterie, so ein Unfug!«, ist die oft falsche Schuldzuweisung. Begibt man sich nun mit diesem Urteil auf die Suche nach weiteren Informationen, so findet man neben der Wissenschaftlermeinung auch gleichberechtigt erscheinende Theorien von jedermann. Darunter können selbstverständlich auch Klimaforscher sein, doch weil diese ihre Diskussionen meist nicht in der Öffentlichkeit führen, sind sie hier selten zu finden. Vornehmlich trifft man deshalb auf Beiträge von Leuten, die von Berufs wegen keine Klimaforscher sind. Hat man selbst wenig Kenntnisse von den Zusammenhängen im Klimasystem, kann man die inhaltliche Qualität öffentlicher Aussagen kaum prüfen, und das führt schnell dazu, dass eine eloquente Darstellung einer Theorie geeignet ist, uns in ihren Bann zu ziehen. Und läuft sie dem

»Mainstream« entgegen, so zeigt man sich gerne selbst skeptisch. Man lässt sich schließlich nicht alles aufschwatzen, man ist bedacht, denn man lehnt Hysterie ab. So kann die Gemeinde der Skeptiker wachsen. Und schon ist neues Futter für die Medien entstanden – die Scheindebatte »Hysteriker gegen Skeptiker« ist zum Perpetuum mobile geworden.

Ich gebe zu, dass die Rolle der Medien in dieser kurzen Darstellung eine sehr opportunistische ist, doch um meine Aussagen – auch im positiven Sinn – erheblich zu verfeinern, folgt dazu weiter unten ein eigenes Kapitel. Um die Akzeptanz wissenschaftlicher Auffassungen und konstruktiver Kritik gleichermaßen zu erhöhen, sollte etwas Sand ins Getriebe dieses Systems gestreut werden. Daran können alle Beteiligten mitwirken. Dass menschliches Denken grundsätzlich von Skepsis begleitet wird, bleibt aber ebenso vernünftig wie die Tatsache, dass die wissenschaftliche der öffentlichen Diskussion voraus ist. Auf den nächsten Seiten sollen beide Diskussionen – wissenschaftliche und öffentliche – durch Betrachtung konkreter Argumente näher zusammengeführt werden.

Das Prinzip wissenschaftlicher Veröffentlichungen

Wissenschaftliche Studien zu veröffentlichen ist kein einfaches Unterfangen. Ein Team von Forschern des entsprechenden Fachbereichs führt alleine oder in Kooperation mit anderen Arbeitsgruppen Untersuchungen durch. Bevor deren Ergebnisse in entsprechenden Fachzeitschriften veröffentlicht werden können, werden zwei bis drei Gutachter – ebenfalls Fachleute – bestellt, deren kritische Anmerkungen die Autoren vor Abdruck berücksichtigen müssen. Wer das Gutachersystem kennt, weiß, dass sich hier keine Seilschaften zwischen Autor und Gutachter bilden können, denn zum einen wechseln die Gutachter, zum zweiten hat der Editor das letzte Wort. Und er wird immer Wert auf ein gutes Renommee seiner Fachzeitschrift vor der *ganzen* Wissenschaftlergemeinde legen. Außerdem gibt es unter Wissenschaftlern – genau wie in jedem anderen Berufszweig auch – Konkurrenz. Kein Gutachter und somit auch Wettbewerber des Begutachteten wird unzureichend abgesicherte Ergebnisse durchwinken, da er damit letztlich seinen eigenen Markt beschneidet. Auf diese Weise sind über die Jahrzehnte weltweit Tausende von Forschungsergebnissen zum Klimasystem veröffentlicht worden, und auf ihnen fußt unser heutiges Weltbild. Kommt nun eine neue Studie hinzu, wird diese das gesamte Bild allenfalls ein wenig korrigieren beziehungsweise erweitern, doch ist kaum zu erwarten, dass eine Studie allein schlüssig alle bisherigen widerlegt und so das vorhandene Weltbild als rein zufällig entlarvt. Das wäre so ähnlich, als würde ein Mathematikprofessor plötzlich merken, dass 2 × 3 in Wirklichkeit 5 ist. Dann müsste die ganze Mathematik neu erfunden und festgestellt werden, dass bisher alles per Zufall funktioniert hat. Ein unwahrscheinliches Szenario.

Äußerungen in der Öffentlichkeit

Wer sich in der Öffentlichkeit äußert, hat es da leichter. Man muss nicht forschen, man ist an keine Darstellungsform gebunden, man kann beliebig zitieren und man unterliegt auch keinerlei Kontrolle durch Gutachter. Das heißt ausdrücklich nicht, dass eine Äußerung in der Öffentlichkeit deshalb per se falsch oder schlecht ist. Es bedeutet aber, dass diese Beiträge eigentlich auf einen Prüfstand gehören. Doch den gibt es nicht, und so landet alles – wie oben schon angedeutet – meist durch die Medien beim Laien. So könnte ich mühelos öffentlich zur französischen Literatur des ausgehenden 19. Jahrhunderts Stellung nehmen. Fachleute würden wegen meiner Beiträge dazu sicher zum Herzinfarkt neigen, der eine oder andere Laie könnte aber Gefallen an meiner Darstellung finden. Bei diesem letzten Satz habe ich bewusst den Konjunktiv verwendet, um zu zeigen, was möglich wäre. Ansonsten ging es mir darum, unterschiedliche Veröffentlichungsprinzipien darzulegen – die Inhalte selbst sind hier nicht Thema.

Auffällig ist zudem die besonders rege Beteiligung an der öffentlichen Diskussion und eine damit verbundene, schier unerschöpfliche Vielzahl von Meinungen – schauen Sie nur mal in entsprechende Internetforen. Die Bedeutung des Themas kann diesen Zulauf allein kaum erklären, schließlich gibt es viele wichtige Themen. Denken Sie aber einmal an den Beginn des Buches zurück!

Wetter – und damit gefühlt auch Klima – ist ein Thema, bei dem wir uns durch unsere Alltagserfahrungen auszukennen glauben. Wie dem Fußballtrainer, der vor dem Spiel von Hunderten von »Experten« aus dem Publikum mit »einzig richtigen« Meinungen über die Aufstellung der Mannschaft versorgt wird, kann es auch einem Klimaforscher leicht passieren, dass ihm ein Laie beizubringen versucht, wie die Zusammenhänge »wirklich« sind. Auf einen Quantenphysiker zuzutreten und ihm die eigene Sicht von Heisenbergs Unschärferelation zu präsentieren, bedarf da ungleich größerer Überwindung.

Das Dilemma

Somit stehen sich hier zwei sehr ungleiche Systeme gegenüber, und daher befindet sich die Wissenschaft oft in einem Dilemma. Soll sie sich auf die interne Diskussion in Fachzeitschriften beschränken und Gefahr laufen, in der Öffentlichkeit als arrogant oder sich der Auseinandersetzung verweigernd angesehen zu werden? Oder soll sie sich an die Öffentlichkeit wenden und dadurch den Eindruck erwecken, es gäbe eine Grundsatzdebatte?

Als Diplom-Meteorologe, der einerseits mit wissenschaftlichem Arbeiten vertraut ist und andererseits auch täglich mit der Öffentlichkeit und den Medien zu tun hat, drängt sich mir eine Gegenüberstellung und Einordnung gegensätzlicher Sichtweisen geradezu auf. Dadurch wird der Horizont um Fragen und Antworten gleichermaßen erweitert – ein Erlebnis, dass mir nach Vorträgen auch immer wieder zuteil wird. Normalerweise lesen wir eher Literatur des eigenen Lagers. So findet ein an Ökologie interessierter Leser genügend Artikel und Bücher, die ihn in seiner Sicht der Dinge bestätigen – oft mit erstaunlich klaren Aussagen, was gut und was schlecht ist. Der Skeptiker wiederum nickt gerne zustimmend, wenn er durch seine Buchauswahl erfährt, dass die Klimaforschung mit unzureichenden Klimamodellen ohnehin nur im Dunkeln stochert. Fruchtbarer könnte da manchmal das Lesen der Gegenseite sein. Ich selbst begrüße den sachlichen Austausch. Dabei auf den Versuch zu verzichten, sich gegenseitig bekehren zu wollen, kann zur Entspannung beitragen.

Die Argumente der Kritiker auf dem Prüfstand

Schauen wir uns nun konkrete Argumente an, mit denen Skeptiker den Klimawandel und seine Folgen in Frage stellen, und prüfen sie auf ihre Stichhaltigkeit. Beginnen möchte ich mit Argumenten zum Kohlendioxid und zum Treibhauseffekt, denn beides steht zweifellos immer im Mittelpunkt der Klimadebatte, anschließend werde ich auf kritische Thesen zur Sonne, Klimageschichte, Datenqualität, Klimamodellierung und zu den Folgen des Klimawandels eingehen.

Kritische Thesen zum Treibhauseffekt und zum Kohlendioxid

»*Es gibt keinen Treibhauseffekt.*« Das ist sicher das grundlegendste Argument gegen unseren Einfluss auf das Klima. Denn wenn es diesen Effekt nicht gibt, gibt es auch kein Treibhausgas und die ganze Debatte ist beendet. Kaum ein Skeptiker verwendet aber heute noch dieses »Totschlagargument«, denn der Treibhauseffekt ist theoretisch und experimentell bestätigt. Letzteres geschieht nicht nur durch Laborversuche, die das Absorptionsverhalten atmosphärischer Spurengase im langwelligen Bereich des elektromagnetischen Spektrums zeigen, sondern wir können ihn auch bestens an anderen Planeten erleben, etwa der Venus. Auch ließe sich die gesamte Klimageschichte dieser Erde ohne Treibhauseffekt nicht erklären. Wichtig ist es, auf die Unterschiede zwischen einem Treibhaus aus Glas und der Atmosphäre hinzuweisen. Solche Unterschiede zwischen offenem und geschlossenem System zu betrachten ist von akademischem Belang, stellt aber die Existenz des Effekts selbst nicht in Frage.

»*Wasserdampf ist ein viel bedeutenderes Treibhausgas als Kohlendioxid.*« Dieses Argument setzt die Existenz des Treibhauseffekts bereits voraus und ist – wie im Kapitel über Wasserdampf zu lesen war – für sich stehend vollkommen richtig. Deshalb ist sein Anteil am *natürlichen* Treibhauseffekt auch am größten (21 der 33 Grad). Aber beim von uns verursachten Klimawandel sprechen wir ja gerade *nicht* vom natürlichen, sondern vom anthropogenen Anteil.

Und dort spielt der Wasserdampf mit seiner Verweildauer in der Atmosphäre von 4 bis 14 Tagen nicht die Rolle eines langlebigen Treibhausgases, und obendrein emittieren wir Menschen ihn kaum. Wichtig wird er über die bekannte Rückkopplung, dass in wärmere Luft mehr Wasserdampf hineinpasst, denn so nimmt seine Klimawirkung zu. Er selbst ist aber nicht die Ursache für die Erwärmung.

»CO_2 kommt nur zu 0,038 Prozent in der Atmosphäre vor. Ein Spurengas kann keinen großen Einfluss auf das Klima haben.« Der Wert stimmt und im ersten Moment klingt das überzeugend. Beim Lesen dieses Buches bis hierher haben Sie aber sicher gemerkt, dass ich immer wieder darauf hingewiesen habe, dass die Stoffkonzentration keine Rolle spielt – so wie zum Beispiel beim Botulinumtoxin. Am besten ist der Einfluss geringer Konzentrationen von Gasen aber beim unbestreitbaren Ozonloch zu sehen. Die dafür verantwortlichen FCKW – die es in der Natur nicht gibt und die deshalb zwingend beweisen, dass das Ozonloch menschlichen Ursprungs ist – treten in einer Konzentration von 0,000000025 Prozent auf. Das ist eine einemillionfünfhundertzwanzigtausendmal geringere Konzentration als beim Kohlendioxid – doch mit ziemlich großer Wirkung. Kommt zusätzlich zu diesen Zahlenvergleichen noch das physikalische Verständnis dazu, nämlich dass 99 Prozent der Atmosphäre (also Stick- und Sauerstoff) gar kein Absorptionsverhalten für Wärmestrahlung zeigen, wird die Bedeutung von Wasserdampf (siehe vorherige These) und Kohlendioxid klar.

»CO_2 ist kein Klimakiller.« Vollkommen richtig! »Klimakiller« ist eines der verunglücktesten Worte in der öffentlichen Debatte, und ich würde gerne denjenigen treffen, der es erfunden hat! Erstens ist es ein unsinniges Wort, weil es sich die Frage gefallen lassen muss, was denn bliebe, wenn das Klima erst mal »gekillt« wäre, und zweitens sorgt es für viel Verwirrung, weil es einen für unser Leben absolut notwendigen Stoff – Kohlendioxid – in ein völlig falsches Licht rückt. Dass man sich solch unglücklichen Darstel-

lungen wie »CO_2 ist ein Klimakiller« verwehrt, ist vernünftig, denn ohne CO_2 ist ein Leben auf der Erde undenkbar. Das Wort »Klimakiller« existiert jedoch nicht im wissenschaftlichen Wortschatz, und dass das CO_2 kein solcher ist, widerspricht nicht der Tatsache, dass eine Zunahme des CO_2-Anteils in der Atmosphäre durch uns Menschen eine Erwärmung zur Folge hat.

»Eisbohrkerne zeigen, dass immer erst die Temperatur und dann der Kohlendioxidgehalt angestiegen ist.« Das ist richtig und verblüfft im ersten Moment, denn eigentlich erwarten wir ja den Temperaturanstieg *wegen* des CO_2-Anstiegs. Falsch herum also – und kein Wissenschaftler weltweit hat das in so vielen Forschungsjahren gemerkt? Halt, stopp, langsam. Bezieht man die Rückkopplung mit ein, löst sich der Widerspruch auf, und deshalb ist der Kurvenverlauf am Ende so, wie man ihn auch erwartet. Kam es in der Klimageschichte zu einem Anstieg der Temperaturen, so waren Veränderungen der Erdbahnparameter – Sie erinnern sich an die Milanković-Zyklen – oder der Sonnenintensität ursächlich. Stiegen die Temperaturen aber nun an, hatte das auch Auswirkungen auf andere Bereiche des Klimasystems, zum Beispiel auf den Ozean. Wie schon erläutert, wird ein wärmer werdender Ozean irgendwann zu einer CO_2-Quelle, und dieses zusätzliche CO_2 verstärkt den Treibhauseffekt – eine positive Rückkopplungsschleife also. Erst ein Temperaturanstieg, dann über Rückkopplung durch CO_2 ein weiterer Temperaturanstieg: Die Klimageschichte kannte nur diese Reihenfolge, bis wir Menschen kamen. Nun »impfen« wir die Atmosphäre mit der Verbrennung fossiler Energieträger direkt und können so auf die Rückkopplung via Ozean »verzichten«: Die Temperatur steigt infolge unseres Kohlendioxids. Obiges Argument muss also zurückgewiesen werden.

»Mehr Kohlendioxid hat keine weiteren Auswirkungen, da die Absorptionsbanden schon geschlossen sind.« Absorptionsbanden wurden bisher noch nicht behandelt, darum bedarf es einer kurzen Erklärung. Schon im Kapitel zum Treibhauseffekt und drei Abschnitte vorher beim Argument der geringen CO_2-Konzentration

wurde gezeigt, dass einige Gase Wärmestrahlung absorbieren, andere nicht (zum Beispiel Sauer- und Stickstoff). Da die langwellige Wärmestrahlung in einem sehr breiten Wellenlängenbereich von etwa 3 bis 100 Mikrometern stattfindet, liegt es auf der Hand, dass viele Gase bestimmte Wellenlängen durchlassen und andere absorbieren – Kohlendioxid beispielsweise absorbiert vor allem Wellen der Länge von rund 4 und von rund 15 Mikrometern. Hier habe ich bewusst »rund« geschrieben, da es für Moleküle wie Kohlendioxid typisch ist, dass sie nicht nur exakt eine Wellenlänge absorbieren, sondern eng benachbarte Wellenlängen mit. Das Ergebnis ist ein Spektrum, das aus vielen dicht beieinanderliegenden Absorptionslinien, den sogenannten Absorptionsbanden, besteht. Nun kann man für jede Wellenlänge der Strahlung einen Absorptionskoeffizienten angeben, der zwischen 0 (absorbiert die Strahlung einer bestimmten Wellenlänge gar nicht) und 1 (absorbiert die Strahlung einer bestimmten Wellenlänge vollständig) liegt. Liegt der Koeffizient für einen Frequenzbereich bei 1, so spricht man auch von einer geschlossenen Absorptionsbande. Schwierig?

Um es etwas leichter zu machen, schauen wir uns dazu ein praktisches Beispiel an: Stellen Sie sich einen Raum mit einem Fenster und einem Rollladen vor. Ist der Rollladen vollständig geöffnet, so fällt Licht in den Raum und es ist hell. Unser Rollladenkoeffizient ist damit 0. Jetzt lassen wir den Rollladen herunter und nun ist es stockfinster, da kein Licht mehr in den Raum fallen kann. Der Rollladenkoeffizient ist nun 1.

Und was hat das alles mit unserem CO_2 zu tun? Das obige Argument sagte ja aus, dass die Absorptionsbanden vom Kohlendioxid schon geschlossen seien und damit der Absorptionskoeffizient 1 ist. Was nutzt also der Eintrag von zusätzlichem CO_2 bezogen auf seine Treibhauswirkung? Oder in der Rollladenanalogie: Was nutzt es, in einem stockdunklen Raum noch eine Pappe vor den Rollladen zu kleben. Dadurch wird es ja nicht dunkler oder doppelt so dunkel, sondern die Wirkung der Pappe verpufft. Würde das Argument vollständig stimmen, so könnte der Mensch beliebig viel Kohlendioxid zusätzlich in die Atmosphäre einbringen, ohne den Treibhauseffekt zu verstärken. Dies ist jedoch nicht richtig, denn die Absorptionsbanden haben ausgedehnte Flanken, in denen der Koeffizient deutlich kleiner als 1 ist. Um beim Rollladen zu bleiben: Er wäre nun nicht mehr ganz geschlossen, sondern nur zu beispielsweise 70 Prozent. Dann würde doch Licht in den Raum fallen und die zusätzliche Pappe – soll es im Raum stockfinster werden – würde sich auswirken.

Nach Betrachtung dieses Argumentes kommt man zum Ergebnis, dass die Wirkung des Kohlendioxids durch diesen Effekt tatsächlich abgeschwächt wird. Aber sie wird leider nicht gestoppt, und damit gilt weiterhin: Je mehr CO_2 in der Atmosphäre, desto stärker wird der Treibhauseffekt. Derzeit gibt es immer noch eine deutliche weltweite Emissionszunahme von Jahr zu Jahr, die 2007 – wie Ende September 2008 vermeldet wurde – mit 3 Prozent Anstieg den bisher höchsten Wert überhaupt verzeichnete.

»*Das CO_2 stammt vor allem aus dem Ozean und von Vulkanen.*« Das ist nicht richtig, denn der Ozean ist, wie schon gezeigt wurde, eine CO_2-Senke. Mit der weiteren Erwärmung könnte er aber zu einer Quelle werden, und wenn die Rückkopplung über die Klathrate in Gang gesetzt würde, hätte das erhebliche Folgen für die Atmosphäre. Wir sollten also schlicht froh sein, dass obige Aussage einfach falsch ist. Ebenso ist es mit der vulkanischen Emission. Zwar besteht Anlass zur Vermutung, dass Vulkane mehr CO_2 freisetzen, als bisher vermutet wurde, doch liegen die Werte insgesamt bei nur etwa 2 Prozent der anthropogenen Emission.

Kritische Thesen zur Sonne
»*Die Sonne beeinflusst das Klima.*« Diese Aussage ist vollkommen richtig, denn die Sonne ist der Hauptenergielieferant unserer Erde. Im Kapitel über die Sonne wurde bereits ausführlich gezeigt, dass unser Zentralgestirn selbst Intensitätsschwankungen unterliegt und sich die Bahnparameter ebenfalls entscheidend auf das Klima auswirken können, indem sie Eiszeiten auslösen oder beenden. Die Feststellung, dass die Sonne das Klima beeinflusst, steht einem möglichen menschlichen Beitrag jedoch nicht entgegen.

In den letzten 30 Jahren erleben wir einen deutlichen Temperaturanstieg, der sich durch eine Änderung der Sonnenintensität nicht begründen lässt – eine solche wird in diesem Zeitraum und damit seit Beginn der regelmäßigen Satellitenbeobachtungen nicht gemessen. Die Intensitätsänderungen, die mit den Sonnenfleckenzyklen zusammenhängen, sind ebenfalls kaum als Erklärung geeignet, da zum einen keine periodische Zu- und Abnahme der Temperatur zu erkennen ist und zum anderen ihr Beitrag mit nur rund 0,1 bis 0,3 W/m² deutlich zu gering ist. Der dem Menschen und damit vorwiegend dem CO_2 zugerechnete Anteil beträgt hingegen etwa 2,5 W/m². Deshalb wird vielfach das Argument der Wechselwirkung von kosmischer Strahlung über die Aerosole hin zur Wolkenbildung ins Feld geführt (siehe das Kapitel *Der Stein, der andere ins Rollen bringt*). Ein gedanklich interessanter Ansatz, der wissenschaftlich aber nicht ausreichend verifiziert werden konnte. Trotzdem werden immer wieder Faktoren von 3 bis 5 genannt, um den dieser indirekte Effekt die direkte Schwankung der Sonnenstrahlung übertreffen soll. Abgesehen von der nicht erfolgten Verifizierung und der Tatsache, dass man selbst bei Faktor 5 mit maximal 1,5 W/m² immer noch deutlich unter den anthropogenen 2,5 W/m² liegt, ergibt sich aus dieser Argumentation auch ein Folgeproblem. Wenn es den Zusammenhang zwischen kosmischer Strahlung und Bewölkung gibt, müsste er immer schon, also auch vor dem Auftauchen des Menschen, bestanden haben. Damit müssten aber alle Klimaschwankungen in früheren Zeiten erheblich größer gewesen sein, als sie vorgefunden werden – eine Erklärung, weshalb das nicht der Fall ist, fehlt jedoch. Und noch ein Fakt spielt eine Rolle: Die Wolkenbildung ist ein sehr zügiger Prozess. Gäbe es den vermuteten Zusammenhang, so müsste er nicht nur in langen Zeitreihen, sondern auch in Form sehr kurzfristiger Schwankungen zu finden sein. Auch das kann nicht nachgewiesen werden.

Die Sonne hat sich immer schon auf das Klima ausgewirkt und wird das auch in Zukunft tun. Parallel dazu ist aber zu sehen, dass vor allem der Temperaturanstieg der letzten 30 Jahre nicht von der Sonne herrührt. Neben obiger Argumentation wird dies auch von statistischen Signifikanztests mit der sogenannten »Fingerabdruck-Methode« bestätigt. Der Name ist der Kriminalistik entlehnt, weil wir auch beim Klimawandel einen typischen Abdruck hinterlassen. So zeigt die Erwärmung unterschiedliche Muster, je nachdem, ob sie vom Menschen oder von der Sonne verursacht wird. Beispielsweise sorgt eine Zunahme der Sonnenintensität nicht nur für einen Temperaturanstieg am Boden, sondern auch eine Erwärmung in der Stratosphäre wegen der Absorption der kurzwelligen Sonnenstrahlung durch das Ozon. In dieser Höhe wird jedoch eine Temperaturabnahme beobachtet. Auch müsste eine von der Sonne erzeugte Erwärmung besonders die Tagestemperaturen betreffen, da die Sonne ja nun mal nachts nicht scheint. Beobachtungen zeigen dieses Muster jedoch nicht, was für den tageszeitunabhängigen menschlichen Einfluss spricht.

Aus solchen Tests ergibt sich eine Wahrscheinlichkeit von über 90 Prozent, dass sich die derzeitige Erwärmung vom sogenannten »statistischen Rauschen«, also der natürlichen Variabilität des Klimas, unterscheidet. Oder anders ausgedrückt: Mit einer Wahrscheinlichkeit von über 90 Prozent ist der Mensch für die derzeitigen Änderungen mit verantwortlich.

Kritische Thesen zur Klimageschichte

»Im Vergleich zur Klimageschichte sind die derzeitigen Veränderungen minimal.« Die ausführliche Darstellung der Klimageschichte weiter oben hat sehr deutlich gezeigt, welche unglaublichen Änderungen das Klima auf dieser Welt schon durchgemacht hat. Keine Frage, die Erdgeschichte kennt Extrema, über deren »Nichtkennenlernen« wir wirklich froh sein dürfen. Aber die für uns entscheidende Frage ist auch nicht, was unser Planet aushält, sondern was *wir* aushalten. Für die Erde selbst spielt es nämlich keine Rolle, ob die Alpen zerbröckeln oder der Meeresspiegel sogar um Hunderte von Metern steigt, Probleme ergäben sich daraus nur für uns und alle anderen Lebewesen. Die Erde blieb auch emotional unbeteiligt, als massive Klimaänderungen – seien sie durch Veränderungen der Bahnparameter, durch Vulkanausbrüche oder durch Asteroideneinschläge ausgelöst – teilweise über 90 Prozent aller Lebewesen ausgelöscht haben. Solche Vergleiche helfen uns also

nicht, wir müssen die Stärke eines Klimawandels und seiner Folgen für uns selbst einschätzen. Und da ist die derzeitige Größenordnung durchaus bedeutend, zumal der Geschwindigkeit der Veränderung die entscheidende Rolle zukommt. Soweit man weiß, ist die *globale* Temperatur seit dem Ende der letzten Eiszeit in einem Zeitraum von 30 Jahren noch nie so stark angestiegen wie momentan, und bei einer weiteren Erwärmung um rund 3 Grad bis zum Ende des Jahrhunderts werden sich in vielen Regionen der Welt deutliche Veränderungen zutragen. Die Frage ist dann, was eine komplexe menschliche Gesellschaftsstruktur und damit jeder Einzelne ertragen kann. Deshalb möchte ich diese Skeptikerthese gerne umdrehen und so verdeutlichen, welche schon da gewesenen Extrema wir mit aktivem Einsatz verhindern sollten.

»*Wir steuern doch ohnehin auf eine Eiszeit zu.*« Dieser Beitrag ist – wenn unser Klimasystem nicht vorher aus den Fugen gerät – zwar richtig, aber geht völlig am Thema vorbei. 6000 Jahre auf die nächste eher schwächere und 55 000 Jahre auf die nächste größere Eiszeit zu warten, sind wirklich ein paar Tage zu viel.

Kritische Thesen zur Datenqualität

»*Moderne Satellitendaten zeigen einen geringeren Temperaturanstieg als die Bodenwetterstationen.*« Bei diesem oft gehörten und gelesenen Satz geht es um die Bodentemperaturen, und dabei werden nicht selten – verblüffend viele verschiedene – »konkrete« Zahlen aufgeführt, die diesen massiven Unterschied zeigen sollen. Da aber nur *ein* Temperaturanstieg auf einer Erde gleichzeitig stattfinden kann, führt diese These zwingend zu drei Möglichkeiten: Alle Thermometer in den Wetterstationen sind kaputt, alle Messinstrumente der Satelliten sind kaputt, oder – weil diese beiden Varianten doch eher unwahrscheinlich klingen – es liegt ein systematisches Problem vor.

Im ersten Moment ist man geneigt zu sagen, dass Satelliten sehr viel moderner sind als althergebrachte Wetterstationen und sie deshalb die Nase vorn haben. Dies stimmt aus zwei Gründen nicht: Der eine ist eine hervorragende Messgenauigkeit von Wetterstationen. Stationen von Jörg Kachelmanns Firma meteomedia oder des Deutschen Wetterdienstes nutzen beispielsweise Temperaturfühler, deren Fehlertoleranz bei maximal 0,1 Grad liegt, und genau das ist auch der Anspruch der WMO. Der zweite Vorteil von Bodenwetterstationen ist ihr Standort. Sie stehen nämlich am Boden – also exakt da, wo gemessen wird, und zwar überall auf der Welt in einer Höhe von 2 Metern. Und das vielfach schon sehr lange. Nachteile, das soll nicht verschwiegen werden, gibt es auch, und sie werden in der kommenden These behandelt.

Langzeittrends mit Hilfe von Satelliten zu ermitteln ist da ungleich schwerer, weil sie zu solchen Messungen erst seit 1979 genutzt werden können (vorher gab es noch kein weltumspannendes Satellitennetz). Außerdem befinden sie sich Hunderte von Kilometern über dem Messpunkt. Somit braucht es Messinstrumente, die entsprechend kalibriert werden müssen, um Ergebnisse zu liefern. Da aber ein Satellit nur wenige Jahre im Einsatz ist, wechseln die Instrumente einschließlich ihrer jeweiligen Kalibrierungen und damit einhergehenden Kalibrierungsfehlern immer wieder. Besonders wichtig ist dabei festzustellen, dass der Satellit die Bodentemperatur nicht direkt messen kann, sondern nur einen Querschnitt durch alle Atmosphärenschichten registriert. Kühlt sich – wie es derzeit durch Radiosonden an Wetterballons gemessen wird – nun die Stratosphäre ab, so ermittelt der Satellit einen insgesamt geringeren Temperaturanstieg. Ein technischer Effekt, der jedoch nichts mit dem Verhalten der Bodentemperatur zu tun hat. Deshalb, und weil viele Satelliten zudem stets auf anderen Umlaufbahnen unterwegs sind und daher immer wieder zu unterschiedlichen Uhrzeiten messen, müssen Satellitendatensätze korrigiert werden. Diese Korrektur ist kein willkürlicher Prozess, sondern ein gründlich ausgearbeitetes und durchgängig verwendetes Verfahren.

Führt man die Korrektur aus, so lässt sich aus Satellitendaten ein Temperaturanstieg am Boden zwischen 0,08 und 0,26 Grad Celsius pro Jahrzehnt rekonstruieren – mit einem wahrscheinlichsten Wert von 0,18 Grad. Vergleicht man das mit den Bodenmessungen, die einen Anstieg von 0,17 Grad im gleichen Zeitraum zeigen, so kann man von einer guten Übereinstimmung sprechen. Mit den korrigierten Daten spielen die Satelliten auch ihren größten Vorteil aus, nämlich flächendeckend über den ganzen Erdball messen zu können. Verzichtete man auf jegliche Korrektur, so würde man schlagartige »Klimaänderungen« immer »zufällig« dann messen, wenn ein neuer Satellit die Arbeit aufnimmt.

»Der Urbanisierungseffekt ist viel größer als der gemessene Temperaturanstieg.« Dieses Argument ist ein wirklich wichtiges, denn es spielt auf den Effekt an, dass es in Städten oft deutlich wärmer ist als in der Umgebung. Das können Sie selbst an einem Spätsommerabend bestens feststellen. Sind Sie mit dem Fahrrad in einen städtischen Biergarten gefahren und radeln spät abends zurück ins Umland, dann spüren Sie anfangs noch die warme Stadtluft. Sobald Sie die Stadt aber verlassen haben, weht Ihnen ganz schön frische Luft um die Nase. Dieser Unterschied zwischen Stadt und Umland kann im Extremfall einige Grad Celsius ausmachen. Da viele Wetterstationen vor 100 Jahren zwar noch an einer Stadtgrenze standen, mittlerweile aber von der Stadt »geschluckt« wurden, misst man diesen Effekt freilich mit. Dies gilt nicht nur für Städte, sondern insgesamt für durch den Menschen veränderte Landnutzungen. Es geht also um eine reelle lokale Erwärmung, die nichts mit vermutlichen Ungenauigkeiten früherer Geräte zu tun hat. Diese waren erstaunlich präzise, denn das 1714 von Daniel Gabriel Fahrenheit entwickelte und heute noch verbreitet verwendete Quecksilberthermometer ist ähnlich präzise wie seine digitalen Mitstreiter.

Setzt man sich intensiver mit den Messreihen auseinander, so muss man feststellen, dass der Urbanisierungseffekt nur ein Teil einer ganzen Serie von nichtklimatischen Einflüssen auf die Datensätze ist. Alle rund 20 bis 30 Jahre weist praktisch jede Klimareihe Sprünge auf. Manchmal wurden Stationen um einige Kilometer verlegt oder die Messinstrumente gewechselt, in anderen Fällen änderten sich die Beobachtungsvorschriften, indem zum Beispiel die Messzeitpunkte oder die Bestimmung der Tagesmitteltemperatur neu festgelegt wurden. Um diese Sprünge nicht am

Ende als Klimaänderung fehlzuinterpretieren, sind Homogenisierungen der Datensätze erforderlich – die alten Teile der Klimareihen werden an den aktuellen Zustand der Messstation angepasst. Genau wie bei der Korrektur der Satellitendaten sind auch diese Homogenisierungen komplexer Natur. Ganze Forschungsabteilungen beschäftigen sich deshalb seit Jahren »nur« mit dieser Datenaufbereitung. Es zeigt sich durch Qualitätsprüfungen an Testreihen, dass auf diese Weise viele Reihen brauchbar gemacht werden können. Dies gelingt am besten bei dichten Messnetzen mit einer Vielzahl von Vergleichszeitreihen. Zu beachten sind dabei auch Unterschiede bei den Klimaelementen: Temperaturreihen lassen sich deutlich einfacher homogenisieren als Wind- oder Schneemessreihen. Wegen des zu betreibenden Aufwandes bei der Homogenisierung sei abschließend darauf hingewiesen, dass nicht jede »irgendwo im Internet« zu findende Klimareihe diese Bearbeitung zuvor genoss.

Kehren wir noch einmal konkret zum Teilaspekt Urbanisierung zurück. Feststellungen, dass sie durchaus Differenzen von mehreren Grad Celsius ausmachen kann, sind zwar richtig, ihre Bedeutung in einem homogenisierten Datensatz ist aber erheblich geringer, wenn nicht gar verschwunden. Außerdem ist »mehrere Grad« die Extremvariante, die vornehmlich bei ruhigen Hochdruckwetterlagen in stabiler Schichtung im Sommer und da wiederum abends und nachts zu finden ist. Bei vielen Wetterlagen, vor allem solchen mit ausreichender Luftbewegung oder bedecktem Himmel, ist dieser Effekt gar nicht vorhanden, so dass er selbst bei einer unkorrigierten Zeitreihe einen viel geringeren mittleren Einfluss hat als in einzelnen Extremfällen. Wenn man überdies große Gebiete betrachtet, so werden die Messwerte einzelner Stationen im erzeugten Gitternetz grundsätzlich mit den Nachbarstationen gewichtet. Die Messung einer durch einen extrem Urbanisierungseffekt auffälligen Station wird so von den umliegenden Stationen »abgeschwächt«. Denn diese sind mit hoher Wahrscheinlichkeit nicht ebenfalls alle von Städten »umwachsen« worden, das zeigt die weiterhin bestehende große Anzahl ländlicher Stationen.

Die Auseinandersetzung mit diesem Argument macht deutlich,

wie ernst es in der Wissenschaft genommen wird. Neben eine eventuelle kritische Äußerung gehört somit auch immer der Hinweis auf sehr erfolgreiche Maßnahmen zur Reduktion des Effektes. Ich habe schon Darstellungen gelesen, die den Eindruck entstehen ließen, als hätten betriebsblinde Wissenschaftler erst die Hilfe von außen benötigt, um den Effekt überhaupt zu bemerken – und immer noch nicht zu berücksichtigen. Das entspricht nicht der Wirklichkeit.

»*Der Erwärmungstrend ist gebrochen!*« Diese Nachricht konnte man 2008 sehr oft lesen, und tatsächlich war das Jahr 2008 kühler als 2007. Und 2007 kühler als 2005. Und nach den Datensätzen der University of East Anglia (UEA) war 1998 das wärmste Jahr bisher, nach denen der NASA 2005. Aber ist das ein Trend? Hier kommt wieder die Langfristigkeit des Klimas ins Spiel. Einzeljahre werden immer Schwankungen unterliegen, und verschiedenste natürliche Prozesse werden für solche Schwankungen verantwortlich sein und bleiben. Niemand erwartet, dass nun jedes Jahr wärmer als das vorangegangene sein muss, um einen Erwärmungstrend unseres Planeten zu bestätigen. Stellt man deshalb fest, dass die zwölf wärmsten Jahre seit 1890 alle seit 1990 stattgefunden haben und dass es selbst ein recht »kühles« »La-Niña«-Jahr 2008 wieder in die »Top Ten« geschafft hat, stellen sich die Messwerte anders dar. Wichtig ist es zudem, ein herausragendes Extrem wie das durch einen sehr starken »El Niño« geprägte Jahr 1998 richtig zu werten, denn das nach einem solchen Extremwert die folgenden Jahre wieder kühler ausfallen, ist nicht verwunderlich.

Ähnliche Beobachtungen konnten ja auch bei der Analyse der Eisdecke gemacht werden. Nach dem extrem eisarmen arktischen Sommer 2007 war die Eisbedeckung im Sommer 2008 wieder 10 Prozent größer als im Vorjahr, lag aber immer noch weit unter dem langjährigen Durchschnitt. Ein solcher Anstieg nach einem Extremwert verwundert bei langjähriger Betrachtung wenig und sagt auch nichts über einen Trend oder eine Trendumkehr aus. Deshalb über den 10-prozentigen Zuwachs der Eisdecke zu jubeln ist ähnlich verblüffend, wie sich über folgenden Vorgang an der

Börse zu freuen: Stellen Sie sich vor, Sie haben Aktien zum Stückpreis von 100 Euro erworben und diese fallen an einem Tag durch einen fatalen Absturz auf 10 Euro, um am Folgetag wieder auf 30 Euro zu steigen. Wie groß fällt die Freude über diesen Kursanstieg von 200 Prozent aus?

Kritische Thesen zur Klimamodellierung

»*Computermodelle besitzen keine oder nur eine unzureichende Aussagekraft.*« Dieses Argument ist nicht leicht zu behandeln, denn die Rechenergebnisse für das ausgehende 21. Jahrhundert sind heute wohl kaum überprüfbar. Deswegen wird häufig kritisiert, dass die Klimaforschung mit unsicheren Ergebnissen Politik und Gesellschaft zu Maßnahmen dränge, die einerseits Kosten verursachten und andererseits womöglich meilenweit am Ziel vorbeigingen, sollten diese Maßnahmen auf einer Fehlprognose beruhen. Da die Option »Wir warten 100 Jahre und vergleichen die Ergebnisse mit der Wirklichkeit« allenfalls belustigt, kann man nur eingrenzen, wie groß die Unsicherheiten der Prognosen sind. Bereits zu Beginn des Buches habe ich gezeigt, wie die Computermodellierung funktioniert, wo die Unsicherheiten liegen und dass eine Modellierung in Form von Szenarienrechnungen prinzipiell funktioniert.

Bei nüchterner Betrachtung ist es weder wahrscheinlich, dass die Modellrechnungen exakt die Zukunft widerspiegeln, noch, dass es sich um willkürlichen Unsinn ohne physikalische Grundlage handelt. Wir haben es also mit Unsicherheiten zu tun, und mit ihnen umzugehen, so zeigt es auch die recht erfolgreiche menschliche Entwicklungsgeschichte, ist eine stete Notwendigkeit. Denn jede Vorausschau und damit auch jede Strategie enthält gewisse Unwägbarkeiten. Würde der Mensch diese völlig ausschließen wollen, so müsste er stets passiv auf das Eintreten irgendeines Geschehens warten – und hätte damit jegliche Gestaltungsmöglichkeit verloren. Vernünftig ist es deshalb, durch solide Forschung die Unsicherheiten so gering wie möglich zu halten. Genau das geschieht auch bei der Modellierung des Klimageschehens. Dass in vielen Fällen klimageschichtliche Ereignisse »nachhergesagt« werden konnten, bestätigt die Fähigkeiten der Klimamodellierung. Daher gibt es auch keinen triftigen Grund, die Modellergebnisse allesamt zu verwerfen. Was aber bleiben muss, ist die Vorsicht bei der Interpretation der Ergebnisse und vor allem das Wissen, dass eine regionalere Betrachtung die Ungenauigkeiten zunehmen lässt.

So lässt sich der dazu am Anfang des Buches gemachte Satz erneut schreiben: »Modellergebnisse zu ignorieren und stattdessen mit unserer nur einmal zur Verfügung stehenden Erde auszuprobieren, was nun wirklich passiert, ist in hohem Maße unvernünftig und schon aus ethischen Erwägungen heraus kaum zu verantworten.« Abgesehen davon ist hinzuzufügen, dass sich die in der Wissenschaft als sehr sicher geltende Tatsache, dass wir Menschen das Klima via Treibhausgase beeinflussen, vor allem aus Messungen und nicht aus Computerprognosen ergibt – denn Klimaveränderungen finden ja bereits statt.

Kritische Thesen zu den Folgen des Klimawandels

»Eine wärmere Welt bringt viele Vorteile.« Abgesehen von einigen Ausnahmen wie den Inuit, die sich diesem Satz wohl weniger anschließen werden, klingt das erst einmal vernünftig. Schließlich nannte man die Warmphasen aus gutem Grund Optimum und die Kaltphasen Pessimum. Wir selbst fühlen uns in der Wärme meist wohler als in der Kälte, vielen Pflanzen und Tieren geht es ganz ähnlich. Wir fahren zumeist in warme Länder in den Urlaub, und die Sorge vor einer neuen Eiszeit wäre wohl ungleich größer als die vor einer Erwärmung. Hören wir nun von zu erwartenden dramatischen Verschlechterungen der Umweltbedingungen durch eine solche Erwärmung, so sträuben wir uns oft schon aus den genannten Gründen dagegen. Hinzu kommt, dass wir in unserem Alltag kaum Veränderungen erleben. Gibt es diese Veränderungen dann überhaupt, oder sind sie nur viel schwächer, als uns die »vielen Panikmacher« glauben machen wollen?

Schauen wir uns dies genauer an. Wie schon erwähnt wurde, gibt es in der Wissenschaft selbst keine Panik wegen des Klimawandels. Vielmehr tragen Naturwissenschaftler hier zumeist recht nüchtern ihre Ergebnisse zusammen. Das dem so ist, lässt sich jedoch nur feststellen, wenn man die fast ausschließlich in Englisch verfasste Primärliteratur liest, also die in wissenschaftlichen Fachzeitschriften veröffentlichten Artikel. Und die hier vorgestellten Ergebnisse zeigen uns zum Teil deutliche Veränderungen, von denen viele bereits im bisherigen Verlauf des Buches geschildert wurden. Doch warum nehmen wir selbst diese Veränderungen nur in solch geringem Ausmaß oder gar nicht wahr? Das hängt vor allem mit drei Tatsachen zusammen: Erstens können wir Klimaänderungen deshalb nicht spüren, weil sie zu langsam stattfinden. So wie man seine Kinder auch nicht von Tag zu Tag wachsen sieht, sondern irgendwann die Oma sagt: »Mein Gott, bist Du aber groß geworden.« Sie hat die Enkel länger nicht gesehen und nimmt die Entwicklung daher wie in einem Zeitraffer oder einem Sprung wahr. Zweitens passieren viele Veränderungen in den Regionen, die von uns kaum aufgesucht werden – zum Beispiel in den Ozeanen oder der Arktis. Und drittens befinden wir uns erst am Beginn der durch den Menschen mit verursachten Klimaänderung. Die bisherigen 0,7 Grad in 100 Jahren liegen deutlich unterhalb der für dieses Jahrhundert erwarteten 3 Grad, und so sind die Veränderungen derzeit noch wenig spürbar.

Doch in diesem Satz steckt das Schlüsselwort: Veränderung! Wir haben gesehen, dass es sie gibt, ohne sie vielleicht am eigenen Leib spüren zu können. Doch muss diese Veränderung nicht zwingend negativ sein, sondern sie kann natürlich auch positiv ausfallen. Es gilt also für die Bewertung obiger These zu schauen, ob positive oder negative Folgen überwiegen und ob eine solche Bewertung insgesamt überhaupt möglich ist. Deshalb ist mir zunächst folgender Abschnitt wichtig:

Alle Lebewesen – vom kleinsten Organismus bis hin zum Menschen – haben sich den heute existierenden Umweltbedingungen angepasst. Sie alle haben zudem die Fähigkeit, mit Veränderungen zurechtzukommen. Aber: Diese Fähigkeit ist von Art zu Art unterschiedlich stark ausgeprägt, und es verwundert kaum, dass ein schnellerer Wandel eine viel größere Anpassungsfähigkeit erfordert als ein langsamer. Und damit wird der Zeitfaktor zu einem wichtigen, wenn nicht dem *wichtigsten* Schlüssel. Die gesamte Natur hat immer schon klimatische Wechsel erlebt und hat sich auch extremsten Bedingungen angepasst. Und deshalb ist nicht zu erwarten, dass ihr das im heutigen Fall nicht gelingt. Sehr nüchtern gesprochen, führt ein Klimawandel für die auf der Erde existierenden Lebewesen aber dazu, dass die »Karten neu gemischt« werden. Einige – und das Wort Lebewesen schließt den Menschen ein – kommen dabei unter die Räder, andere genießen Vorteile. Dabei zeigt die Klimageschichte, dass starke und vor allem schnelle Klimawandel zuerst zu größeren Artensterben – bis hin zu den »big five« – geführt haben, dass das Leben wegen freiwerdender Nischen danach aber erneut aufgeblüht ist. Doch – und der zweite Teil dieser Frage ist jetzt bewusst überspitzt formuliert – können wir es ethisch vertreten, die Karten *selbst* neu zu mischen, also einen Klimawandel anzuzetteln, der möglicherweise vielen Arten dieser Erde und oder sogar einigen von uns selbst das Aus bringt?

Ich glaube, und das ist wirklich eine Glaubensfrage, die sich einer naturwissenschaftlichen Beantwortung entzieht, wir haben dieses Recht nicht, sondern es ist vielmehr unsere moralische Verpflichtung, die rezente Natur zu erhalten. Die Natur selbst unterliegt im Gegensatz zu uns keinen moralischen Verpflichtungen, und deshalb ist ein direkter Vergleich der Folgen eines natürlichen und eines menschenverursachten Klimawandels oft nicht möglich. Es ist eben etwas anderes, ob eine Tier- oder eine Pflanzenart durch natürliche Veränderungen oder durch uns Menschen verschwindet, denn im Gegensatz zur Natur sind wir in der Lage, die Folgen unseres Handelns zu erkennen und einzudämmen. Ein ganz einfaches Beispiel dazu: Kommt es zu schweren Unwettern, so sind immer wieder Todesfälle zu beklagen. Dies ist zweifellos sehr tragisch, doch müssen wir sie am Ende als Schicksalsschlag hinnehmen. Wird ein Mensch von einem anderen Menschen umgebracht, so kommt es ebenfalls zum Tod einer Person. Doch das nehmen wir selbstverständlich nicht als Schicksal hin, sondern wir versuchen, den Täter ausfindig zu machen und zu bestrafen. Denn wir unterstellen, dass dieser die Folgen seines Tuns gekannt hat und somit verantwortlich ist. Kurzum: Für die Folgen eines ausschließlich natürlichen Klimawandels können wir nichts, für die eines menschengemachten – deshalb auch dieses Adjektiv – schon. Und das ist ein himmelweiter Unterschied. Diese Argumentation ist natürlich nicht auf den Klimawandel beschränkt, sondern sie gilt für alle nicht nachhaltigen Eingriffe des Menschen in die Natur, etwa die Abholzung der Tropenwälder oder die Überfischung der Meere.

Legt man nun eine naturerhaltende Geisteshaltung zugrunde, muss man positive und negative Folgen des Klimawandels nach ihrer Fähigkeit beurteilen, ob sie die heutige Biosphäre erhalten oder nicht. Wollte man zur Bewertung der Eingangsthese die Vor- und Nachteile einer durch uns Menschen verursachten Erwärmung gegeneinander abwägen, dann müsste man zunächst einmal weltweit alle kennen und aufzählen. Um abschließend zu beantworten, ob sie nun gut oder schlecht ist, wäre eine Gewichtung der Vor- und Nachteile nach dem jeweiligen Stellenwert erforderlich. Doch wie soll man bewerten und wer soll bewerten, welches Tier, welche Pflanze, welcher Mensch welchen Stellenwert hat? Eine absolute Bewertung ist völlig unmöglich. Wir müssen uns folglich mit der Feststellung begnügen, dass man mit einer Veränderung immer beides – Positives und Negatives – anstoßen wird. Man kann es nicht entkoppeln, denn das Drehen an der einen Schraube verstellt immer auch die andere. Da aber eine schnelle Veränderung wie der derzeitige weltweite Temperaturanstieg viele Lebewesen in ihrer Anpassungsfähigkeit an ihre Grenzen oder darüber hinaus bringt, ist ein vom Menschen verursachter Wandel eher negativ zu bewerten.

»Eine Erwärmung bringt einigen von uns Vorteile.« Dieser Satz ist eine nach dem letzten Abschnitt sicher gültige Verkürzung obiger These. Doch vor dem Hintergrund, dass sie *global* viele negative Folgen hat, würde ein unparteiischer Richter wahrscheinlich lieber den ganzen Wandel untersagen, als ihn zum Vorteil einzelner zuzulassen. Ein bewusst gewähltes Extrembeispiel verdeutlicht dies noch stärker: Von jedem noch so schlimmen Krieg werden einzelne profitieren, teilweise sogar kräftig. Doch wird ihn deshalb

wohl niemand ernsthaft vorschlagen, sondern man ist sich vielmehr schnell einig, dass ein Krieg wegen seiner Gefahren und seiner überwiegenden Nachteile vermieden werden sollte.

Mit drei Beispielen möchte ich verdeutlichen, dass es selbst dann nicht immer einfach ist, Vor- und Nachteil richtig einzuschätzen, wenn wir nur auf unser kleines Deutschland schauen. In diesen Beispielen geht es nun nicht mehr um Leben oder Überleben, sondern um wirtschaftliche Gesichtspunkte, deren Bedeutung nicht unterschätzt werden darf. Eine Erwärmung hat etwa eine längere Vegetationsperiode zur Folge, was für sich genommen ein klarer Vorteil ist. Ohne aber die Veränderungen bei der Niederschlagsmenge bis hin zu womöglich häufigeren Dürren, Überschwemmungen oder Hagelschlägen mit unter die Lupe zu nehmen, ist eine abschließende Beurteilung dieses Vorteils nicht möglich. Ein zweites Beispiel: Wird es wärmer und – wie Computermodelle zeigen – im Ostseeumfeld trockener, dann spricht vieles dafür, dass der Tourismus hier im wahrsten Sinne des Wortes sonnigen Zeiten entgegensehen kann. Wie aber der Tourist mit großen Algenteppichen umgeht, die sich auf dem dann auch wärmeren Ostseewasser ausbreiten können, ist fraglich, und deren vermutlich notwendige Beseitigung verursacht wiederum Kosten. Und wenn man den Tourismus nicht nur auf das Ostseeumfeld beschränkt, sondern auch den Wintersport und damit die Skigebiete hinzunimmt, so wird eine Zunahme in einer Region Deutschlands einer Abnahme in anderen Regionen gegenüberstehen. Denn eine Erwärmung führt natürlich zu einer Anhebung der Schneefallgrenze, und so können sich Vor- und Nachteile am Ende womöglich aufheben. Häufig wird auch angeführt, dass wärmere Winter weniger Heizkosten und damit weniger Energieverbrauch zur Folge haben. Das ist zwar völlig richtig, doch muss in den dann ebenfalls wärmeren Sommern mehr gekühlt werden. Ein Trend hin zu mehr Klimaanlagen, die wiederum Energie verbrauchen (Kühlen ist übrigens energieintensiver als Heizen), kann den Spareffekt des Winters vielleicht gänzlich zunichtemachen. Ein Jahr wie 2003, in dem viele, vorwiegend ältere Menschen an der Hitzewelle starben, zeigt, dass Kühlung in Räumen dringend nötig ist. Dies besonders vor dem Hintergrund, dass Europas Bevölkerung immer älter und damit hitzeanfälliger wird.

Wie wir es auch drehen und wenden: Es bleibt dabei, dass positive *und* negative Folgen zu erwarten sind, so wie jede Medaille eben zwei Seiten hat. Eine endgültige Bewertung der These ist deshalb nicht möglich, doch wurde klar, dass keine lokale, sondern eine globale Betrachtung erforderlich ist. Am Ende lässt sich allenfalls aussagen, dass man sicherlich den geringsten Fehler damit macht, die Natur möglichst wenig zu beeinflussen.

Der wissenschaftliche Konsens und Gründe für die Skepsis
Der Antwort auf die Frage, wie richtig unser »Weltbild« des Klimasystems ist, sind wir durch das letzte Kapitel ein ganzes Stück nähergekommen. Viele kritische Argumente, die Zusammenhänge in Frage stellen, mussten aus sachlichen Gründen zurückgewiesen werden. Einige sehr wichtige Ergänzungen haben sie aber gleichwohl geliefert. Es ist deutlich geworden, wie wichtig eine gute Datenbearbeitung und deren Kontrolle sind und dass trotz der Computerszenarien immer gewisse Unsicherheiten über unsere Klimazukunft bleiben werden. Ebenso bleibt sicher in Erinnerung, dass der Klimawandel – bei aller Vorsicht im Umgang mit diesem Argument – nicht ausschließlich negative Folgen hat. Ganz grundsätzlich haben die letzten Seiten jedoch zeigen können, dass man sachlich argumentieren kann und weder Panikmache noch Verharmlosung nötig oder nutzbringend sind.

Wie schon am Beispiel der »Erde als Scheibe« deutlich wurde, nährt sich die Skepsis aus einem breiten Spektrum von Gründen. Zunächst gibt es die sachliche Skepsis – viele dieser Argumente wurden eben ausführlich behandelt. Kritischen Äußerungen liegen aber oft persönliche Vorstellungen und Überzeugungen zugrunde, die eher Reaktionen auf mediale Hysterie als auf wissenschaftliche Artikel in Fachzeitschriften sind. Wenn diese Theorien – unter ihnen manch sehr haarsträubende Variante – nicht aus einer Art religiösem Eifer oder aus schlichtem Geltungsdrang heraus vorgetragen werden, dann kann die Qualität solcher Kritik durch Sachinformation erheblich verbessert werden. Dazu soll dieses Buch beitragen.

Dass die Klimadebatte in der Öffentlichkeit eine andere ist als in der Wissenschaft, schließt aber keineswegs aus, dass auch unter den Klimaforschern verschiedene Ansichten existieren. Darunter finden sich selbstverständlich auch Extremmeinungen der einen oder anderen Richtung. Da außerhalb der Wissenschaft das Interesse an Kontroversen oft größer ist als an den sachlichen Gegebenheiten, finden solche Extremmeinungen den Weg in die Öffentlichkeit besonders leicht. Genau dieser Umstand wird gerne herangezogen, um den wissenschaftlichen Konsens zum Thema Klimawandel in Frage zu stellen. Würden alle nicht extremen Äußerungen gleichermaßen verlautbart, dann entstünde ein wesentlich ausgewogeneres Bild. Zudem wird der Begriff Konsens gerne als »alle sind einer Meinung« missverstanden. Dem ist aber nicht so, denn Konsens bedeutet Übereinstimmung. Der Weg dorthin führt über einen oft schwierigen Diskussionsprozess, an dessen Ende sich eine Gruppe dazu entschließt, eine Auffassung gemeinsam zu vertreten – auch dann, wenn in Detailfragen Unterschiede bestehen. Dies deshalb, weil die Gemeinsamkeiten stärker als die Differenzen empfunden werden. Ohne den Konsens wären beispielsweise keine demokratischen Entscheidungen denkbar – denn wir wissen sehr genau, dass dabei längst nicht alle Politiker in allen Punkten immer einer Meinung sind.

Zum Schluss seien noch jene Kritiker erwähnt, die weniger das Weltbild der Klimaforschung als vielmehr die Folgen des Klimawandels oder die (geplante) Umgangsweise von Politik und gesellschaftlichen Gruppen mit dem Klimawandel im Fokus haben. Hier entsteht das weiteste Argumentationsfeld, weil es die unterschiedlichsten Vorstellungen gibt, wie man auf etwas reagieren kann oder sollte.

Die Lobbyisten und ihre Interessen

Abseits der sachlichen Gründe für die Skepsis kommt nun der Lobbyismus ins Spiel. Lobbyisten verfolgen zwar ganz unterschiedliche Interessen, aber sie profitieren alle gemeinsam davon, wenn der Mensch nichts für den Klimawandel kann oder er zumindest glaubt, dass er nichts dafür kann. Gehört man einer Interessengruppe an, gibt man sich meist nicht zu erkennen, sondern springt auf den Zug derer auf, die sachliche Argumente vorbringen oder glauben vorzubringen. Eines ist dabei aber klar: Dem Lobbyisten ist nicht an der sachlichen Richtigkeit seiner Argumente gelegen, er wird vielmehr versuchen, die öffentliche Debatte immer wieder zu seinen Gunsten anzuheizen. Dabei macht er es sich zunutze, dass das Klimawissen bei der Bevölkerung oft gering ist und dass teils schon seit Jahrzehnten widerlegte »Scheinargumente« so immer wieder auf fruchtbaren Boden fallen und einfach nicht totzukriegen sind. Wenn die Medien dann noch helfen, diese in regelmäßigem Abstand zu verbreiten, entsteht für die Wissenschaft eine Art Sisyphusarbeit, an der so mancher die Lust verlieren kann. Bei den vorhin aufgeführten Sachthesen war es möglich, mit naturwissenschaftlichen Inhalten zu argumentieren. Geht es aber gar nicht mehr um konstruktive Kritik, sondern um das geschickte Verbreiten von Informationen, um am Ende eigene Interessen besser durchzusetzen zu können, dann wird alles sehr viel kryptischer und man muss lernen, diese Form der »Kritik« zu entlarven.

Wie Lobbyisten argumentieren

Oft finden Sie Überschriften, in denen Wörter wie »Klimaschwindel«, »Klimalüge« oder ähnliche Kraftausdrücke enthalten sind. Dass jemand, der so titelt, kaum eine Annäherung und ein konstruktives Ergebnis in der öffentlichen Diskussion im Sinn hat, liegt auf der Hand. Sie würden ja auch kaum zu Ihrem Chef ins Büro kommen und bei einer Meinungsverschiedenheit die Diskussion mit den Worten »Sie sind ein Lügner!« eröffnen. Und falls Sie es tun, wissen Sie ganz genau, dass das Gespräch keinen guten Ausgang nehmen wird. Bei solchen Titeln ist also auch bezüglich der weiteren Argumentation große Vorsicht geboten. Ebenso sollte man diese Vorsicht bei dem gerne benutzten Satz »Wie jeder aus der Schule weiß« walten lassen. Da man das Genannte eben genau nicht weiß, fühlt man sich ertappt, und die spontan hervorgerufene Pein sorgt dafür, dass man schnell bereit ist, den genannten »Fakt« ungeprüft hinzunehmen.

Wird von überraschenden neuen Erkenntnissen berichtet, die »beweisen«, dass der Mensch gar nicht für den Klimawandel verantwortlich sein kann, so sollte man ebenfalls vorsichtig sein. Erstens, weil es – wie schon gezeigt wurde – unwahrscheinlich ist, dass eine einzige Studie alle bisherigen schlüssig widerlegen kann, und zweitens, weil schon so manches Institut als Quelle auftauchte, das am Ende gar nicht existierte oder sich als Verein entpuppte. Das heißt nicht, dass sich ein Verein nicht äußern sollte, es heißt nur, dass er sagen sollte, dass er ein solcher ist. Auch ist nicht jeder Wissenschaftler durch einen Titel auf irgendeinem Gebiet automatisch Fachmann für Atmosphärenphysik, wie es so mancher Beitrag suggeriert. So wie ein Doktor für Sprachwissenschaften ja auch nicht zwingend Lungenfacharzt ist, nur weil er einen Doktor hat.

Sehr häufig ist zu beobachten, dass Beiträge zwar ausführlich erläutern, warum die Ergebnisse der Klimaforscher »alle falsch« sind, aber gleichzeitig keinerlei *schlüssige* Erklärung beziehungsweise kein begutachtetes Forschungsergebnis geliefert wird, wie sich die komplexen Zusammenhänge denn dann erläutern lassen. Dies unterscheidet schlichtes »Zweifel sähen« von konstruktiver Kritik. Letztere ist immer so angelegt, dass sie diskussionsfähige Alternativen bietet.

Besonders irreführend ist es, Aussagen oder Argumente aus dem Zusammenhang zu reißen. Sicher erinnern Sie sich noch an den Abschnitt, wo ich etwas über unsere geliebten Eisbären schrieb. Es ging um die Zunahme ihrer Population, weil ein Artenschutzabkommen verhinderte, dass sie in großer Zahl weiter abgeschossen wurden. Will man die sich für dieses Tier verschlechternden Lebensbedingungen verschleiern, so reicht es zumeist aus, nur von der Zunahme der Population in den letzten Jahrzehnten zu sprechen und das Artenschutzabkommen unter den Tisch fallen zu lassen. Trifft man nun auf einen unwissenden Leser- oder Hörerkreis, ist der Erfolg schon ein Stück weit gesichert.

Interessante Effekte kann auch die Nutzung von Größenordnungen bei Zahlenwerten haben. Kürzlich las ich einen Beitrag, dessen Absicht es war, möglichst viele Nachteile der Nutzung der

Sonnenenergie aufzuführen. Ein wichtiges Argument war dabei die riesige Fläche, die zur kompletten Versorgung des Landes mit Sonnenenergie benötigt wird (dass ein Energiemix und nicht ein einzelner Energieträger für die Zukunft sinnvoller ist, wird im dritten Buchteil behandelt). Diese Fläche wurde für einen Sommertag mit 800 Millionen Quadratmetern angegeben, für einen Wintertag wurde der zehnfache Wert genannt. Da stellt sich schon die Frage, ob der Autor die Einheit Quadratmeter nicht deshalb gewählt hat, damit die Zahl riesig klingt. 800 Millionen Quadratmeter sind schließlich nichts anderes als 800 Quadratkilometer, und das beeindruckt den Leser sicherlich wesentlich weniger. Übrigens entspricht das mageren 0,2 Prozent der Fläche Deutschlands, und selbst die Verzehnfachung auf 2 Prozent stellt noch einen sehr moderaten Flächenbedarf dar.

Frühere Fehlprognosen

Fast jeder Beitrag, der Eindruck hinterlassen möchte, wird mit dem Hinweis auf eine Fehlprognose des Club of Rome von 1972 eröffnet. Danach folgt meist noch die Feststellung, dass man Mitte der 1970er Jahre noch vor einer Eiszeit warnte und nun einfach mal um 180 Grad geschwenkt sei. Beides zusammen ist schnell geeignet, die Klimaforschung und ihre Prognosen zu diskreditieren, kann man hier doch bestens sehen, wie wenig solche Prognosen taugen. Betrachten wir diese Aussagen deshalb etwas genauer.

Der 1968 gegründete Club of Rome ist eine multikulturelle und nichtkommerzielle Organisation, deren Ziel die Sorge um beziehungsweise für die Zukunft der Menschheit ist. Seine Gründung zeigt, dass damals ein Umdenken in der Gesellschaft stattfand. Man begann sich insgesamt konkreter mit der Zukunft auf diesem Planeten auseinanderzusetzen. Den Club of Rome riefen übrigens keine sogenannten »Ökos« ins Leben, sondern die Idee stammte vielmehr vom italienischen Industriellen Aurelio Peccei und dem damaligen schottischen Direktor für Wissenschaft und Technologie bei der OECD, Alexander King. In der Öffentlichkeit wurde der Club of Rome vor allem 1972 durch den von ihm in Auftrag gegebenen Bericht *Die Grenzen des Wachstums* und 1973 durch die dafür erfolgte Verleihung des Friedenspreises des deutschen Buchhandels wahrgenommen.

Grundlage der Studie von 1972 war in der Tat ein Computermodell. Das Modell der »Dynamik komplexer Systeme« berücksichtigte die Wechselwirkungen zwischen Bevölkerungsdichte, Nahrungsmittelressourcen, Energievorräten, Material, Kapital, Umwelt und Landnutzung. Schon damals wurden Szenarienrechnungen – ähnlich wie bei den Computermodellen in der Klimaforschung heute – durchgeführt. Das Ergebnis der Berechnungen zeigte, dass die absoluten Wachstumsgrenzen auf der Erde im Laufe der nächsten hundert Jahre erreicht sein werden. In die Öffentlichkeit gelangten vor allem die Informationen über das Aus bei den Energieträgern Erdöl für 1990 und Erdgas für 1992. Zweifellos eine drastische Fehlprognose, und damit können zu Recht auch die anderen Ergebnisse der Studie kritisiert werden. Dies wurde auch vehement getan, in dem der globale Anspruch der Studie als völlig überzogen und manchmal auch als »unverantwortlicher Unfug« beschrieben wurde.

Zu bedenken geben möchte ich dabei zwei Dinge. Zum einen war es nur *ein* Szenario, dass das frühe Aus für die fossilen Energieträger berechnete. Das Szenario nämlich, dass davon ausging, dass es nur so viel Erdöl und Erdgas gibt, wie 1972 bekannt war. Andere Szenarien, die die Entdeckung neuer Ressourcen beinhalteten, zeigten das frühe Aus nicht. Zum anderen eignet sich die Kritik an einer bald 40 Jahre alten Studie kaum, um damit heutige Ergebnisse der Computermodellierung in derart grundsätzliche Zweifel zu ziehen. Die Computertechnik hat seither eine unglaubliche Entwicklung genommen und die Wissenschaft ist ebenfalls um knapp 40 Forschungsjahre reicher. Heutige Ergebnisse mit denen eines allerersten Versuchs zu vergleichen ist deshalb wenig zielführend. Schließlich denkt man ja auch nicht, dass der Pilot eines Jumbos auf dem Flug über den »großen Teich« heute mit den gleichen Schwierigkeiten und Unwägbarkeiten zu kämpfen hätte wie Charles Lindbergh bei seiner ersten Atlantiküberquerung 1927. Gleichzeitig macht dieses Beispiel aber auch deutlich, dass man die heutige Sicherheit und Qualität in der Fliegerei nicht hätte erreichen können, wenn man nicht irgendwann mit dem Versuch zu fliegen überhaupt begonnen hätte, und zwar mit anfangs oft tragischen Fehlversuchen. Einem solchen ersten Versuch einer komplexen Modellierung gehört sicher auch Respekt gezollt – was nichts an den Fehlern ändert. Die damaligen Fehler sind aber auch der Grund, warum diese Studie – darauf wird von ihren Kritikern nicht gerne hingewiesen – fortgesetzt wurde, so zuletzt mit dem 30-Jahres-Update von 2004.

Kurz noch ein Wort zu den Eiszeitprognosen der 1970er Jahre. Oft wird der Eindruck erweckt, dass heute »alle Klimaforscher hysterisch vor der Erwärmung warnen«, während sie vor kaum 30 Jahren »alle eine Eiszeit gefürchtet hatten«. Das ist eine extrem vereinfachte, schnell gemachte und eindrücklich wirkende Analyse – nur ist sie nicht richtig. Dass Hysterie keine wissenschaftliche Erfindung ist, haben wir schon gesehen und werden es im Kapitel über die Medien noch eingehender betrachten. Natürlich schließt diese Feststellung nicht aus, dass der eine oder andere Forscher emotionaler reagiert als viele seiner Kollegen; vielleicht neigt er auch mal zur Hysterie, aber ein solcher Einzelfall beschreibt nicht das Gesamtbild. Dass aber vor rund 30 Jahren »alle Klimaforscher« eine Eiszeit erwarteten, ist schlichtweg falsch. Auch damals ging man vorwiegend davon aus, dass Treibhausgase die Atmosphäre erwärmen werden. Grund dafür waren Studien zum Wärmetransport in Gasen des französischen Mathematikers und Physikers Jean-Baptiste Fourier (1768–1830). Später lieferte der schwedische Physiker und Chemienobelpreisträger Svante Arrhenius (1859–1927) völlig ohne jede Computersimulation eine erste Größenordnung der Erwärmung bei Verdopplung des CO_2-Gehalts: 4 bis 6 Grad global. Einige Forscher sahen jedoch die Abkühlung zwischen 1940 und 1970 als den stärkeren Effekt an. Das klang viel spannender, und so gelangten diese Überlegungen, ohne verifiziert worden zu sein, rasch in die Öffentlichkeit, wo sie schnell mit einer nächsten Eiszeit verbunden wurden. Auf diese Weise entstand ein verzerrtes Bild der vorherrschenden Meinung, und die Tatsache, dass diese Wissenschaftler ihre Einschätzung bald selbst korrigiert haben – so funktioniert Wissenschaft – wird in kritischen Darstellungen meist weggelassen.

Vereinfachung hilft nicht immer

Will die Wissenschaft erreichen, dass ihre Forschungsergebnisse in der Öffentlichkeit wahrgenommen und verstanden werden, dann müssen viele Zusammenhänge vereinfacht werden – nicht jeder kann und will Klimaspezialist sein. Eine entscheidende Frage ist dabei jedoch, wie weit die Inhalte vereinfacht werden können, ohne ihre Richtigkeit zu verlieren. Am Ende kommt es auf ein gesundes Maß an, denn sowohl eine zu komplizierte als auch eine zu einfache Darstellung kann Interessengruppen helfen, Boden zu gewinnen. Werden Vorgänge im Klimasystem zu kompliziert dargelegt, dann kommen sie beim Laien nicht an. Ist dieser aber dennoch am Thema interessiert, dann führen die leicht verständlichen und im Sinne des Philosophen Karl Jaspers »groben Antithesen« verschiedener Lobbys leicht zum Erfolg.

Ähnliches passiert aber auch umgekehrt. Ein Thema für Erwachsene so aufzubereiten, dass es jeder Erstklässler versteht, birgt auch Gefahren. Es kommt ein »Kinderbuch« heraus, das keine Fragen offen lässt, keine Unsicherheiten zulässt und auch keine Differenzierung erlaubt. Dann landen wir wieder bei Jaspers, diesmal im »Zeitalter der Simplifikationen«. Mit gesundem Menschenverstand ist man schnell in der Lage, Gründe für Zweifel an diesem einfachen Gerüst zu finden und ihm zu widersprechen – und schon ist man empfänglich für Argumente, die andere womöglich aus Eigennutz liefern.

Die Verschwörung der Klimaforscher?

Auch wenn Faktenwissen unverzichtbar ist, wird wohl auch in Zukunft dieser Satz von Marion Gräfin Dönhoff einen großen Teil seiner Gültigkeit behalten: »Nicht die Fakten sind das entscheidende, sondern die Vorstellungen, die die Menschen von den Dingen haben.« Ist man nun selbst überzeugt oder davon überzeugt worden zu glauben, dass Klimawandel und Mensch nichts miteinander zu tun haben, dann öffnet sich ein riesiges Tor der Spekulationen. Denn in diesem Augenblick muss man konsequenterweise auch davon überzeugt sein, dass man betrogen wird und dass irgendwelche Gruppen dies zu ihrem Vorteil tun. Genau das ist die

Geburtsstunde vieler Verschwörungstheorien, die in teils erschreckender Vielfalt zirkulieren und die auch von Lobbyisten gerne genutzt oder selbst in die Welt gesetzt werden. Da geht es um die Bösartigkeit eines IPCC, deren Forscher sich an den Geldern der Politik laben wollen. Da geht es um die große Abzocke, die Politiker und Klimaforscher gemeinsam durchführen, um dem »kleinen Mann« das Geld willkürlich aus der Tasche zu ziehen (Stichwort Ökosteuer). Oder da geht es um den Vorwurf einer Sinnressource für eine durch Vertrauensverlust gebeutelte Politik. Fantasievolle Verschwörungstheorien im Nachhinein schlüssig zusammenzubasteln ist gar nicht so schwer, denn diese Theorien entziehen sich stets der Überprüfbarkeit – jeder wird sie verneinen, denn sonst wäre es ja keine Verschwörung.

Zweifellos haben immer und überall alle Menschen und Gruppen von Menschen das Bestreben, sich mit ihrer Auffassung so weit es geht durchzusetzen. Das hat uns die Evolution so vorgegeben. Viele dieser Interessenausgleiche funktionieren jedoch in einer guten Weise, denn mehrheitlich tragbare Ansätze setzten sich langfristig am besten durch – dies ist eine der größten Errungenschaften demokratischen Denkens, wie sicher viele Menschen, die unter einer Diktatur leben mussten oder müssen, schnell bestätigen werden. Würden sich mehrheitlich tragbare Ansätze »im Mittel« nicht durchsetzen, dann hätte sich die menschliche Zivilisation niemals so schnell und erfolgreich entwickeln und damit ihren heutigen Stand erreichen können.

Trotzdem weicht unsere Welt natürlich von idealen Vorstellungen ab. Doch dabei neigen wir oft dazu, die »Schlechtigkeiten« massiv überzubewerten, weil sie uns am stärksten auffallen. Leben in einer Millionenstadt zum Beispiel 100 Schwerverbrecher und hören wir von deren schrecklichen Taten, so haben wir schnell den Eindruck, die Stadt sei voller Schwerverbrecher. Die 999 900 normalen Bürger werden da schnell mal vergessen. Wozu dieses Beispiel? Es soll die »gefühlten« den wirklichen Verhältnissen gegenüberstellen, um zu einer realistischeren Einschätzung der Lage zu kommen. Genauso verhält es sich nämlich mit Verschwörungen, denen hier auf den Grund gegangen werden soll. Überall auf der

Welt wird es Menschen geben, die in unfairer Weise versuchen, sich auf Kosten der Allgemeinheit zu bereichern oder sich anderweitige strategische Vorteile zu erspielen. »Verschwörungspotenzial« wird es deshalb immer und auf allen Seiten geben – egal ob in der Politik, der Familie, der Industrie, der Künstlerszene oder auch in jedem Verein, wo Menschen ihren Hobbys nachgehen. Doch wir können auch hier getrost feststellen: Die meisten Menschen sind *keine* Verschwörer. Dies gilt auch für ein Gremium wie das IPCC. Denn klingt es auch nur annähernd glaubhaft, zu vermuten, dass der Klimaforscher als solcher der am tiefsten vom Verschwörungsgedanken durchdrungene Menschentyp ist? Die einzige Gruppierung auf dieser Welt, der es trotz oft bestehender beruflicher Konkurrenz untereinander aus boshafter Einigkeit heraus weltweit gelingt, eine gewaltige Verschwörung über Jahrzehnte am Laufen zu halten? Spätestens jetzt wird klar, dass solche Theorien massive Übertreibungen der Tatsache sind, dass auch beim IPCC – wie bei jeder anderen Organisation – manches besser gemacht werden kann und mancher Fehler passiert.

Spekulationen und Verschwörungstheorien ins Feld zu führen, ist ein geschickter Winkelzug, weil man an den naturwissenschaftlichen Sachargumenten und damit am nötigen Sachwissen vorbeiführen und so viel schneller ein Meinungsbild prägen kann. Es fällt leicht, mit dem Vorwurf der »Abzocke« Menschen zu gewinnen. Das gelingt häufig sogar dann, wenn das Argument jeder Logik entbehrt, so wie zum Beispiel jenes, dass die Wissenschaftler immer mehr Forschungsgelder dadurch erwarten, dass sie Horrorszenarien an die Wand malen. Hätte man wirklich die gesamte Politik von einem Klimahorror überzeugt, wäre man sogleich überflüssig, denn dann brauchten andere das viele Geld, um des Horrors Herr zu werden. Viel mehr ist die öffentliche Debatte – die nachweislich in der Lage ist, Regierungen großer Länder so zu verunsichern, dass sie Klimaschutzabkommen nicht zustimmen – geeignet, den Zufluss von Forschungsgeldern zu erhöhen, denn bei gefühlter großer Unsicherheit muss mehr geforscht werden.

Fantasievolle Verschwörungstheorien klingen zwar aufregend, schließlich haben gewiefte »Entdecker« das »böse Spiel« durchschaut. Doch basieren alle diese Theorien immer nur darauf, dass es niemandem um Erweiterung des Wissens und Ideen für die Zukunft geht, sondern dass der kurzfristige Profit die einzige Triebfeder ist. Einen solch geballten Opportunismus im vergleichsweise kleinen Fachbereich der Klimaforschung? Das klingt nicht sehr wahrscheinlich.

Das Gesicht der Lobbys

Denken wir an Lobbyismus, stellen wir uns meist reiche, zigarrerauchende Bosse großer Konzerne vor, die in edel eingerichteten Hinterzimmern weitreichende Beschlüsse fassen, unter denen am Ende viele Menschen und die Natur leiden müssen. Die skrupellosen Bosse selbst lachen sich dabei ins Fäustchen und werden durch ihre Machenschaften reicher und reicher. Ohne Frage wird es immer wieder Fälle auf dieser Welt geben, die dieses überzogene Klischee bestätigen, denn es gibt Skrupellosigkeit und es gibt Profitgier. Moralisch ist das beklagenswert, doch diese Feststellung wird den Zustand unabhängig von der Wiederholungsdichte nicht ändern. Helfen kann nur ein besseres Lenken unseres Profitstrebens – das wird Thema des dritten Buchteils sein.

Doch auch an dieser Stelle gilt: Aufmerksamkeit erzeugende Einzelfälle müssen von den Vorgängen unterschieden werden, die das Gros ausmachen. Schauen wir uns deshalb die Entwicklung einer Lobby mal näher an: Stellen Sie sich vor, Sie betreiben seit vielen Jahren einen einträglichen Ölkonzern. Ihnen und Ihrer Firma geht es prima. Ihre Mitarbeiter haben ein gutes Auskommen, denn Sie sind kein skrupelloser Ausbeuter, sondern einfach jemand, der sich, wie viele Firmchefs – nur wird von diesen selten berichtet – für seine Belegschaft verantwortlich fühlt. Kommt nun das Thema menschengemachter Klimawandel und in dessen Folge Klimaschutzpolitik auf, ist Ihnen klar, dass Sie besonders betroffen sein werden. Deshalb ist es völlig legitim, dass Sie zunächst hinterfragen, was denn wirklich dran ist am Thema. Kann man Ihnen diese Frage noch nicht mit hinreichender Sicherheit beantworten – so war es damals, da die beginnende Forschung noch mit vielen Unsicherheiten ringen musste –, dann ist es wenig überraschend, dass Sie Zweifel hegen und versuchen gegenzusteuern, um Schaden für sich und Ihre Mitarbeiter abzuwenden. Bis zu dieser Stelle würde wohl jeder von uns so handeln und wäre ein Stück weit »Lobbyist«. Das ist auch vernünftig, denn schließlich werden Menschen immer von ihren Interessen und Zielen getrieben. Wäre das nicht so, wären wir antriebslos und apathisch.

Macht die Forschung nun Fortschritte und gelangt zu immer sichereren Erkenntnissen, so besteht für Sie Handlungsbedarf. Dies ist die Schlüsselstelle. Entweder Sie erkennen die Situation an und überlegen sich langfristige Strategien für die Zukunft, oder Sie versuchen – möglicherweise sogar, obwohl Sie einen Sachverhalt eigentlich verstehen und akzeptieren – dagegenzuarbeiten. Das Ziel ist dann, alte, aber vertraute Zustände im Hinblick auf Ihren unmittelbaren Profit zu erhalten. Sie beginnen sich zu wehren und versuchen, durch Desinformation aktiv andere Menschen zu gewinnen. Ein aufreibender Kampf, in dessen Verlauf das Thema selbst schon mal in den Hintergrund rücken kann. Hier erst bekommt der Lobbyismus sein negatives Gesicht, denn notwendige Entwicklungen werden zum Schaden aller massiv und bewusst behindert. Deshalb wird der zu Beginn dieses Buchteils erwähnte »erwachsene« Umgang mit dem Thema Klimawandel entscheidend davon abhängen, wie sehr es gelingt zu lernen, dass eine langfristige Strategie viel erfolgreicher sein kann als das Einheimsen kurzfristigen Profits. Die arabischen Ölscheichs machen es uns momentan vor, indem sie in der Wüste bei Abu Dhabi eine komplett durch regenerative Energie versorgte Stadt bauen. Das ist langfristiges und vorausschauendes Denken, doch dazu später mehr. Um auf eine solche Strategie zu setzen, muss man Umdenken, Veränderungen zulassen und wegen Investitionen auch kurzfristige »Einbußen« in Kauf nehmen. So zu handeln braucht Courage und Größe, ist die Strategie aber eine sinnvolle, dann zahlt sie sich am Ende auch aus.

Eine kurze Lobbygeschichte

Schaut man sich in der Geschichte um, so bestätigt sich obiges Fallbeispiel mit unserem erdachten Ölkonzern. Bis in das 20. Jahrhundert wurden Abbau und Nutzung fossiler Energieträger in keiner Weise kritisch gesehen, und es wäre auch völlig falsch, hier im Nachhinein etwas schlechtzureden. Schließlich ist der Menschheit durch die Industrialisierung ein ungeheurer Forschritt gelungen, sowohl technologisch als auch gesellschaftlich. Das wäre ohne die Nutzung fossiler Energie schlicht unmöglich gewesen. Nun begann jedoch das Bewusstsein zu wachsen für die Veränderung unseres Klimas und den eigenen Beitrag dazu einerseits sowie für die Endlichkeit der fossilen Energieträger andererseits. Diese Änderung der Rahmenbedingungen führte zu einem Umdenken und letztlich zu Klimaschutzvorgaben, aber auch zu entsprechendem Abwehrverhalten.

So wurde im Ölland USA 1989 die GCC (Global Climate Coalition) mit drei wesentlichen Zielen gegründet. Erstens sollten die Erkenntnisse der Klimaforschung als unsicher dargestellt werden, zweitens wurde vor höherer Arbeitslosigkeit als Folge von geringerem Wirtschaftswachstum wegen der Klimapolitik gewarnt, und drittens sollte nicht akzeptiert werden, dass die Industrieländer Klimaschutz betreiben, die Entwicklungsländer hingegen nicht. Private Unternehmen, viele Verbände und vornehmlich Firmen aus den Bereichen Öl und Kohle, Flugverkehr, Autoherstellung und Chemie taten sich hier zusammen – bekanntere sind BP, DaimlerChrysler (heute Daimler), Ford, General Motors, Shell, Texaco, ExxonMobil (das ist bei uns Esso) und gleich die gesamte US-Handelskammer. In Europa wurde 1996 das ESEF (European Science and Environment Forum) gegründet, in Deutschland versuchte besonders der Braunkohleverband den Einfluss des Menschen auf das Klima als unbedeutend darzustellen.

Nicht selten verabschiedet man sich bei der Verbreitung von Aussagen, die zum eigenen Vorteil gereichen sollen, völlig von den Fakten. So äußert der Autor eines Textes auf der Internetseite des Gesamtverbandes Steinkohle beispielsweise, dass wegen des »Rückgangs der globalen Mitteltemperaturen der letzten zehn Jahre die extremen Szenarien des IPCC wohl sehr unwahrscheinlich sind. Treibhausbedingte Klimaänderungen werden eher am unteren Ende der genannten Bandbreite stattfinden«. Woher »weiß« dieser Mensch solche Dinge? Und weshalb versucht man anstatt schlicht zu fantasieren nicht einfach, die Gelegenheit wahrzunehmen, um die Chancen darzustellen, die der wichtige Energieträger Kohle haben kann? Ein Hinweis auf die Möglichkeiten der CO_2-Sequestrierung etwa (mehr dazu am Ende des Buches), würde die am Subventionstropf hängende Steinkohle allemal in besserem Licht erscheinen lassen als selbst erfundene Klimaprognosen.

Zu erkennen ist, dass Lobbyismus stets durch eine in höchstem Maße rückwärtsgewandte Denkweise geprägt ist. Sie drückt damit eine große Angst vor Veränderungen aus. Schließlich könnte es ja sein, dass man selbst weniger Einfallsreichtum besitzt als die Konkurrenz und damit seinen bisherigen Status verliert. Und wer möchte das schon.

Kehren wir von diesem Fallbeispiel – es ist ja nur eines von vielen – zurück zur Lobbyarbeit an sich. Selbstverständlich braucht man Geld, damit entsprechende Kampagnen finanziert werden können. Nach einer Studie der allerdings von manchen Gegnern als »links« bezeichneten US-amerikanischen Union of Concerned Scientists haben Industriekonzerne in den USA dafür seit 1998 16 Millionen Dollar in die Hand genommen. Durchaus reizvoll war für den einen oder anderen Wissenschaftler sicher auch das Angebot, 10 000 Dollar für Artikel zu erhalten, die jüngste IPCC-Berichte untergruben. Für die Organisation dieses »Angebots« war die amerikanische Denkfabrik American Enterprise Institute for Public Policy Research (AEI) zuständig, und bei solchen Geldsummen und entsprechender Umtriebigkeit ist es nicht verwunderlich, dass diese Kampagnen auch Erfolg haben. Der größte war sicher der, dass die damalige US-Regierung unter Präsident Bush junior und Vizepräsident Cheney, die beide beruflich aus dem Ölumfeld stammen, am 13. März 2001 aus dem zunächst unterzeichneten Kyoto-Protokoll wieder ausgestiegen ist. Die Begründung, das Protokoll nicht zu ratifizieren, folgt dem Gedankengut der GCC und der Byrd-Hagel-Resolution, die schon im Juli 1997 ohne Gegenstimme den Senat passierte.

Mit Hinweis auf einen schwerwiegenden Schaden für die US-Wirtschaft, der durch verbindliche Klimaschutzabkommen entstehen würde, standen die wissenschaftliche Unsicherheit und die Tatsache, dass sich Schwellenländer wie Indien und China nicht beteiligen müssten, bei dieser Entscheidung im Vordergrund. Zweifellos wird die Reduktion der CO_2-Emissionen in diesen beiden Ländern zukünftig eine sehr große Rolle spielen, denn das derzeitige ungebremste Wirtschaftswachstum auf Kosten der Umwelt kann dort in dieser Form nicht weitergeführt werden. Wie man hier zu Verbesserungen kommen kann, wird im dritten Buchteil beschrieben. Nach den Zahlenwerten gab es jedoch keinerlei Grund für die USA, sich selbst von verbindlichen Abkommen auszunehmen. Sowohl absolut als auch in der Pro-Kopf-Emission lag man vorne. Letztere ist natürlich am wichtigsten für den fairen Vergleich der Emissionen. Stellt man zum Beispiel Deutschlands Gesamtemission einfach die von Luxemburg gegenüber, so kommt Deutschland natürlich viel schlechter weg als sein kleiner Nachbar, weil es einfach mehr Deutsche als Luxemburger gibt. Pro Kopf emittiert ein Deutscher jedoch 10 Tonnen CO_2 pro Jahr, ein Luxemburger hingegen knapp 18 Tonnen. Ein Pro-Kopf-Vergleich muss selbstverständlich auch für Chinesen, Inder, Amerikaner und andere Länder gemacht werden. Die Zahlen des Jahres 2006 zeigen 20 Tonnen CO_2 pro Jahr beim US-Amerikaner, 4 Tonnen beim Chinesen und etwas mehr als eine Tonne beim Inder. Dass ein konstruktives Ergebnis bei der Reduktion der CO_2-Emission nur bei gleichem Recht für alle – und das kann sicher nicht heißen 20 Tonnen pro Kopf und Jahr für jeden Menschen auf der Welt – erzielt werden kann, ist sicher einleuchtend. Nachhaltig sind für das Klimasystem übrigens etwa 2 bis 3 Tonnen CO_2 weltweit pro Kopf und Jahr tragbar, je nach Weltbevölkerung natürlich. Es gibt also in vielen Ländern viel zu tun.

Kehren wir zurück zu den Lobbys und betrachten noch einmal die GCC, diesmal unter dem Blickwinkel derer, die den menschengemachten Klimawandel anerkannten. Einige große Konzerne gaben ihren Widerstand auf, weil die Forschung immer deutlichere Signale liefern konnte. Man erkannte, dass für den eigenen Konzern eine langfristige Strategie nötig wurde, die den erforderlichen Klimaschutz integriert. So stiegen BP 1997 als erster Öl- und Ford

1998 als erster Autokonzern aus der GCC aus. Schnell folgten mit Shell, DaimlerChrysler und anderen weitere nach. Der letzte deutsche Konzern, der über seine US-Tochter in einer Lobbygruppe verblieb, war übrigens die damalige Ruhrkohle AG – heute Evonik Industries. Auch dieser Konzern hat seine Haltung längst geändert und räumt dem Klimaschutz einen immer größeren Stellenwert ein. Durch das Ausscheiden vieler Firmen löste sich die GCC schon Anfang 2002 vollständig auf.

Insgesamt ist bei vielen großen Konzernen heute ein Wechsel zu bemerken, der sich mit dem Antritt der jüngeren Generation in den Chefetagen in den nächsten Jahren sicher beschleunigen wird. Ein solcher Umdenkprozess kann aber realistischerweise nicht von heute auf morgen stattfinden – auch wenn sich das manche wünschen und dies sicher der Idealfall wäre. Nicht zuletzt das Ende der GCC macht deutlich, dass man sich immer seltener den wissenschaftlichen Erkenntnissen verschließt oder sich dies leisten kann. Auch wenn heute so mancher Konzern noch trickreich Klimafreundlichkeit vortäuscht: Das Thema dringt unaufhaltsam vor, weil rückwärtsgewandte Strategien auf Dauer für niemanden tragbar sind. Die Investitionen in den Bereichen Klimaschutz und Energieeffizienz werden zukünftig immer mehr zunehmen (müssen). Betrachtet man einen sehr langen Zeitraum, dann wird die Lobbyarbeit in diesem Bereich ein Ende finden, denn der Klimawandel selbst lässt sich ja durch diese nicht aufhalten. Kurzfristig werden wir aber noch mit einigen Kampagnen oder Unterschriftenaktionen zu tun haben, die aus verschiedensten Gründen und Interessen heraus den anthropogenen Anteil am Klimawandel verneinen oder seine Auswirkungen kleinreden. Welche Haltung gegenüber vorgebrachten Argumenten jeder von uns einnimmt, wird – und diese Feststellung zieht sich durch das ganze Buch – ganz wesentlich von unserem Wissen über die Vorgänge im Klimasystem abhängen. Je mehr wir von der Sache verstehen, desto weniger Zeit und Geld wird am Ende noch für Lobbyarbeit verwendet, die der Allgemeinheit keinen Dienst erweist und am Ende noch nicht einmal der Lobby selbst.

Wir sitzen alle in einem Boot

Unabhängig von unserer jeweiligen Meinung oder Haltung zum Thema Klimaveränderung sitzen wir alle im gleichen Boot – nämlich auf dieser Erde. Keiner kann abhauen, egal was passiert. Ist ein Leck in der Bordwand des Bootes, so ist es sicher der schlauste Ansatz, gemeinsam mit allen Kräften zu versuchen, es zu kitten. Das ist um Längen besser als zerstritten danebenzustehen und am Ende unterzugehen – ärgerlicherweise trotz des vorangegangenen Streits auch noch gemeinsam.

Im dritten Teil des Buches geht es deshalb um die Chancen, die wir trotz oder vielleicht sogar wegen des Klimawandels haben. Optimismus ist angesagt, denn Pessimismus und eine Kopf-in-den-Sand-stecken-Mentalität helfen wirklich niemandem weiter. Doch wie soll man es schaffen, bei so vielen unterschiedlichen Meinungen am Ende an einem Strang zu ziehen? Im Hinblick auf den Unterschied von wissenschaftlicher und öffentlicher Diskussion über den Klimawandel gilt: Das Fachwissen muss im Vordergrund stehen, und der Klimaforscher muss die Informationsquelle Nummer eins sein. Stimmen, die nicht direkt aus diesem beruflichen Umfeld kommen, sind vorsichtiger zu werten. Diese Regel gilt nicht nur in der Klimaforschung, sondern sie ist auch auf allen anderen Gebieten selbstverständlich. Stellen Sie sich nur einmal vor, Sie lägen im Krankenhaus und es stünde eine Operation an. Dann erwarten Sie zu Recht, dass der Fachmann, nämlich der Arzt, diese ausführt. Käme der Elektriker, der gerade noch den Aufzug repariert hat, ins Behandlungszimmer und würde Ihnen erklären, dass der Arzt ein Schwindler sei, der keinen medizinischen Sachverstand hätte und der nur ihr Geld wolle, weshalb er, der Elektriker, nun selbst eine ganz andere Operation an Ihnen vornähme, so wären Sie wohl zu Recht reserviert – oder würden gleich die Beine in die Hand nehmen und davonlaufen.

Viele Gründe wurden bisher angeführt, die verdeutlichen, dass wir Menschen durch die Treibhausgase zu einem erheblichen Anteil für eine deutliche Erwärmung unseres Planeten sorgen. Die Hoffnung ist groß, dass sich durch Faktenwissen immer mehr von uns ihrer Verantwortung bewusst werden und dass dies auch dazu führt, dass die Lobbyarbeit langsam ihren Nährboden verliert. Doch wer trotz aller Argumente »felsenfest« überzeugt bleibt, dass der Mensch nichts für den Klimawandel kann, dem sollte dieses Argument helfen, dennoch mit allen gemeinsam an einem Strang zu ziehen: Fossile Energieträger sind endlich – Klimawandel hin oder her! Damit ist der sparsame Umgang mit dieser Ressource grundsätzlich sinnvoll und zudem auch sehr portemonnaieschonend. Bestenfalls wird in vielen Jahren zu sehen sein, dass uns der Klimawandel geholfen hat. Geholfen, bei der Energienutzung frühzeitig zukunftsweisend umzudenken und nicht erst mit dem Verbrauch des letzten Tropfen Öls konzeptlos in die Zukunft zu stolpern.

Wie die Medien Einfluss nehmen

Im Frühjahr 2008 kam ich auf einem Kongress zu den Themen Wetter, Extremwetter und Klima in den Genuss, einen Vortrag über »den Klimawandel und die Medien« zu hören. Der vortragende Kollege präsentierte zu Beginn eine Zeitungsseite, auf der die Stadt Hamburg und eine dunkle Wolke zu sehen waren – es war ein kräftiger Schauer, vielleicht sogar ein Gewitter über die Stadt gezogen. Darunter stand in riesigen Lettern der Titel »Ich hab' den Klimawandel gesehen!«. Der Saal tobte – es war eine Kombination aus Lachen und Empörung. Und ich wusste einmal mehr, dass die Rolle der Medien in diesem Buch ein eigenes Kapitel bekommen muss. Ich fragte mich aber auch, ob dieser Titel »draußen« beim Leser auch so ein Schenkelklopfer war oder ob er dort nicht das erreicht hat, was er sollte: polarisieren. Entweder glaubt man nämlich, was da steht, und ist erschrocken, oder man sagt: »Guck, da sind schon wieder diese Hysteriker am Werk.«

Die derzeitige Klimaveränderung, unser Beitrag dazu und Lösungsvorschläge für die Zukunft sind riesige Themenkomplexe, die Wissenschaft, Politik und Öffentlichkeit gleichermaßen interessieren (müssen). Diese Themen uns allen – der Öffentlichkeit – anzutragen, dafür sind die Medien, also die Journalisten für Zeitungen, Zeitschriften, Radio, Fernsehen und Internet zuständig und vor allem auch verantwortlich. Verantwortlich sein heißt aber immer auch Verantwortung tragen. Und genau um diese Verantwortung, aber auch um den Konflikt des Journalisten, Mittelsmann zwischen Wissenschaft und Laie zu sein, geht es in diesem Kapitel.

Der Journalist zwischen Wissenschaftlern und Laien

Stellen Sie sich vor, Sie würden von einer Zeitung angerufen und gebeten, einen Artikel über den Klimawandel zu schreiben. Sie wären aller Wahrscheinlichkeit nach zurückhaltend und würden vermutlich vorbringen, dass Sie ja gar kein ausgewiesener Spezialist sind und sich deshalb gar nicht in der Lage sehen, einen solchen Beitrag fundiert zu schreiben. Genau hier liegt die Krux des Journalisten: Er muss nämlich exakt das tun. Beiträge über die verschiedensten Themen liefern, wobei er logischerweise nicht Experte für jedes Gebiet sein kann. Seine verantwortungsvolle Aufgabe, sein Beruf ist es, zuvor so zu recherchieren, dass er über ein Thema mit Sachverstand und für einen Leser verständlich berichten kann.

Und eben diese Recherche ist in der heutigen schnelllebigen Zeit und bei einem schier unüberschaubaren Angebot an Information gar keine leichte Sache. Selbst wenn man dem Journalisten unterstellt, dass er immer nur die besten Absichten hat, und davon bin ich in den meisten Fällen überzeugt, so hat es wohl jeder von uns schon häufig erlebt, dass man einen Artikel oder einen Fernsehbeitrag über ein Spezialgebiet gelesen beziehungsweise gesehen hat, in dem man sich selbst bestens auskennt. Manchmal werden Sie begeistert gewesen sein, wie gut und verständlich Zusammenhänge rübergebracht wurden, manchmal werden Sie aber auch entsetzt die Hände über dem Kopf zusammengeschlagen haben, wie man denn solchen Unsinn verzapfen kann. Absolute Hochgenüsse wurden mir zum Beispiel bei Berichten über die Themen Segel- und Gleitschirmfliegen – beides sind meine Hobbys – zuteil. Wenn wir Piloten uns so verhalten und die Technik wirklich so »funktionieren« würde, wie es zuweilen – hier meine ich ausdrücklich nicht die Fachmagazine – geschrieben steht, dann läge die Überlebenschance bei einem solch herrlichen Hobby sicher unterhalb von 1 Prozent. Falsches wird aber natürlich nicht nur in den Bereichen geschrieben, in denen man sich selbst auskennt, sondern ganz sicher in allen Bereichen. Nur merkt man es dann nicht, und deshalb nimmt man schnell und ohne Prüfung das als Wahrheit an, was man in der Zeitung gelesen hat.

Auf diese Weise findet manch weltfremde Theorie oder einfach ein Missverständnis eines Journalisten Eingang in unser Wissen. Ein Klassiker beim Klimawandel ist dieses Missverständnis: Die Aussage »Mit einer Wahrscheinlichkeit von über 90 Prozent ist der Mensch für den derzeitigen Klimawandel verantwortlich« wird oft zu »90 Prozent des derzeitigen Klimawandels gehen auf das Konto des Menschen«. Das ist etwas Grundverschiedenes. Denn der erste Satz sagt, dass es mit einer geringen Wahrscheinlichkeit von unter 10 Prozent keinen menschlichen Beitrag zum Klimawandel gibt, der zweite Satz hingegen bringt zum Ausdruck, dass 90 Prozent der Veränderungen auf den Menschen und nur 10 Prozent auf die Natur zurückzuführen sind. Eine solche Abschätzung gibt es aber wegen der Komplexität der Zusammenhänge überhaupt nicht. Wenn eine solche Falschaussage dann noch leichtverständlich und sehr konkret ist (»An 90 Prozent von Kyrill sind wir schuld!«), findet diese schnell ihren Weg zum Laien und verbreitet sich wegen ihrer Einfachheit ebenso schnell weiter. Trotzdem bleibt die Aussage völlig falsch und motiviert sicher einige Skeptiker zum Sturmlauf – zu Recht gegen diese Aussage selbst, zu Unrecht gegen Fachleute, die solches nie gesagt haben.

Bevor nun der Eindruck entsteht, dass hier zu einer generellen und undifferenzierten Medienschelte ausgeholt wird, muss ich schnell wieder »Halt, stopp, langsam!« dazwischenrufen. Sicher kann man der einen oder anderen modernen Ausformung unserer medialen Welt überdrüssig werden, doch stellen Sie sich auf der anderen Seite mal eine Welt völlig ohne Zeitung, Radio, Fernsehen oder Internet vor – hier muss ich wohl nichts weiter zu sagen, denn der große Nutzen der Medien für uns alle wird schnell klar. Das Ziel der folgenden Seiten ist es deshalb schlicht, die Vor- und die Nachteile unseres medialen Umgangs mit dem Thema Klimawandel näher zu durchleuchten und ein paar Überlegungen anzustellen, wie wir es uns im Hinblick auf Wissenszuwachs in der Öffentlichkeit leichter machen können und wo die Stärken der Medien hier besser genutzt werden können.

Wie Journalisten arbeiten

Will man verstehen, wie Medienberichte zustande kommen, so muss man sich zunächst die Arbeitsweise eines Journalisten genauer ansehen. Erst dann lässt sich begreifen, wie einerseits Wissen und Information gut vermittelt werden können, oder wie andererseits Missverständnisse, mangelnde Sachkenntnis, fehlende Verantwortung und Eigeninteressen – ähnlich wie beim Lobbyismus – Falschinformation und dadurch möglicherweise Hysterie auslösen können.

Die Aufgabe eines Journalisten besteht zunächst darin zu schauen, ob ein Thema für die Zielgruppe des Mediums (egal ob Zeitung, Radio oder Fernsehen) interessant sein kann; ob sich die Zielgruppe überhaupt damit beschäftigt oder sich gar Sorgen darum macht. Kommt der Journalist zu dem Schluss, dass dem so ist und dass er selbst den Anforderungen des Themas inhaltlich gerecht werden kann – etwa durch fundierte Sachkenntnis, die Anwesenheit vor Ort eines Geschehens oder den Kontakt zu einem Experten –, dann geht es an die Recherche. Zunächst muss er herausfinden, was an einer Geschichte oder einem Thema dran ist und was das für den Leser bedeutet. (Aus Gründen der Übersichtlichkeit schreibe ich ab jetzt stellvertretend für den Konsumenten immer »Leser«, meine aber beim Radio natürlich den Zuhörer und beim Fernsehen den Zuschauer.) Danach muss der Journalist die Fakten hinterfragen, prüfen und anschließend überlegen, wie das Thema wirkungsvoll in Szene gesetzt werden kann. Hier geht es auch um die Wahl der Perspektive, denn sie kann einem Leser völlig neue Einblicke gewähren, so dass selbst ein oft behandeltes Thema spannend bleiben kann. Berichte ich einfach nur von einem starken Gewitter und beschreibe dunkle Wolken und Blitze, so wird sich die Spannung in Grenzen halten – das kennt schließlich jeder. Beschreibe ich aber, wie in meiner Kindheit nachts der Blitz eines Schwergewitters ganz in meiner Nähe einschlug, es unglaublich nach Schwefel stank, danach die ganze Siedlung ohne Strom in einem unheimlichen Dunkel lag und ich selbst in diesem Moment, obwohl ich gerade mal 9 Jahre alt war, beschlossen habe, die Wetterkunde zu meinem Beruf zu machen, so – Sie haben es sicher beim Lesen dieser Zeilen selbst gemerkt – erscheint die Geschichte in einem ganz anderen Licht.

Den Leser gewinnen

Die Überschrift und der Einstieg in ein Thema sind von ganz erheblicher Bedeutung, um den Leser überhaupt zu den Inhalten hinzuführen. Denn jeder zweite Leser liest nur den Einleitungssatz, und 75 Prozent der Leserschaft erreichen nicht einmal den nächsten Absatz. Hier wird also über Erfolg und Misserfolg entschieden. Nur, wenn das Interesse des Lesers geweckt wird, und nur, wenn viele Artikel das schaffen, wird das Produkt am Ende überhaupt gekauft.

»Verkaufsförderndes Titeln« ist also zwingend nötig – Journalist und auch Verleger tragen dabei die Verantwortung, Spielregeln und Grenzen einzuhalten. Am besten lässt sich an Boulevardblättern zeigen, wie es aussieht, wenn diese Grenzen missachtet werden. Sie erinnern sich sicher noch an die Titelseite des polnischen Klatschblattes *Super Express* während der Fußball-EM im Juni 2008. Leo Beenhakker, der Trainer der polnischen Nationalmannschaft, hielt auf diesem Bild die abgeschlagenen Köpfe von Michael Ballack und Joachim Löw in seinen Händen. Diese Entgleisung war derart geschmacklos, dass Trainer Beenhakker sich sofort entschuldigt hat und zu Recht von »verrückten, schmutzigen und kranken Leuten« sprach. Solche extremen Fehltritte schaden nach ersten Verkaufserfolgen sicher nur dem Blatt selbst. Bewegt man sich jedoch beim Einfangen der Leser gerade an der Grenze des Verantwortbaren oder knapp darüber, kann auf diese Art sehr subtil Meinungsmache betrieben werden.

Um den Leser zu gewinnen, wird besonders häufig mit Bildern, Reizbegriffen und Gegensätzen gearbeitet. Ein Bild eines einsamen Eisbären auf einer kleinen, in endlosen Wasserweiten treibenden Eisscholle löst unser Mitleid aus. Der Titel »Weniger Eisbären in der Arktis« wird hingegen kaum jemanden zum Weiterlesen bewegen. Er würde wohl sogar gegen die Überschrift »Mehr Spinnen in unseren Vorgärten« verlieren, weil die Arktis weiter weg ist und uns weniger betrifft. Auch Reizbegriffe erhalten unsere Aufmerksamkeit, denn geht es um Katastrophen oder Terror, so spielen unsere eigene Sicherheit und ein etwaiger Einfluss auf unser tägliches Leben eine Rolle. Schon dadurch ist solchen Artikeln unsere Aufmerksamkeit sicher. Deshalb ist eine Klimakatastrophe auch »besser« als ein Klimawandel. Ähnlich funktioniert es mit Gegensätzen. Schreibt man »Klimaforschung in der Sackgasse – nicht CO_2, sondern die Sonne steuert unser Klima«, dann werden ganz viele Dinge auf einmal erreicht. Der Leser zweifelt an der Klimaforschung; er freut sich, dass er sein gewohntes Leben fortführen kann, weil er ja nichts für den Klimawandel kann; und er interessiert sich dafür, wie sich der Streit zwischen Forschung und denen, die offensichtlich schon verstanden haben, wie es »wirklich« ist, weitergeht. Sprich: Wie verteidigt sich die Forschung? Ein solcher Artikel hat also was zu bieten.

Richtige Dosis statt Medienhype

Verkaufsfördernde Titel und Überschriften sind also notwendig, um eine Information zu vermitteln. Aber es kommt auch auf die Dosis der Verkaufsförderung an, denn im Hinblick auf eine konstruktive Berichterstattung kann der Schuss sonst nach hinten losgehen. In der heutigen Zeit geht alles schneller, die Konkurrenz ist größer, das Wissen umfangreicher, und so muss der Reiz, den ein Titel auslöst, immer stärker sein, damit er noch ankommt. Ähnlich wie bei Medikamenten, die man dauerhaft nimmt: Um die gleiche Wirkung zu erzielen, braucht der Körper eine immer höhere Dosis. Entsprechend sehen heutzutage oft die Titel von Artikeln zum Thema Klimawandel aus – dramatisch und überzogen. Mit der Folge, dass wir gegenüber dem Thema immer weiter abstumpfen und immer wildere Überschriften brauchen, um dranzubleiben. Gleichzeitig wird dagegen zu Recht immer mehr Kritik laut, die aber gerne irrtümlich bei der Wissenschaft landet.

Und jetzt wird es bizarr. Man kann den Journalisten verstehen, der sein Produkt verkaufen muss; man kann den Skeptiker verstehen, wenn er sich gegen Dramatik und Hysterie wendet; und man kann den Wissenschaftler verstehen, dessen Forschungsergebnisse ohne die Medien die Öffentlichkeit gar nicht erreichen würden. Und trotzdem: Tun wir alle Gruppen zusammen, kommt häufig eine Mischung aus überzogener Dramatik, unangemessener Verharmlosung und obendrein ein Verlust von Sachinformation heraus. An einigen Beispielen möchte ich zeigen, warum das passiert und was jede dieser Gruppen für sich möglicherweise besser machen kann. Das unterstellt, dass wir uns nach dem letzten Kapitel darauf geeinigt haben, an einem Strang ziehen zu wollen – und langsam auch zu müssen, weil wir ja alle in einem Boot sitzen.

Wie stellt man 3 Grad Erwärmung dar?

Viele Forschungsgebiete berühren unseren Alltag nahezu gar nicht, und deshalb erfahren wir auch kaum davon. Ganz anders bei der Klimaforschung und der Klimafolgenforschung, denn ihre Ergebnisse betreffen die Öffentlichkeit unmittelbar. Das war aber nicht immer so: Als 1957 die Berechnungen von Svante Arrhenius wieder aufgegriffen wurden und man mit der systematischen Erfassung klimarelevanter Daten anfing, interessierte sich noch kaum jemand in der Öffentlichkeit dafür. Erst in den 1980er Jahren wurden in Deutschland die ersten Berichte der Klimaforschung veröffentlicht. Da schon die damaligen Ergebnisse einige Brisanz aufwiesen, wollte und musste die Forschung an die Öffentlichkeit – und wie geht das besser, als sich einen Platz in den Medien zu ergattern. Das Ziel war es, auf die eigenen Ergebnisse aufmerksam zu machen und die Medien dazu zu nutzen, ein trockenes Fachthema etwas aufzupolieren, um es so einem breiten Publikum bekannt zu machen.

Doch da fehlte den vorsichtigen Wissenschaftlern etwas die Erfahrung, und so entstand schnell eine Dramatik, die ihre Gesichtszüge nicht selten zum Entgleisen brachte. Kurzum: Man war ordentlich überrumpelt von der medialen Umsetzung. Besonders bekannt ist sicher der *Spiegel*-Titel der Ausgabe Nr. 33 aus dem Jahr 1986, bei dem ein im Wasser stehender Kölner Dom auf der Titelseite prangte. Darunter die Überschrift: »Die Klimakatastrophe – Ozonloch, Polschmelze und Treibhauseffekt: Forscher warnen!« Heute würde uns ein solcher Titel kaum in Unruhe versetzen, doch 1986 ist mehr als zwei Jahrzehnte her. Damals war klar: Das kauft man, das liest man, das ergreift jeden! Doch Katastrophe? Das wollte der Naturwissenschaftler so gar nicht sagen! Und einen untergehenden Dom erwartete er auch nicht! Mit den Jahren hat man dazugelernt und drückt sich heute als Folge vieler weiterer medialer Erlebnisse, vor allem im Boulevard, extrem vorsichtig aus. Doch helfen tut das wenig, denn Vorsicht, Besonnenheit und Unsicherheit verkaufen sich schlecht.

Aber was soll auf der anderen Seite ein Journalist tun, wenn er einer wenig wissenden Öffentlichkeit sagen soll, dass die Temperatur um »auffällige 0,7 Grad in 100 Jahren gestiegen ist«? Das sind ja wirklich »beeindruckende« 0,007 Grad pro Jahr, wird der lachende Leser schnell ausrechnen und sich sogleich fragen, ob Medien und Wissenschaft nun überhaupt nichts Vernünftiges mehr einfällt. Und selbst wenn er über die 3 Grad schreibt, um die die Temperatur bis zum Ende des Jahrhunderts wahrscheinlich ansteigt, so ist die Größe der Zahl für den Laien erst mal nicht einschätzbar. Sie als Leser dieses Buches können Größe und Geschwindigkeit der Änderung beim Klima einordnen, doch wenn man sich mit dem Thema noch kaum beschäftigt hat, dann sieht man nur »3 Grad« und ist geneigt zu sagen: »Ob es morgens beim Aufstehen 11 oder 14 Grad gibt, ist doch völlig egal.« Der Journalist steht deshalb vor der Aufgabe, 3 Grad »groß« zu machen – eine lange Erklärung würde nicht funktionieren, weil sie keiner liest. Also wählt er plakative Bilder, wie eine Erde als Feuerball oder einen Kölner Dom im Wasser. Vorwerfen kann man ihm das kaum.

Das Gleiche passiert beim Film, etwa bei »The day after tomorrow« von Regisseur Roland Emmerich aus dem Jahr 2004: Der Film zeigt in eindrucksvollen, computeranimierten Bildern Szenarien einer dramatischen Klimakatastrophe, die die Erde binnen weniger Tage heimsucht. Sie endet in einer Eiszeit, die Amerikaner sogar nach Mexiko flüchten lässt. Ein solcher Film – das ist sein Pluspunkt – macht sicher eine breite Masse auf das Thema aufmerksam, doch inhaltlich (ich rede hier von den meteorologischen Inhalten) gibt es eine unglaubliche Menge an vollkommener Fehlinformation – der Minuspunkt des Films. Denn zurückgekehrt in die normale Welt muss dem Zuschauer nach dem Filmgenuss als Erstes erklärt werden, dass das so alles nicht sein und deshalb so auch nicht kommen kann.

Schwierige Bilder
Über die Tatsache, dass dieses Buch keine Bilder enthält, bin ich übrigens gar nicht so unglücklich, denn sonst unterliegt man schnell der Notwendigkeit, an dieser Stelle die klassischen »Zukunftsbilder«, die wir immer und immer wieder zu sehen bekommen, aufs Papier zu bringen: Menschen, die sich vor Überschwemmungen retten; Häuser, die in reißenden Bächen versinken; tropische Wirbelstürme, die alles zermahlen, was auf ihrem Weg liegt; Feuersbrünste in der Nähe von Wohnsiedlungen oder gleich mitten drin; und manchmal auch Schadensbilder von – und dafür kann der Klimawandel nun gar nichts – Erdbeben oder Tsunamis. Doch ein besonders extremes Ereignis lässt sich per Bild nicht darstellen: die Hitzewelle. Kein anderes Wetterereignis in Europa hat in diesem Jahrhundert mehr Menschenleben gefordert als die Hitze des Sommers 2003. Aber versuchen Sie mal eine Hitzewelle in einer Großstadt zu fotografieren. Das sieht sehr ungefährlich aus, denn was Sie auf dem Bild sehen werden ist schönes Wetter und blauer Himmel. In Bildern steckt folglich die Gefahr, Klimarisiken zu stark nach ihrer optischen Wirksamkeit zu gewichten.

Viele Themen, wenig Zeit

Wie oft sagen wir Sprüche wie »Manchmal ist weniger mehr!« oder »Gut Ding will Weile haben«. Dass da durchaus etwas dran ist, wird wohl jeder von uns sofort bestätigen. Und doch lässt der immer hektischer erscheinende Alltag kaum noch die Umsetzung der Masse an mehr oder weniger notwendigen Dingen, die unseren Tag füllt, zu. Immer mehr meinen wir pro Zeiteinheit tun zu müssen. Zeit zum Nach- oder Umdenken und damit zur Veränderung eingefahrener Prozesse bleibt da kaum. Schnell, schnell, schnell heißt die Devise. Wie oft fühlen wir uns deshalb beruflich an der totalen Überforderungsgrenze, weil wir die anstehende Masse an Arbeit, die nicht selten aus einem Übermaß an Selbstverwaltung und Kontrollprozessen besteht, vorne und hinten nicht mehr bewältigt kriegen. Dass die Qualität der Arbeit in dieser Situation kaum zunimmt, ist kein Wunder. Wir begeben uns mittlerweile sogar häufig in einen regelrechten Freizeitstress. Bloß keine Minute ungenutzt verstreichen lassen. Um jetzt nicht vom Thema abzukommen und über die Zeit und unseren Umgang mit ihr zu philosophieren, kehre ich zurück zum Journalisten. Dieser Berufsstand steht nämlich unter ganz besonderem Zeitdruck – einerseits durch die Masse an Berichten, die heute täglich produziert werden muss, um die riesige Angebotsfülle aufrechtzuerhalten, und andererseits, um der immer höheren Drehzahl des Tagesgeschehens berichtend zu folgen.

Steht für das einzelne Produkt immer weniger Zeit zur Verfügung, so muss irgendwo Zeit eingespart werden. Und allzu oft geschieht das bei der Recherche, denn genau sie benötigt am meisten davon. Sich in ein Thema einzufinden, geht aber nicht schlagartig, und gerade am Anfang sieht man oft den Wald vor lauter Bäumen nicht. Das kennt wohl jeder von uns, der mit irgendetwas beginnen will und diesen Beginn aus dem genannten Grund lange vor sich herschiebt. Um über die Klimaänderung ernsthaft zu berichten, muss man sich als Journalist zunächst ein Stück weit in Fachliteratur einarbeiten. Danach muss der Kontakt zu den Experten hergestellt werden, um Fragen beantwortet zu bekommen. Die Internetrecherche gehört ebenfalls dazu, doch muss bei besonders krass klingenden Aussagen geschaut werden, welchen Hintergrund sie haben und ob es Antworten der Fachwelt darauf gibt. Steht keine oder viel zu wenig Zeit für die Recherche zur Verfügung, so beginnt – böse gesagt – die Gefahr des Abschreibens. Schließlich kann das, was der Kollege neulich recherchiert hat, ja so falsch nicht sein. Und mit diesem Argument neigt man dazu, die Dinge wieder und wieder zu schreiben, die man ohnehin überall liest: Weg vom Auto, weg vom Flugzeug, hin zum Energiesparen, bevor es zu spät ist. 2 Grad Erwärmung können wir verkraften, mehr nicht. Wir haben nur noch 15 Jahre Zeit, um umzusteuern – und so weiter und so fort. Der Leser, der immer dasselbe aufgetischt bekommt, ohne dass sich etwas ändert, reagiert irgendwann genervt und wird des Themas überdrüssig. Hier ist weniger wirklich mehr. Wird auf eine solche Berichtsrotation verzichtet, dann bleibt mehr Zeit für den engen Kontakt zur Wissenschaft – dem Leser kann Neues oder mehr Hintergrund zu bereits Bekanntem geboten werden. Die Medien können auf diese Weise erheblich zum Wachsen eines guten Klimawissens beitragen.

Lernen zu differenzieren

Auch für diesen Abschnitt greift wieder das Zitat von Karl Jaspers zu Beginn des Buches. Es macht deutlich, dass wir uns eine Welt wünschen, die sich mit einfachen Theorien oder gar mit Schlagworten erklären lässt. Doch auch wenn wir meinen, dass wir uns auf diese Weise von der anstrengenden Last der Differenzierung befreien können: Das täuscht, denn die Welt bleibt immer gleich kompliziert, egal wie wir sie sehen. Und so sind der bis zu einem bestimmten Punkt sicher sinnvollen Vereinfachung Grenzen gesetzt. Lege ich das Thema Klimawandel mit der einfachen Theorie »An allem ist Kohlendioxid schuld« ad acta und verteufle dies fortan vehement, so ist weder mir noch irgendjemand anderem damit geholfen.

Einen Drang zum Schlagwort kann man auch beim Wetterbericht beobachten. Sage ich den Satz: »Im Süden Deutschlands kann es nachmittags und abends zu schweren Gewittern kommen – vor allem auf der Schwäbischen und Fränkischen Alb«, dann dringt das Schlagwort schwere Gewitter sicherlich durch. Die zeitliche und räumliche Differenzierung hat es da ungleich schwerer, und so entschließt sich gerne auch mal ein Zuschauer aus Hannover, sich nach diesem Wetterbericht darüber zu beschweren, dass keines der angekündigten Schwergewitter bei ihm angekommen ist.

Ein weiteres Beispiel mangelnder Differenzierung, dass ich im ersten Teil des Buches schon habe anklingen lassen: In den 1980er Jahren begegneten die Medien und damit auch die Öffentlichkeit zum ersten Mal dem in der Wissenschaft schon seit vielen Jahren diskutierten Phänomen »El Niño«. Es faszinierte. Der Name klang interessant und die Tatsache, dass sich ein tropisches Atmosphärenphänomen auf ganz andere Regionen der Welt auswirken kann, war ebenso spannend. Entsprechend schnell war »El Niño« der Weg in die damalige mediale Landschaft geebnet. Nur schoss man einigermaßen über das Ziel hinaus, denn man vergaß zu differenzieren und damit darauf hinzuweisen, dass »El Niño« und das europäische Wetter quasi nicht miteinander korreliert sind. Auf diese Weise war »El Niño« vorübergehend an fast jedem Gewitter bei uns schuld.

Wir brauchen die Differenzierung, wir müssen es uns leisten, auch komplexe Zusammenhänge wie die in unserem Klimasystem vermitteln und verstehen zu wollen. Das ist nicht nur notwendig und kann wegen der vielen interessanten Facetten des Themas interessant sein, sondern sich auf differenzierte Zusammenhänge zu konzentrieren ist auch aktives Gehirntraining. Und daran mangelt es uns, weil wir unser Gehirn im Alltag unterfordern – stellte zumindest kürzlich ein Gedächtnistrainer fest, der in einer Radiosendung eingeladen war, die ich hörte. Ähnlich wie bei einem Muskel, der trainiert werden muss, um fit zu sein, muss auch unser Gehirn aktiv bleiben, so der Gedächtnistrainer. Deshalb stellte er dann eine Vielzahl von – meist kostenpflichtigen – Computerprogrammen vor, mit denen wir unseren Denkapparat wieder in Form bringen können. Doch wäre es nicht eine Idee, statt durch solche Gedächtnisspiele zum Selbstzweck unser Gehirn durch differenzierte Sachinformation zu einem Thema herauszufordern? Nicht bei jeder Hürde zu sagen, ein Thema sei zu kompliziert, das verstehe sowieso niemand – um direkt nach dieser Feststellung damit zu beginnen, das unterforderte Hirn durch Beschäftigungstherapie wieder künstlich anzuregen? Sich und anderen Differenzierung und Komplexität von Themen wieder zuzumuten, ist eine große Chance für die Verbreitung von fundiertem Wissen über das Klimasystem (und natürlich auch über viele andere Gebiete). Aber um differenzierte Aussagen zu machen und zu verstehen – und jetzt kommen wir wieder beim zentralen Thema an – braucht man Zeit.

Jetzt möchte ich auch selbst kurz differenzieren. Neben einigen guten Artikeln in Printmedien werden auch in Radio und Fernsehen immer wieder Wissenschaftssendungen großer inhaltlicher Qualität geboten, auch wenn sie manchmal zu seltsamen Zeiten gesendet werden. An diese Programme gelangen jedoch meist nur jene Menschen, die sich ohnehin für das angebotene Thema interessieren – der Konsument wählt die Sendung bewusst aus. Soll aber die breite Masse erreicht werden, ist gerade das ganz allgemeine Unterhaltungsprogramm geeignet, durch spannende und differenzierte Berichte das Interesse etwa für unser komplexes Klimasystem zu wecken. Denken Sie nur an die Radioprogramme und die Autofahrten, die Sie ganz alleine zurücklegen. Ist es bei einer vier- oder fünfstündigen Fahrt nicht ein Genuss, neben dem dauerhaften musikalischen Einheitsbrei aus dem Äther auch mal einen zehnminütigen, spannend vorgetragenen Bericht über ein naturwissenschaftliches Thema zu hören? Das Wissen nimmt zu, das Hirn wird trainiert, die Langeweile auf der Fahrt nimmt ab und man wird womöglich angeregt, sich die nächste TV-Sendung zu dem Thema anzuschauen. Die TV-Redaktion wiederum freut sich über viele Zuschauer und das Radio ist der gern gehörte Motivator – eine schöne Form des medialen Zusammenwirkens.

Zehn Semester Studium passen schlecht in zwei Minuten
Manchmal kommt es zu völlig grotesken Situationen im Umgang mit der Zeit. Dies passiert dann, wenn die Frage und die vorgegebene Antwortzeit in einem Experteninterview überhaupt nicht in einer vernünftigen Relation stehen. Gerade Wissenschaftler und damit auch Klimaforscher sind diesem Problem zuweilen ausgesetzt. Beispiel: Der Interviewpartner soll die Frage »Wie kamen die Eiszeiten in der Erdgeschichte zustande?« in einer Minute beantworten. Was soll dabei herauskommen? Versuchen Sie einmal selbst, die Milanković-Zyklen in 60 Sekunden jemandem plausibel zu erklären, der davon zuvor nie etwas gehört hat. Das funktioniert einfach nicht, und wenn Sie es doch tun, wird jeder Zuhörer oder Zuschauer, der sich selbst damit auskennt, verwundert sein, was Sie als Experte da für einen komischen Satz sagen. Und jeder

andere wird Sie trotzdem nicht verstehen. »Kurz und prägnant« geht hier nicht, die Zeit für eine differenzierte Erläuterung von Zusammenhängen müssen wir uns nehmen – oder die Frage nicht stellen. Es ist eine skurrile Erwartung, dass solch komplexe Zusammenhänge vollumfänglich und verständlich in wenigen Sekunden erklärt werden können.

Beim Zeitfaktor tut sich auch ein zentrales Problem in der öffentlichen Debatte zwischen Skeptikern und Wissenschaftlern auf, und ich verweise hier noch einmal auf das vorangegangene Kapitel mit den Thesen der Skeptiker. Wirft der Skeptiker das Argument ein, dass 0,038 Prozent CO_2 ja wohl kaum in der Lage sein können, große Auswirkungen auf das Klima zu haben, so klingt das für jemanden, der sich mit der Thematik kaum beschäftigt hat, sehr plausibel. Und schnell vorgebracht ist das »Argument« auch. Nun soll der Wissenschaftler antworten. Wie soll das gehen, ohne differenziert ein paar grundsätzliche Zusammenhänge zu erklären? Der Laie muss gesagt bekommen, dass Sauerstoff und Stickstoff 99 Prozent der atmosphärischen Gase ausmachen und dass beide kein Absorptionsverhalten für langwellige Wärmestrahlung haben – doch weiß jeder, was Absorptionsverhalten und was langwellige Wärmestrahlung ist? Auch dies muss der Wissenschaftler gegebenenfalls erklären. Um nun die Bedeutung des CO_2 zu erläutern, müssen zusätzlich langlebige Treibhausgase von kurzlebigen wie dem Wasserdampf unterschieden werden, und es muss auch erläutert werden, dass der Mensch quasi keinen Wasserdampf emittiert. Ohne solche Darstellungen wird man den Wissenschaftler nicht verstehen können. Doch wenn er all das sagen muss, braucht er viel länger als der Skeptiker, der seine These in wenigen Sekunden vorbringen kann. Deshalb wirkt der Wissenschaftler in seiner Antwort zwingend umständlicher, denn er muss differenziert argumentieren und kann sich nicht darauf beschränken, eine »grobe Antithese« vorzubringen. Es geht nicht, weil die Komplexität des Sachverhaltes dies schlicht nicht erlaubt. Dafür kann der Experte nichts, sondern allenfalls der Sachverhalt. Hier setzt die Verantwortung des Journalisten und der Redaktion ein, die diesen Unterschied erkennen müssen und dem Experten nicht aus Zeitgründen das Wort abschneiden dürfen. Der Laie votiert sonst klar für die Haltung des Skeptikers. Denn er bekommt den Eindruck, der Wissenschaftler windet sich heraus, anstatt kurz und bündig auf ein klares, prägnantes Argument zu antworten. Das ist dasselbe wie bei Beschuldigung und Verteidigung. Wie leicht ist jemand einer Tat beschuldigt, doch wie schwer kann es selbst für einen Unschuldigen sein, darauf zu reagieren und überzeugend seine Unschuld nachzuweisen. Das braucht Zeit, denn der kurze Satz »Nein, ich war's nicht« kann wohl kaum überzeugen.

Klimahysterie vermeiden

Wissenschaftler und Journalisten tun also jeweils das, was in ihrem Geschäft für sich gesehen sinnvoll ist. Der eine muss an die Öffentlichkeit, um dazu beizutragen, dass möglichst frühzeitig Verhaltensänderungen bei vielen Menschen beginnen, und der andere muss das Thema durch Vereinfachung in Szene setzen, da es genau dort sonst nicht ankommt. Würde man das so stehen lassen, könnte man den unbefriedigenden Satz schreiben: »Viele Leute kann ich nur dann erreichen, wenn die inhaltliche Qualität abnimmt.« Oder anders herum: »Mit hoher inhaltlicher Qualität kann ich kaum jemanden erreichen.«

Weil diese Feststellung ja kein Ergebnis sein kann, hilft es nur, die Zusammenarbeit zwischen den Medien und der Wissenschaft zu verändern. Das Ziel muss also sein: Weg von der unnötigen Hysterie und hin zur Spannung, die wissenschaftliche Fakten bieten, wenn man sie entsprechend aufbereitet. Dazu muss die Wissenschaft bereit sein, hin und wieder aus ihrem Elfenbeinturm herabzusteigen, und den Journalisten regelrechte Seminare zum Thema anbieten. Vereinzelt geschieht das schon, doch muss das viel flächendeckender und häufiger passieren. Wissenslücken müssen gestopft werden. Dabei kommt es weniger auf komplizierte Details an, sondern vielmehr müssen die Zusammenhänge anhand didaktisch hochwertiger Arbeiten verständlich rübergebracht werden. Das Verteilen von schwer verdaulichen wissenschaftlichen Texten zum Thema genügt nicht, der Journalist muss dem Wissenschaftler gegenüberstehen, ihm zuhören und ihm Fragen stellen können.

Die Fähigkeit, Forschung verständlich zu machen – ganz gleich, ob man das für Journalisten oder Studenten tut –, muss also einen hohen Stellenwert einnehmen. Wie wichtig das ist, habe ich in meiner Studienzeit selbst gemerkt. Mein damaliger Meteorologieprofessor hatte die wertvolle Gabe, Zusammenhänge spannend auf den Punkt zu bringen und dabei die Inhalte auch mit Hilfe von Beispielen zu vermitteln. Chapeau! Sich auf das Abschreiben eines Vorlesungsskriptes an die Tafel zu beschränken, reicht hingegen kaum aus. Auf den Austausch zwischen Wissenschaftler und Zuhörer, also auf Fragen und Antworten kommt es an.

Zurück zu den Journalisten und den Medien. Gibt es immer mehr Journalisten mit einem gesunden »Weltbild« zum Klimasystem, kann das schnell zum Selbstläufer werden, weil es Kollegen ansteckt. Erstens, weil man selbst nicht gerne der Unwissende unter vielen Wissenden sein will, und zweitens, weil die meisten Journalisten die Gabe besitzen, Experten interessante Fragen zu stellen – deshalb haben sie ja diesen Beruf ergriffen. Die Interviewqualität und damit die Wissensverbreitung nehmen weiter zu.

Das Experteninterview

Interessante Fragen kann nur derjenige stellen, der nicht völlig im Dunkeln tappt. Schauen Sie sich nur mal den Sport im Fernsehen an. Seit Jahren gibt es dort für jede Sportart Experten, die dem Journalisten an die Hand gegeben werden. Denken Sie nur an Gerhard Delling und Günter Netzer in der ARD beim Fußball. Das hat erstens eine unterhaltsame, weil – manchmal sogar unfreiwillig – komische Komponente. Und zweitens ist Günter Netzer ein wirklicher Experte auf seinem Gebiet, er kann viel Fundiertes zum Thema sagen. Trotzdem hängt der Experte Netzer vom Sportjournalisten Delling ab. Denn der hat ebenfalls Ahnung vom Thema und kann dem Experten daher sinnvolle Fragen stellen. Man darf ein interessantes Gespräch mit einer vernünftigen Gesprächsführung und vernünftigen Antworten erwarten. Stellen Sie sich mal vor, es wäre meine Aufgabe als Diplom-Meteorologe, Herrn Netzer Fragen zum

Spielverlauf zu stellen. Diese Fragen wären hilflos unklug – das Gespräch würde stocken und der Zuschauer wäre enttäuscht, egal wie gut Herr Netzer antwortet.

Genauso ist es auch beim Thema Klimawandel, und so muss das Klimawissen der Journalisten auch im Hinblick auf bessere Experteninterviews gesteigert werden. Dann kommen wir auch weg von den immer gleichen und oft banalen Fragen wie »Gab es schon jemals ein solches Unwetter wie das gerade erlebte?« oder »Schnee Ende Oktober. Das gab es ja noch nie. Da war die Klimahysterie der Forscher wohl nur Panikmache, oder?«. Oder die allgegenwärtige und wenig interessante Frage, ob denn die Bauernregeln mit dem Klimawandel ihre Gültigkeit verlieren. Hierzu sei der Einschub gestattet, dass sie früher ebenfalls oft nicht gültig waren und dass sich die Schwalben auch in Zukunft bei ihrer Flughöhe nicht nach dem kommenden Wetter, sondern nach der Verfügbarkeit ihrer Nahrungsquelle richten werden.

Ein anderes Problem beim Experteninterview ist die Erwartungshaltung des Journalisten. Schnell muss noch ein Artikel zur Klimaveränderung geschrieben werden, der Zeitmangel lässt aber wenig Recherche zu. Um den Artikel etwas aufzuwerten, wird noch ein Experte befragt. Manchmal bin ich dieser Experte, und eine besonders beliebte und auch wirklich verständliche Frage ist die nach unserem konkreten Wetter in Deutschland in 20 bis 30 Jahren. Ich erläutere dann zunächst, weshalb solche Aussagen sehr unsicher sind und erkläre danach, worüber man mehr weiß und warum das so ist. Dieser Antwort wird stets höflich zugehört, doch sie entspricht nicht der Erwartungshaltung. Deshalb wird noch mal nachgehakt – oft mit Suggestivfragen wie: »Wärmere und trockenere Sommer im Nordosten sind aber schon wahrscheinlich, oder?« Sagt man dann richtigerweise: »Ja, die Wahrscheinlichkeit dafür ist groß«, so ist manch Journalist schnell glücklich. Nun kann er seine im Kopf quasi schon fertige Geschichte schreiben – und den Experten zitieren: »Sven Plöger sagt: Ab 2030 gibt es an der Ostsee Mittelmeersommer mit viel Sonne und ohne störenden Regen.« Wie ich gucke, wenn ich so was sehe, beschreibe ich jetzt mal lieber nicht. Das Spektrum der Expertenantworten ist viel größer als das, was jemand mit wenig Hintergrundwissen von einer Antwort erwarten kann – sonst wäre die Befragung des Spezialisten schließlich überflüssig. Deshalb sollte es selbstverständlich sein, die Expertenmeinung auch wiederzugeben und sich bei der Gestaltung des Artikels nach dem Gesprächsverlauf mit dem Experten zu richten. Bevor man versucht, dessen Aussagen in das eigene vorgefertigte Gedankenkorsett zu pressen, ist der Verzicht auf das Interview sicher für alle Parteien die bessere Wahl.

Verantwortungsvoll muss aber auch bei der Auswahl der Experten verfahren werden. Experten für ein Thema sind jene Menschen, die sich beruflich damit beschäftigen. Beim Thema Klimawandel sind das Klimaforscher oder studierte Meteorologen. Selbstverständlich kann auch jeder andere Mensch zum Thema befragt werden, dieser Interviewpartner darf aber nicht der einzige Befragte sein. Zur gründlichen Recherche sollte vielmehr gehören, einen Experten anzusprechen und bei ihm die Argumentation des Laien zu hinterfragen – besonders dann, wenn beide Auffassungen konträr sind. Sollte man es am Ende trotzdem für lohnend erachten, das Argument des Laien anzuführen, so muss diesem zumindest die ausgewiesene Expertenmeinung gegenübergestellt werden.

Stellen Sie sich einmal vor, es hätte einen Flugzeugabsturz gegeben und ich als Hobbypilot würde zur nächsten Zeitungsredaktion laufen und dort meine Meinung über den Hergang des Unglücks zum Besten geben. Niemals könnte diese Beschreibung – und sei sie noch so plausibel – als *alleinige* Schilderung des Unfallhergangs veröffentlicht werden. Eine Anfrage bei der Bundesstelle für Flugunfalluntersuchung, der Fluggesellschaft und allenfalls bei Berufspiloten, die den entsprechenden Flugzeugtyp fliegen, ist für jeden Redakteur eine Selbstverständlichkeit. Und so sollte es auch bei Klimafragen sein.

Die journalistische und die wissenschaftliche Verantwortung

Die Medien sind *die* Informationsquelle für die Öffentlichkeit schlechthin. Durch Nachrichten, Magazine, Wissenschaftssendungen und vieles mehr erfahren wir etwas vom Geschehen auf dieser Welt. Deshalb sollte sich jeder Medienschaffende immer wieder seine große Verantwortung vor Augen führen: Nämlich gut recherchierte Themen ausgewogen darzustellen! Doch wie einfach ist durch das geschickte Ziehen einiger Register eine Öffentlichkeit in einer Richtung zu beeinflussen, und wie schnell fühlt man sich manchmal dazu verleitet? Das passiert immer wieder und wird es auch in Zukunft. Verantwortung zu tragen bedeutet jedoch genau das nicht zu tun, obwohl es vielleicht möglich wäre.

Auch beim Thema Klimawandel lassen sich nach diesem Kapitel eine ganze Menge journalistische Verantwortlichkeiten erkennen. Voraussetzung ist immer eine gute Recherche und eine enge Zusammenarbeit mit der Wissenschaft. Hier ist es etwa denkbar, dass ein Experte sich den fertigen Artikel vor Abdruck noch einmal ansieht. Verantwortlich ist man auch für eine solide Expertenauswahl und die Schaffung eines angemessenen Zeit- oder Platzrahmens, um Fakten differenziert darzustellen oder darstellen zu lassen. Ebenso gehört es zur Verantwortung, die öffentliche Debatte zwischen Skeptikern und Wissenschaftlern nicht künstlich anzuheizen, um damit den eigenen Profit zu steigern. Widerlegte »Argumente« gehören nicht über Jahre immer wieder in die Medien, als wären sie neue Erkenntnisse – sie können allenfalls der Expertenaussage gegenübergestellt werden. Eine Aussage wie »Ich wusste nicht, dass das Argument längst widerlegt ist« kann keine Entschuldigung des Autors sein, sondern ist allenfalls ein Hinweis auf eine unzureichende Recherche.

Und zu guter Letzt besteht eine Verantwortung darin, Zitate und Zusammenfassungen nicht aus dem Kontext zu reißen. Wenn ich zum Beispiel sage »Die meisten Gletscher auf dieser Erde ziehen sich schnell zurück. Aber für die Natur typische Änderungen der Zugbahn regenbringender Tiefs sorgen auch immer wieder mal für ein vorübergehendes Wachstum einzelner Gletscher«, dann ist das eine differenzierte Aussage. Die Zusammenfassung »Der studierte Meteorologe Sven Plöger stellt fest, dass es durchaus Gletscher gibt, die wachsen« ist keineswegs falsch, denn sie entspricht ja meiner Aussage. Doch vergleicht man beide Sätze in ihrer Wirkung, so ist diese geradezu gegensätzlich und kann entsprechenden Schaden anrichten.

Selbstverständlich liegt die Verantwortung nicht alleine bei den Journalisten, sondern auch bei den Wissenschaftlern. Deren wichtigste Aufgabe ist natürlich, sorgfältig zu forschen. Tut jemand das nicht, so ist die interne Kontrolle durch die Kollegen (Stichwort Gutachtersystem) bei Veröffentlichungen in Fachzeitschriften oft schon geeignet, ihn zu korrigieren. Deswegen rückt im Kontakt des Wissenschaftlers mit der Öffentlichkeit die Verantwortung in den Mittelpunkt, eigene Interessen nicht in den Vordergrund zu stellen. Denn zweifellos kann die Aussicht auf persönliche Anerkennung, finanzielle Zuwendung oder sogar eine politische Aufgabe eine Haltung oder Äußerung – vorsichtig formuliert – beeinflussen. Wie aber schon im Zusammenhang mit möglichen Verschwörungstheorien erläutert wurde, ist davon auszugehen, dass ein Wissenschaftler im Schnitt nicht mehr oder weniger anfällig für ein Fehlverhalten ist als jeder andere Mensch auch.

Eine enge Zusammenarbeit zwischen Medien und Wissenschaft ist notwendig und kann sehr fruchtbar sein, solange sie auf der sachlichen Ebene stattfindet. Eine Art Symbiose, die zu regelrechten »Deals« führen kann (»Du fragst mich und ich biete Dir dafür eine gute Schlagzeile, damit Du besser verkaufst«), ist ein Versagen beider Gruppen. Ohne die oben beschriebene verantwortliche Haltung – egal, um wen und welchen Bereich es sich dreht – würde selbst ich als optimistischer Rheinländer skeptisch, was gute Aussichten für morgen angeht.

Ein optimistischer Blick in die Zukunft

Sorgt die Wissenschaft dafür, dass ihre Forschungsergebnisse für Journalisten verständlicher aufbereitet werden, so hilft man sich selbst ganz erheblich. Berichte werden fundierter, Experteninterviews interessanter und reichhaltiger. Unnötige Hysterie findet immer seltener statt, vielseitige Berichte gelangen in den Mittelpunkt, denn die Forschung bietet dem Leser wirklich viel Neues. Der Skeptiker, der gegen die Hysterie anläuft, entspannt sich und erfährt womöglich Hintergründe, die ihm vorher nicht bekannt waren. Selbst die Lobbys beginnen mit dem zunehmenden Wissen, das sich in der Bevölkerung breitmacht, immer mehr an Boden zu verlieren. Und die Wissenschaft selbst findet sich am Ende in dem erfreulichen Zustand wieder, sich immer seltener über eine nicht sachgerechte Berichterstattung beschweren oder die ewig währende Skepsis gegenüber dem Thema beklagen zu müssen. Alle Parteien sind also gefordert: Die Wissenschaft muss etwas anbieten und ihre Öffentlichkeitsarbeit professionalisieren, der Journalist muss Zeit investieren und ein solches Angebot annehmen.

Eines möchte ich aber noch einmal betonen. Bei meinen vielen Recherchen zu diesem Buch bin ich in den Medien auch auf viele ganz hervorragende Aufbereitungen – oft ganze Serien – über den Klimawandel gestoßen. Das zeigt, wie groß das Potenzial für qualitativ hochwertige Berichterstattung bereits ohne die hier angeregte »Journalistenschulung« ist. Ein ganz besonderer Lesegenuss war dabei eine Serie zum Klimawandel im *Bonner General-Anzeiger*. Wenn ich mir diese Bemerkung erlauben darf: So muss man es machen, immer öfter, immer flächendeckender! Das Bedürfnis nach Wissensvermittlung in der Bevölkerung ist da. Das lässt sich fast täglich feststellen, denn wie sonst wäre der seit Jahren anhaltende Erfolg vieler Quizshows zu erklären – sie sind richtige Quotenrenner. Und der rege Zulauf, den ich bei meinen Vorträgen zum Thema Klima erlebe, macht mir ebenfalls deutlich, dass viele Menschen mehr darüber wissen wollen. Der Journalist als Mittelsmann zwischen Wissenschaft und Laie kann wichtige Aufgaben erfüllen. Er kann als »Nicht-Experte« beurteilen, was den Laien wirklich interessiert, und genau danach fragen. Er ist zudem in der Lage – und das macht deutlich, wo die Bedeutung der Medien liegt – die Breite eines Themas zu beleuchten. Denn diese ist am Ende entscheidend, sollen gesellschaftliche Probleme angegangen werden. Der Journalist ist so die notwendige Ergänzung zu einer oft vorhandenen und im Hinblick auf ein Spezialthema auch vernünftigen engen Fachkompetenz des Wissenschaftlers. Dadurch besteht bei Letzterem aber auch die Gefahr der Überbewertung des eigenen Forschungsbereiches. Der Journalist kann hier gegensteuern und für Ausgewogenheit sorgen.

Auf welche Welt müssen wir uns einstellen?

Im ersten Teil des Buches ging es um das prinzipielle Verständnis der Zusammenhänge im Klimasystem, danach kamen Argumente der Skeptiker sowie der Einfluss der Medien hinzu. Diese »Dreiecksbeziehung« kann sich durchaus gegenseitig behindern: Der Wissenschaftler forscht und möchte seine Ergebnisse in die Öffentlichkeit bringen; die Medien helfen den Wissenschaftlern dabei, schießen dabei aber nicht selten über das Ziel hinaus; das wiederum bezeichnen Skeptiker als Panikmache und werfen diese dann gerne dem Wissenschaftler vor.

Durch diese Art des Umgangs machen wir uns das ohnehin komplexe Thema nicht gerade leichter. Unser zumeist lineares Denken reicht nicht aus, das Klimasystem zu verstehen – aus A folgt eben nicht nur B. Wenn man sich aber nun anschickt, aktiv zu handeln, um damit eine bald eintretende Situation verbessern zu wollen, braucht man ein klareres Bild unserer Klimazukunft. Deshalb geht es nun um die möglichen Klimaveränderungen der näheren Zukunft, und die Grundlage dafür sind die Klimaprojektionen, die unsere Erdsystemmodelle liefern. Bevor es damit losgeht, möchte ich nochmals betonen, dass es sich um Berechnungen der Art »wenn, dann« handelt. Also zum Beispiel: »*Wenn* die Bevölkerung bis 2050 auf 9 Milliarden Menschen wächst und wir die fossilen Energieträger immer intensiver und ohne Gegenmaßnahmen nutzen, *dann* kann das Klimamodell für eine Region einen bestimmten Temperaturanstieg oder eine Veränderung der Niederschlags- oder Sturmintensität für *diese* vorgegebenen Bedingungen berechnen.« Unsicher beim »Wenn« sind beispielsweise das wirkliche Bevölkerungswachstum, die Menge des durch technologische Neuerungen reduzierten Treibhausgasausstoßes und die Frage, wann und ob welche neuen Energieressourcen entdeckt oder genutzt werden. Um diese Art der Unsicherheiten zu verringern, werden verschiedene Szenarien angenommen, die natürlich zu verschiedenen Klimaprojektionen führen – wenn man möchte bis hin zu dem Extremfall, in dem sofort jegliche CO_2-Emission unterbunden wird. Das entspräche der »idealen Erfindung« zur CO_2-Minderung. Hinzu kommen noch die Unsicherheiten beim »Dann«. Das sind die Fehler der Modellrechnungen selbst, die in unserem stets begrenzten Wissen der physikalischen Zusammenhänge und den Problemen chaotischer Systeme begründet liegen. Sie lassen sich immer weiter, doch nie ganz minimieren.

Betrachtet man ein vom Computer errechnetes Klimabild, darf man folglich nicht dem Irrtum verfallen, es eins zu eins zu interpretieren. Die Ergebnisse, die dem Erkenntnisstand des vierten Sachstandsberichts des IPCC vom Jahr 2007 entsprechen, liefern uns lediglich eine begründbare und damit vernünftige Richtung. Um den Umfang dieses Kapitels in einem erträglichem Rahmen zu halten, werden hier nicht alle Projektionen einzeln diskutiert, sondern es wird vielmehr auf die Tendenz der Klimaparameter – weltweit, in Europa und bei uns ins Deutschland – eingegangen. Völlig klar ist dabei, dass eine Temperaturänderung von 2 Grad oder darunter andere Folgen hat als eine von 6 Grad oder darüber. Zudem werden direkte Auswirkungen, wie die Zunahme von Hitzewellen oder von extremen Wettererscheinungen gemeinsam mit den indirekten Auswirkungen des Klimawandels – beispielsweise jene auf das Ökosystem, die Landwirtschaft und unsere Gesundheit – betrachtet.

Wer an den Details des vierten oder der anderen der viele Hundert Seiten langen Berichte des IPCC interessiert ist, kann sich diese auch im Internet anschauen. Hier wird der Stand der Klimaforschung umfassend dargelegt – emotionale Aufregung und Hysterie kommen nicht vor. Zusammengefasst stellt der vierte Sachstandsbericht des IPCC fest, dass sich die Temperatur auf der Erde in den letzten 100 Jahren um 0,7 Grad erhöht hat und elf der zwölf Jahre zwischen 1995 und 2006 unter den wärmsten seit Beobachtungsbeginn lagen. Die Wahrscheinlichkeit, dass die anthropogen bedingten Treibhausgaszuwächse die Ursache für die globale Temperaturerhöhung der zweiten Hälfte des 20. Jahrhunderts sind, liegt laut Bericht bei über 90 Prozent. Auffällig ist dabei, dass die Erwärmungsrate der letzten 50 Jahre etwa doppelt so hoch ausfällt wie die der letzten 100 Jahre. Festgestellt werden konnten bereits Änderungen regionaler Klimamuster bei Temperatur, Niederschlägen und Wind. Ebenso haben sich die Eisvorkommen in der Arktis und bei den Gebirgsgletschern vermindert, und auch der Salz- und Säuregehalt von Ozeanen wird bereits beeinflusst. Zudem hat die Häufigkeit extremer Wetterereignisse zugenommen, besonders bei Hitzewellen, Dürren und heftigen Niederschlägen. Warum das erwartet wurde und weshalb auch beim Extremwetter neben den natürlichen Schwankungen ein Beitrag des Menschen festzustellen ist, wird noch erläutert. Die im dritten Sachstandsbericht noch diskutierten Diskrepanzen zwischen bodennahen und atmosphärischen Temperaturmessungen bestehen nun nicht mehr.

Werden die Treibhausgasemissionen nicht verringert, so kommt die Wissenschaft zu dem Schluss, dass die Temperaturen in den kommenden 30 Jahren um 0,2 Grad pro Dekade weitersteigen und damit die Klimaänderungen im 21. Jahrhundert stärker ausfallen als jene des 20. Jahrhunderts. Selbst bei einer Stabilisierung der Treibhausgaskonzentration bis zum Jahr 2100 wird sich das Klima wegen seiner trägen Reaktionszeit noch über diesen Zeitraum hinaus weiter verändern, insbesondere durch den Anstieg des Meeresspiegels.

Die Szenarienrechnungen liefern bei niedrig angenommenen CO_2-Emissionen eine Erwärmung von 1,8 Grad mit einer Schwankungsbreite von 1,1 bis 2,9 Grad bis zum Ende dieses Jahrhunderts. Im Falle hoher Emissionen (derzeit liegen wir sogar noch über den ungünstigsten Annahmen des IPCC) sind 4,0 Grad mit einer Schwankungsbreite von 2,4 bis 6,4 Grad zu erwarten. Aus der Gesamtheit der Ergebnisse resultiert die Erwartung, dass die globale Temperatur unseres Planeten bis zum Jahr 2100 um 1,1 bis 6,4 Grad Celsius steigt. Bei gleichen Emissionsszenarien werden für den Meeresspiegelanstieg 18 bis 59 Zentimeter erwartet. Ähnlich, wie sich der Anstieg der Temperaturen beschleunigt hat, steigt auch der Meeresspiegel immer rascher an. Lag die jährliche Durchschnittsrate zwischen 1961 und 2003 bei 1,8 Millimetern, so sind es zwischen 1993 und 2003 3,1 Millimeter gewesen.

Bestehende Trends in einigen Regionen werden sich in diesem Jahrhundert ohne Klimaschutzmaßnahmen fortsetzen. Bei der räumlichen Verteilung des Temperaturanstiegs ist festzustellen, dass die Landmassen und die hohen nördlichen Breiten weiterhin am stärksten betroffen sein werden. So stiegen die Werte im Verlauf der letzten 100 Jahre in der Arktis bereits doppelt so schnell wie im globalen Durchschnitt. Auf arktischen Permafrostböden wurde es seit den 1980er Jahren zumeist um beachtliche 3 Grad wärmer. Gleichzeitig schrumpfte die Eisausdehnung seit 1978 hier pro Jahrzehnt um 2,7 Prozent, in den Sommern sogar um 7,4 Prozent. Starkniederschläge haben wegen des in einer wärmeren Atmosphäre höheren Wasserdampfgehalts erwartungsgemäß zugenommen. Auch bei der Niederschlagsverteilung können langfristige Veränderungen der Muster deutlich bemerkt werden. Nasser sind die östlichen Teile Nord- und Südamerikas geworden, Gleiches gilt auch für Nordeuropa, Nord- und Zentralasien. Der Sahel (Westafrika), der Mittelmeerraum, das südliche Afrika und Teile Südasiens werden hingegen immer trockener, wobei sich die Dürren in den Tropen und Subtropen (zum Beispiel auch in Australien) verlängert haben und intensiver geworden sind. Frosttage, kalte Tage und kalte Nächte sind seltener geworden, während die Zahl der Hitzewellen insgesamt zugenommen hat. Es ist zu erwarten, dass sich diese Entwicklung fortsetzt.

Wie sich das Klima verändern wird

Auf den folgenden Seiten möchte ich einen kurzen Überblick über die Forschungsergebnisse geben und damit zeigen, welche Veränderungen die Klimaforschung in Zukunft erwartet. Dabei wird zunächst grob auf die verschiedenen Kontinente geschaut, dann Europa etwas detaillierter betrachtet und schlussendlich auf Deutschland »gezoomt«.

Weltweite Auswirkungen

In Afrika ist das zentrale Problem der Wassermangel, unter dem schon bis 2020 75 bis 250 Millionen Menschen leiden könnten. Zudem nimmt die Anbaufläche für Nahrungsmittel in einigen Regionen deutlich ab. Trockenheit einerseits, aber Unwetter andererseits werden die Ernteerträge reduzieren – der Hunger nimmt zu. Afrika ist wegen seiner wirtschaftlichen Schwäche somit einer der durch den Klimawandel am stärksten verwundbarsten Kontinente.

Asien wird ebenfalls große Probleme mit der Wasserversorgung bekommen, denn durch die sich immer weiter zurückziehenden Gletscher wird es immer weniger Süßwasser in den großen Flüssen geben. Bis Mitte des 21. Jahrhunderts könnten davon bereits eine Milliarde Menschen betroffen sein. Indien erhält rund 75 Prozent seines jährlichen Niederschlages durch den Monsunregen. Feuchte Luft aus dem Indischen Ozean regnet sich durch eine großräumige südwestliche Luftströmung aus – am intensivsten an den Hängen des Himalaya, wo die Luft zum Aufsteigen und damit zum Abkühlen gezwungen wird. Durch den Klimawandel verursachte Veränderungen dieser Strömung lassen den Monsun unzuverlässiger werden – manchmal viel zu schwach mit der Folge großer Dürre, manchmal viel zu stark mit der Folge extremer Überflutungen wie etwa 2008. An den Küstendeltas Asiens nimmt die Überflutungsgefahr zu, wovon auch viele der riesigen Metropolen betroffen wären. Überflutungen und Dürren fördern zudem verschiedene Krankheiten – so zum Beispiel die Cholera, die sich bei steigenden Wassertemperaturen schneller ausbreitet.

Australien wird es durch zunehmende und länger anhaltende Dürren mit einem entsprechenden Rückgang der land- und forstwirtschaftlichen Produktion zu tun haben. Die Anfänge davon sind bereits jetzt zu sehen, denn die Hälfte der Agrarflächen ist von der Versteppung bedroht. Große Städte wie Sydney oder Perth werden immer schwerer mit Wasser zu versorgen sein. Standen dem Einzugsgebiet von Perth zwischen 1911 und 1974 im Schnitt noch 338 Milliarden Liter Wasser zur Verfügung, die jährlich in die oberirdischen Staubecken flossen, so waren es zwischen 1975 und 1996 nur noch 177 Milliarden Liter, heute sind es gerade mal 120 Milliarden Liter – eine Abnahme um knapp zwei Drittel. Auch hier gilt wieder, dass einzelne regenreiche Jahre, wie zum Beispiel das »La Niña«-Jahr 2008, nichts über den langfristigen Trend aussagen. Das Anzapfen der Grundwasserreserven in der Umgebung bringt dabei nur kurzfristige Entspannung, denn diese Vorräte werden natürlich ebenfalls nicht in ausreichendem Maße durch neue Niederschläge ausgeglichen. Das Problem Wasserversorgung wird so nur verschoben und gleichzeitig der Lebensraum vieler Arten zerstört. Auch eine geplante, riesige Meerwasserentsalzungsanlage ist allenfalls in der Lage, 15 Prozent des Bedarfs zu decken. Von all diesen Problemen merkt man selbst vor Ort jedoch nichts, solange beim Aufdrehen des Wasserhahnes Wasser aus der Leitung kommt. Das »Woher« interessiert dabei nur wenig – diese Denkweise ist sicher keine Spezialität der 1,5 Millionen Einwohner von Perth. Aufgeschreckt ist man erst in dem Moment, wenn kein Tropfen mehr fließt. Die Gefahr, dass das Extremszenario noch in diesem Jahrhundert eintritt, wurde 2005 für Perth mit beachtlichen 20 Prozent angegeben.

Für den Süden Amerikas zeigen die Modellrechnungen eine Problematik, die sich weit über die Grenzen des Kontinents hinaus erstreckt. Erwärmt sich – darum ging es ja bereits im Kapitel über die Vegetation – die Atmosphäre weiter, dann könnte sich das Amazonasbecken bis zum Jahr 2100 in eine Trockensavanne verwandeln. Einen Vorgeschmack auf eine solche Entwicklung lieferte die große Dürre des Jahres 2005, als 2500 Quadratkilometer Regenwald durch Brände vernichtet wurden und viele Nebenflüsse des Amazonas fast vollständig austrockneten. Zusätzlich wird der Einfluss des Klimawandels durch Abholzung, Brandrodung, Straßen- oder Dammbau sowie ausgedehnte Rinderfarmen und Sojafelder »unterstützt«. Bis jetzt sind 17 Prozent des dortigen Regenwaldes mit seiner unglaublich vielfältigen Flora und Fauna vernichtet worden, nach Szenarienrechnungen könnten es bis 2030 schon 55 Prozent sein. Ein solcher Umfang an Zerstörung hätte natürlich Einfluss auf die globale Aufnahmekapazität von CO_2 durch die Vegetation, und damit würde es abgesehen vom

Aussterben vieler Pflanzen- und Tierarten dazu führen, dass die Temperaturen global noch schneller zunähmen.

Vor allem im Westen Nordamerikas wird durch den Rückzug der Gletscher der Rocky Mountains die Wasserversorgung schwieriger werden, eine Zunahme von Feuersbrünsten und Schädlingsbefall in den Wäldern ist ebenfalls wahrscheinlich. Viele Städte der USA werden unter häufigeren Hitzewellen leiden, die Küstenstädte werden zudem öfter mit Überschwemmungen zu tun haben. Für die Landwirtschaft ist mit sehr unterschiedlichen Folgen zu rechnen. Besonders das Land Kanada könnte erheblich vom Klimawandel profitieren, da es einerseits zu großen landwirtschaftlichen Ertragssteigerungen kommen kann und andererseits das Land durch die steigenden Temperaturen für den Tourismus immer attraktiver wird.

Große Probleme gibt es durch das Tauen des sibirischen Permafrostbodens. Das mögliche Austreten von großen Methanmassen wurde bereits diskutiert, doch sind zwei weitere Punkte ebenfalls von großer Bedeutung. Durch das Auftauen entsteht Morast. Gebäude, Straßen, Pipelines und Industrieanlagen sacken dadurch ab oder stürzen ein – mit der Folge, dass teure Kühlsysteme installiert werden müssen, um den Boden am Tauen zu hindern. Gleiches gilt natürlich für die Wälder der Taiga, die borealen Nadelwälder, denn zwei Drittel davon stehen auf Permafrostboden. Wenn dieser nun taut, verlieren auch die Bäume ihren Halt – besonders dann, wenn ein Sturm über eine solche Region hinwegzieht.

Auswirkungen auf Europa

In Europa lassen sich ebenfalls viele Veränderungen durch den Klimawandel feststellen. Dabei kommt es zu großen jahreszeitlichen Unterschieden. Sind es bis zum Jahr 2050 in den Sommermonaten vor allem die südeuropäischen Länder, wo es wärmer wird (der höchste Wert wird mit etwas mehr als 2 Grad in Spanien ermittelt), steigen die Wintertemperaturen am stärksten im Norden an (in Skandinavien und Russland). Bis 2050 sind hier teilweise Veränderungen bis zu 5 Grad möglich. Auch bei den Niederschlägen gibt es Unterschiede, vor allem im Winter. Nehmen die Niederschlagsmenge und die Anzahl von Starkregentagen im ohnehin niederschlagsreichen Nordeuropa teils deutlich zu, so ist im regenärmeren Südeuropa eine Abnahme der Winterniederschläge wahrscheinlich. Damit vergrößern sich die Differenzen zwischen feuchten und trockenen Gebieten weiter. Die Sommermonate werden hingegen in fast ganz Europa trockener berechnet, was mit Veränderungen der großräumigen atmosphärischen Zirkulation zu tun hat. Sommerhochs werden hier ausgeprägter und häufiger, während sich Tiefdruckgebiete womöglich auf nördlicheren Bahnen bewegen. Die so erhöhte Verdunstungsrate sorgt zusätzlich für Trockenheit und speziell im Süden und kontinentalen Osten Europas für ein größeres Waldbrandrisiko. Dem großflächig trockeneren Sommerklima steht aber trotzdem eine Zunahme lokaler gewittriger Unwetter mit Hagel, Platzregen, Sturmböen und kurzfristigen Überschwemmungen gegenüber.

Im Norden Europas führt eine geringe Erwärmung – ähnlich wie in Kanada – zu einigen positiven Effekten wie vermindertem Heizbedarf, steigenden Ernteerträgen und stärkerem Wachstum des Waldes. Steigen die Temperaturen weiter, werden diese Vorteile von den Nachteilen (häufigere winterliche Hochwasser, instabilere Böden mit entsprechender Erosion und ein Rückgang biologischer Vielfalt) schnell aufgewogen. In Mittel- und Osteuropa wird der abnehmende Sommerniederschlag das Hauptproblem darstellen und die Wasserversorgung gefährden. Durch Hitzewellen nehmen die Gesundheitsrisiken zu. In Südeuropa lassen sich die Veränderungen schon jetzt deutlich sehen. Dürren werden hier weiter zunehmen, die Ernteerträge schrumpfen und die Wasserversorgung stößt örtlich an ihre Grenzen. Während solcher Dürre- und Hitzeperioden kann es durch den Wassermangel – wie vielfach während des Hitzesommers 2003 geschehen – auch dazu kommen, dass Kernkraftwerke abgeschaltet werden müssen, da sie nicht ausreichend gekühlt werden können. In einigen Regionen Südeuropas besteht auch die Gefahr, dass sich die Wüste ausbreitet. Der Süden der iberischen Halbinsel ist hiervon besonders betroffen.

Veränderungen in Deutschland

In den vergangenen 100 Jahren (1906 bis 2005) betrug der Temperaturanstieg bei uns in Deutschland 1,1 Grad Celsius und liegt damit 0,4 Grad über dem globalen Wert von 0,7 Grad. Dabei sind die Herbsttemperaturen etwas weniger gestiegen als die der übrigen Jahreszeiten. Die stärkste Erwärmung ließ sich im Südwesten der Republik messen, am schwächsten fiel sie im Nordwesten aus. Die Nullgradgrenze stieg um rund 210 Meter in den vergangenen 50 Jahren. Auch extreme Wärme wird öfter registriert, etwa im schon mehrfach erwähnten Hitzesommer 2003. Aber auch der »WM-Juli« 2006, der nachfolgende Herbst und der sehr milde Januar 2007 mit dem Orkan »Kyrill« wichen stark von den mittleren Werten ab. Bei den Niederschlagsmengen lässt sich feststellen, dass die Winter in den vergangenen 100 Jahren um 17 Prozent feuchter und die Sommer um 7 Prozent trockener geworden sind. Betrachtet man nur die letzten 50 Jahre, so ging der Sommerniederschlag sogar um 14 Prozent zurück. Gleichzeitig nahmen die sommerlichen Starkniederschläge durch Gewitterlagen teilweise zu, speziell im Süden und hier besonders in Bayern.

Um die weitere Klimaänderung unseres vergleichsweise kleinen Landes wiederzugeben, kommen die zu Beginn des Buches beschriebenen Regionalmodelle zum Einsatz, wobei verschiedene Verfahren (statistische und dynamische) angewendet werden – natürlich auch das wieder mit unterschiedlichen Szenarien der Emissionszunahme. Betrachtet man die Ergebnisse der wahrscheinlichsten mittleren Szenarien, so kann man für die Jahre 2071 bis 2100 mit einem sommerlichen Temperaturanstieg um 2,5 bis 3,5 Grad rechnen – wobei die stärkste Erwärmung im Süden und Südwesten zu erwarten ist. Im Winter gehen die Werte sogar um bis zu 4 Grad herauf, und auch hier sind die größten Veränderungen im Süden prognostiziert. Der jeweilige Vergleichszeitraum ist der von 1961 bis 1990. Die Sommerniederschläge werden dabei abnehmen, am stärksten in den ohnehin recht trockenen Regionen im Nordosten Deutschlands. Das Minus kann hier Werte von 30 Prozent erreichen. Im Winter wiederum nehmen die Niederschläge fast überall zu, in den Mittelgebirgen im Westen und Südwesten sowie im Nordseeumfeld teilweise um mehr als 30 Prozent. Durch die Erwärmung geht der Schneeanteil natürlich weiter zurück, und so könnte sich die Zahl der Tage mit einer Schneedecke in den tieferen und mittleren Lagen bis zum Ende des Jahrhunderts halbieren. Die Schneesicherheit der Skigebiete nimmt deutlich ab. Das betrifft fast alle Skigebiete in Deutschland und rund 70 Prozent derer in der Schweiz und in Österreich. Nur die höchstgelegenen Regionen sind davon ausgenommen.

Stürmische Zeiten?

Sehr oft hört man im Zusammenhang mit dem Klimawandel den Satz »Extreme Wettererscheinungen nehmen zu«. Da ist in vielen Fällen zwar etwas dran, doch nicht immer. Schauen wir dazu auf ein spezielles Extremwetter: den Sturm. Immerhin verursachen Stürme oft die größten Sachschäden, die Versicherer und Rückversicherer am Ende zu tragen haben. Doch wie häufig sich die Stürme der Zukunft mit welcher Intensität präsentieren, ist längst nicht so eindeutig zu prognostizieren. Zunächst müssen drei Formen von Stürmen unterschieden werden. Das ist zum einen der tropische Wirbelsturm, zum zweiten der Sturm im Zusammenhang mit Unwettern wie etwa kräftigen Sommergewittern, und zum dritten sind es die großen, flächendeckenden Sturmtiefs der mittleren Breiten. Zu diesen zählen unsere Herbst- und Winterstürme, wie zum Beispiel »Vivian« und »Wiebke« zu Beginn des Jahres 1990, »Lothar« am zweiten Weihnachtsfeiertag 1999 oder »Kyrill« im Januar 2007.

Am einfachsten ist die Prognose bei den Sturmböen im Zusammenhang mit Sommergewittern. Da sich Letztere in Zukunft in vielen Regionen häufen, wird damit auch eine Häufung solcher lokaler Sturmböen einhergehen.

Nahezu unmöglich gestaltet es sich, die langfristige Entwicklung bei den tropischen Wirbelstürmen vorherzusagen. Sie sind zu kleinskalig, um in den derzeitigen Klimamodellen aufgelöst zu werden, und so kann ihre Dynamik nicht erfasst werden. Natürlich erinnern wir uns beim Stichwort Hurrikan sofort an »Katrina« und die großen Zerstörungen in New Orleans im Jahr 2005 – dem Jahr der intensivsten Hurrikansaison seit Beginn regelmäßiger Messungen. Schnell ist man dann geneigt, dies »linear« weiterzudenken und mit der Erwärmung einfach immer mehr Hurrikans zu erwarten. Doch so einfach ist es nicht, wie uns ein Jahr später das sehr wirbelsturmarme 2006 gezeigt hat.

Zwar bezieht ein tropischer Wirbelsturm seine Energie vorwiegend aus der Feuchtigkeit, die warmes Ozeanwasser zur Verfügung stellt, doch spielen auch andere Faktoren eine wichtige Rolle. Für die Hurrikanaktivität über dem Atlantik ist besonders die vertikale Windscherung zu nennen, also die Änderung des Windes mit der Höhe. Ist diese Scherung schwach, so wird die Entstehung von Hurrikans begünstigt, ist sie stark, so wird deren Entwicklung gebremst. Und diese Windscherung hängt wiederum entscheidend mit dem Temperaturunterschied zwischen tropischem Nordatlantik und tropischem Indo-Pazifik zusammen. Vereinfacht bleibt die Aussage übrig, dass eine große Temperaturdifferenz viele, eine geringe wenige Hurrikans zur Folge hat. Und noch einen Schritt weiter: Die natürliche Klimaschwankung »El Niño« sorgt durch einen geringen Temperaturunterschied somit für weniger Hurrikans im Atlantik. Da einige Klimaprognosen für die Zukunft – ausgelöst durch die anthropogene Erwärmung – auf eine Art »permanenten El Niño« hindeuten, spräche das eher für eine Abschwächung der Hurrikans. Auf der anderen Seite erwärmt der anthropogene Temperaturanstieg auch die Ozeane – in den letzten 50 Jahren um 0,5 Grad. Das bedeutet zusätzliche Energie für die Wirbelstürme, und dies wiederum lässt eine Zunahme ihrer Intensität erwarten. Die Komplexität des Systems sorgt also dafür, dass sich auch hier verschiedene und teilweise gegeneinander arbeitende Prozesse überlagern. Darin begründet sich wohl auch die Tatsache, dass die nach 2005 zweitintensivste Hurrikansaison 72 Jahre früher, nämlich 1933 stattfand. Nach heutigem wissenschaftlichem Konsens ist von einer Häufung tropischer Wirbelstürme durch die globale Erwärmung nicht auszugehen. In Sachen Intensität bestehen unterschiedliche Ansichten, doch ist die Annahme begründbar, dass der Anteil intensiverer Wirbelstürme zunehmen wird. Demnach würden wir es häufiger mit den stärksten Kategorien 4 oder 5 zu tun haben.

An dieser Stelle sei noch angemerkt, dass wir auch hier oft einer verzerrten Wahrnehmung unterliegen: Wirbelstürme bringen wir fast zwangsläufig mit der Karibik in Verbindung. Doch im Atlantik finden nur etwas mehr als 10 Prozent der weltweiten Wirbelstürme statt. Die meisten gibt es im Pazifik, nur werden sie dort Taifun genannt.

Bei den Sturmtiefs der mittleren Breiten schließlich ist die Prognose wieder etwas leichter zu machen als bei den tropischen Wirbelstürmen, doch sind die Ergebnisse nicht weniger komplex. Betrachtet man die vergangenen Jahrhunderte, so ist die Sturmaktivität in unseren Breiten langfristig recht konstant geblieben, sie unterliegt aber stetigen Schwankungen. So war die Periode von 1881 bis 1890 besonders stürmisch, während die 1960er Jahre durch große Sturmarmut auffielen. Derzeit nimmt die Sturmhäufigkeit wieder zu. Diese Schwankungen haben vor allem mit der nordatlantischen Oszillation zu tun, also der im ersten Buchteil bereits ausführlich beschriebenen natürlichen Luftdruckschaukel zwischen Azorenhoch und Islandtief. Deshalb ist derzeit der Einfluss der globalen Erwärmung auf die nordatlantische Oszillation auch ein wichtiger Forschungsgegenstand. Momentan liegt bei der Sturmaktivität kein langfristiger Trend vor, die derzeitige Häufung von Stürmen bewegt sich im Rahmen der bisherigen Variabilität.

Betrachtet man die zukünftige Entwicklung, so sind folgende zwei Mechanismen wichtig: Bodennah werden die Temperaturunterschiede zwischen Äquator und den Polarregionen abnehmen, da die Temperaturen Letzterer überproportional steigen. Da Wind der Ausgleich von Druckunterschieden ist und diese durch Temperaturunterschiede zustande kommen, spricht die entstehende geringere Temperaturdifferenz zwischen Nord und Süd also für in Zukunft weniger Stürme. Gleichzeitig steigt aber in einer wärmeren Atmosphäre mehr Wasserdampf in die höheren Schichten der Troposphäre auf. Dies gilt überproportional für die Tropen. Da der Kondensationsprozess Wärme freisetzt, nimmt der Temperaturunterschied zwischen Äquator und Pol in der Höhe zu, und das verstärkt wiederum den Jetstream, das Starkwindband in der Höhe. Das etwas paradoxe Ergebnis dieser Zusammenhänge ist, dass die globale Erwärmung bei uns zwar zu weniger, aber dafür zu intensiveren Stürmen führen dürfte. Dies gilt vor allem für die ohnehin sturmträchtigeren Wintermonate. Im Sommer deutet sich eher eine Abnahme des Sturmgeschehens an, weil viele – nicht alle – Modellergebnisse Hinweise auf eine Verlagerung der Tiefdruckzonen in nördlichere Breiten liefern.

Das Wetter wird extremer

Weil wir die extremen Wetter- und Witterungserscheinungen – Hagel, Schwergewitter, Stürme, Überschwemmungen, Dürren – am stärksten spüren, stehen sie bei der Diskussion um den Klimawandel meist im Mittelpunkt. Doch ist die statistische Auswertung durch eine banale Tatsache nicht so einfach. Extremwetter ist Wetter, das es selten gibt – sonst wäre es schließlich nicht extrem. Damit aber ist die Anzahl der Vorkommnisse zwangsläufig gering. Doch je geringer der Stichprobenumfang bei einer statistischen Untersuchung ist, desto ungenauer ist am Ende die Aussage. Trotzdem können Trends bei einigen Wetterextremen nachgewiesen und physikalisch begründet werden.

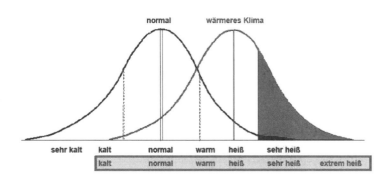

nach P. Hupfer, Nat.wiss.Rdsch. 5/04, S. 233 ff.

Die Grafik macht deutlich, warum beispielsweise bei einer Erhöhung der Mitteltemperaturen die zu erwartende Zunahme extrem heißer Tage überproportional ausfällt. Herrschen mittlere Verhältnisse (dunkle Kurve), haben wir es mit einer sogenannten Normalverteilung um einen Mittelwert zu tun. Werte nahe dem Mittelwert treten dabei am häufigsten auf, auffällig kalte und heiße Tage – die Fläche unter den Flanken der Kurve – gibt es selten. Verschieben sich die mittleren Verhältnisse durch einen Klimatrend jetzt aber in Richtung höherer Temperaturen (hellere Kurve), so »wandert« die gesamte Kurve mit. Die Fläche unter den Flanken bei »sehr heiß« nimmt daher übermäßig zu, zusätzlich muss der früher unbekannte Bereich »extrem heiß« eingeführt werden. Solche Analysen sind übrigens bei der Größe Temperatur recht einfach zu machen, da es sich um symmetrische Verteilungen handelt. Beim Niederschlag ist es deutlich komplizierter. Die Verteilungen sind hier asymmetrisch, und er ist zudem räumlich erheblich von der Orografie und damit von atmosphärischen Strömungsmustern geprägt.

Ergänzend möchte ich dafür plädieren, sich stets auf meteorologische Parameter zu beschränken, wenn man die Veränderungen von Extremwetterlagen untersucht. Angaben etwa über Schadenzuwächse bei Versicherungen sind zwar von wirtschaftlich großer Bedeutung, verfälschen aber die Aussagen. Durch die massive Zunahme der Wertschöpfung, den Bau von Wohngebieten und Industrieanlagen in potenziell gefährdeten Regionen und durch einen deutlichen Zuwachs abgeschlossener Versicherungen entsteht über den Schadenfaktor der Eindruck, dass Unwetter übermäßig zunehmen. Doch möglicherweise hätte ein Wirbelsturm aus den 1920er Jahren, wäre er in seiner Stärke und Zugbahn heute aufgetreten, schlimmere Folgen gehabt als die berüchtigte »Katrina«.

Ansteigender Meeresspiegel und aussterbende Arten

Derzeit leben mehr als 60 Millionen Menschen in unmittelbarer Küstennähe in Gebieten weniger als einen Meter über dem Meeresspiegel und 275 Millionen Menschen in solchen weniger als 5 Meter darüber – Tendenz steigend. Ein weiterer Anstieg des Meeresspiegels birgt deshalb für uns und auch für die artenreichen Küstenökosysteme große Risiken, vor allem durch das Vordringen des salzhaltigen Meerwassers und den zunehmenden Landverlust. Die Erosion tief gelegener Gebiete kann besonders kleinen Inseln zum Verhängnis werden, denn dadurch rutscht ein Teil der Küstenlinie nach und fällt so dem Meer zum Opfer. Davon sind auch die 150 000 Quadratkilometer Mangrovenwald betroffen. Mangroven gehören neben den Korallenriffen zu den produktivsten Ökosystemen der Welt und haben vor allem eine Schutzfunktion für die Küste gegenüber Wellen und Sturmfluten. Solange die Küstennatur nicht durch menschliche Bauten daran gehindert wird, haben diese Wälder jedoch eine gewisse Fähigkeit, ins Landesinnere mitzuwandern.

Etwa 20 Prozent der weltweiten Küstenlinien bestehen aus flach ansteigenden Sandstränden, davon sind derzeit nach groben Schätzungen rund 70 Prozent auf dem Rückzug durch Erosion. Das Problem dabei ist der flache Anstieg des Geländes, denn eine Zunahme des Meeresspiegels um beispielsweise einen Meter hat den Verlust eines 50 bis 100 Meter breiten Küstenstreifens zur Folge.

Großer Verlierer der Erwärmung sind die Korallenriffe, die bei einem weiteren Anstieg des Meeresspiegels ebenfalls viel von ihrer Schutzfunktion für die Küste verlieren und die, wie bereits erwähnt, einen unglaublichen Artenreichtum beherbergen. 50 Prozent, in einigen Regionen Asiens sogar 80 Prozent der Riffe sind bereits jetzt durch menschliche Aktivitäten geschädigt oder stark gefährdet. Hinzu kommt die Belastung durch die Versauerung der Ozeane und den Anstieg der Meeresoberflächentemperatur – schon geringe Änderungen können eine Korallenbleiche zur Folge haben.

Dass die Auswirkungen des Klimawandels auf die Ökosysteme vielfältig sein dürften, wurde schon gezeigt. Ich möchte aber nochmals darauf hinweisen, dass die Geschwindigkeit der derzeitigen Veränderungen viele Lebewesen an die Grenze ihrer Anpassungsfähigkeit bringt. Schon bei einer Erwärmung von 1,5 bis 2,5 Grad steigt für 20 bis 30 Prozent der Tier- und Pflanzenarten das Aussterberisiko deutlich an. Besonders unter Druck steht dabei die alpine Fauna und Flora, die nur die Möglichkeit hat, nach oben auszuweichen. Doch diese Option findet im Erreichen der Gipfellagen zwangsläufig ihr Ende. Aber auch sonst sind die Rückzugsgebiete für Tiere und Pflanzen nicht mehr in demselben Umfang gegeben, wie bei früheren Klimaveränderungen. Denn etwa die Hälfte der gesamten Landoberfläche dieses Planeten wird von uns Menschen genutzt.

Wer die heimische Natur etwas genauer beobachtet, konnte in den letzten Jahren eine unglaubliche Vielzahl an Veränderungen feststellen. So zum Beispiel ein früheres Austreiben der Blätter im Frühjahr und einen späteren Laubfall im Herbst – Vorgänge, die sich sogar mit Satelliten registrieren lassen. Die massive räumliche Ausbreitung der Zecke bei uns ist ein deutliches Anzeichen dafür, dass die Erwärmung zu Veränderungen in den Ökosystemen führt, und aus dem gleichen Grund entwickelt auch der eher mäßig geliebte Borkenkäfer immer mehr Lebensfreude in unseren Gefilden. Und so mancher Zugvogel überrascht uns damit, dass er im Winter einfach mal zu Hause bleibt, anstatt die Reise nach Süden anzutreten. Ornithologen konnten am Bodensee in den vergangenen Jahren feststellen, dass in diese Region immer mehr eigentlich im Mittelmeerraum heimische Vögel einwandern.

Herausforderungen für die Landwirtschaft

Die Landwirtschaft muss derzeit versuchen, 6,7 Milliarden Erdenbürger zu ernähren. Bis zum Jahr 2050 käme den Prognosen folgend noch mal knapp die Hälfte dazu, und es gäbe dann unglaubliche 9,2 Milliarden Menschen auf dieser Erde. Der größte Bevölkerungszuwachs wird dabei in den Entwicklungsländern erfolgen, die schon heute vielfach kaum in der Lage sind, die Menschen dort zu ernähren, denn gerade die Subsistenzwirtschaft dieser ärmeren Länder schafft es kaum, ihre Produktivität zu steigern. Durch zunehmende Hitze und Wassermangel wird sie nach vielen Modellszenarien sogar einem Produktionsrückgang von zum Teil 20 bis 30 Prozent unterliegen.

Die Industrieländer der Nordhalbkugel hingegen waren bisher in der Lage und werden es wohl auch in Zukunft sein, die Produktivität der Landwirtschaft weiter zu steigern, und sie werden sich deshalb – auch ohne weiteren Bedarf an landwirtschaftlicher Fläche – bis zu einem gewissen Grad an die Veränderungen durch den Klimawandel anpassen können. Zudem werden die gemäßigten und kühleren Breiten bei einem moderaten Temperaturanstieg von einer längeren Vegetationsperiode und dem Düngungseffekt von CO_2 profitieren. Erst wenn die Erwärmung zu stark ausfällt, werden auch hier ihre Nachteile deutlich. Überschwemmungen, Hagelschlag und Erdrutsche führen dann vermehrt zu Ernteeinbußen.

Die extreme Hitze des Sommers 2003 oder des Juli 2006 hat gezeigt, dass die wirtschaftlichen Schäden durch geringere Erträge bei Gerste, Weizen oder Kartoffeln ganz erheblich ausfallen können. Die Anpassungsfähigkeit der Landwirtschaft an variableres und damit extremeres Wetter wird eine immer größere Rolle spielen. Die Züchtung resistenter Nutzpflanzen, die Verbesserung der Bewässerungssysteme sowie die Weiterentwicklung von Langfrist- und Jahreszeitenvorhersagen werden immer mehr Bedeutung bekommen. Doch in südlichen Gefilden sind dieser Anpassung Grenzen gesetzt. Wie soll in langen Dürreperioden bewässert werden, wenn dafür schlicht zu wenig Wasser zur Verfügung steht? Außerdem wirken sich Hitzestress und Wassermangel nicht nur auf den Ertrag der Nutzpflanzen, sondern auch auf die Tierhaltung aus.

Die Folgen für unsere Gesundheit

Der Klimawandel wird auch direkten Einfluss auf unsere Gesundheit haben. Hitzewellen belasten verstärkt unser Herz-Kreislauf-System, Erwärmung und Hitze fördern die Bildung von Smog oder die Ausbreitung von Allergenen, und zweifellos stellen alle Formen von Extremwetter eine unmittelbare Gefahr für die Gesundheit oder sogar unser Leben dar. Aber der Klimawandel hat auch indirekte Auswirkungen auf unsere Gesundheit, etwa über Insekten oder gerade bei uns in Deutschland auch die Zecken, die zu den Spinnentieren gehören und verschiedene Formen der Enzephalitis (Hirnhautentzündung) übertragen. Sie sind als Kaltblüter viel abhängiger vom Klima als die Säugetiere oder der Mensch.

Obwohl viele Zusammenhänge zwischen Klimaänderung und unserer Gesundheit bisher nur unzureichend erforscht werden konnten, würde dieses Thema für einen Facharzt oder Biologen sicherlich ausreichen, ein eigenes Buch zu schreiben. Um den Rahmen aber nicht zu sprengen, möchte ich beispielhaft auf die Stechmücke eingehen, die verschiedene Arten von Enzephalitis, das Dengue-Fieber, das Gelbfieber und vor allem die Malaria überträgt. Kälte ist der Feind der Stechmücke, denn ein Frosttag tötet viele Eier, Larven oder auch erwachsene Tiere. Wird es hingegen wärmer – wenn es nicht gerade zu vollkommen übermäßiger Hitze kommt, die auch für Insekten tödlich ist –, dann vermehren sich die Tiere immer schneller und stechen auch häufiger zu, wodurch sie den Parasiten schneller weitergeben. Zusätzlich begünstigt eine schnellere Folge aus Überschwemmungen und Trockenperioden die Ausbreitung der Mücke. Denn ihre Eier können trockene Phasen gut überstehen, die Amphibien, die Feinde der Mücken, hingegen nicht. Durch ihr Verschwinden können sich die Insekten beim nächsten Regen in entsprechenden Tümpeln geradezu explosionsartig vermehren.

Aber nicht nur ihre Vermehrung und die Ausbreitung in bisher für die Mücke unbewohnbare Regionen, sondern auch der sich beschleunigende Lebenszyklus des Parasiten spielt eine wichtige Rolle. Um die Infektion weiterzutragen muss dieser nämlich voll entwickelt sein, bevor die Mücke, die nur wenige Wochen alt wird, stirbt. Bei 20 Grad braucht er im Falle der Malaria dazu 26, bei 25 Grad jedoch nur 13 Tage. Die »Fähigkeit« der Mücke, die Infektion zu übertragen, steigt bei zunehmender Wärme also ebenfalls an. Modellrechnungen – auch hier gelten die Ungenauigkeiten, auf die schon mehrfach hingewiesen wurde – zeigen eine mögliche Ausdehnung des Malariagebietes durch die globale Erwärmung, so dass statt gegenwärtig 45 bald 60 Prozent der Weltbevölkerung betroffen sein könnten. Dies geschieht durch die Ausbreitung in höhere Breiten, aber auch in höher gelegene Regionen. Die Ausbreitung solcher Krankheiten wird jedoch nicht nur durch Wärme, sondern in entscheidendem Maße auch durch mangelnde Hygiene gefördert.

Eine umfassende Studie der Weltgesundheitsorganisation aus dem Jahre 2002 kommt zu dem Ergebnis, dass schon heute etwa 150 000 Menschen jedes Jahr an gesundheitlichen Folgen durch Klimaveränderungen sterben – der Großteil davon in Entwicklungsländern.

Sachlichkeit statt Hysterie

Zum Abschluss dieses Kapitels sei nochmals darauf hingewiesen, dass die Inhalte der IPCC-Berichte weit davon entfernt sind, Hysterie zu verbreiten. An diesen Berichten arbeiten Tausende von Forschern aus aller Welt zusammen. Es ist damit die größte Plattform für das Zusammentragen von Erkenntnissen sowie für die Diskussion von Unsicherheiten und Erkenntnislücken zu einem Thema auf der ganzen Welt. Alle etwa fünf bis sechs Jahre fassen die Klimareporte den entsprechenden Sachstand zusammen, doch was hier passiert, ist Folgendes: In den Berichten wird nur das veröffentlicht, was einstimmig abgesegnet wurde. Und das Absegnen übernehmen keinesfalls die Forscher alleine, sondern an den zeitraubenden Konsensbildungen sind ganz besonders die »politischen Experten« der einzelnen Nationen beteiligt. Dass sie vor allem versuchen, ihrer eigenen Nation besonders wenig Verantwortung zuzuordnen, ist nahe liegend, und so tragen besonders Länder mit hohem Energieverbrauch und Länder, die erhebliche Einnahmen aus dem Export von Kohle, Öl oder Gas generieren, dazu bei, dass speziell die rund 30-seitige Zusammenfassung für Entscheidungsträger ziemlich verwässert wird.

Zudem führt die – berechtigte – Vorsicht bei nicht vollständig wissenschaftlich abgesicherter Erkenntnislage zu Korrekturen, die nach außen einen falschen Eindruck erwecken können, wenn entsprechende Zusatzinformationen nicht weitergegeben werden. So stand im dritten IPCC-Bericht zu lesen, der Meeresspiegel würde bis zum Jahr 2100 um 9 bis 88 Zentimeter steigen, im vierten Bericht waren es nur noch 18 bis 59 Zentimeter. »Alles nicht mehr so schlimm« ist die erste Information, die man schnell aus den neueren Erkenntnissen ziehen kann. Falsch. Der wirkliche Grund für die vorsichtigeren Zahlen ist ein anderer. Weil die dynamischen Prozesse bei der Eisschmelze noch nicht genau verstanden sind, ließ man die Beiträge Grönlands und der Antarktis – und damit auch die hierin liegenden Unsicherheiten – einfach weg. Man betrachtete nur noch die Wirkung der thermischen Ausdehnung des Ozeanwassers. Klar, dass die Zahlen nun kleiner wurden. Doch gleichwohl liegen im Abschmelzen des Festlandeises, das man mit hoher Geschwindigkeit beobachten kann, nach wie vor große Risiken.

Teil III
Die Chancen für morgen

Mit kleinen Schritten loslaufen

Es klingt erst einmal ziemlich aussichtslos! Da merken wir mehr und mehr, dass wir durch unsere ganz normale Lebensgestaltung auf dieser Welt einen Prozess initiieren, den wir vielleicht schon bald nicht mehr im Griff haben. Eine ungünstige Entwicklung zu erkennen und zu akzeptieren ist das eine, doch alles wieder ins Lot zu bringen ist die andere, geradezu gigantische Aufgabe. Da stehen wir nun achselzuckend und suchen nach demjenigen, der uns das Startsignal gibt und der organisiert, wer wo wie anpacken soll. Der fehlt aber leider – und prompt tritt eine Art Lähmung ein. Der klassische Moment der Resignation, in dem man gerne solche Sätze sagt wie: »Das ist einfach eine zu gewaltige Aufgabe, das wird der Mensch nie bewältigen. Und selbst, wenn wir es bei uns einigermaßen schaffen, macht der Rest der Welt nicht mit. Und unser kleiner Anteil ist dann sowieso völlig nutzlos!« In der Tat wird man mit dieser Haltung keine großen Schritte nach vorne unternehmen können – mit Pessimismus, zeitintensiver Bedenkenträgerei und Resignation gelingt das nie, niemandem. Daraus folgt: Wir brauchen einen begründeten Optimismus, dass es Handlungsoptionen gibt, die zum Erfolg führen können. In Anlehnung an das Vorwort zu diesem Buch will dieser dritte Teil genau das tun: Chancen zeigen – durch politische Rahmenbedingungen, einen vernünftigen Energiewandel und das Überprüfen alltäglicher Handlungen jedes Einzelnen.

Um dieser Aufgabe und diesen »großen Worten« erst mal ihren uns schier erschlagenden Gigantismus zu nehmen, vergleichen Sie es am besten mit einem ganz alltäglichen Vorgang: Keller aufräumen! Öffnet man die Kellertür und sieht einen riesigen Haufen Gerümpel, so ist die erste Reaktion gerne ein tiefer Seufzer und sodann ein schnelles und resigniertes Schließen der Tür. Oft schiebt man das Thema dann tage- oder wochenlang vor sich her. Irgendwann merkt man aber, dass etwas Kellerordnung auch Vorteile hat, und überlegt sich, was man tun könnte. Geht man gedanklich in möglichst »kleinen Portionen« an die Sache ran, erschlägt einen die Gesamtaufgabe nicht mehr – und die Räumerei kann beginnen. Und haben Sie nicht selbst schon häufig gemerkt, dass eine Sache, mit der man erst einmal begonnen hat, plötzlich anfängt, regelrecht Freude zu machen? Man ist motiviert, man hat Lust weiterzumachen, es »geht was«! Und am Ende ist das Problem »Chaoskeller« wirklich gelöst. Man lehnt sich zufrieden zurück – und fragt sich sicher auch manchmal, warum man eigentlich so lange gewartet hat loszulegen. Gut, Keller aufräumen und Klimawandel global in den Griff bekommen sind tatsächlich Aufgaben unterschiedlicher Dimensionen. Aber in beiden Fällen gilt: Machen Sie keine zu großen Schritte, denn dann resignieren Sie viel zu schnell. Und behalten Sie in Erinnerung, dass viele Tätigkeiten uns ab dem Moment motivieren können, in dem wir aktiv mit ihnen beginnen. Das ist durchaus auch übertragen im ökonomischen Sinne gemeint.

Die Politik unter Zugzwang

Im letzten Teil des Buches ging es bereits um die Verantwortung, die Wissenschaftler und Journalisten im Zusammenhang mit dem Thema Klimaänderung haben. Doch beim Stichwort Verantwortung fehlt Ihnen bisher sicher noch ein ganz besonders wichtiger Bereich: die Politik! Sie trägt nämlich die große Verantwortung, die richtigen Rahmenbedingungen zu schaffen. Rahmenbedingungen, die zu einem nachhaltigen Umgang mit unserem Klimasystem führen und die gleichzeitig die notwendigen ökonomischen Gesichtspunkte einbeziehen. Beides scheint zunächst schwer in Einklang zu bringen, und das muss zu allem Überfluss auch noch global geschehen.

Dabei geht es Politikern nicht anders als jeder anderen Zunft. Es gibt Politiker, die ihre Aufgabe verantwortungsvoll und ehrlich wahrnehmen, und es gibt solche, die das nicht tun. Eine generelle Politikerschelte ist deshalb ebenso unsinnig, undifferenziert und falsch wie eine generelle Medienschelte. Doch sich in einem Gewimmel aus – ich sage es einmal sehr vorsichtig – unterschiedlich fairen Menschen mit Machtanspruch in die oberen Riegen der Politik vorzuarbeiten, ist sicherlich kein leichtes Unterfangen. Dieser Weg führt beim einen oder anderen wohl auch mal zum Wegbrechen manch anfänglich eingebrachten idealistischen Gedankenguts. Kurzum: Politiker müssen sich in ganz besonderem Maße darum bemühen, nicht dem allgemeinen Stress des Machtpokers zu verfallen, sondern sich vielmehr ihre große Verantwortung für die Lösung von Sachfragen immer wieder neu bewusst machen. Dafür werden sie in demokratischen Staaten gewählt, und dafür bekommen sie die Möglichkeit, aktiv etwas zu gestalten. Diese gestalterische Freiheit wird aber manchmal durch die Notwendigkeit eingeengt, mehrheitsfähig sein und bleiben zu müssen. In solchen Fällen ist es für die Politiker wichtig, ihre Entscheidungen den Wählern verständlich und transparent zu machen, den Menschen die Hintergründe zu vermitteln und dem Einzelnen die Vorteile neuer Regeln aufzuzeigen. Die Bedeutung dieses handwerklichen Teils der Politik wird nicht selten fahrlässig unterschätzt. Manch Politikverdruss und die damit einhergehende schwindende Wahlbeteiligung – die häufig von der Mehrheit gar nicht gewünschten Randgruppen emporzukommen hilft – wären mit solider Arbeit in diesem Bereich ebenso zu verhindern wie die Bestürzung über das eine oder andere trostlose Wahlergebnis. Politiker hauptsächlich als Menschen wahrzunehmen, die ihre Gegner wechselweise der Unfähigkeit beschimpfen, ist für die Bevölkerung auf Dauer schlicht langweilig und bringt lediglich einen Vertrauensverlust für alle. Gemeinsame Erklärungen, warum was wie angepackt wird, wären für viele sicher interessanter.

Dieses Kapitel beschäftigt sich mit den Aufgaben, die sich aus dem Klimawandel für die Politik ergeben. Ich möchte der Frage nachgehen, wie man vor dem Hintergrund der heute zu beobachtenden Entwicklung überhaupt eine Strategie entwickeln kann, durch die denkbar ist, dass wir das Thema global erfolgreich in den Griff bekommen. Es geht dabei sowohl um unseren Umgang mit Ankerländern wie China und Indien als auch um die Bedeutung von Bildungspolitik oder um die Notwendigkeit, aus bisherigen Erfolgen einen Optimismus für die Zukunft zu generieren. Und es geht darum, die zweifellos bestehende Komplexität der Zusammenhänge nicht als Rechtfertigung dafür vorzuschieben, dass man ohnehin nichts tun könne. Das Gegenteil muss der Fall sein, und daher möchte ich zeigen, dass uns eine erfolgreiche Politik viele neue Chancen eröffnen kann. Vorab soll ein Blick in die Geschichte der Klimaforschung zeigen, wie das Thema seinen Weg in Politik und Gesellschaft überhaupt gefunden hat.

Von Zeus zu Kyoto

Wetter und Klima haben seit jeher einen hohen Stellenwert in der menschlichen Gesellschaft, denn wir sind und bleiben dem atmosphärischen Geschehen immer ausgesetzt. So ist es wenig verwunderlich, dass das Wetter bis heute ein beliebter Konversationseinstieg ist und – zu meiner Freude – der Wetterbericht für jedes moderne Medium ein Muss ist.

Schaut man zurück ins Altertum, dann gelangt man in eine Zeit, als man glaubte, dass das Wettergeschehen von der Stimmung der Götter abhing. Deshalb mussten diese auch besänftigt oder durch verschiedenste Rituale dazu angehalten werden, dem Menschen bestimmte Wetterlagen zu schicken. Römische und griechische Philosophen stellen jedoch schon zur damaligen Zeit einen Einfluss bestimmter klimatischer Bedingungen auf die Lebensgewohnheiten und die Eigenschaften von Menschen fest. Umfangreiche Studien machte in dieser Hinsicht zum Beispiel der griechische Arzt Hippokrates (circa 460–370 v. Chr.) in seinem Werk *Über Luft, Wasser und Orte*.

Im Mittelalter wurden extreme Wetterereignisse wie Hochwasser, Dürre, Stürme und Hagel als wiederkehrende biblische Plagen interpretiert. Sie waren Strafaktionen Gottes für sündhaftes menschliches Verhalten. Und da man in den vermeintlichen Hexen die schlimmsten Sünderinnen zu erkennen glaubte, wurden diese gerade nach Unwettern unerbittlich verfolgt und am Ende verbrannt – Sie erinnern sich sicher an das Zitat zum Hagelunwetter des Jahres 1445 zu Beginn des Buches.

In der frühen Neuzeit und der sich anschließenden Aufklärung haben sich erneut vor allem die Philosophen mit dem Thema Klima auseinandergesetzt. Johann Gottfried Herder (1744–1803) stellte in seinem Werk *Ideen zur Philosophie der Geschichte der Menschheit* die Frage: »Was ist Klima und welche Wirkung hats auf Bildung des Menschen an Körper und Seele?« Doch mit der Erfindung von Messgeräten kam es auch zu einer quantitativen Auseinandersetzung mit Wetter und Klima. Es wurde nach naturwissenschaftlichen Erklärungen für verschiedene Zusammenhänge gesucht, und so konnte Fourier mit seinen Erkenntnissen zum Wärmetransport in Gasen die Grundlagen für die Berechnungen des Schweden Svante Arrhenius legen, der die Wirkung des CO_2 auf die Erdtemperatur abschätzte und sich deshalb im Jahr 1907 auf »gleichmäßigere und bessere – weil wärmere – klimatische Verhältnisse« freute. Das gereichte aus seiner Sicht zum Trost gegenüber der Tatsache, dass der Mensch »seine Kohlenschätze ohne Gedanken an die Zukunft« verbrauchte.

Der deutsche Meteorologe Hermann Flohn äußerte sich dagegen schon 1941 viel kritischer, als er feststellte, »dass die Tätigkeit des Menschen zur Ursache einer erdumspannenden Klimaänderung wird, deren zukünftige Bedeutung niemand ahnen kann«. Im bereits erwähnten internationalen geophysikalischen Jahr 1957 begann man mit der Errichtung von weltweiten Messnetzen, die sich in den 1960er Jahren weiter verdichteten. Dem damaligen Zeitgeist entsprechend, zeigte man zunächst großes Interesse an technischen Ansätzen, das Klima absichtlich zu verändern. Doch gegen Ende des Jahrzehnts rückte die Luftverschmutzung in den Vordergrund, und so gab das Massachusetts Institute of Technology 1970 eine erste Studie zum menschlichen Einfluss auf das Klima heraus – und nannte die Emission von Gasen, vor allem des Kohlendioxids, als mögliche Ursache einer Erwärmung.

Die Beschäftigung der Menschheit mit Umwelt und Klima nahm danach Fahrt auf, und so gab es 1972 in Stockholm die erste Weltumweltkonferenz. Ziel war es, die Beobachtung der Umwelt unter der Führung des United Nations Environment Programme (UNEP) so zu organisieren, dass die gewonnenen Daten in geeigneter Weise zusammengeführt werden konnten, um Veränderungen frühzeitig zu erkennen.

Mit der Weltklimakonferenz 1979 in Genf, dem Sitz der World Meteorological Organisation (WMO), begann man sich durch die Gründung des World Climate Research Programme (WCRP) um ein wissenschaftlich begründetes Verständnis der globalen Klimaveränderung durch den Anstieg der Treibhausgase in der Atmosphäre zu bemühen. 1988 trafen sich 300 Natur- und Wirtschaftswissenschaftler, Sozialpolitiker und Umweltschützer aus

48 Staaten in Toronto zur ersten Klimakonferenz über Veränderungen der Atmosphäre. Im Schlusskommuniqué dieser Konferenz wurde eindringlich darauf hingewiesen, dass die Gefahren für die Atmosphäre bereits so bedeutend seien, dass dringend gehandelt werden müsse.

Um alle Informationen über Klimaänderungen zu bündeln, gründeten WMO und UNEP kurz nach dieser Konferenz das bekannte Intergovernmental Panel on Climate Change (IPCC) als zwischenstaatlichen UN-Ausschuss zum Thema Klimaveränderungen. Klimawissenschaftler und Umweltexperten aus fast allen Nationen der Erde arbeiten hier in drei Arbeitsgruppen. Gruppe I trägt die wissenschaftlichen Aspekte zum Klimasystem und zum Klimawandel zusammen, Gruppe II beschäftigt sich mit den Gefährdungen durch den Klimawandel sowie mit Anpassungsstrategien von Gesellschaft, Wirtschaft und Natur, und Gruppe III kümmert sich um die Strategien zur Reduzierung von Treibhausgasemissionen. In unregelmäßigen Abständen gibt das IPCC Berichte der Arbeitsgruppen heraus. Der erste Bericht stammte von 1990, weitere folgten 1995 und 2001. Der derzeit aktuelle vierte Sachstandsbericht (IPCC Fourth Assessment Report, 4AR) erschien im Jahr 2007.

Der »Erdgipfel« von Rio de Janeiro im Jahre 1992 geriet dann zu einem ungleich größeren Zusammentreffen, und der wesentliche Erfolg war die Aufmerksamkeit, die der Thematik zuteilwurde. 130 Staatsoberhäupter, 17 000 Teilnehmer aus 178 Ländern und 8500 Journalisten waren zugegen. Dabei wurden fünf Dokumente verabschiedet, eines davon die sogenannte Klimarahmenkonvention. Auch wenn sie vage und unverbindlich war: Es konnte der Grundstein für alljährliche Vertragsstaatenkonferenzen (Conference of the Parties, COP) gelegt werden. COP 1 fand 1995 in Berlin, COP 2 1996 in Genf und COP 3 – die sicherlich bekannteste – 1997 im japanischen Kyoto statt.

Das Kyoto-Protokoll

Das Kyoto-Protokoll ist ein Meilenstein in der Geschichte des Klimaschutzes, denn erstmals *verpflichten* sich Industriestaaten, ihre Treibhausgasemissionen zu senken. Und zwar zwischen 2008 und

2012 um durchschnittlich 5,2 Prozent unter den Wert von 1990. Damit das Protokoll in Kraft treten konnte, sollten es mindestens 55 Staaten, die zusammen 55 Prozent der Kohlendioxidemission verursachen, ratifizieren. Die erste Bedingung – 55 Staaten – wurde 2002 erreicht, doch nach dem Austritt der USA musste bis zur Ratifizierung durch Russland gewartet werden, um die zweite Bedingung – 55 Prozent der weltweiten CO_2-Emission – zu erfüllen. Dies geschah im November 2004, nachdem die Vertragspartner bereit waren, die großen russischen Waldgebiete ausdrücklich als CO_2-Senken anzuerkennen, was die russische Emissionsbilanz in erheblich besserem Licht erscheinen ließ. Etwas mehr als sieben Jahre nach seiner »Erfindung« trat Kyoto am 16. Februar 2005 endlich in Kraft. Dem Kyoto-Protokoll sind bis heute 183 Staaten beigetreten, haben es ratifiziert oder ihm formell zugestimmt. Der letzte Industriestaat, der das Protokoll nicht unterzeichnet hat, sind die USA, nachdem Australien 2007 auf der 13. Vertragsstaatenkonferenz (COP 13) in Bali mit dem neuen Premier Kevin Rudd eine Kurswende seiner Klimapolitik vorgenommen hatte. Ein Umdenken findet aber auch in vielen Staaten der USA statt – allen voran in Kalifornien als der sechstgrößten Wirtschaft der Welt. Man wird sehen, wie die neue Regierung unter Barack Obama handeln wird. Hinweise, dass es zu einem grundsätzlichen und damit erfreulichen Umdenken kommt, gibt es zur Genüge.

Um die Reduktion der Treibhausgasemissionen mit marktwirtschaftlichen Mitteln zu erreichen, wurden beim Kyoto-Protokoll drei Mechanismen eingeführt. Erstens der Handel mit Emissionszertifikaten, der zum Einsatz umweltfreundlicher Technologien führen soll. Zweitens die gemeinsame Umsetzung, die besagt, dass sich ein Staat eine Emissionsminderung anrechnen lassen kann, die er in einem anderen Staat finanziert hat. Und drittens den Mechanismus für umweltverträgliche Entwicklung. Stößt ein Industriestaat in einem Entwicklungsland eine nachhaltige Entwicklung an, die gleichzeitig zur Emissionsminderung führt, so kann er das Recht erwerben, selbst mehr Treibhausgase zu emittieren. Hintergrund ist die Überlegung, dass sich die langlebigen Gase ohnehin in der gesamten Atmosphäre verteilen und der Emissionsort somit keine Rolle spielt. Deshalb können sich auch mehrere Staaten zusammentun, um ihr Ziel gemeinsam zu erreichen. So beispielsweise die EU mit einem Reduktionsziel von 8 Prozent zwischen 2008 und 2012.

Hervorragend an Kyoto ist: Fast alle Länder dieser Welt sind dabei, und fast alle Industrieländer sind Verpflichtungen zum Klimaschutz eingegangen. Schließlich ging deren Entwicklung ja mit jahrzehntelangen starken Emissionen einher, und so sind sie auch ganz wesentlich für die derzeitige und die weitere Entwicklung verantwortlich. Außerdem wird gezeigt, dass angepackt wird.

Doch alle Begeisterung wird durch diese Fakten gebremst: Das Reduktionsziel ist im Vergleich zu dem, was nötig ist, um wirklich etwas für unser Klima zu tun, viel zu gering, und zudem sieht es derzeit auch nicht annähernd so aus, als würden die Ziele überhaupt erreicht. Die Trendwende zu einem zurückgehenden Treibhausgasausstoß ist weiterhin nicht geschafft, stattdessen nehmen die Emissionen weiter deutlich zu. Und dies – wie schon erwähnt – massiver als im pessimistischsten IPCC-Szenario. Hinzu kommt noch, dass die Weltgemeinschaft viel zu viel Zeit, nämlich fast 20 Jahre, dazu benötigt hat, sich überhaupt zu Zielen beim Klimaschutz durchzuringen. Wie gesagt Ziele, die mit an Sicherheit grenzender Wahrscheinlichkeit – noch ist ja nicht 2012 – verfehlt werden. Und ein letztes Problem ist ebenfalls ungeklärt, nämlich die Frage, was nach 2012 geschieht. Auf der 15. Vertragsstaatenkonferenz in Kopenhagen 2009 soll das besprochen werden.

Was die Politik leisten muss

Die Feststellung, dass das Kyoto-Protokoll mehr der Untermauerung gemeinsamer Absichten diente, als den Zustand des Klimas wesentlich zu verbessern, führt natürlich zwangsläufig zu der Frage, was getan werden muss, um wirklich erfolgreich umzusteuern. Und das bei einem zumindest derzeit weiter deutlich zunehmenden Energieverbrauch. Denn auch wenn zum Beispiel unsere Autos immer sparsamer werden, so nimmt ihre Anzahl derart zu, dass dadurch alle Sparmaßnahmen konterkariert werden. So haben sich die Emissionen von Kohlendioxid in die Atmosphäre seit 1970 verdoppelt, und wenn nicht erfolgreich eingegriffen wird, ist laut Weltenergieagentur mit einer weiteren Verdopplung bis zum Jahr 2050 zu rechnen.

Angesichts dieser Entwicklung müssen die Zielvereinbarungen weit über Kyoto hinausgehen. So ist die Klimaforschung übereingekommen, dass ein durchschnittlicher Anstieg der globalen Mitteltemperatur seit 1850 von 2 Grad Celsius gerade noch verkraftbar ist. Damit soll das Erreichen sogenannter Kipppunkte vermieden werden, deren Überschreiten möglicherweise zu irreversiblen Prozessen im Klimasystem führt. Sicher kann man um ein paar Zehntel streiten, doch eine »Hausnummer« als verständliche politische Richtlinie zu haben, ist die viel wichtigere Funktion der Zahl 2. Weil wir von diesen 2 Grad aber schon 0,7 Grad »verbraucht« haben und weitere 0,5 Grad durch bereits in der Vergangenheit getätigte Emissionen unvermeidlich sind, steht bis zum Erreichen dieser Marke nur noch ein Spielraum von 0,8 Grad zur Verfügung. Will man diesen Wert nicht überschreiten, müssten die weltweiten Treibhausgasemissionen spätestens ab 2015 kontinuierlich abnehmen, und bis 2050 müsste eine Reduktion gegenüber 1990 um etwa 60 Prozent erreicht sein. Umgerechnet auf die Pro-Kopf-Emission bedeutet das, dass jeder Mensch – dann werden es wohl 9,2 Milliarden sein – pro Jahr nur 2 Tonnen CO_2 ausstoßen darf. Angesichts der Tatsache, dass der Durchschnitt derzeit bei 4,4 Tonnen liegt, dass aber die meisten Industrienationen viel mehr emittieren – Deutschland 10 Tonnen, die USA 20 Tonnen pro Kopf und Jahr –, liegen die nötigen Reduktionen für einige Länder massiv über den mittleren 60 Prozent: nämlich für Deutschland bei 80 und für die USA bei 90 Prozent. Genauso verhält es sich mit dem durchschnittlichen Temperaturanstieg. Die 2 Grad beziehen sich ja auf den mittleren Anstieg, und das bedeutet, dass die Landmassen und vor allem die nördlichen Breiten noch von viel höheren Temperaturanstiegen und deren Folgen betroffen sein werden.

Will man diese Reduktionsziele erreichen und sieht gleichzeitig, dass immer mehr (und für diesen Planeten eigentlich längst zu viele) Menschen ständig mehr Energie benötigen, so erscheint eine Lösung kaum denkbar. Schließlich wird man auf allen Kontinenten weiterhin – und wer hätte das Recht, es zu verbieten – nach einem immer höheren Lebensstandard streben. Was also nun? Es gibt nur einen einzig denkbaren Ansatz, nämlich den, dass Wirtschaftswachstum und Emissionen von Treibhausgasen voneinander getrennt werden müssen. Das eine darf nicht mehr zwingend das andere verursachen, und genau dieser Kernpunkt muss global – in allen Industrie- und vor allem auch Ankerländern wie China und Indien – verstanden werden. In einer solchen Entkopplung liegen unsere Chancen für die Zukunft. Dass sie möglich ist und wie sie möglich ist, das wird im Folgenden das zentrale Thema sein. Doch bevor die Industrie diesen Weg beschreiten kann, muss die Politik geeignete Rahmenbedingungen dafür vorgeben – genau wie bei den im Vorwort erwähnten und von der Automobilindustrie selbst geforderten Regeln, die den Kauf emissionsarmer Fahrzeuge fördern.

Geeignete Rahmenbedingungen zu schaffen setzt aber voraus, dass die Politiker aller Länder der Welt die großen ökonomischen Chancen erkennen und verstehen müssen, die sich durch das Umdenken in der Energiefrage ergeben. Solange noch jede Nation auf den Klimakonferenzen um mehr Emissionsrechte schachert, weil sie sich sonst im Nachteil gegenüber anderen Ländern fürchtet, hat kein Umdenken stattgefunden. Deshalb bleiben die Ergebnisse der Konferenzen derzeit noch weit hinter den Möglichkeiten zurück. Zudem sind sie oft »bürokratische Monster«, die nur nach zähem und damit zeitraubendem Ringen um diverse Einzelinteressen zusammengeschustert werden können. Ein großer Schritt nach vorne kann hier erst gemacht werden, wenn allen Mitspielern klar wird, dass sie Klimaschutz für sich selbst und zu ihrem eigenen Vorteil betreiben. Doch momentan gewinnt man noch den Eindruck, als seien wir alle Schüler. Schüler, die noch nicht gemerkt haben, dass sie nicht für den Lehrer, sondern für sich selbst und ihre eigene Zukunft lernen.

Das ist bedauerlich, denn gerade jetzt besteht die Chance, nach vorne zu preschen. Am Ende wird nämlich nicht derjenige »gewinnen«, der am längsten in alten Denkstrukturen verharrt und seine

Energie fleißig weiter in den Kampf um ein Mehr an Emissionen steckt. Vielmehr wird jene Nation ganz vorne sein, die ihre Zeit in die Entwicklung tauglicher Technologien steckt, die sie selbst verwenden kann und die zusätzlich Länder wie beispielsweise China in großem Stil kaufen können und wollen – Letzteres, um davon weg zu kommen, weiterhin jährlich 50 neue Kohlekraftwerke bauen zu müssen.

Als sich im Oktober und November 2008 die Anfragen großer Automobilkonzerne an die Regierungen nach milliardenschweren Schutzschirmen wegen der Folgen der Finanzkrise mehrten, war auch von einigen europäischen Politikern leider noch dies zu vernehmen: »Wir versuchen, zumindest in dieser akuten Notlage unsere eigene Industrie nicht noch zusätzlich durch klimapolitische Zielvorgaben zu belasten.« Solche Aussagen zeigen zum einen, dass ein längerfristig zu lösendes Problem immer das Nachsehen hat, wenn sich etwas Aktuelles in den Vordergrund drängt, und zum anderen, dass nicht gesehen wird, dass gerade dies der Zeitpunkt für Innovationen ist. Wann hat die Politik bessere Chancen auf die Wirtschaft einzuwirken als in dem Moment, wo man sie um Hilfe bittet? Und wie könnte Geld besser investiert werden als durch die akute Rettung von Arbeitsplätzen gepaart mit der Möglichkeit, Bedingungen an dieses Geld zu knüpfen? Bedingungen, die zur Produktion von – in diesem Beispiel – Fahrzeugen führen, die innovativ, für den Besitzer attraktiv (also im Unterhalt wesentlich kostengünstiger) und obendrein klimafreundlicher und ressourcenschonender sind. Neues Geld in alten Strukturen versickern zu lassen, führt nur zum berühmten Fass ohne Boden. Und an welcher Firma hat man besser gesehen als an General Motors, in welche finanzielle Bredouille jemand kommt, der Autos baut, die keiner kaufen möchte. Irgendjemand muss dort einen sehr gesunden Schlaf gehabt haben, als sich die Zeichen der Zeit zu verändern begannen.

Strategien für die Zukunft oder Ungezügelt geht es nicht

Sicher macht sich jeder von uns so seine – oft sehr unterschiedlichen – Gedanken über den Klimawandel und die irgendwann ganz sicher notwendige Abkehr von fossilen Energieträgern. Doch egal, ob man diesem Thema sorgenvoll oder weniger besorgt gegenübersteht: Kaum jemand wird annehmen, dass wir beziehungsweise unsere Nachkommen alles nicht »irgendwie« meistern können. Denn würden wir es nicht schaffen, wäre schließlich der vollkommene Kollaps die Folge. Doch diesen Kollaps zu vermeiden, führt allein noch lange nicht automatisch in eine »gute Welt«. Den Gedanken des Mathematikers, Wirtschaftswissenschaftlers und Experten für Globalisierungsgestaltung Professor Franz Josef Radermachers folgend ist durchaus denkbar, dass mit zunehmender Ressourcenverknappung eine Art Ressourcendiktatur entsteht. Wenige reiche Nationen würden vielen armen eine Lösung aufzwingen, die diese vom Ressourcenzugriff ausschließt. Widerstand, kriegerische Auseinandersetzungen, Terror und tiefe Verwerfungen der Gesellschaft wären unausweichlich und würden außerdem das wirtschaftliche Potenzial dieser Welt stark beschneiden. Da weder dies noch der Kollaps eine Perspektive bieten, ist nach Radermacher und anderen Experten nur eine auf Konsens basierende Lösung denkbar: eine globale ökosoziale Marktwirtschaft.

Auf die Kraft des Marktes zu setzen hat sich in der Geschichte prinzipiell als Erfolg erwiesen, daran festzuhalten ist also vernünftig. Schließlich haben andere Wirtschaftsformen ihre Tauglichkeit nicht bewiesen, und Theorien, die den sich ideal verhaltenden Menschen voraussetzen, sind nicht praxistauglich. Doch auf die Umwelt und auf soziale Fragen nimmt der Markt von selbst keine oder nur wenig Rücksicht. Das hat nichts mit dem Markt selbst zu tun, sondern mit der Tatsache, dass er aus Menschen besteht. Und wir Menschen sind nun mal durch die Evolution so »programmiert«, dass uns der kurzfristige Erfolg am nächsten liegt. Deshalb wird sich die Masse der Menschen so verhalten, dass jeder in einer marktwirtschaftlichen Ordnung möglichst viel Profit einfahren will. Und genau an diesem Punkt setzt die Schlüsselstelle für die Politik ein. Sie muss erreichen, dass sich der Mensch quasi mit seinen eigenen Waffen schlägt. Das automatische und alltägliche Streben des Einzelnen nach Profit darf keinen Schaden für die Allgemeinheit anrichten, sondern es muss ihr dienen. Dafür muss die Politik globale Rahmenbedingungen festlegen. Sie müssen dazu führen, dass der Markt das politisch Wünschenswerte tut, sprich dass er »lernt«, Rücksicht auf die Umwelt und die sozialen Werte zu nehmen. Die Rahmenbedingungen sind quasi eine Art Leitplanke, die einen Ausgleich von Eigeninteresse und Gemeinwohl zum Ziel hat. Und steuerndes Element einer Marktwirtschaft können nur die Kosten – zum Beispiel für die Emission von Schadstoffen – sein.

Schauen wir noch einmal auf die Finanzkrise von 2008. Sie ist geradezu ein Lehrbeispiel dafür, was passiert, wenn der Ausgleich von Eigeninteresse und Gemeinwohl fehlt. Das Gemeinwohl fiel hierbei nämlich schlicht der zunehmenden und ungezügelten Profitgier Einzelner zum Opfer. Dies war deshalb möglich, weil den Finanzmärkten notwendige Rahmenbedingungen fehlten. Die Gier führte irgendwann zum Kontrollverlust, der Betrug griff mehr und mehr um sich. Gier – auch das ist menschlich – steckt an. Sieht man, dass andere für ihren Profit bereit sind, »über Leichen zu gehen«, so fällt es einem selbst vielleicht auch irgendwann leichter. Und das mag wieder den Kollegen anstecken – um mit dem Vokabular aus dem ersten Buchteil zu sprechen: quasi eine positive Rückkopplung mit negativen Folgen. Dass Rahmenbedingungen fehlten, wurde zu Beginn der Krise von der Politik unter großer allgemeiner Zustimmung schnell erkannt. In der Folge fanden mehrere Gipfeltreffen statt mit dem Ziel, notwendige globale Regeln für die Finanzmärkte einzuführen, um ein weiteres Ausufern der Krise zu verhindern. Wie umfangreich solche Regeln ausfallen sollen, ist dabei sicher zu diskutieren. Sie sollten aber ausreichen, um so manche Entwicklung zu stoppen: Muss ein einzelner Mensch für welche Leistung auch immer zig Millionen Euro im Jahr verdienen dürfen? Oder wäre es nicht eine Übereinkunft wert, bei Einnahmen oberhalb einer bestimmten großzügigen Obergrenze automatisch einen Topf für das Gemeinwohl zu befüllen? Muss es Börsenprodukte geben, die in kürzester Zeit zwar völlig irreale Gewinne abwerfen, aber in ebenso kurzer Zeit auch zum Totalverlust – mit dem entsprechenden Schicksalsstrudel für oft gleich mehrere Betroffene – führen können?

Schaut man sich unseren Umgang mit der Finanzkrise an, kann man wohl mit Max Frisch sprechen, der einmal gesagt hat, dass »die Krise ein produktiver Zustand sein kann, der man nur den Beigeschmack der Katastrophe nehmen muss«. Die Katastrophe wurde bislang durch beherztes Eingreifen der Politik verhindert, und die produktive Phase ist die Aufstellung von Rahmenbedingungen, die eine Wiederholung einer solchen Krise in der Zukunft verhindern soll. Ist man sich einig, dass man auch für den Umgang mit dem Klima, der Umwelt insgesamt und den Ressourcen solche Rahmenbedingungen braucht, so ist ein wesentlicher Schritt getan.

Ein Ende der Verschmutzung zum Nulltarif

Jeder von uns weiß, dass man die Entsorgung seines Hausmülls bezahlen muss. Niemand kritisiert das heutzutage ernsthaft, schließlich ist klar, dass die Gemeinde durch die Entsorgung des Mülls zum Gemeinwohl beiträgt – Stadt oder Dorf sehen sauber aus, es laufen vergleichsweise wenig Ratten durch die Gegend und es stinkt nicht zum Himmel. Würde nun jemand den Müll in den Kofferraum seines Autos packen, unbeobachtet in den nächsten Wald fahren und ihn dort auskippen, so könnte dieser jemand natürlich das Geld für die Müllentsorgung sparen und somit profitieren. Trotzdem tut so etwas praktisch niemand. Erstens weiß jeder, wie der Wald bald aussieht, würden wir alle unseren Müll dort entsorgen. Zweitens ist unsere Gesellschaft mittlerweile so zivilisiert, dass wir einfach wissen, dass man so etwas nicht tut, und drittens macht es auch deshalb niemand, weil es Gesetze – Rahmenbedingungen – gibt, die uns das verbieten. Verstoßen wir dagegen und werden wir erwischt, so werden wir bestraft.

Hieven wir dieses Hausmüllbeispiel nun auf die globale Ebene und betrachten dabei den Klimaschutz und diesen wiederum als Teil des gesamten Umweltschutzes. Dann bedeutet das nichts weniger, als dass die notwendigen politische Rahmenbedingungen verhindern müssen, dass jemand in einer Welt, die die Gemeinschaft zu ihrer aller Nutzen sauber halten will, viel Geld damit verdienen kann, dass er sie verschmutzt. Die Rahmenbedingungen müssen also dafür sorgen, dass ein solches Verhalten Kosten verursacht statt Profit zu bringen oder dass es sogar Strafen nach sich zieht.

Der Emissionshandel

Um dieses Ziel zu erreichen, ist ein zumindest in der Theorie hervorragendes Instrument erfunden worden: der Emissionshandel. Die Emission von Schadstoffen in die Atmosphäre bekommt durch ihn einen Preis. Und weil die Emissionsrechte begrenzt werden und diese Grenzen von Jahr zu Jahr heruntergefahren werden, kann jedes Unternehmen für sich den ökonomisch richtigen Zeitpunkt für technologische Umstellungen selbst bestimmen. Es wird also mit marktwirtschaftlichen Mitteln dafür gesorgt, dass die Emissionen dort gesenkt werden, wo es mit dem geringsten finanziellen Aufwand zum Erfolg kommt. Der Markt regelt somit das »Wie«, die Politik das »Wann« beim Emissionsrückgang. Komplizierte und damit bis zu ihrer Verabschiedung teure gesetzliche Regelungen sind somit nicht erforderlich.

Im Prinzip funktioniert der Handel mit Emissionsrechten so: Ein Unternehmen erhält anfangs vom Staat Zertifikate, die ihm erlauben, etwa so viel CO_2 kostenlos auszustoßen, wie es zuletzt der Fall war. Will das Unternehmen seine Produktion nun steigern, so muss es entweder effizienter mit der Energie umgehen und dafür in neue Technologien investieren, die sich langfristig auszahlen, oder es muss Emissionsrechte hinzukaufen. Und zwar von Unternehmen, die Zertifikate übrig haben und somit natürlich von deren Verkauf profitieren können. Der Preis dieser Emissionsrechte regelt sich am Markt – wird insgesamt weniger Kohlendioxid ausgestoßen, bleiben mehr Zertifikate übrig und werden dementsprechend günstiger. Nähert man sich hingegen der durch die Emissionsbegrenzung vorgegebenen Höchstmarke, so werden die Zertifikate immer teurer. Pro Jahr werden stets weniger Zertifikate ausgegeben. Schauen wir uns als Beispiel die EU an. Mit dem Emissionshandel soll erreicht werden, dass die Kohlendioxidemissionen bis zum Jahr 2020 um 20 Prozent reduziert werden und sich gleichzeitig der Anteil der regenerativen Energien am Gesamtenergieverbrauch auf 20 Prozent erhöht.

Dazu gibt es drei Handelsperioden. Die erste von 2005 bis 2007 ist abgeschlossen, wir befinden uns nun in der zweiten von 2008 bis 2012. In Deutschland sind daran 1665 Anlagen beteiligt, vor allem aus den Bereichen Eisen- und Stahlverhüttung, Raffinerien, Zement- und Kalkherstellung, Glas-, Keramik- und Papierindustrie und Stromerzeugung – zumindest in thermischen Kraftwerken mit mehr als 20 Megawatt Leistung. Die Branchen werden dabei nach Wettbewerbsposition und Potenzial zur Minderung von Emissionen unterschiedlich behandelt. So muss zum Beispiel die Energiewirtschaft einen höheren Beitrag leisten als das produzierende Gewerbe. Wer zu wenige Zertifikate für seinen CO_2-Ausstoß abgibt, muss in dieser zweiten Handelsperiode 100 Euro pro überschüssiger Tonne emittierten Kohlendioxids zahlen – eine Strafzahlung quasi. Die dritte Handelsperiode befindet sich derzeit im Gesetzgebungsverfahren und soll von 2013 bis 2020 dauern.

Die Schwächen des Emissionshandels

Der Emissionshandel verbindet in verblüffend einfacher Weise Ökonomie und Ökologie und ist insofern ein Instrument, das genau in die richtige Richtung führt. Aber wie so oft im Leben ist nicht immer alles Gold, was glänzt, und deshalb sind für die Praxis allerhand Nachbesserungen nötig, damit dieses Instrument auch den Erfolg hat, den es haben könnte.

Sein größtes Manko ist sicherlich, dass er noch nicht weltweit gilt, und auch in der EU nicht für alle Betriebe und Branchen. Haushalte, Landwirtschaft und der gesamte Transportsektor – einschließlich der stark wachsenden Luftfahrtbranche, die aber ab 2012 integriert werden soll – sind derzeit nicht mit einbezogen. Damit umfasst das Handelsvolumen etwa 2 Milliarden Tonnen CO_2, was rund 40 Prozent der Emissionen der teilnehmenden Staaten entspricht. Heben wir es auf die globale Ebene, landen wir damit gerade mal bei knapp 7 Prozent der Emissionen. Klar, dass das zu wenig ist. Soll der Emissionshandel einen wirklichen Erfolg zeitigen, dann müssen überall auf der Welt für alle die gleichen Kosten und Regeln gelten. Fehlt der *globale* Emissionshandel, so bleibt zwar der grundsätzliche Vorteil erhalten, dass eine Region durch technologische Innovation langfristig immer die Nase vorn hat. In Bezug auf kurzfristigeren Profit – und dass der Mensch sich gerne daran orientiert, wurde ja schon gezeigt – liegt dann aber weiterhin derjenige vorne, der seine Energie »unter Preis« erzeugt und dadurch gar keinen Anlass für Veränderungen jedweder Art hat. Vorübergehend könnte sich Europa also selbst Nachteile im Wettbewerb verschaffen, wenn es *alleine* mit Emissionen handelt. Zusätzlich verursacht das Sinken der Nachfrage durch die emissionshandelnden Staaten, dass die fossile Energie insgesamt weniger schnell teurer wird, als das sonst der Fall wäre. Ergebnis: Sie wird für diejenigen, die sich nicht am Emissionshandel beteiligen, billiger, sie haben dadurch noch mehr kurzfristige Vorteile. Sie merken schon, ohne globale Regeln ist ein globales Problem nicht lösbar. Nur wenn der Emissionshandel für alle gilt, kann der Energiewandel frühzeitig Fahrt aufnehmen und der Treibhausgasausstoß im für das Klima notwendigen Umfang reduziert werden. Weiter unten geht es um die Schwierigkeiten, einen globalen Emissionshandel durchzusetzen, aber auch darum, Möglichkeiten aufzuzeigen, die uns dem Ziel näher bringen.

Neben der Notwendigkeit, ihn global zu betreiben, hat der Emissionshandel aber noch mit weiteren Problemen zu kämpfen: Zum einen umfasst er zurzeit nur das Treibhausgas CO_2, zum anderen aber hat vor allem die Vergabepraxis der Zertifikate Nachteile. Sie zunächst in der Größenordnung der zuletzt getätigten Emissionen zu verschenken – man nennt das Verfahren »grandfathering« – hatte das sinnvolle Ziel, dass niemand auf einen Schlag unter einem vernichtenden Kostendruck steht. Doch verschenkte man in der ersten Handelsperiode viel zu viele Zertifikate, und das Überangebot führte daher sofort dazu, dass sie zu Penny Stocks verkamen. Der Erwerb von zusätzlichen Rechten, für die anfangs rund 20 Euro pro Tonne CO_2 verlangt wurden, kostete nun nur noch wenige Cent – der Anreiz, den CO_2-Ausstoß zu reduzieren, fehlte so völlig. Gleichzeitig führte das »grandfathering« zu erheblichen – noch ein englisches Wort – »windfall profits«, das heißt zu unverhofften Gewinnen. In Deutschland beispielsweise haben vier große Stromerzeuger die Macht am Markt, denn durch sie werden 80 Prozent des Stroms verkauft. Sie halten 65 Prozent der CO_2-Zertifikate und durch diese Marktmacht waren sie in der Lage, die vollen Kosten der Zertifikate an den Verbraucher weiterzuleiten, obwohl sie diese vom Staat geschenkt bekamen. Ein feiner Gewinn, der mit mehr Konkurrenz so nicht denkbar wäre.

In der derzeitigen zweiten Handelsphase werden für das produzierende Gewerbe immer noch alle Zertifikate verschenkt, für die Stromerzeuger immerhin noch 90 Prozent. Die verbleibenden 10 Prozent sind im freien Handel zu erwerben. In der Summe stehen 5,7 Prozent weniger Zertifikate zur Verfügung, als im Jahr 2006 benötigt wurden.

Dafür müssen bei einer höheren Emission jetzt nicht mehr zwingend Zertifikate hinzugekauft werden, sondern es wird auch die Emissionsreduzierung in Drittländern akzeptiert – dies wurde im Kapitel über das Kyoto-Protokoll bereits beschrieben. Doch tut sich hierbei ein weiteres Problem auf: Wer kontrolliert überhaupt die Reduktion der Emissionen hinreichend genau? In Deutschland ist es die vom Umweltbundesamt eingerichtete Deutsche Emissionshandelsstelle (DEHSt), aber wie sieht es bei Einsparungen in Dritt- und Entwicklungsländern aus? Es gibt keine Gerichtsbarkeit, die den Handel überwacht. Sprich: Ist die Tonne Kohlendioxid, die ein Betreiber in Italien oder in Griechenland eingekauft hat, auch wirklich dort eingespart worden?

In der dritten Handelsperiode zwischen 2013 und 2020 sollen anfangs nur noch 40 Prozent der Zertifikate verschenkt werden, 2020 dann gar keine mehr. Zudem werden jährlich knapp 2 Prozent weniger Zertifikate im Umlauf sein. Das alles ist zwar ein Vorstoß in die richtige Richtung, doch um wirklich Erfolg damit zu haben, muss ein solcher Emissionshandel erheblich ausgeweitet, entsprechend restriktiv gehandhabt und am Ende kontrolliert werden. Und man darf eines nicht vergessen: Wer handelt, will vom Handel profitieren. Und das kann man bei einem Emissionshandel natürlich nur dann, wenn es auch Emissionen gibt – die man ja im Idealfall gar nicht will. Deswegen darf dieser Handel nicht als »selbstreinigende Kraft« missverstanden werden. Er schafft lediglich Freiheiten für den Einzelnen, die vorgegebenen Reduktionsziele in flexiblerem Zeitrahmen zu erreichen.

Solange der Emissionshandel aber quasi noch ein löchriger Käse ist, ist die Atmosphäre global gesehen für viele immer noch die günstigste Müllkippe der Welt. Ohne die Emissionskosten mit zu berücksichtigen, sind skurrile Argumentationen möglich. Gerne wird von den Energiekonzernen zum Beispiel darauf hingewiesen, dass die Stromproduktion aus Solarenergie im Vergleich zu der aus fossiler Energie viel zu teuer und damit nicht konkurrenzfähig sei. Der entscheidende Grund für diese Schieflage bei der Preisbildung ist jedoch schlicht das Weglassen eines Kostenfaktors – des Emissionsschadens – im Fall der fossilen Stromerzeugung. Das ist genau dasselbe, wie es zur Feststellung der Reisekosten bei einer Autofahrt nicht genügt, nur die Spritkosten zu betrachten. Verschleiß- und Versicherungskosten sowie die Steuern gehören dazu, will man wissen, was man für eine zurückgelegte Strecke tatsächlich bezahlt hat. Oder stellen Sie sich vor, Sie und ich würden jeweils eine Firma aufmachen, die das gleiche Produkt vertreibt. Nur erhalte ich die Rohstoffe kostenlos, Sie müssen sie aber teuer einkaufen. Man braucht nicht viel Fantasie, um herauszufinden, wer von uns wohl die größeren Gewinne einfährt.

Wenn man abschließend zustimmt, dass die Preise für die fossile Energieerzeugung derzeit wirklich viel zu niedrig sind, weil man quasi auf Kredit der Natur lebt und nicht daran denkt, ihn ihr zurückzugeben, tut sich ein neues Problem auf. Wer soll das alles bezahlen, wenn die letzten billigen Energieträger auch noch teuer werden? Darauf lässt sich dreiteilig antworten: Erstens werden die schwindenden Vorräte nicht immer billig bleiben, zweitens wird ein Energiewandel zur Massenproduktion etwa von immer effizienteren Solarzellen führen, die dadurch immer billiger werden, und drittens führen höhere Energiekosten zwingend zu sparsamerem Umgang mit der Energie. Ideen dazu gibt es viele, und ein paar Beispiele sind am Ende des Buches ebenfalls zu finden.

Unser Transportwahn

Eine falsche Preisbildung führte auch zu dem regelrechten Transportwahn, den wir mittlerweile erleben. Dänische Krabben zum Pulen (der Trennung des Fleisches von der harten Schale) nach Marokko zu karren, sie danach nach Polen zu überführen, um sie dort in eine Dose zu packen, mit einem Etikett aus Bulgarien zu versehen und sie am Ende in Westfrankreich zu verkaufen, dürfte doch eigentlich kein Geschäft sein können, fragt man sich überrascht. Kann es auch nicht, außer irgendetwas stimmt bei der Preisbildung des Faktors Transportkosten nicht. Wenn die Frachtkosten quasi keine Rolle spielen, ist die Folge logischerweise ein regelrechtes Gewusel in der Luft, auf dem Wasser, auf der Schiene und auf den Straßen. Ein eindrückliches Beispiel dafür, dass hier irgendetwas falsch läuft, sind die allabendlich von Heerscharen von LKW heimgesuchten und völlig verstopften Autobahnrastplätze. Der drastische Anstieg der Energiekosten in der ersten Hälfte des Jahres 2008 hat den Transport jedoch wieder zu einem Kostenfaktor gemacht. Viele Firmen haben schnell reagiert und damit begonnen, ihre Beschaffungsstrategie zu überdenken und anzupassen. Geographische Nähe wird so plötzlich wieder zu einem entscheidenden Standortfaktor.

Mit den Kosten für die Beseitigung von Emissionsschäden hatte das Beispiel noch nichts zu tun, es beschränkte sich nur auf die Folgen der steigenden Energiepreise – ein Prozess, der trotz Unterbrechung durch die Weltwirtschaftskrise langfristig anhalten wird. Aber das Beispiel zeigt, dass sich viele Firmen rasch umstellen können, wenn sie es aus Kostengründen müssen. Sich umzustellen sollte deshalb ebenso möglich sein, wenn weltweit jeder für die durch seine Emissionen verursachten Schäden bezahlen müsste. Und hätte man diese Kosten schon seit vielen Jahren berücksichtigt, wären zur Freude der Atmosphäre vermutlich einige der jüngsten Fehlentwicklungen – zum Beispiel im hier betrachteten Transportsektor – schon im Ansatz verhindert oder zumindest eingedämmt worden.

Was man nicht sieht, ist nicht da

Genauso, wie ein Land ohne Gesetze nicht funktioniert, funktioniert eine globale Welt ohne globale Rahmenbedingungen nicht. Die Verantwortung hierfür trägt die Politik, und das wichtigste Instrument in einer Marktwirtschaft ist die ehrliche Berechnung der Kosten, denn sie steuern das Verhalten der Marktteilnehmer. Die Atmosphäre hingegen als weitgehend kostenlose Müllkippe zu betrachten, führt zu Verzerrungen und Fehlentwicklungen im Markt – das war bis hier deutlich zu sehen.

Doch wie kommt es eigentlich, dass wir für die Entsorgung jedes Müllsacks brav unseren Obolus bezahlen, aber gleichzeitig Zeter und Mordio schreien, wenn solche Gebühren auch für die »Nutzung« der Atmosphäre erhoben werden sollen? Ein Grund wurde schon genannt: Die noch nicht bestehende Fairness, denn wenn gezahlt werden muss, muss das auch für alle gleichermaßen gelten. Doch ein zweiter Grund scheint mir viel entscheidender: Der Mensch nimmt seine Umwelt mit den Sinnesorganen wahr. Eine Müllkippe kann man sehen und meist auch riechen. Beide Sinneseindrücke sind dabei keine schönen, und so investieren wir gerne etwas Geld, um uns vom Müll so gut es geht zu befreien. Das geruchlose und unsichtbare Treibhausgas Kohlendioxid, das wir in eine durchsichtige Atmosphäre entlassen, macht es uns da ziemlich schwer – wir nehmen es nicht wahr, es stört uns nicht direkt. Wir bemerken es erst auf Umwegen und mit Zeitverzögerung durch den Klimawandel. Würden wir immer noch so viele unserer Abgase in die Atmosphäre entlassen, wenn CO_2 bestialisch stinken oder unsere Haut verätzen würde? Solche Eindrücke fehlen uns, und deshalb fehlt uns im Alltag schlicht die Fähigkeit, das Problem überhaupt wahrzunehmen. Beim Rauchen ist es dasselbe. Es schädigt unsere Gesundheit und doch gibt es keinen unmittelbaren Sinneseindruck von der schädigenden Wirkung einer einzelnen Zigarette. Wie viele Raucher gäbe es wohl, würde man sich nach jeder Zigarette vor Schmerzen krümmen oder minutenlang übergeben?

Die nötigen Rahmenbedingungen festzulegen und entstehende Kosten zu veranschlagen, führt per se natürlich noch nicht zu einer Emissionsverminderung. Erst der Folgeschritt, die Suche nach kostengünstigeren Alternativen, kann dazu beitragen. Dazu später mehr.

Der steinige Weg zum Wir-Gefühl

Wenn wir nun doch alle Einsichten gewonnen haben, dann sollte es doch eigentlich eine Kleinigkeit sein, die notwendigen Maßnahmen auf den Weg zu bringen! Tja, wenn das so einfach wäre! Nicht umsonst gibt es den berühmten Unterschied zwischen Theorie und Praxis oder den Konflikt zwischen Einsicht und Handlung. Leider überschätzen wir dabei immer wieder die Wirkung der Vernunft. Oder anders ausgedrückt: Wie oft am Tag ertappen wir uns selbst bei einer Handlung, von der wir genau wissen, dass sie eigentlich unsinnig oder zumindest unvernünftig ist. Als geeignetes Beispiel kann auch hier wieder das Rauchen dienen. Einsicht und Vernunft sprechen gegen die Qualmerei, das wird selbst ein Raucher kaum bestreiten. Und trotzdem gibt es Raucher, sogar unter Menschen, deren Einsichtsfähigkeit besonders ausgeprägt sein müsste, wie den Lungenfachärzten oder jenen Menschen, die bereits einen Schlaganfall erlitten haben.

Mit diesem Beispiel im Hinterkopf kehren wir nun wieder zurück zum größeren Rahmen, zur internationalen Bühne der Politik. Theoretisch ist das Projekt, globale Rahmenbedingungen für einen erfolgreichen Umgang mit dem Klimawandel festzulegen, erfolgreich umsetzbar, aber für die Praxis muss – und das ist sicher ein Klimmzug für die menschliche Gesellschaft – ein globales Wir-Gefühl entstehen. Diesem stehen aber vielfach der Machtwille einzelner Nationen und ihre diversen Interessen entgegen. Außerdem kommt noch etwas hinzu, das im Eifer des Gefechts gerne völlig übersehen wird: Warum sollten eigentlich alle Menschen so über die Welt, ihre Ziele, ihre Wünsche und ihre Chancen denken, wie wir in Europa das tun? Schließlich leben die unterschiedlichsten Kulturen mit verschiedenster Geschichte und Religion auf diesem Planeten. Niemand wird einem anderen das Recht abstreiten können, mit seinen Auffassungen am Gesamtergebnis mitzuwirken. Ob die vielen Nationen dieser Welt in der Lage sind, einen fairen Rahmen für alle entstehen zu lassen, der nicht nur den kleinsten gemeinsamen Nenner abbildet, kann wohl niemand vorhersagen. Doch hoffnungsfroh stimmt mich, dass der Mensch bis zum Erreichen der heutigen Lebensqualität schon so manche Hürde sehr erfolgreich genommen hat. Sonst wären wir schlichtweg noch nicht da, wo wir sind, und würden uns wahrscheinlich immer noch in großen dunklen Wäldern einander gegenüberstehen und uns mit Keulen prügeln.

Manchmal kann aber auch die Sorge vor dem Misserfolg den Weg zum Erfolg ebnen. Stellen Sie sich nur mal vor, der Menschheit gelingen die Vermittlung eines globalen Wir-Gefühls und damit das Aufstellen von »Regeln für alle« in den kommenden Jahren nicht. Dann bleibt alles wie es ist, die Emissionen und damit die globale Erwärmung steigen ungezügelt immer stärker und wir landen unweigerlich in einem Dilemma: Keine Nation wird bereit sein, aus Klima- oder Umweltschutzgründen die wirklichen Produktions- oder Transportkosten anzusetzen. Täte sie dies, so erzeugte sie schließlich nichts weiter als einen Wettbewerbsnachteil für sich selbst. Denn sofort käme in der globalen Welt ein anderer und besetzte die entstandene Nische, indem er billiger produziert und transportiert. Dem Klima selbst ist damit logischerweise gar nicht geholfen, der Klimaschützer wird für sein Verhalten obendrein mit dem Verlust seiner Einnahmen bestraft. Der Klimasünder ist hingegen der Gewinner, der nun seinerseits den Profit einheimst. Kurzum: Ohne Regeln für alle entsteht automatisch eine »verkehrte Welt«. Der Falsche wird belohnt, und deshalb wird niemand das Richtige tun.

Undenkbares ist denkbar

Am liebsten wäre ich nun Hellseher und würde gerne in diesen Abschnitt hineinschreiben, ob der Mensch es am Ende geschafft haben wird, globale Rahmenbedingungen aufzustellen und den Klimawandel aufzuhalten, oder nicht. Diese Fähigkeit habe ich bedauerlicherweise nicht. Aber bevor man resigniert abwinkt und sagt, dass uns Menschen mit all unseren Fehlern und Unzulänglichkeiten ein solches globales Umdenken sowieso nicht gelingt, empfehle ich etwas anderes. Erstens die eigene Erfahrung zu bemühen und so festzustellen, dass man durch Aufgeben – bei was auch immer – noch nie etwas erreicht hat. Und zweitens verschafft uns ein Blick in die Vergangenheit so manches Wohlgefühl. Hat die Menschheit nicht schon verblüffende »Dinger« gedreht?

Hätten Sie etwa im Jahr 1987 gedacht, dass Sie nur zwei Jahre später den Fall der Mauer samt vorwiegend friedlichem Zusammenbruch der meisten sozialistischen Staaten erleben würden und dass Sie schon ein weiteres Jahr darauf Zeitzeuge der deutschen Wiedervereinigung sein würden? Gepaart mit dem Ende des jahrzehntelang währenden Kalten Krieges und damit dem Ende der Aufteilung der Welt in zwei große, gegeneinander agierende Blöcke? Ganz schön global, nicht wahr? Viele Menschen haben sich gemeinsam für etwas eingesetzt und zur richtigen Zeit das Richtige getan, auch ohne am Anfang schon exakt wissen zu können, wie es ausgehen wird. Das gelang nur deshalb, weil zum Beispiel ganz viele DDR-Bürger für sich entschieden haben, an den Montagsdemonstrationen teilzunehmen – sich also jeder seiner Bedeutung für das Erreichen des gemeinsamen Ziels bewusst war. Politiker verschiedenster Nationen und sicher allen voran Michail Gorbatschow zogen zusammen mit der Bevölkerung an einem Strang. So etwas geht ganz offensichtlich.

In der menschlichen Geschichte gibt es also durchaus große Erfolgsgeschichten. Dass man nach dem Zweiten Weltkrieg, als viele Teile dieser Welt in Schutt und Asche lagen, nicht resignierte, sondern mit einem zügigen Wiederaufbau begann, auch wenn das anfangs völlig aussichtslos erschien, ist eine solche Erfolgsgeschichte. Ebenso die Tatsache, dass sich die USA und die damalige UdSSR in der Kubakrise 1962 nicht gegenseitig mit Atombomben beschossen haben. Oder denken Sie an die große Elbeflut im Jahr 2002 zurück. In welch ungeahntem Ausmaß sind Menschen in der

Lage, sich gegenseitig zu helfen. Schade zwar, dass diese ausgeprägte Nächstenliebe oft nur in Ausnahme- und Extremsituationen gelingt und man sich in Ruhezeiten gerne mal vehement darüber streiten kann, ob der Baum des Nachbarn ein paar Zentimeter zu nah am eigenen Grund und Boden steht. Aber trotzdem ist zu sehen, dass es diese und viele weitere Erfolgsgeschichten gab und gibt. Und bei der aktuellen Finanzkrise hat man zumindest erkannt, dass man in einer globalisierten Welt globale Regeln für die Finanzmärkte braucht – vielleicht wird also auch das eine Erfolgsgeschichte. Weshalb sollte die Suche nach globalen Rahmenbedingungen für das Klimathema dann nicht auch gelingen?

Dass immer mehr Länder dieser Welt ihre Verantwortung in der Klimafrage erkennen – und etwa ihre Unterschrift unter das Kyoto-Protokoll setzen –, ist ein gutes Zeichen. Eine Nation, die obendrein noch die Chancen erkennt, durch Klimaschutzmaßnahmen zu einem Vorreiter in Sachen technologischer und damit wirtschaftlicher Entwicklung zu werden, wird auch immer mehr internationale politische Bedeutung erlangen. Stellen Sie sich vor, auf diese Weise würde sich ein Wettbewerb um die Vorreiterrolle entwickeln – ähnlich wie bei der Bewerbung um die Ausrichtung der nächsten Olympischen Spiele. Demgegenüber führt eine rückwärtsgewandte, beharrlich die Realitäten ignorierende Politik am Ende vor allem zum eigenen Bedeutungsverlust – das konnte man sich prima am Beispiel USA anschauen. Vielleicht ruhen nicht zuletzt deshalb so viele Hoffnungen auf Barack Obama. Er muss diesen Bedeutungsverlust stoppen und hat womöglich auch gerade daher schon vor Beginn seiner Amtszeit auf ein massives zukünftiges Anpacken in Sachen Klimaschutz hingewiesen. Sie sehen, es gibt Gründe für Optimismus.

Mühsam ernährt sich das Eichhörnchen
An der 14. Vertragsstaatenkonferenz in Poznań (Posen) in Polen Anfang Dezember 2008 ließ sich aber auch feststellen, wie steinig der Weg in die richtige Richtung ist. In guten Zeiten mutmachende und vernünftige energiepolitische Visionen vorzutragen, sich in den schlechten Zeiten einer Weltwirtschaftskrise aber wie eine

ängstliche Herde mit Scheuklappen an alte Vorstellungen und Strukturen zu klammern, ist ein trauriger, aber leider zu beobachtender Prozess. Italien, ausgerechnet Gastgeber Polen und andere Länder verlangen nach Ausnahmeregeln in Sachen CO_2-Emission, Deutschland tritt verschüchtert vom Vorreiter in die Linien der Bremser zurück. Welches aktuell in europäischem Denken offensichtlich tief verwurzelte Verhaltensmuster hindert uns daran, einmal gedanklich und handelnd vorzupreschen? Müssen wir jetzt wirklich warten, bis die jahrelang bremsenden US-Amerikaner nun wieder das Zepter in die Hand nehmen, den Klimaschutz selbst voranbringen, unseren Technologievorsprung einholen um damit ihrerseits am Ende den größten wirtschaftlichen Profit davontragen? Und wir beweinen währenddessen das Verschwinden von Arbeitsplätzen, deren Bedeutung ohnehin zurückgehen wird. Früher gab es Heizer in den Dampfloks, Bordingenieure in den Flugzeugcockpits, Menschen, die abends die Straßenlaternen anzündeten und viele andere Berufe mehr, die heute kaum noch jemand kennt. Doch das gehört in unsere Welt. Weil sich der Mensch weiterentwickelt, sterben Berufe aus, es kommen aber auch neue hinzu und bieten damit neue Chancen. Würden wir diese alltägliche Tatsache nicht längst akzeptieren, müsste heute bei jeder ICE-Fahrt immer noch ein Heizer mit einem Kohleeimer und einer Schaufel mitreisen. Der medienwirksame Ruf »Das kostet Arbeitsplätze«, der uns gerne erstarren und in seiner Folge oft rückwärtsgewandt handeln lässt, ist somit nur die eine Seite der Medaille. Die Chancen für die Entstehung neuer, zukunftsweisender Arbeitsplätze zu sehen, das ist die andere Seite.

Der Streit zwischen Ankerländern und Industriestaaten

Es war bisher zu sehen, dass eine Marktwirtschaft nur durch die Einsetzung des entsprechenden Kostenfaktors ökosozial werden kann. Doch nur wenn alle Nationen dieser Welt bei der Festlegung von Rahmenbedingungen mitmachen – und zwar mit der ernsthaften Absicht, die Klimaschutzziele auch zu erreichen –, kann dieses globale Thema erfolgreich angegangen werden.

Aber genau hier gibt es ein Problem: Gleiche Maßnahmen für

völlig ungleich entwickelte Länder zu ergreifen, ist nicht fair. Mit welchem Recht sollen hoch entwickelte Industrieländer mit sehr hoher CO_2-Pro-Kopf-Emission die nachholende Entwicklung anderer Länder durch Klimaschutzmaßnahmen bremsen? Schließlich sind die Industrienationen seit Beginn der Industrialisierung für 77 Prozent der Gesamtemissionen verantwortlich und stehen deshalb zuerst in der Pflicht. Es ist wenig verwunderlich, dass die Entwicklungsländer genau so argumentieren und damit begründen, dass sie alles Recht der Welt besitzen, ihre Emissionen erst einmal weiter steigern zu dürfen.

Die Industrieländer weisen ihrerseits darauf hin, dass sie allein das globale Problem Klimawandel gar nicht lösen können und dass die beiden bevölkerungsreichsten Länder Indien und vor allem China derzeit für zwei Drittel des weltweiten jährlichen Emissionsanstieges verantwortlich sind. China hat ein solch ungeheuer schnelles Wirtschaftswachstum, dass es die USA bei der CO_2-Emission wohl unmittelbar überholen wird. Diese Ausgangslage ist wirklich unglücklich, denn beide Seiten haben ja irgendwie Recht mit ihren Argumenten. Bloß: Verweist nun deshalb jeder auf die Pflichten des jeweils anderen, so kommt es zum klassischen und für uns alle schädlichen Stillstand.

Bevor es um brauchbare Lösungsansätze für alle Seiten geht, möchte ich kurz eine begriffliche Definition der Schwellen- oder Ankerländer einschieben. Sie unterscheiden sich von typischen Entwicklungsländern dadurch, dass sie sich derzeit zügig entwickeln und damit in der Diskussion um die internationale Zusammenarbeit und die globale Strukturpolitik eine wichtige Rolle spielen. China, Indien, Brasilien oder Südafrika sind solche Länder, und sie werden im Idealfall eine Vorreiterrolle für weitere Nationen übernehmen können, deren nachholende Entwicklung sich ebenfalls in Gang setzt. Um globale Rahmenbedingungen festzulegen, muss ein gemeinsamer Nenner für Industrie- *und* Ankerländer gefunden werden. Nur dann kann es zu einer Einigung kommen, weil sich niemand dem anderen gegenüber im Nachteil fühlt, und nur dann ist jeder bereit, sich auch an die gemeinsamen Absprachen zu halten.

Ein Kompromiss am Beispiel China
Ein wichtiger erster Schritt besteht darin, die Ankerländer davon zu überzeugen, dass sie trotz niedrigerer Pro-Kopf-Raten bei der Emissionsreduktion schon deshalb mitmachen müssen, weil sie sonst alle Bemühungen andernorts auf der Welt konterkarieren. Hier folgt man der Argumentation der Industrieländer. Würden sich die Ankerländer nämlich hier sperren, so brächte die fortgesetzte Erwärmung natürlich auch diesen Ländern selbst erhebliche Nachteile. Das stünde der eigenen Entwicklung am Ende im Wege, zumal – und das ist von der Natur etwas unfair eingerichtet – zum Beispiel China in ganz besonderem Maße von den Klimaänderungen betroffen sein wird. Hitzeperioden nehmen zu und in den nördlichen Landesteilen breitet sich die Wüste schneller aus – Wasserknappheit ist die Folge. Gleichzeitig führen extreme Starkregen zu noch intensiveren Überschwemmungsereignissen, als man sie dort derzeit schon erlebt – so zeigen es jedenfalls die Modellrechnungen. Hinzu kommt, dass China nicht gleich China ist. Die riesigen Küstenstädte tragen den Wirtschaftsboom ganz alleine. Das ausgedehnte Binnenland weist weiterhin Merkmale eines typischen Entwicklungslandes auf. Landflucht und entstehende Megacitys an den Küsten sind die jetzt schon zu beobachtende Folge. Aber damit befinden sich immer mehr Menschen, Industrieanlagen und Versorgungsinfrastruktur genau in den Regionen, wo mit steigendem Meeresspiegel auch mehr Flutkatastrophen zu erwarten sind. Auch können die tropischen Wirbelstürme in dieser dichten Bebauung mehr Schäden anrichten, zumal sie ja möglicherweise intensiver (nicht häufiger) werden.

Das Bewusstsein der Klimagefahren für das eigene Land steckt in China zwar noch in den Kinderschuhen, doch es wird wachsen. Zwei vor Ort als viel dringlicher empfundene Probleme wirken aber jetzt schon in die richtige Richtung: Weil China die Energieversorgung sichern und die immense Luftverschmutzung reduzieren muss, zeigt es ein massives Interesse an Energiesparmaßnahmen und Einsatzmöglichkeiten für erneuerbare Energien. Das stimmt optimistisch.

Chancen und Verantwortung der Industrieländer liegen nun

eng beieinander. Die Chancen bestehen schlicht aus dem riesigen Absatzmarkt, den die Ankerländer für neue Technologien aus den Industrienationen bieten. Anzuerkennen, dass wir in entscheidendem Maße die bisherigen Emissionen verursacht haben, macht unsere Verantwortung aus. Daraus leiten sich Vorleistungen der Industrieländer ab, die berechtigterweise eingefordert werden können. Dazu gehört, dass den Entwicklungs- und den Ankerländern erlaubt wird, ihre Pro-Kopf-Emissionen noch leicht zu erhöhen; und zwar bis zu dem Wert der Industrieländer, die ihrerseits jedoch sofort mit einer drastischen Reduktion der Emissionen beginnen. So gleichen sich die Werte so weit an, bis ein gemeinsames Klimaschutzziel erreicht ist. Unsere Bundeskanzlerin hat 2007 genau diesen Vorstoß unternommen, und es gilt zu hoffen, dass die Emissionsreduktion nicht unter einem kurzsichtigen Umgang mit der Weltwirtschaftskrise leidet. Außerdem gehört zu den Vorleistungen, Entwicklungs- und Ankerländern emissionsarme Technologien zu günstigen Konditionen anzubieten. Weil aber unter anderem Chinesen gerne mal Dinge nachbauen, die jemand anders erfunden hat – so lässt sich das Wort Produktpiraterie wohl am nettesten umschreiben –, sind mit Rücksicht auf dadurch entstehende Wettbewerbsnachteile entsprechende Absprachen zu treffen.

Festzuhalten bleibt, dass ein ungebremster Klimawandel der gesamten Weltwirtschaft einen Schaden zufügt, egal ob Industrie-, Anker- oder Entwicklungsland. Will man anfangen, ihn wirklich zu bremsen, muss man aufeinander zugehen und – wie immer im Leben – berechtigte Argumente aller Seiten in einem Kompromiss zusammenführen. So erzeugt man ein globales Startsignal und, wenn erst mal alle an einem Strang ziehen, auch ein globales »Wir-Gefühl«.

Egal, wie wir die politischen Rahmenbedingungen gestalten, die zu Klima- und damit Umweltschutz führen sollen: Niemand kann alle Unwägbarkeiten im Erdsystem und alle Unwägbarkeiten im Wirtschaftssystem überblicken. Deshalb hilft eine endlose Bedenkenträgerei, die jedes Handeln, jeden Glauben an einen Erfolg und jeden Optimismus verhindert, niemandem. Das endet nur darin, dass die Komplexität der Zusammenhänge als Rechtfertigung für das »Nichtstun« vorgeschoben wird. Eine Sache gut zu durchdenken ist wichtig, wenn man etwas erreichen will. Irgendwann muss aber auch gehandelt werden, und dabei passieren ganz sicher auch Fehleinschätzungen und Irrtümer, die erst mit der Zeit erkennbar werden. Das gehört, wie jeder von uns aus seinem Alltag weiß, einfach dazu – aber genauso auch unsere Flexibilität, die uns Irrtümer korrigieren lässt.

Vermeiden und Anpassen

Zum Ziel kann eine Strategie führen, die aus der bisher besprochenen Vermeidung von Treibhausgasemissionen auf der einen und einer Anpassung an den Klimawandel auf der anderen Seite besteht. Eine solche Kombination ist notwendig, weil eine Maßnahme allein nicht in der Lage ist, das Problem in den Griff zu bekommen. Schon jetzt müssen wir uns an einige Veränderungen anpassen, und diese Notwendigkeit wird bei einem Temperaturanstieg um 2 Grad – oder wahrscheinlich trotz aller Absichtserklärungen 3 oder mehr Grad – deutlich zunehmen. Die Emissionen einfach ungezügelt weitersteigen zu lassen und zu versuchen, *jede* Intensität des Klimawandels nur durch Anpassungsmaßnahmen abzufangen, kann keine Lösung sein. Denn das ist, abgesehen von moralisch nicht zu verantwortenden und irreparablen Schäden an der Natur, auch kaum bezahlbar, wie das kommende Kapitel zeigen wird. Umfassende Vermeidungsstrategien können aber nur dann Erfolg haben, wenn die politischen Vorgaben stehen. Denn Industrie und Gewerbe brauchen Planungssicherheit. Wer wird schon groß in neue Produktionsanlagen investieren, wenn er nicht weiß, ob bestehende oder auch fehlende Regeln sein Produkt am Ende daran hindern, konkurrenzfähig zu sein?

Was kostet uns der Klimawandel?

Zu schön wäre es, wenn sich jeder Mensch nun mit den Veränderungen in der Atmosphäre befassen würde und diese dann aus dem Verständnis und der daraus entstehenden Einsicht zu schützen versucht. Lauter Gutmenschen tun dann fortan das Richtige, und uns geht es von Tag zu Tag besser. Ein schönes, aber leider nicht sonderlich alltagstaugliches Märchen.

Das Interesse am Klimaschutz erhöht sich bei der Bevölkerung jedoch erheblich, wenn es mit der Vermeidung von Kosten einhergeht. Temperaturangaben oder die Wirkung von Gasen in der Atmosphäre interessieren uns in unserem Alltag oft kaum oder gar nicht. Doch der Umgang mit dem lieben Geld spielt für uns alle – ob Industrieboss oder Privatmensch – eine Rolle; diese Einheit kennen wir. Und als im Jahr 2006 Sir Nicholas Stern, Brite und ehemaliger Chefökonom der Weltbank, das Thema Klimawandel monetär bezifferte, war ihm und seinem Team eine große Aufmerksamkeit sicher. 5,5 Billionen Euro pro Jahr könnte es seiner Studie zufolge diese Welt bis zum Jahr 2100 kosten, wenn weiterhin nichts gegen den ungebremsten Eintrag von Treibhausgasen in unsere Atmosphäre unternommen wird – das sind ungefähr 20 Prozent der weltweiten Wirtschaftskraft. Ein erheblicher und aufrüttelnder Wert, der natürlich sofort in allen Medien auftauchte, nachdem die Studie veröffentlicht worden war. Dem Medienkapitel entsprechend ist es wenig verwunderlich, dass das Extremszenario die Nase vorn hatte: Diese 20 Prozent der Wirtschaftsleistung werden nämlich bei einer globalen Erwärmung von 6 Grad erwartet. Für die verschiedenen Klimaprojektionen liegt Sterns Kostenspektrum insgesamt in einem Bereich zwischen 5 und 20 Prozent des globalen Bruttosozialproduktes. Und natürlich war Sir Nicholas auch nicht der einzige Ökonom, der sich mit dem Thema befasste. Vergleicht man seine Ergebnisse mit denen einiger Kollegen und betrachtet dazu noch einmal das Extremszenario von 6 Grad globaler Erwärmung, so finden sich hier meist etwas vorsichtigere Kostenabschätzungen zwischen 7 und 12 Prozent des weltweiten Bruttosozialproduktes. Doch trotz aller Unterschiede der verschiedenen Studien gelangt man zu dem Ergebnis, dass durch die Klimaveränderungen ganz erhebliche Kosten entstehen werden.

Solche großen Zahlen – und seit der Finanzkrise geraten wir ja förmlich in einen Rausch großer Euro- und Dollarbeträge – lassen sich kaum vernünftig einordnen, und deshalb besteht auch hier die Gefahr, dass man zur Resignation neigt. Deswegen ist es von ungleich größerem Interesse, diese Kosten für das »Nichtstun« mit den Kosten zu vergleichen, die uns ein sinnvoller Klimaschutz abverlangt. Und die Differenz – also unser Gewinn – ist durchaus beeindruckend. Nicholas Stern rechnet damit, dass durch die jährliche Investition von nur 1 Prozent des globalen Bruttosozialproduktes die oben genannten Kosten für die Klimaschäden verhindert würden, oder einfacher geschrieben: In obigem Extrembeispiel bekäme man für jeden jetzt in den Klimaschutz investierten Euro 20 Euro raus. Eine Verzwanzigfachung des eingesetzten Kapitals – ein ordentliches Geschäft. Diese extreme Differenz beim Kostenvergleich Klimaschutz gegen Klimafolgen ergibt sich aus der Annahme, dass die Klimaschutzkosten durch technologischen Fortschritt drastisch gesenkt werden, und der Voraussetzung, dass sich alle Länder am Klimaschutz beteiligen. Die Ökonomin und Professorin für Volkswirtschaftslehre Claudia Kemfert und einige ihrer Fachkollegen sind gegenüber diesen Annahmen etwas vorsichtiger und rechnen damit, dass eher 3 als 1 Prozent des Bruttosozialproduktes für Klimaschutzmaßnahmen aufgewendet werden müssen. Doch trotzdem: So spart man nach Sterns Studie immer noch 7 Euro für jeden investierten Euro ein; nach den anderen Studien sind es 2,50 bis 4 Euro. Egal, welche Zahl man sich nun herausgreift, jede unterstreicht den schon in der Einleitung zitierten Satz unseres Umweltministers Sigmar Gabriel: »Wir sind reich genug, um uns den Klimaschutz zu leisten, doch wir sind zu arm, um darauf zu verzichten.«

Bildung ist Klimaschutz

Neben den politischen Rahmenbedingungen liegt mir aber noch ein zweiter Punkt am Herzen, der im Verlauf dieses Buches immer wieder angesprochen wurde und dessen Bedeutung im Kampf gegen den Klimawandel nicht hoch genug eingeschätzt werden kann: die Bildung. Unser aller Wissen über das Klimasystem muss parallel zu anderen Maßnahmen wachsen. Auch wenn das Zeit braucht und sich das Wissen einer Gesellschaft nicht von heute auf morgen erweitert: Hat man mehr Hintergrundwissen, fällt umweltfreundliches Handeln langfristig leichter. So, wie sich eine Firma mit vielen Fachkräften schneller weiterentwickelt als eine mit überwiegend ungelernten Arbeitern. Auch politische Entscheidungsträger können überzeugender und entschlossener auftreten, wenn sie mehr über das Thema wissen. Und sie werden höchstwahrscheinlich mehr Energie in das Erreichen ihrer Ziele stecken. Sicherlich braucht es Vorreiter einer Idee – Al Gore etwa hat sich zu einer solchen Symbolfigur für weltweiten Klima- und Umweltschutz aufgeschwungen. Doch auf Dauer werden auch die engagiertesten Menschen nicht in der Lage sein, eine Vielzahl von Menschen mitzureißen, die wenig wissen.

Eine vernünftige Bildungspolitik, die von jedem Politiker gerne in seiner Sonntagsrede beschworen wird, ist deshalb generell und auch im Hinblick auf die Geschehnisse in unserer Atmosphäre wichtig. In einer Welt, in der eine Finanz- und eine daraus folgende Wirtschaftskrise in unglaublich kurzer Zeit in der Lage sind, große Geldmittel freizusetzen, um das System zu stützen und zu schützen, sollte es möglich sein, ausreichende Mittel auch für die Bildung zur Verfügung zu stellen. Denn das ist wirkliche Investition in die Zukunft! Diesen schönen Satz sagt jeder Politiker, und er ist richtig. Allerdings nur dann, wenn man es nicht nur sagt, sondern auch tut. Wie so etwas aussehen kann, zeigen die nächsten Abschnitte.

Klima für Kinder und Jugendliche

Je jünger ein Mensch ist, desto länger wird er erfreulicherweise noch auf diesem Planeten weilen; desto mehr wird er aber auch die Folgen des von uns ausgelösten Klimawandels erleben, und desto mehr muss er sich zwangsläufig damit auseinandersetzen, ob er das nun will oder nicht. Kinder und Jugendliche schon frühzeitig an Klima- und Umweltthemen heranzuführen, ist deshalb eine der zentralen Aufgaben der Bildungspolitik. Hier Geld »anzulegen«, zahlt sich in der Zukunft ganz sicher aus.

Es fängt schon mit den Möglichkeiten für die ganzen Jungen an. Stimmt das Angebot, dann sind die Neugierde und das Interesse an Natur, Wetter, Klima und unserem Umgang damit ganz von alleine riesig. Das konnte ich selbst bei Vorträgen an Schulen oder »Kinder-Unis« erleben. Da macht es richtig Freude, »Erklärbär« zu sein. Und Projekte wie »Kinder können Klima«, deren Schirmherr ich seit Anfang 2007 bin, zeigen eindrücklich, wie intensiv sich schon Grundschulkinder mit einem Thema auseinandersetzen können und wollen. Theaterstücke dazu auf die Beine zu stellen, eine Klimaausstellung zu konzipieren und alles an verschiedenen Schulen aufzuführen beziehungsweise auszustellen, ist eine ideale, spielerische und andere Kinder ansteckende Form des Lernens. Wenn dazu in der Schule ein entsprechender Sachkundeunterricht angeboten und möglicherweise mit Computerspielen ergänzt wird, die auf spannende Weise Wissen vermitteln, ist ein Grundstein gelegt, auf den in weiterführenden Schulen aufgebaut werden kann.

Aus Kindern werden irgendwann Jugendliche, und denen wirft man nicht selten vor, sich für rein gar nichts zu interessieren. Ein Vorwurf, der von Generation zu Generation überlebt und der oft aus einer Verwechslung von Interessen und Formen des Benehmens herrührt. Schon vier Jahrhunderte vor Christus sagte Sokrates über die Jugend: »Sie scheinen das Wohlleben zu lieben, haben schlechte Manieren und verachten die Autorität, sind Erwachsenen gegenüber respektlos ... und tyrannisieren ihre Lehrer!« Bei Vorträgen und durch einige E-Mails von Schülerinnen und Schülern konnte ich oft sehen, dass das Interesse an den Themen Klima und Umwelt bei einigen Jugendlichen sogar viel ausgeprägter ist als bei so manchem Erwachsenen. Besonders beeindruckend war für mich das Interesse baden-württembergischer Jugendlicher, deren 50. Schülerwettbewerb des Landtags zum Klimaforum 2008 führte, denn diese Thematik stand bei den meisten ganz weit vorne. In mehreren Workshops wurden hier Aspekte rund um den Klimawandel vertieft, und wie schon bei anderen Gelegenheiten erklärten mir auch auf dieser Veranstaltung einige Schüler, dass sie es begrüßen würden, wenn das Thema Klimawandel im Unterricht viel umfassender besprochen würde, als es derzeit geschieht. Deswegen möchte ich hier den Schüleranwalt spielen und diese

Idee weiterleiten. Nachdem ich mir selbst ein paar durchaus gute Schulbücher – vor allem aus der Chemie – angeschaut und auch ein paar Lehrpläne studiert habe (die mein ohnehin reserviertes Verhältnis zum Amtsdeutsch übrigens nahezu bis an seine Grenzen belastet haben), mag es auch eine Anregung sein, Fächer enger zu verknüpfen, um Schülern ein Gesamtbild des Klimasystems und seiner Veränderung leichter nahebringen zu können. Schließlich spielt das Thema in Fächer wie Geographie, Physik, Chemie und Sozialwissenschaften hinein.

Den undifferenzierten Vorwurf, dass die Jugend zu wenige Interessen zeige, kann man also getrost ad acta legen. Es müssen stattdessen Angebote vorhanden sein, die Jugendliche an Klima, Umwelt und viele andere Themen heranführen. Und auch das kostet Geld. Wenn aber aus Sorge vor der Wirtschaftskrise sogar solch amüsante Ideen wie Konsumgutscheine über 200 oder sogar 500 Euro pro Bürger von Politik und Gewerkschaften vorgeschlagen werden – die letztlich Steuergeschenke sind und vermutlich nur ein wirtschaftliches Strohfeuer auslösen würden –, dann ist man schon etwas irritiert. Gerade im Weihnachtsgeschäft 2008, als es in den Geschäften auch ohne Konsumgutscheine nur so vor kauffreudigen Menschen wimmelte und auch die Post einen weiteren Anstieg der verschickten Pakete gegenüber 2007 feststellte, möchte ich zurückrufen: Verteilt Gutscheine für ein breit gefächertes Bildungsangebot! Das wirkt langfristig und würde den Reden über die große Bedeutung der Bildung Taten folgen lassen.

Generationswechsel in der Politik

Dass Umwelt- und Klimabewusstsein bei vielen jungen Menschen ausgeprägter ist als bei manchen Erwachsenen, hat vielleicht mit dem häufig nur in jungen Jahren vorhandenen Idealismus zu tun, der mit der Lebenserfahrung dann leider oft schwindet. Vielleicht liegt es aber auch daran, dass man heutzutage bereits mit dem Thema Klimawandel aufwächst, während die älteren Generationen die Mühe haben, ein erst während ihrer Lebenszeit aufkommendes Thema in alltägliche Abläufe zu integrieren. Das ist praktisch dasselbe wie beim Umgang mit Computern. Heute kann nahezu jedes

Kind damit umgehen, doch welche Probleme macht dieses Gerät vielen Eltern oder Großeltern – oft setzen sie sich überhaupt nicht mit dem Computer auseinander.

Die Generation von Politikern, die seit Jahrzehnten an bestimmte Denkstrukturen gewöhnt ist, die Wirtschaftwachstum aus der selbst erlebten Geschichte zwingend mit der Emission von Schadstoffen verbindet, die sich an Zeiten erinnert, als noch niemand über das Klima sprach, und die weiß, dass sie selbst von den Änderungen kaum mehr betroffen sein wird, wird in den kommenden Jahren mehr und mehr durch jüngere Politiker ersetzt. Ihnen ist das Thema schon von Kindergarten und Schule her geläufig und sie werden zudem eine Vielzahl der Veränderungen selbst erleben. Deshalb liegen auch in einem solchen politischen Generationswechsel große Chancen, dass sich die Menschheit schneller als erwartet zur Festlegung globaler Rahmenbedingungen durchringen kann.

Klimabildung für jedermann

Geld für Bildung in die Hand zu nehmen ist unerlässlich. Mit besser ausgestatteten Schulen, ausreichend gut ausgebildeten Lehrern, weniger Unterrichtsausfall und kleineren Klassen wird man sich bald über immer bessere Schüler freuen – und darf dann auch ganz automatisch immer bessere Platzierungen bei den PISA-Studien bejubeln.

Aber zur Klimabildung gehört neben der Schule natürlich auch die Erwachsenenbildung. Volkhochschulen bieten – so diese denn genug Geld zur Verfügung haben – eine Menge Kurse zum Thema an, und an einigen Universitäten kann man sogar ein Seniorenstudium in Meteorologie bestreiten. An dieser Stelle sei auch noch einmal die Idee aus dem Medienteil aufgegriffen, wo es um die verbesserungswürdige Schnittstelle zwischen Klimaforschung und Journalisten ging. Entsprechende durch Klimawissenschaftler geleitete Kurse wären nicht nur für Journalisten, sondern auch für die Allgemeinheit denkbar. Und für Politiker, die als Entscheidungsträger in besonderer Verantwortung stehen, wäre das sogar dringend zu empfehlen. Natürlich verursacht auch diese Form der

Bildung Kosten, die die Allgemeinheit durch Steuergelder zu tragen hätte. Doch wenn durch entsprechende Werbung für solche außerschulischen Veranstaltungen genügend Menschen teilnehmen, könnte sich das am Ende durch ein umweltbewussteres Verhalten, eine bessere und hysteriefreie Berichterstattung und möglicherweise auch durch vernünftigere politische Entscheidungen bezahlt machen.

Natürlich kann man diesem Vorschlag entgegenhalten, dass diese Form der Erwachsenenbildung eigentlich nicht erforderlich ist, da es schließlich ein unglaublich riesiges Angebot an Literatur in vielen Büchern oder im Internet gibt. Aber genau dieser unglaubliche Umfang des Angebots schreckt so manchen ab – man weiß oft gar nicht, wo man anfangen soll und wo man sachlich fundierte und gleichzeitig verständliche Information erhält. Deshalb lässt sich – und diese Erfahrung habe ich auch in meinen Vorträgen gemacht – für viele Menschen nichts Besseres finden, als ein Kursleiter, der einen durch das Informationsangebot führt und dem man jederzeit auch eine Frage stellen kann. Er hat quasi die Aufgabe eines Lotsen, der ein Schiff sicher in den Hafen steuern muss.

Gute Aussichten für morgen?

Um ganz ehrlich zu sein: Ganz von selbst gibt es die guten Aussichten für morgen nicht! Den Klimawandel engagiert wegzudiskutieren oder einfach zu ignorieren ist sinnlos, denn wie wir zu ihm stehen interessiert weder die Atmosphäre noch den Ozean oder den Rest des Erdsystems. Es werden schlicht physikalische und chemische Prozesse ablaufen, für die wir mitverantwortlich sind, und diese werden Folgen für alle Lebewesen haben. Das ist alles.

Der Mensch ist ein Erfolgsmodell und sein Gesellschafts-, Arbeitsteilungs- und Handelssystem, das sich über Jahrhunderte entwickelt hat, muss offensichtlich auch ein solches sein. Sonst gäbe es schlichtweg nicht 6,7 Milliarden Menschen, die sich über den ganzen Erdball verteilen. Doch genau hier liegt die Krux: Wir sind einfach viel zu viele. Und jedes Jahr kommen 81 Millionen Menschen neu hinzu – etwa so viele, wie heute in Deutschland leben –, und zwar fast alle in den Entwicklungsländern. Bei einer Lebensweise, die wir in den Industrieländern zurzeit pflegen, ist unser Planet aber schon mit einer Milliarde Menschen »voll«, sprich gerade noch nachhaltig bewohnbar. Doch es streben immer mehr Menschen nach immer höherem Lebensstandard, und so ist es nicht allzu schwer einzusehen, dass es auf Dauer nicht so weitergehen kann. Auch wenn wir es nicht durch konkrete Erlebnisse verifizieren können, wir spüren dieses Problem, und deshalb rücken Umwelt- und Klimathemen sowie das Wort Nachhaltigkeit von Jahr zu Jahr mehr in unseren Fokus.

Es gibt nur zwei Stellschrauben, um zu »guten Aussichten« zu gelangen: die Anzahl der Menschen auf der Erde und unsere Lebensweise. Bei Ersterer muss zwar zwingend über das notwendige Eindämmen der Bevölkerungsexplosion in den Entwicklungsländern nachgedacht werden, doch der derzeitige Zustand ist nicht veränderbar. Es gibt einfach 6,7 Milliarden Menschen auf der Erde, und diese möchten ihren Lebensstandard erhöhen. Also verbleibt nur noch die Stellschraube »Lebensweise«. »Zurück in die Höhle« ist absurd, und dass man Millionen von Menschen mit Appellen dazu bringt, auf viele zur Verfügung stehende Annehmlichkeiten zu verzichten, weil sie verstehen, dass das für alle besser ist, ist Träumerei.

Solange wir Klima- und Umweltschutz mit dem Verzicht auf Lebensqualität gleichsetzen, wird beides nicht vermittelbar sein. Dann wird so lange nichts passieren, bis der Karren in den Dreck gefahren ist. In dem Moment führt das zwar zu einem ganz besonders heftigen Einschnitt bei der Lebensqualität, aber den muss dann niemand mehr vermitteln. Das wird eine schlichte Tatsache sein. Weil sie uns momentan aber weit weg erscheint, machen wir uns kaum Sorgen darum.

Folglich muss deutlich werden, dass Klima- und Umweltschutz mit der Aufrechterhaltung der Annehmlichkeiten unseres täglichen Lebens denkbar sind und dass die Veränderungen, die der Alltag jedes Einzelnen von uns erfahren wird, nicht dramatisch sein werden. Auch sind Grundsatzdiskussionen, ob beispielsweise das System Marktwirtschaft für das Zusammenleben auf dieser Welt taugt oder nicht, keine Hilfe. Sie lösen nur Ängste, schwindendes Vertrauen und Unsicherheit aus – nichts davon regt zu entschlossenem Handeln an. »Never touch a running system« sagen Anwender von laufenden Computerprogrammen gerne. Das ist vernünftig, denn sie laufen deshalb, weil sie so schlecht wohl nicht sind. So ist es auch mit dem gesellschaftlichen Zusammenleben auf dieser Welt. Trotz vieler Unzulänglichkeiten muss man doch anerkennen, dass es dem Menschen gelungen ist, ein Gesellschaftssystem zu entwickeln, das erlaubt, dass sehr viele von uns (relativ) friedlich und sicher nebeneinander auf dieser Welt leben, ihre täglichen Bedürfnisse befriedigen und sogar manches Ereignis genießen können. Das gesamte System verbessert sich sogar langsam. Wie viele Staaten dieser Welt verkehren seit sehr langer Zeit friedlich miteinander? Die meisten europäischen Staaten erleben eine solch lange Friedensphase zum ersten Mal.

Das Gesellschaftssystem besitzt also durchaus eine recht hohe Stabilität. Daran viele Dinge auf einmal künstlich ändern zu wollen, erscheint zum einen nicht notwendig und ist zum anderen auch nur in der Theorie denkbar. In der Praxis – und um die geht es hier – ist das aussichtslos. Erstens, weil oft eine Verschlimmbesserung herauskommt (schauen Sie sich nur die Rechtschreibreform in Deutschland an); und zweitens deshalb, weil der Mensch schlicht und einfach Unzulänglichkeiten *hat*. Es wird nie ein System geben, in dem alle Menschen hundertprozentige »Gutmenschen« sind und immer das »Richtige« tun – zumal ja auch niemand eindeutig weiß, was das »Richtige« überhaupt ist. Theorie und Praxis werden sich also stets unterscheiden.

Für die Praxis besteht das Ziel deshalb darin, das berühmte Übel an der Wurzel zu packen und den Rest möglichst ungestört »laufen zu lassen«. Bei einem entzündeten Blinddarm muss schließlich auch keine Herzoperation vorgenommen werden, um zu besserer Gesundheit zu gelangen. Bezogen auf Klima und Umwelt ist unser Übel schlicht, dass wir zu viel Energie verbrauchen und damit zu viele Treibhausgase emittieren. Energiewandel ist also Klimaschutz! Das ist die Schlüsselstelle, und hier muss eingegriffen werden.

Die drei Pfeiler des Klimaschutzes

Der Mensch wird immer Energie verbrauchen, denn sie ist der Motor unseres Systems. Daran wird auch das Verbannen unserer guten alten Glühbirne nichts ändern können. Was vielmehr gelernt werden muss, ist, ein unser globales Wirtschaftssystem fest umkrallendes Wort neu zu interpretieren: Wachstum. Es muss sich von »größer« und »mehr« in »effizienter« verwandeln. Das ist der erste Pfeiler, um zu einem erfolgreichen Klimaschutz zu gelangen. Doch so manche Diskussion erweckt den Eindruck, dass das allein schon reichen könnte und man so genug Energie spart. Das ist ein Trugschluss. Schuld ist erneut ein englischer Begriff, der sogenannte »Rebound«, übersetzt das Ab- oder Zurückprallen. Und dieser Rebound kann den Effizienzgewinn bei der Energie ganz schön runterschrauben. Stellen Sie sich mal ein Auto vor rund 40 Jahren vor. Die damaligen Motoren waren weitaus weniger effizient als heute und leisteten oft nur rund 50 PS. Und jetzt? 50-PS-Motoren sind nun wirklich viel sparsamer als früher, aber sie werden kaum noch hergestellt. Ein Motor leistet derzeit nämlich gerne 150 PS und ist viel durchzugsstärker. Und weil er effizienter ist, braucht er in der Tat kaum mehr als der frühere 50-PS-Motor. Aber was wurde in der Summe gewonnen? Kaum etwas, weil sich der Energieverbrauch pro Fahrzeug und pro Kilometer nahezu nicht verändert hat – die Effizienz führte nicht zum Sparen, sondern zu größeren Motoren. Einen solchen den Effizienzgewinn abschwächenden oder aufhebenden Faktor nennt man direkten Rebound. Und wenn es einen direkten Rebound gibt, dann gibt es auch einen indirekten Rebound, und der macht die Kalkulation des Effizienzgewinns richtig schwer: Stellen Sie sich den Besitzer eines Hauses vor, der eine Solaranlage installiert hat. Dadurch spart er ordentlich Stromkosten, so dass ihm bares Geld übrig bleibt. Doch was tut er damit? Möglicherweise gibt er es aus, um zum Beispiel eine zusätzliche Flugreise auf die Kanaren zu unternehmen. Tja, Gesamtziel verfehlt! Kurzum: Effizienz führt durch den Reboundeffekt nicht zwingend zum Einsparen von Energie und damit zur Reduktion von Emissionen.

Dies gelingt nur zusammen mit dem zweiten Pfeiler der Klimaschutzpolitik, der Abkehr von fossilen Energieträgern. Denn erst wenn das stattgefunden hat, bewirkt mehr Energieverbrauch nicht zwingend mehr Emission. Solange dieser Zusammenhang aber (noch) besteht, muss ein dritter Pfeiler für die Klimaschutzpolitik Erwähnung finden, der weniger gerne genannt wird, weil er schlechter zu vermitteln ist: die Verhaltensänderung jedes Einzelnen und damit das bewusste sparsamere Umgehen mit der Energie. Doch erstens ist das Ändern von Gewohnheiten immer schwer und geht langsam, und zweitens führt es meist direkt zum Problem mit dem Gemeingut: Wenn ich selbst Energie einspare, fürchte ich, dass sie nun ein anderer verbraucht und es so – quasi auf meine

Kosten – besser hat. Also verbrauche ich sie lieber selbst. Einzelne Menschen werden durch ein gutes Klimawissen und ihr individuelles Engagement gegen eine solche Entwicklung steuern. Doch die gewünschte und notwendige Wirkung kann am Ende nur durch vernünftiges Verhalten einer meist wenig oder gar nicht am Thema interessierten Masse erreicht werden. Rahmenbedingungen – auch die kann die ökosoziale Marktwirtschaft über den Faktor Verbraucherkosten liefern – sind deshalb wohl auch hier erforderlich.

Gleich wagen wir uns an ein paar konkrete Ideen heran, wo man anpacken könnte. Doch zuvor möchte ich Ihnen durch eine Zusammenfassung der Kernpunkte noch einmal sehr verkürzt zeigen, weshalb eine positive Sicht der Dinge hilfreich, möglich und mehr als reiner Zweckoptimismus ist.

Eine Frage der Sichtweise

Fangen wir zunächst damit an, den Klimawandel positiv aufzunehmen. Das heißt nicht, ihn zu verneinen oder die eigenen Vorteile einer Erwärmung zu sehen, sondern ihn als Warnsystem zu begreifen. Das Erdklima macht uns frühzeitig darauf aufmerksam, dass wir unsere Energienutzung verändern müssen. Das tut es freundlicherweise so langsam, dass wir Zeit haben, auf die Warnung zu reagieren. Und es wird ganz von selbst seinen Druck erhöhen, wenn wir seine Hinweise zu wenig beachten. Wir bekommen also gerade den »Wink mit dem Zaunpfahl«, dass es *jetzt* Zeit ist, einen möglichst sanften Übergang in ein neues Energiezeitalter vorzunehmen. Das zu tun ist unsere Kernaufgabe.

Knapp 90 Prozent der auf dieser Welt verbrauchten Energie werden heute durch fossile Energieträger – Kohle, Erdöl, Erdgas – erzeugt. Diese Vorkommen sind allesamt endlich, und völlig unabhängig vom genauen Zeitpunkt ihres Endes – das aber nicht in einer unendlich fernen Zukunft, sondern in den kommenden Jahrzehnten stattfinden wird – werden diese ersetzt werden müssen. Das ist bei endlichen Vorkommen nun einmal einfach so, ob uns das gefällt oder nicht. Diesem Prinzip steht auch nicht entgegen, dass etwa in arktischen Regionen höchstwahrscheinlich neue Öl- und Gaslagerstätten gefunden werden – zu denen wir kurioserweise ausgerechnet durch den Klimawandel bald Zugang erhalten werden.

Die Frage, die gestellt werden muss, ist *wann* wir uns von den fossilen Energieträgern lösen, und nicht *ob*. Fängt man jetzt damit an, dann sind noch ausreichend Kohle, Erdöl oder Erdgas für einen sanften Energiewandel da. Mit dem »Hochfahren« der einen Ressource und einem angemessenen »Zurückfahren« der anderen können dann Versorgungslücken vermieden werden. Alternativen zur fossilen Energie sind die Kernenergie auf der einen sowie die erneuerbaren Energien (wie Wind- oder Sonnenenergie) auf der anderen Seite. Um beide Alternativen wird es noch gehen, doch Letztere haben allen anderen etwas voraus: Sie gibt es in Hülle und Fülle, sie werden nie verbraucht sein und sie anzuzapfen bleibt quasi ohne Auswirkungen auf unsere Atmosphäre. Ihre Nutzung drängt und drängte sich schon immer geradezu auf. Denken Sie nur an die Segelschiffe – welche Möglichkeiten eröffneten sich uns dadurch und wie naheliegend war es offensichtlich schon vor Ewigkeiten, den Wind zu nutzen. Denken Sie aber auch an das Kapitel über das winzige Fünftausendachthundertzehntel der bei uns ankommenden Sonnenenergie, das wir verbrauchen.

Schaffen wir den Energiewandel, so wird sich das Frühwarnsystem Klimawandel von alleine abschalten – zumindest dessen vom Menschen verursachter Anteil. Auf den Rest werden wir stets einflusslos bleiben. Der Kopf spielt hier eine entscheidende Rolle, will man Resignation verhindern. Stellen Sie sich zwei Trainer einer Sportlerin vor. Der eine sagt: »Das schaffst Du sowieso nie!«, und der andere sagt: »Hau rein, Du packst das!« Wo ist eher ein Erfolg zu erwarten?

Griff in die Trickkiste

Die Evolution hat uns mit auf den Weg gegeben, dass wir mit möglichst wenig Widerstand zu kurzfristigem Erfolg kommen wollen. »Lieber den Spatz in der Hand als die Taube auf dem Dach« ist unsere Maxime. Doch weltweit auf andere Energien umzusteigen und damit dem Klimawandel zu begegnen ist ein höchst langfristiger Prozess. Das ist folglich nicht wirklich »unser Ding«, und deshalb sollten wir uns selbst ein bisschen austricksen – mit geschickten Rahmenbedingungen. Das wäre zum Beispiel die globale ökosoziale Marktwirtschaft, in der Emission Geld kostet, und zwar überall. Doch der Markt und mit ihm unser Wunsch, kurzfristig Profit erlangen zu können, bleibt. Die Absicht, die Kosten einzudämmen, lässt uns die Entwicklung neuer Technologien vorantreiben, denn das Ausweichen in andere Regionen, um billig zu emittieren, ist bei einer globalen Einigung nicht mehr möglich. Unsere Emissionen werden auf diese Weise weniger und dadurch billiger. Der »Charme« des Austricksens: Die tägliche Suche nach Profit bringt uns dem langfristigen Ziel der Emissionsreduktion näher – ohne aber die Langfristigkeit der in der Atmosphäre ablaufenden Prozesse ständig vor Augen haben zu müssen. Ignorieren dürfen die Entscheidungsträger sie natürlich auch nicht, denn höchstwahrscheinlich muss der Markt hin und wieder etwas angestoßen werden, um sich in die eine oder andere Richtung zu neigen. Ähnlich, wie wir es bei den Finanzmärkten auch für notwendig erkannt haben.

Die Festlegung der Rahmenbedingungen kann die Initialzündung für die Energiewende sein. Dazu müssen wir anerkennen, dass in einer globalisierten Welt für alle gleiche Regeln gelten müssen. Danach trifft der etwas abgedroschene Satz »global denken, lokal handeln« zu. Weil global ja nichts anderes heißt als die Summe vieler Orte, kann ein globales Ergebnis auch nur durch die Aktivitäten in vielen verschiedenen Regionen erzielt werden. Sind die Regeln für jeden bekannt, so wird der Gewerbetreibende vor Ort profitabel wirtschaften wollen. Hierdurch erhöht sich die Nachfrage an neuen und sich weiterentwickelnden Technologien. Qualifizierte Arbeitsplätze werden geschaffen, die Wirtschaft wächst. Der Verbrauch fossiler Energie sinkt, die regenerative Energie beispielsweise wird bedeutender und durch ihre Weiterentwicklung auch immer flexibler einsetzbar. Die kostbaren Kohlenwasserstoffverbindungen, die für so viele Produkte unseres täglichen Lebens – etwa für synthetische Kunststoffe – benötigt werden, werden nicht mehr zu über 80 Prozent »einfach nur« verbrannt.

Natürlich kann man die komplexe Wirklichkeit nicht auf derart wenige Zeilen verkürzen. Doch ein gedankliches Prinzip zu haben, um einer unvermeidbaren Thematik zu begegnen, kann Mut machen, überhaupt einen Weg einzuschlagen und nicht einfach nur versteinert dazustehen.

Energie für die Zukunft

Im Zuge des Klimawandels führt kein Weg daran vorbei, durch globale politische Vorgaben einen Energiewandel zu fördern. Damit begegnet man zum einen dem sicheren Aus der fossilen Energieträger und verhindert zum anderen, dass Klimaveränderungen möglicherweise Schäden verursachen, die wir moralisch nicht verantworten und obendrein kaum werden bezahlen können. Wie wir den notwendigen Optimismus für diesen Wandel gewinnen können, hat das letzte Kapitel gezeigt. Doch kann es nicht vielleicht auch sein, dass uns so manch schwer fassbare Angst oder zumindest Besorgnis vor dem Klimawandel auch dazu treibt, zu schnell viel zu viel tun zu wollen? Nicht umsonst widmen sich allerlei – oft humorvoll geschriebene – Bücher solchen Ängsten, die gerade wir Deutsche gerne auf »hohem Niveau« pflegen und die uns manchmal glauben machen, möglichst als Mustermenschen vorpreschen zu müssen. Geht es nicht vielleicht auch etwas entspannter? So wie man es uns in unseren Nachbarländern oft vormacht? Da wird nicht ständig sorgenvoll debattiert und angstvoll gemahnt, da geht alles einen Schritt gemächlicher. Auch wenn diese Selbsteinschätzung von uns Deutschen nicht wirklich belegbar ist, wäre es sicher wünschenswert, wenn ein paar irrationale Ängste in rationales Wissen umgetauscht werden könnten.

Wenn das gelingt, dann ist der Wunsch vorzupreschen aber durchaus hilfreicher als die Argumentation »das muss uns doch nicht so sehr beschäftigen, denn schließlich kümmern sich unsere Nachbarn auch nicht drum«. Tut man nämlich Dinge, die andere noch nicht tun, so liegt darin die Chance für einen späteren Technologievorsprung. Das werden viele Unternehmer wissen – und vielleicht sind des Deutschen »frühe Sorgen« sogar der Grund für manch großen wirtschaftlichen Erfolg.

Neue Wege gehen

Ich möchte nun mit ein paar Ideen zeigen, wie viele Möglichkeiten sich auftun, um die Energieversorgung auf andere Beine zu stellen. Es ist keineswegs so, dass die jetzige Welt die einzig wahre ist und alle anderen Formen der Energieversorgung Abstriche gegenüber den heutigen Verhältnissen zur Folge hätten. Stellen Sie sich nur einmal vor, man wäre vor langer Zeit gar nicht auf die Idee gekommen, in der Erde rumzubuddeln, um nach brennbaren Stoffen zu suchen. Hätte zu Beginn der Industrialisierung das eigentlich Naheliegendere im Vordergrund gestanden, nämlich unsere fleißig wärmende und erkennbar Energie liefernde Sonne »anzuzapfen«, dann sähe die Welt heute ganz anders aus. Wie weit unsere Solartechnik dann wohl schon wäre? Denn warum sollte die sich weniger schnell weiterentwickelt haben als andere Technologien? Und wie groß technologische Veränderungen sind, kann man sehen, wenn man das tägliche Leben von 1850 mit dem heutigen vergleicht. Oder schauen Sie sich eine junge Technologie an, deren Entwicklung uns geradezu in einen Taumel versetzt: die Computertechnologie. Als ich mir 1982 den ersten Computer kaufte, habe ich mir für teures Geld eine Speichererweiterung von 16 Kilobyte geleistet. Hätte mir damals jemand erklärt, dass gut 25 Jahre später zig Gigabyte auf einem kleinen, wenige Euro kostenden Stick Platz finden, hätte ich ihn für ziemlich wirr erklärt.

Zügiger technologischer Fortschritt ist die eine Art voranzukommen, die nicht linearen Entwicklungsprozesse kommen aber noch hinzu. Hatte der Mensch etwas völlig Neues erfunden oder entdeckt, wie zum Beispiel das Rad oder die Elektrizität, dann ging die gesamte Menschheitsgeschichte von diesem Moment an neue Wege. Prognostizierbar sind solche »Weggabelungen« nicht, aber dass es sie gibt zeigt deutlich, dass viele alternative und ebenfalls funktionierende Welten denkbar sind.

Probleme der heutigen Energieversorgung

Hinsichtlich der Energieversorgung existiert keine ideale Welt. Es kann also nicht die Suche nach der »Wunderwaffe« sein, die unser Energieproblem löst und damit den Klimawandel eindämmt, sondern es sind viele kleine Schritte notwendig. Eine zukunftsweisende Energieversorgung wird ein Mix aus verschiedenen Energieträgern sein müssen, wobei jeder seine Vor- und Nachteile hat. Fossile Energie hat den Nachteil, CO_2 zu emittieren und nur begrenzt zur Verfügung zu stehen, aber den Vorteil, eine Grundlast – also zum Beispiel Strom zu jeder Zeit – liefern zu können. Die Windenergie hat diesen Vorteil nicht, da sie ohne Wind keinen Strom liefert. Doch dafür ist sie unbegrenzt vorhanden und setzt bei Nutzung kein CO_2 frei. Das macht die Kernenergie übrigens auch nicht, aber dafür birgt sie Risiken. Einige wirklich vorhandene und andere, die wir stark überbewerten – darum wird es noch gehen.

Außerdem haben wir uns angewöhnt, gerne zu protestieren. Das Kohlekraftwerk mag man nicht – zumindest nicht da, wo man selbst lebt. Das Kernkraftwerk oder Lagerstätten für verbrauchte Brennstäbe schon gar nicht. Eine Denkweise wie »Energieerzeugung ja, aber nicht da, wo ich bin« ist auch im Verkehrssektor zu finden. Wir möchten mit unserem Auto gerne schnell vorankommen, aber eine Autobahn in unserer Nähe muss ja nicht gerade sein. Nur sagt das jeder von uns. Auch die Flugreise wird geliebt, aber der dafür zwingend nötige Flughafen nicht. Für den Moment, wo wir selbst gerade fliegen müssen, lässt diese Flughafenablehnung vorübergehend nach und wir wünschen ihn uns dann auch in unserer Nähe – wegen der schnellen Erreichbarkeit. Wenn wir gerade nicht fliegen müssen (wir sind da recht opportunistisch), kritisieren wir vorwiegend den Lärm, den die Flugzeuge verursachen, wenn andere fliegen. Aber wo soll der arme Flughafen dann bloß hin? Den Windrädern geht es auch nicht viel besser. Man findet sie scheußlich, wenn sie zuhauf die Landschaft »verschandeln«, während man übrigens die viel größere Masse der ästhetisch fragwürdigen Strommasten meist jammerfrei akzeptiert. Dieses Phänomen ist übrigens unserer Gewöhnung zuzuschreiben: Strommasten kennen wir seit Ewigkeiten und nehmen sie deshalb nahezu nicht mehr wahr, Windräder sind hingegen noch etwas zu neu. Mit dem Argument »der Strom kommt doch aus der Steckdose« gegen alles zu sein, was ihn erzeugt, führt bei weiter wachsendem Strom- und Energieverbrauch aber nur dazu, dass das Drücken auf den Lichtschalter irgendwann nicht mehr zur Erhellung führt. Schade.

Alle Vorteile einer Sache haben zu wollen, deren Nachteile aber nicht, ist ein verständlicher Wunsch. Nur ist er leider nicht realisierbar. Deshalb macht es auch wenig Sinn, alle Ideen und Maßnahmen, die unseren derzeitigen Energiemix verändern, schon im Ansatz mit Hinweis auf mögliche Nachteile zu zerreden. Sie gegeneinander abzuwägen und gleichzeitig mit dem momentanen Zustand zu vergleichen ist hingegen notwendig. Und weil die endlichen fossilen Energieträger zum Beispiel 2007 überproportionale 88 Prozent des Weltprimärenergiebedarfs beisteuerten (35,6 Prozent Erdöl, 28,6 Prozent Kohle und 23,8 Prozent Erdgas), ist hier schon mal ein großer Nachteil des bis heute gewachsenen Zustandes gefunden. Ein weiterer Nachteil ist die Herkunft der Rohstoffe, denn sie werden nicht selten in politisch mäßig stabilen Regionen gefördert – Abhängigkeiten sind deshalb nicht von Vorteil und können leicht Konflikte auslösen. Und in der Endlichkeit der fossilen Energie steckt zudem noch das Preisproblem. Will man von einer Sache immer mehr, von der es absehbar immer weniger gibt, so werden die Preise irgendwann – unterstützt von Spekulationen, wie man im ersten Halbjahr 2008 schon sehen konnte – ins uferlose steigen. Wer am 23. Dezember 2008 die Rede von Russlands Premier Putin verfolgt hat, der auf eine Stärkung des Forums gasexportierender Länder (GECF) setzt, dem ist klar, dass die dem Öl folgende und daher für 2009 zu erwartende Preissenkung beim Gas nur ein vorübergehender Vorgang sein wird. Die Kosten für die Erkundung neuer Gasvorkommen, für deren komplizierter werdenden Abbau und den Transport werden steigen. Und um möglichst hohe Einnahmen zu erzielen, wird ein Gasexporteur dieses Argument in Zukunft sicher auch gerne etwas überstrapazieren.

Würde man die Energiepolitik für eine »nagelneue« Erde planen, so zeigen diese Argumente, dass sich der Vorschlag, neun Zehntel der Energieversorgung aus begrenzt zur Verfügung stehenden Ressourcen zu gewinnen, niemals durchsetzen könnte – andere Wege zu einer Energieversorgung mit weniger Treibhausgasemissionen sind gefragt.

Masdar City

Wer hätte gedacht, dass sich ausgerechnet die Ölscheichs Gedanken über den Energiewandel machen? Speziell jene in Abu Dhabi, der Hauptstadt des gleichnamigen Emirats und gleichzeitig der Vereinigten Arabischen Emirate. Eigentlich könnte man doch denken, dass gerade die Scheichs nichts weiter tun müssten als stets auszurufen, dass noch genug Öl für alle da ist. Dann fließt das Geld schließlich weiter in ihre Taschen und alles bliebe wie es ist. Aber offensichtlich denkt man dort vorausschauender und möchte auch in der sich ändernden Zukunft Geld mit Energie verdienen. Und deshalb wird durch Öl eingenommenes Geld in Sonne, Wind und Wasser investiert – sogar im thüringischen Ichtershausen, wo man sich auch gleich über die entsprechenden Arbeitsplätze in einer zukunftsweisenden Technologie freut. Hier werden nämlich moderne Dünnschichtsolarzellen hergestellt, das gewonnene Know-how soll dann weiteren Fabriken dienen. Das Geld dafür kommt von einem der wichtigsten staatlichen Investmentgesellschaften am Persischen Golf und das Unternehmen Masdar führt die Geschäfte. Und Masdar plant etwas Beeindruckendes: nämlich die erste CO_2-neutrale Stadt der Welt. Die darf dann, wen wundert es, auch Masdar City heißen und soll ab 2016 bezogen werden. Die Stadt – wohlgemerkt mitten in der Wüste und in einem Ölstaat gelegen – soll vollständig durch erneuerbare Energien versorgt werden. Für ihre Planung konnte der berühmte britische Architekt Sir Norman Foster gewonnen werden. Es mutet an wie Science-Fiction, doch schon im Februar 2008 wurde mit dem Bau in der Nähe von Abu Dhabi begonnen. Solarbetriebene Meerwasserentsalzungsanlagen werden die Wasserversorgung sichern, Müll wird es kaum geben. Er wird wiederverwertet oder kompostiert, so dass die daraus entstehende Energie direkt genutzt werden kann. Statt Autos sollen elektrische Kabinenbahnen im Einsatz sein, und alle Maßnahmen zusammen sind in der Lage, den Energieverbrauch pro Kopf in Masdar City auf lediglich 25 Prozent des heute üblichen Verbrauchs zu beschränken – ein Sparpotenzial von 75 Prozent!

Die Zukunft ist erneuerbar

Masdar City ist ein Projekt, das man mit »zur Nachahmung empfohlen« überschreiben könnte. Denn hier werden schon sehr bald die praktischen Möglichkeiten der erneuerbaren Energien für jedermann zum Anfassen gezeigt. Was die Theorie angeht: Eine Studie, die das Institut für Technische Thermodynamik des Deutschen Zentrums für Luft und Raumfahrt (DLR) zusammen mit über 30 weiteren Wissenschaftlern und Instituten durchgeführt hat, zeigt das riesige Potenzial der erneuerbaren Energien. Hier liegt die Schlüsselstelle für den nötigen Energiewandel. Steuern die erneuerbaren Energien heute nur rund 6 Prozent zum Weltprimärenergiebedarf bei, so zeigt die Studie, dass bereits 2050 ein Anteil von über 50 Prozent denkbar ist. Der Anteil bei der Stromerzeugung liegt heute übrigens bei 13 Prozent und kann 2050 sogar schon 80 Prozent betragen. Auf diese Weise könnte die weltweite CO_2-Emission trotz Bevölkerungswachstum und weiterhin deutlich zunehmendem Energieverbrauch bis dahin auf jährlich etwa 10 Milliarden Tonnen gesenkt werden – ein deutlicher Rückgang gegenüber den heutigen 30 Milliarden Tonnen. Auf der finanziellen Seite wird geschätzt, dass steigende Rohstoffpreise und die Kosten der CO_2-Emission dazu führen, dass man mit regenerativen Energien bis 2050 etwa 30 Prozent günstiger wegkommt als beim sogenannten »business as usual«-Szenario, in dem die zunehmende Energienachfrage in heutiger, klimabelastender Art und Weise gedeckt wird. Erneuerbare Energie einzusetzen lohnt sich, und nicht zuletzt deshalb stellte das Bundesumweltministerium im Jahr 2008 150 Millionen Euro für viele Forschungsprojekte rund um die Erneuerbaren zur Verfügung. Schauen wir uns nun beispielhaft einige regenerative Energieträger an.

Kraftwerk Sonne

Die Sonne hat es in sich, das hat der erste Buchteil ja schon gezeigt. Sie liefert der Erde jedes Jahr eine Unmenge von Energie: 5810-mal so viel, wie wir derzeit verbrauchen. Energie, die zumindest für das menschliche Zeitgefühl immer und ewig da ist. Denken Sie noch mal an das Beispiel mit dem Energiemix für eine »nagelneue Erde«. Säße nun ein aus unvoreingenommenen Fachleuten bestehender »Arbeitskreis Energieversorgung« in einem Raum zusammen und würde sich überlegen, auf welche Energieträger man zugreifen soll, so wäre es völlig undenkbar, dass man in dieser Diskussion so eine herrliche Sonne quasi vergisst. Momentan passiert aber genau das, denn wenn man sich Zahlen zur Stromerzeugung aus Sonnenenergie anschaut, kommt man heutzutage auf einen minimalen Anteil von 0,05 Prozent weltweit. In Deutschland, wo wir nicht gerade ständig von der Sonne verwöhnt werden, lag dieser Wert laut Verband der deutschen Elektrizitätswirtschaft 2005 bei immerhin 0,12 Prozent und 2008 schon bei rund 0,8 Prozent. Ein unglaublicher Bedeutungsgewinn, aber auf sehr niedrigem Niveau. Aber wie kann aus der Sonne eigentlich nutzbare Energie gewonnen werden, welche Vor-, aber auch Nachteile hat das, und vor allem welches Potenzial besteht nach Expertenansicht für die Zukunft?

Die beiden wichtigsten Formen zur Stromproduktion aus Sonnenenergie sind die solarthermischen Kraftwerke auf der einen und die Photovoltaik auf der anderen Seite. Beim solarthermischen Kraftwerk wird das Sonnenlicht durch Spiegelsysteme auf einen sogenannten Absorber gebündelt. Das erzeugt die Wärme, die – ganz konventionell – beispielsweise Dampfturbinen zur Stromproduktion antreibt. Neu entwickelte Modelle mit einem Wirkungsgrad von rund 20 Prozent – heutige weisen 14 Prozent auf – werden zur Zeit etwa in Israel probebetrieben. Die Solarthermie kann aber auch dezentral in Wohnhäusern zum Einsatz kommen, wodurch Trinkwasser erhitzt und Räume geheizt werden können. Die Solarkollektoren dafür sind dann meist auf den Hausdächern zu finden.

Etwas anderes sind die bekannten Solarmodule, ebenfalls häufig auf Dächern zu finden. Sie bestehen aus vielen miteinander verbundenen Solarzellen und wandeln die Sonnenenergie direkt in elektrische Energie um. Das nennt man Photovoltaik. Hierbei wird der photoelektrische Effekt – oder einfacher: Photoeffekt – ausgenutzt. Werden nämlich Metalloberflächen mit kurzwelligem Sonnenlicht bestrahlt, so löst dies Elektronen aus dem Material heraus: Ein Gleichstrom mit niedriger Spannung fließt. Entdeckt wurde dieser Effekt schon 1839 von Alexandre Edmond Becquerel, Albert Einstein erklärte ihn 1905 vollständig, was ihm 1921 den Nobelpreis für Physik eintrug.

Greift man als Beispiel die Photovoltaik heraus, so hat man es stets – wie bei allen anderen Energieträgern auch – mit Vor- und Nachteilen zu tun. Dem großen Vorteil einer ungeheuren Energiemenge, die uns die Sonne zunächst mal kostenlos zur Verfügung stellt, steht der Nachteil gegenüber, dass sie diese nicht gleichmäßig an allen Orten der Welt liefert. Sie ist wetter- und jahreszeitenabhängig – ausgerechnet im Winter, wo mehr Energie benötigt wird, ist der Energiegewinn geringer. Solarzellen sind zwar bei niedrigeren Temperaturen effizienter, doch leider wird dieser Vorteil durch die weniger intensive Sonneneinstrahlung in der kalten Jahreszeit mehr als aufgehoben. Die Speichertechnologie – bisher gibt es eigentlich nur die Akkus – gilt es also massiv weiterzuentwickeln.

Der im Hinblick auf den Klimawandel größte Pluspunkt ist natürlich das Fehlen von Emissionen. Doch wenn man ganz ehrlich rechnet, stimmt das so auch nicht. Schließlich muss die Anlage ja erst mal hergestellt werden, und hierfür werden große Mengen an Energie, Wasser und – im Hinblick auf die ökologische Bilanz besonders entscheidend – Chemikalien verbraucht. Für Deutschland beispielsweise werden durch die Herstellung pro Kilowatt installierter Leistung 2 Tonnen Kohlendioxid freigesetzt. Hinzu kommen wie bei allen elektronischen Bauteilen giftige Schwermetalle und außerdem etwa 12 Kilogramm Silizium. Studien zeigen, dass Solarmodule deshalb etwa 2 bis 4 Jahre betrieben werden müssen, ehe sie die zur Herstellung verwendete Energiemenge zurückgewonnen haben. Erfreulich deshalb, dass sie heute bereits 20 bis 40

Jahre eingesetzt werden können – durch technologische Verbesserungen wäre eine Verlängerung der Lebensdauer sicherlich denkbar.

Ein Vorteil ist wiederum die dezentrale Nutzung, zum Beispiel auf Dächern von Wohnhäusern und Industrieanlagen. Abhängigkeiten von Energielieferanten werden reduziert, Preiskartelle können so kaum entstehen und der Leitungsverlust entfällt. Als Nachteil ist zwar der niedrige Wirkungsgrad marktüblicher Module von oft nur 6 bis 18 Prozent zu nennen. Doch da Laborzellen schon einen Wirkungsgrad von über 40 Prozent schaffen, zeigt sich, dass auch hier noch nicht alle Möglichkeiten ausgeschöpft sind. Zudem spielt der Nachteil eines geringen Wirkungsgrades auch nur eine untergeordnete Rolle, da wir durch die Sonne ja massiv überbeliefert werden. Das Argument wirkt sich folglich nur auf die zur Energieerzeugung verwendete Fläche aus. Würde der Stromverbrauch Deutschlands vollständig durch Photovoltaik heutiger Technik abgedeckt, so wären trotz des niedrigen Wirkungsgrades selbst bei schwacher Wintersonne gerade mal 2 Prozent der Fläche unseres Landes nötig – bereits bebaute Flächen könnten dafür genutzt werden. Das Argument, dass der Gleichstrom in Wechselstrom transformiert werden muss, damit die elektrischen Endverbraucher betrieben werden können, geht in die gleiche Richtung: Es entstehen Verluste von 3 bis 7 Prozent, die durch das Überangebot mühelos abgefangen werden.

Als wirklich großes Manko gelten derzeit noch die Kosten: Solarstrom ist momentan schlicht zu teuer und daher gegenüber anderen Energieträgern von selbst nicht konkurrenzfähig. Doch hier geht es vor allem um einen Blick in die Zukunft. Die Brennstoffkosten für fossile Energieträger werden ganz sicher weiter steigen, und wenn die Emissionskosten ebenfalls angerechnet werden, verschieben sich die Verhältnisse deutlich zugunsten der Solarenergie. Wenn ihr – derzeit allerdings durch die künstliche Förderung entstandenes – Wachstum anhält oder sich wegen der zunehmenden Vorteile der endlosen und übermäßigen Lieferung von Sonnenenergie weiter ausbaut, wird die Massenproduktion von Solarzellen und Solarkraftwerken immer günstiger. Der Solarstrom wird auf diese Weise viel billiger und kann sich dem allgemeinen Marktniveau anpassen. Fossiler Strom wird hingegen teurer.

Sie sehen: Man hat zunächst das Für und Wider abzuwägen. Hat man dies bei der Solarenergie getan, so sieht man ganz von selbst: Das ist die Richtung, die wir einschlagen müssen! Es führt kein Weg daran vorbei, auf die Sonne zu setzen. Es ist sinnvoll, technisch möglich und hat – wie die Scheichs der Emirate erkannt haben – Potenzial zur technologischen Weiterentwicklung. Hier sind noch einmal die modernen Dünnschichtsolarzellen zu nennen. Sie haben zwar einen mit 6 Prozent noch verbesserungswürdigen Wirkungsgrad, dafür muss die Solarzelle aber nicht, wie bei herkömmlicher Technik, möglichst senkrecht von der Sonne beschienen werden. Und das ist ein erheblicher Vorteil bei tiefstehender Sonne in der kalten Jahreszeit oder bei diffusen Lichtverhältnissen, also wenn der Himmel bewölkt ist. Zudem verbraucht ihre Herstellung weniger Material und sie können bei niedrigeren Prozesstemperaturen gefertigt werden, was Energie einspart. Und fast beliebig biegbar, betretbar und schlagfest sind sie auch noch. Im Labor hat man sich schon darüber freuen dürfen, bereits heute einen stabilen Wirkungsgrad von über 11 Prozent zustande zu bringen. Auch hier wird die Entwicklung weitergehen, die Herstellung als Massenware beginnt sich zu lohnen. Das Gleiche kann für sogenannte organische Solarzellen gelten, die aus Kohlenwasserstoff-Verbindungen hergestellt werden.

Die oben genannten 0,05 Prozent für den weltweiten Strombezug durch Solarenergie werden sich in den kommenden Jahren ganz sicher erheblich erhöhen. In Südspanien, Europas bestem Solarstandort, ist bereits das erste europäische Solarkraftwerk ans Netz gegangen. In Indien, Algerien, Ägypten, Mexiko und Israel werden ebenfalls welche gebaut, und auch deutsche Stromkonzerne wie E.ON oder RWE zeigen Interesse an der Technik. 2030 könnten nach Einschätzung von Forschungsinstituten und der Solarbranche selbst bereits über 9 Prozent der weltweiten Stromnachfrage durch Sonnenenergie gedeckt werden. 2050 wäre sogar denkbar, nahezu ein Drittel der Stromversorgung durch Solarenergie abzudecken. Arbeiteten 2006 weltweit 74 000 Menschen in dieser Branche, so rechnet man 2030 mit 6,3 Millionen Beschäftigten. Ein Energiewandel bringt also neue Arbeitsplätze – und zwar ganz schön viele! Auch in Deutschland, und zwar nicht nur in Ichtershausen, sondern neben vielen anderen Standorten auch in Bonn. Der ideenreiche und engagierte Chef der Firma Solarworld, Frank Asbeck – der ja schon mal Opel kaufen wollte –, rechnet für das Jahr 2009 trotz Wirtschaftskrise mit einem Wachstum seiner Firma von 30 Prozent. Und die Experten halten seine Erwartungen für sehr realistisch. Solche Zahlen klingen erfreulich, zumal die Solarenergie ja auch nicht die einzige regenerative Energie ist.

Ein weiteres Projekt zur Sonnenenergienutzung zeigt das große Potenzial noch deutlicher. Wäre es nicht verlockend, wenn der europäische Strom aus der Wüstensonne in der Sahara gewonnen werden könnte? Ein Feld mit einer Kantenlänge von nur knapp 250 Kilometern in dieser quasi unbewohnten Region würde dafür ausreichen; Solarkraftwerke in nordafrikanischen Staaten können diesen Strom erzeugen und exportieren. Für den technisch recht unproblematischen Transport müsste er in Gleichstrom transformiert werden, denn Gleichstromleitungen sind billiger, brauchen weniger Platz und transportieren den Strom zudem verlustärmer als Wechselstromkabel. Ihr Nachteil sind die nötigen Konverterstationen, um ihn wieder in Wechselstrom zurückzuverwandeln, doch für den Transport in und aus abgelegenen Regionen werden sie als wirtschaftlichste Variante schon seit Langem genutzt. Laut DLR-Studie kann der grüne Strom aus dem Süden – ergänzt durch Windräder, die sich hier im steten Passatwind drehen könnten – preislich in einigen Jahren konkurrenzfähig sein.

Der Wind, das himmlische Kind

Die Windenergie ist die zweite quasi unerschöpfliche Energiereserve, die uns zur Verfügung steht. Weltweit waren Mitte 2008 Windenergieanlagen mit einer Gesamtleistung von rund 100 Gigawatt installiert, davon rund 23 Gigawatt allein in Deutschland. Gefolgt von knapp 17 Gigawatt in den USA, wo jedoch vor allem die ebenen, windreichen Bundesstaaten des Mittleren Westens ein noch erheblich größeres Potenzial bieten.

Drei weitere Werte möchte ich noch nennen. Erstens, dass 6 Prozent des Nettostromverbrauchs in Deutschland bereits von der Windenergie kommt, womit sie die vor der Wasserkraft wichtigste erneuerbare Energiequelle in der Stromerzeugung ist. Zweitens, dass der Windanteil des Bundeslandes Schleswig-Holstein beim Nettostromverbrauch sogar schon bei einem Drittel liegt und dass man dort plant, bis 2020 den gesamten Stromverbrauch durch Windenergie zu decken. Für Deutschland insgesamt geht eine Studie der Deutschen Energie-Agentur (DENA) übrigens davon aus, dass der Windanteil der Stromerzeugung bei moderatem Ausbau der Netzinfrastruktur auf 20 bis 25 Prozent ausgedehnt werden kann. Und drittens sei noch festgestellt, dass die Windenergie immer günstiger und damit zunehmend ohne Förderung konkurrenzfähig wird.

In Dänemark, Deutschland und Spanien wird Windkraft schon lange staatlich gefördert. Neben der nun erreichten preislichen Konkurrenzfähigkeit bei der Stromproduktion führte das auch zu einem Technologievorsprung. Die erfreuliche Folge: Der Exportanteil dieser Länder und damit die Zahl der Arbeitsplätze in einer rasch wachsenden Industrie steigen weiter. Platz für weitere Anlagen gibt es vor allem an den gut mit Wind versorgten Küstenstandorten. Offshore-Anlagen sollen nicht nur in Deutschland an Nord- und Ostsee, sondern auch in vielen anderen europäischen Ländern und in Nordamerika entstehen. Geeignet dafür sind auch Regionen wie Marokko oder das nördliche Russland. Bei der Planung solcher Anlagen gilt es aber, für jeden Standort eine vernünftige Wirtschaftlichkeitsprüfung vorzunehmen und den Naturschutz einzubeziehen.

Ein zweifelloser Nachteil der Windenergie ist die Unstetigkeit des Windes. Weht er nicht, wird kein Strom gewonnen; herrscht Sturm, muss die Anlage abgeschaltet werden, um Schäden zu vermeiden, und es wird ebenfalls keine Energie gewonnen. Deshalb kann – und das ist ein weiterer Beweis dafür, dass wir immer auf einen Energiemix angewiesen sein werden – Windenergie nur im

Verbund mit anderen Energieträgern verwendet werden. Die schwankende Stromerzeugung wird so durch den Austausch mit anderen Kraftwerken im Netzverbund ausgeglichen, also nicht anders, als es bei normalen Verbrauchsschwankungen auch geschieht. Dennoch wird natürlich daran gearbeitet, diesen Nachteil zu minimieren und damit den Windstromanteil auch über die oben genannten 25 Prozent in Deutschland erhöhen zu können. Ansätze dazu sind eine engere Vermaschung des Hochspannungsübertragungsnetzes und das Abschalten nicht notwendiger Verbraucher. Noch wichtiger ist allerdings die Stromspeicherung. Pumpspeicher- oder Druckluftspeicherkraftwerke sind hier ebenso denkbar wie Schwungradspeicher oder die Speicherung durch Wasserstoffelektrolyse – ein Modellprojekt dazu läuft derzeit in Norwegen.

Oft wird bei den Nachteilen von Windanlagen auch der Zusammenstoß und damit der Tod von Vögeln angeführt. Vergleicht man aber die Zahlen, so müsste sicher erst einmal an anderer Stelle gehandelt werden. Nach einer Studie des NABU (Naturschutzbund Deutschland) kommen zwar rund 1000 Tiere im Jahr durch Windräder ums Leben. Auf der anderen Seite – so schätzt der BUND (Bund für Umwelt und Naturschutz Deutschland) – gibt es im gleichen Zeitraum rund eine Million toter Vögel durch Straßenverkehr und Stromleitungen.

Den Wind immer stärker zu nutzen, ist sicherlich vernünftig, und die Geschichte zeigt auch, dass der Mensch ziemlich früh auf die Idee kam, dieses Geschenk anzunehmen. Denken Sie nur an Segelschiffe oder Windmühlen. Stichwort Segelschiff: Ist es nicht eine interessante Idee, ein großes Schiff dann mit Segeln oder den heutzutage üblichen Kites anzutreiben oder zu unterstützen, wenn – wie so oft auf dem Meer – Wind weht, und auf den konventionellen Motor zurückzugreifen, wenn er nicht weht? So etwas wird nicht nur theoretisch überlegt, sondern bereits in der Praxis erprobt. Im Januar 2008 fuhr die 130 Meter lange »Beluga SkySails« mit einem Kite der Firma SkySails ausgerüstet die rund 12 000 Seemeilen lange Strecke von Bremen nach Venezuela. Und siehe da: Sie sparte 20 Prozent Treibstoff ein! Da solche Kites noch deutlich größer als in dieser Testphase gebaut werden können, sind zukünftig Einsparungen im Bereich von 40 Prozent möglich. Das bedeutet weniger Kosten und weniger Emissionen zugleich. Der Schiffsbetreiber freut sich und die Herstellerfirma auch. Und wenn man dann bedenkt, wie viele große Kähne täglich über unsere Ozeane schippern, zeigt sich, wie groß hier das Potenzial für Einsparungen einerseits und technologische Entwicklung andererseits ist. So entstehen wiederum hochwertige Arbeitsplätze, und so entkoppelt man Wirtschaftswachstum und Emissionen.

Eine kleine Nebenbemerkung noch nach dieser Vorstellung der beiden Energieträger Sonne und Wind und ihrem jeweiligen Manko, nur wetterabhängig Energie zu liefern: Windarme Tage sind häufig sonnig und wolkenreiche Tage bieten oft Wind. Das ergänzt sich doch prima, und manche Ostlage bietet sogar beides reichlich.

Wasserkraft – Energie aus der Strömung

Da es gerade um Schiffe und damit um Wasser ging: Auch Wasser ist wichtig für die Energiegewinnung, rund 2 Prozent des Weltprimärenergieverbrauchs und mehr als 3 Prozent der elektrischen Energie werden aus der Wasserkraft erzeugt. Ihr Anteil an den regenerativen Energieträgern beträgt damit immerhin knapp ein Fünftel und sie ist die technisch am weitesten fortgeschrittene Form erneuerbarer Energiegewinnung. Einen ganz wesentlichen Anteil daran hat die Nutzung der potenziellen Energie, die in Bewegungsenergie umgewandelt wird. Oder einfacher: Das Wasser stürzt vom Berg herunter oder fließt Flüsse entlang, und diese Strömung wird genutzt, um Turbinen anzutreiben, die beispielsweise Strom erzeugen. Ein besonders bergiges Land wie die Schweiz kann so 60 Prozent ihres Stromes aus Wasserkraft erzeugen.

Bisher noch kaum genutzt werden verblüffenderweise unsere Meere und Ozeane. Ständig sind sie in Bewegung, sei es durch Wellen, durch Meeresströmungen und vor allem durch die Gezeiten. Ein großes Tidenhubkraftwerk, das immerhin 240 Megawatt leistet, ist derzeit in Frankreich in Betrieb, und auch im kanadischen Nova Scotia, wo es einen Tidenhub von teilweise 16 Metern gibt, läuft eine solche Anlage. Geplant sind weitere Kraftwerke in England, Irland, Spanien, Portugal und China. Dabei entwickelt sich die Technologie natürlich ebenfalls weiter, und es ist deshalb nicht für immer zwingend notwendig, ökologisch bedenkliche Dämme zu errichten, um den Gezeiten Energie abzuknöpfen. Man könnte ja auch einfach ein Windrad quasi »kopfüber« ins Wasser stellen. Oder anders ausgedrückt: Propellersysteme unter Wasser können ebenfalls in der Lage sein, die Generatoren anzutreiben.

Biomasse – Sprit statt Brot?

Biomasse können wir gleich dreifach verwenden, denn sie steht in fester, flüssiger und gasförmiger Form zur Verfügung. Damit ist sie sehr flexibel, weil sie Wärme, Strom und Treibstoff erzeugen kann. Stets gepriesen wird die CO_2-Neutralität der Biomasse, denn bei ihrer Nutzung kann nur so viel CO_2 freigesetzt werden, wie vorher durch Sonnenenergie über den Prozess der Photosynthese in den Pflanzen gebunden worden ist. Dieses Argument ist jedoch nur eingeschränkt gültig, wie ich gleich zeigen werde.

Die feste Biomasse hat mit Abstand den höchsten Anteil der regenerativen Energie am Weltprimärenergieverbrauch, sie macht nämlich stolze 75 Prozent davon aus. Das liegt vornehmlich an der Verbrennung von Holz, was bei uns in modernen, effizienten Anlagen zum Beispiel in Form von Pellets oder Briketts geschieht. Auch Stroh, Kakaoschalen, Kirschkerne oder feste Abfälle aus Industrie, Gewerbe und Haushalten fallen in diesen Bereich. In Asien, Südamerika und vor allem in Afrika ist jedoch die direkte Verbrennung von Holz zum Heizen oder Kochen noch weit verbreitet und führt hier zu großen Wald- und Bodenschäden – von CO_2-Neutralität kann in diesem Fall nicht mehr gesprochen werden.

Flüssige und gasförmige Anteile sind mit weiteren 2,5 Prozent am regenerativen Anteil des Weltprimärenergieverbrauchs beteiligt. Biogas, das hauptsächlich aus Methan und Kohlendioxid besteht, entsteht durch anaerobe Vergärung von Dünger (Gülle oder Mist), Ernterückständen und Bioabfällen. Zusätzlich können aber auch Pflanzen genutzt werden, die man extra zum Energiegewinn anbaut, zum Beispiel Mais oder Sonnenblumen. Ein großer Vorteil von Biogas ist zum einen, dass es dezentral erzeugt werden kann und so auch Landwirten neue Einkommensmöglichkeiten bietet, und zum anderen, dass es – genau wie feste Biomasse auch – zur Sicherung einer Grundlast geeignet ist. Im Gegensatz zur Sonnen- und Windenergie ist die Verfügbarkeit ja schließlich wetterunabhängig.

In flüssiger Form dient Biomasse vor allem der Herstellung von Biokraftstoffen. Weltweit am bedeutendsten ist dabei Bioethanol. Es wird durch die alkoholische Gärung hergestellt (welcher »Schööhler« kennt nicht die berühmte Szene mit Erich Ponto alias Professor Schnauz aus dem Film »Die Feuerzangenbowle«?). Getreide, Zuckerrüben, Zuckerrohr oder Mais können dazu als Rohstoff verwendet werden. Die andere Form des Biosprits ist der Biodiesel. Er wird in Deutschland vorwiegend aus Raps und in den USA aus Soja gewonnen. Dafür wird das Öl der Pflanzen extrahiert, raffiniert und danach durch Methanol und einen Katalysator zu Fettsäuremethylester – so heißt Biodiesel bei den Chemikern – umgewandelt.

Doch das nachwachsende CO_2-neutrale Wundermittel haben wir im Biosprit ganz sicher nicht gefunden, denn auch hier gilt: Vor- und Nachteile gibt es nur gemeinsam. Vielleicht wiegen die viel diskutierten Nachteile hier sogar schwerer als die Vorteile. Schauen wir sie uns also näher an. Unter Berufung auf den Klimaschutz fördert die Politik derzeit in vielen Ländern die Herstellung von Biosprit. Das Ergebnis ist wenig verwunderlich: Immer mehr Landwirte bei uns, aber vor allem in den Entwicklungsländern verwenden mehr Fläche für den profitablen Anbau von Pflanzen zur Energieerzeugung. Bei uns mündet das in einen Abbau der Getreidevorräte und infolgedessen in höhere Preise. In den Entwicklungsländern aber kann das unmittelbar auf die Bevölkerung durchschlagen, wie die sogenannte Tortilla-Krise 2007 in Mexiko zeigte, denn durch die geringere Nahrungsmittelproduktion droht mehr Hunger. Diese Entwicklung zeigt, dass unsere Rahmbedingungen wieder einmal nicht stimmen. Das Falsche – in diesem Fall der Anbau von »Energiepflanzen« – wird belohnt, weil der eigene Profit auf Kosten der Allgemeinheit, die weniger Getreide erhält, gesteigert wird.

Der Wunsch nach mehr Profit führt auch beim Biosprit dazu, dass man nicht mehr von CO_2-Neutralität sprechen kann. Derzeit fallen nämlich immer mehr Waldflächen und somit CO_2-Speicher dem Anbau der »Energiepflanzen« zum Opfer, ein Vorgang, der im Sinne des Klimaschutzes natürlich völlig kontraproduktiv ist. Zusätzlich wird durch die umfangreiche Düngung von Raps- und anderen Kulturen sehr viel klimaschädliches Lachgas – ein rund 300-mal schädlicheres Treibhausgas als Kohlendioxid – in die Atmosphäre eingetragen. Das Fazit einiger Untersuchungen, beispielsweise des Mainzer Max-Planck-Instituts für Chemie, lautet daher auch, dass Biodiesel sogar schädlicher für das Klima sein kann als herkömmlicher Diesel.

Solche Entwicklungen und die zu starke Förderung *einer* Ressource zeigen einmal mehr, dass sich von selbst immer eine Art Massenbewegung in Richtung des meisten Profits in Gang setzt – welchen Schaden das an anderer Stelle auch immer nach sich zieht. Hier kann durch weniger Förderung oder möglicherweise auch durch steuerliche Anreize (wer Wald besitzt oder Nahrungsmittel anbaut, muss weniger Steuern zahlen) dafür gesorgt werden, dass es mehr Geld einbringt, den Wald stehen zu lassen oder Nahrungsmittel anzubauen – denn das ist schließlich das, was die Allgemeinheit erreichen möchte. Trotzdem dürfen wir auch hier nicht eindimensional denken: Weder der Anbau von Energiepflanzen im Übermaß hilft uns weiter noch deren komplette Verteufelung. Wie so oft ist ein Mittelweg das Interessanteste. Eine effektive Form des Anbaus können zum Beispiel integrierte Fruchtfolgesysteme sein. Damit betreibt der Landwirt bis zu einem gewissen Grad parallel Nahrungsmittel- und Energieproduktion, weil er verschiedene Kulturen abwechselnd oder gemeinsam anbaut. Oder weil er eine und dieselbe Pflanze doppelt nutzt: Maiskörner zur Ernährung, Maisstroh zur Energiegewinnung.

Kluge Rahmenbedingungen machen also aus der Pflanze zur Energieproduktion am Ende wieder ein in vernünftiger Menge angebautes Zubrot für den Landwirt. Und der Biosprit erhält auf diese Weise keinen übermäßigen, sondern einen angemessenen Anteil am Energiemix, zumal seine Qualität durch weitere Forschung und Entwicklung noch zu verbessern ist.

Wärme aus dem Erdinneren

Im festen inneren Erdkern herrscht ein Druck von 4 Millionen Bar, und mit rund 5000 Grad Celsius ist es recht warm. Nach außen nimmt die Temperatur erfreulicherweise immer mehr ab, doch auch die Erdkruste verfügt durch radioaktive Zerfallsprozesse aus der Zeit der Erdentstehung über nutzbare Wärme. Zudem wird die oberste Schicht ja auch mit Sonnenwärme versorgt. Vulkanisch sehr aktive Regionen wie beispielsweise Island können so über die Hälfte ihrer Primärenergie aus der Erdwärme gewinnen. Dabei gibt es einmal die oberflächennahe Geothermie, die zum Heizen, aber auch zum Kühlen von Gebäuden geeignet ist. Hier bohrt man meist 100 bis 150, maximal bis zu 400 Meter tief. Demgegenüber steht die Tiefengeothermie, bei der 3 bis 7 Kilometer in die Erdkruste vorgedrungen wird – entweder um dort befindliches Heißwasser direkt zu nutzen oder um Wasser durch Tiefenbohrungen hinunterzupumpen und an heißem Gestein vorbeizuführen. Das heiße Wasser kann dann entnommen und direkt ins Wärmenetz eingespeist werden, oder es kann über den Betrieb einer Turbine Strom erzeugt werden. In mehr als 75 Ländern werden derzeit zusammen 33 Gigawatt Leistung durch die Geothermie erzeugt, und auch dieser erneuerbare Energieträger ist in der Lage, durch die dauerhafte Wärme des Erdinneren stetig eine Grundlast zu liefern.

Das Kombikraftwerk

Egal, welche Art der Energieerzeugung wir uns anschauen: Überall bleibt es bei der eingangs gemachten Feststellung, dass es Vorteile immer nur im Doppelpack mit Nachteilen geben wird. Bei den quasi emissionsfreien Energieträgern Sonne und Wind liegt dieser Nachteil – wie schon ausführlich beschrieben – darin, dass sie keine Grundlast liefern können. Doch auch hier ist Erfindungsreichtum gefragt, um diesen Nachteil zu minimieren oder gar verschwinden zu lassen. Die geniale Idee: das Kombikraftwerk. In einem Pilotprojekt haben drei Unternehmen zusammen mit dem Institut für Solare Energieversorgungstechnik der Universität Kassel 36 über ganz Deutschland verstreute Wind-, Solar-, Biomasse- und Wasserkraftanlagen miteinander verbunden, die zentral gesteuert werden. Das beeindruckende Ergebnis: Eine hundertprozentige regenerative Energieversorgung ist machbar!

Wind und Sonne liefern den Strom bei Verfügbarkeit. Durch die unterschiedlichen Standorte ist das jedoch oft gegeben. Ist der Himmel in Rheinland-Pfalz bewölkt, dann kann die Solaranlage in Thüringen Strom liefern, weil hier gerade die Sonne scheint. Ist der Wind in Brandenburg zu schwach, reicht der an der Nordsee möglicherweise aus. Wenn Wind und Sonne es nicht alleine schaffen, springt die Biomasse sofort ein und sichert die Grundlast. Und wenn mal zu viel Strom erzeugt wird, so pumpt dieser Wasser in einem Wasserkraftwerk auf einen Berg hinauf. In Momenten mit zu wenig Sonne und Wind kann neben der Biomasse dann auch die Wasserkraft Strom liefern.

Ab unter die Erde

Die Vielseitigkeit regenerativer Energiequellen ist riesig, ebenso ihr Potenzial. Deshalb ist es auch ziemlich unwahrscheinlich, dass wir sie vor dem Hintergrund wachsender Einsicht – gerade durch das sich verändernde Klima – nicht immer mehr und besser nutzen werden. Ein Trend, der ja bereits existiert. Nur muss man bei eventuell aufkommender Euphorie und hohen Wachstumsraten trotzdem realistisch bleiben. Die Energieversorgung, die wir heute haben, ist über viele Jahre gewachsen und deshalb auch nicht über Nacht völlig zu verändern. Wunder gibt es leider nicht und Träumerei hilft kaum weiter. Ein Wandel braucht Zeit, und ebenso wichtig ist eine gesunde Einschätzung dieses Zeitbedarfs.

Leicht ist es jedoch nicht, hierfür einen Zeitraum abzustecken, denn manchmal können Dinge viel schneller gehen, als man im

Vorfeld denkt. Stellen Sie sich einmal vor, es würde auf einen Schlag keine fossilen Energieträger mehr geben. Was würde passieren? Natürlich käme es im ersten Moment zum totalen Chaos und sicher zu schweren Schicksalsschlägen. Doch was geschieht, nachdem sich der erste Schock gelegt hat? Würde die Menschheit sich aufgeben und auf lange Sicht in Apathie verfallen oder gar verzweifelt untergehen? Meine Erwartung wäre, dass unser Überlebenswille das Gegenteil produziert: In dieser Notsituation würden alternative Ideen zur Energiegewinnung wie Pilze aus dem Boden schießen. Die Nutzung regenerativer Energie würde geradezu explodieren, weil wir unsere Energieversorgung schnellstmöglich wieder herstellen wollten. Mit allen Mitteln. Großes Lamentieren wäre nicht gefragt, es wäre die Zeit der Macher. In dieser Situation würde ein Energiewandel nicht Jahrzehnte dauern, Veränderungen wären in Monaten zu spüren. Vielleicht hätten Photovoltaikanlagen eine Verbreitungsgeschichte wie heute die Handys. Gab es Anfang der 1990er Jahre noch kaum jemanden, der mit den damals noch recht gewichtigen Geräten unterwegs war, so war die Welt binnen weniger Jahre regelrecht überschwemmt von den nunmehr winzigen Telefonen, ohne deren Begleitung wir uns heute schon fast nicht mehr vollständig angezogen fühlen. Oder wie schnell wurden aus Röhrenbildschirmen für unseren Computer daheim Flachbildschirme – es kommt uns im Nachhinein fast so vor, als wären sie »auf einen Schlag« da gewesen. Natürlich hinken diese Vergleiche, aber es zeigt, dass der Zeitbedarf für Veränderungen nicht so leicht einzuschätzen ist und dass manches sich schneller und extremer ändert, als wir es im Vorfeld zu denken wagen.

Trotz dieses Exkurses bleibt es unrealistisch anzunehmen, dass die fossilen Energieträger bis Mitte dieses Jahrhunderts nicht weiterhin das Rückgrat der Energieversorgung darstellen werden – so schnell kommt man von den 88 Prozent wohl nicht runter. Nach heutigen Abschätzungen steht uns die Kohle noch am längsten zur Verfügung, und so werden derzeit rund 140 neue Kohlekraftwerke im Jahr errichtet, davon allein rund 50 in China. Doch die »Sauberkeit« bei der Verbrennung von fossilen Energieträgern hat diese

Reihenfolge: Erdgas, Erdöl, Kohle. Letztere sorgt also für den mit Abstand höchsten Kohlendioxidausstoß. Diese Erkenntnis kann nur eins bedeuten: Das Kohlendioxid aus diesen vielen, von heute an über zig Jahre betriebsfähigen Kraftwerken darf nicht einfach in die Atmosphäre gepustet werden. Das haut schlicht nicht hin. Und deshalb gibt es auch die vernünftige Idee, es stattdessen unter die Erde zu bringen. Die Technik heißt CCS oder in englischen Worten »carbon dioxide capture and storage technology«. Es geht also um die Sequestrierung von CO_2.

Das klingt fantastisch: Die Kohle bleibt nutzbar und die Atmosphäre leidet nicht darunter. Doch Sie ahnen es: Auch hier gibt es einen Haken. Erstens ist das Verfahren teuer und zweitens ist die technische Lösung nicht ganz trivial, denn Unmengen von CO_2 müssen dabei eingelagert werden. Dafür braucht es Regionen, die den Platz und die Sicherheit bieten, dass das abgeschiedene Kohlendioxid auch da bleibt, wo es bleiben soll. Entweicht es langsam aus dem Erdreich, ist die Maßnahme sinnlos; bricht es schlagartig aus, besteht Lebensgefahr. Ideal wäre es daher, das CO_2 wieder zu den Abbaustätten zurückzutransportieren, denn die sind ja nun leer und könnten es aufnehmen. Dass sie seit Jahrmillionen »dicht« sind, haben sie uns schließlich gezeigt. Nur braucht es für diesen Transport Kapazitäten in bisherigen oder neuen Leitungssystemen, und das kostet wieder. Allerdings wurden viele technische Möglichkeiten auch schon im Kleinen erprobt: So pumpen die Amerikaner bereits seit Langem CO_2 in Ölbohrlöcher, denen sie auf diese Weise das letzte verbleibende flüssige Gold abtrotzen.

Die Kohle als Energieträger zugunsten der regenerativen Energie zurückzufahren, aber gleichzeitig zu wissen, dass sie derzeit noch reichlich gebraucht wird, führt zu einem klaren »Ja« zu dieser Technologie. Sie muss weiter gefördert und entwickelt werden, um danach durch Massenproduktion billiger werden zu können. Heute geht man davon aus, dass CCS vor dem Jahre 2020 kaum einsetzbar ist. Es wäre schön, wenn es schneller ginge, und ganz sicher hängt es auch hier wieder an unseren Rahmenbedingungen. CCS muss billiger werden als die Emission – das EU-Ziel ist ein

Preis von 20 Euro pro sequestrierter Tonne CO_2 und dazu ein Emissionsrückgang von 90 Prozent. Oder es muss für die Kraftwerksbetreiber gesetzlich verpflichtend werden. In beiden Fällen werden sie es machen, sonst eben nicht.

Unser Angstkind Kernenergie

In Deutschland, dem Land mit den weltweit sichersten Kernkraftwerken, betrug der Anteil der Kernkraft am Primärenergieverbrauch 2007 11 Prozent. Im Juni 2000 wurde die »Vereinbarung über die geordnete Beendigung der Nutzung der Kernenergie« geschlossen und mit der Atomgesetznovelle von 2002 rechtskräftig. Deutschland steigt damit aus dieser Energieform aus, während viele andere Länder dieser Welt auf sie setzen – unser Nachbar Frankreich zum Beispiel oder immer mehr auch Indien.

Die gesellschaftspolitische Diskussion zur Kernenergie in Deutschland lief auf Hochtouren und ist selbst nach dem beschlossenen Ausstieg nicht vom Tisch. Der Kernpunkt – ein schönes Wort in diesem Zusammenhang – ist sicherlich unsere Angst vor dieser Art der Energiegewinnung. Und Angst führt ganz automatisch zur Emotionalisierung. Als Erstes denken wir bei Kernenergie wohl an Tschernobyl und das schwere Unglück von 1986 mit seinen katastrophalen Folgen für Mensch und Umwelt. Dann kommt die Sorge der ungelösten Endlagerung verbrauchter Brennstäbe hinzu und eine diffuse Angst vor unkontrolliert austretender Strahlung, zum Beispiel bei den Atommülltransporten in den Castoren. Und was ist mit Terroranschlägen? Sie sehen, die Ausgangslage für die Kernenergie, die den enormen Vorteil hat, kein CO_2 auszustoßen und gleichmäßig Energie liefern zu können, ist keine gute. Denn gegen Ängste – und einige davon sind ja nun auch nicht von der Hand zu weisen – haben rationale Überlegungen nur wenig Chancen.

Aber erlauben wir uns kurz den Luxus, zwei »Angstpunkte« näher anzusehen. Wir Menschen neigen generell zu einer sehr subjektiven Einschätzung von Gefahren, und das gilt auch für eine Gefährdung durch Strahlung. Als sich 2008 der bisher letzte Castor-Transport durch Deutschland schlängelte, gab es Meldungen, dass die Strahlung »am Castor« in diesem Jahr 40 Prozent höher ausfiele als bei den letzten Transporten. Es wurde ein Wert von 4,8 Mikrosievert gemessen. Diesen Wert kann aber niemand einordnen, und darum spielten die 40 Prozent sowie das kritische Verhältnis zur Strahlung insgesamt die größere Rolle. Doch wer macht sich Sorgen über die Strahlung, die er bei einem Flug, beispielsweise von Frankfurt nach Tokio, abbekommt? Niemand! Doch trotzdem muss der Passagier hierbei knapp 80 Mikrosievert ertragen – rund 16-mal mehr als »am Castor«, wobei ja obendrein auch niemand direkt neben dem Atommüllbehälter herumstehen sollte. Und jetzt stellen Sie sich die Flugzeugbesatzung vor, die immer und immer wieder in der Luft ist. Der gesetzlich vorgegebene Grenzwert für beruflich strahlenexponierte Menschen liegt übrigens bei 20 000 Mikrosievert im Jahr – die 4,8 am Castor erscheinen nun möglicherweise in einem gefahrloseren Licht. Am Rande sei noch erwähnt, dass die Strahlenkrankheit mit Erbrechen, Übelkeit, Blutungen und Infektionen bei 1 000 000 Mikrosievert (1 Sievert) beginnt und unbehandelt nach etwa einem Monat zum Tode führt. Innerhalb weniger Minuten tritt der Tod bei einer Strahlenbelastung von 1 000 000 000 Mikrosievert (1000 Sievert) ein.

Der zweite Punkt ist der ohne Zweifel extrem tragische Atomunfall in Tschernobyl. Betrachtet man den Fall etwas näher, so wird deutlich, dass es sich um kein Ereignis handelte, das »eben mal so passieren« kann. Das ist übrigens auch der Grund dafür, dass es weltweit pro Jahr sehr wenige bis gar keine Toten durch Reaktorstörungen oder -unfälle gibt. Vergleichen Sie das mal mit den Straßenverkehrstoten auf dieser Welt, die jedes Jahr zu beklagen sind. Nun aber zum Vorfall selbst. In der Nacht zum 26. April 1986 sollte ein Störfall, ein totaler Stromausfall, simuliert werden. Bei den Vorbereitungen zum Test zeigte der Reaktor Instabilitäten, doch wurden die automatischen Warnungen, den Reaktor sofort herunterzufahren, von der Mannschaft ignoriert und sodann mit dem eigentlichen Test begonnen. Dafür wurden die Hauptkühlpumpen schlagartig geschlossen. Binnen weniger Sekunden stieg die Leistung infolgedessen extrem an, eine nukleare Kettenreaktion setzte sich in Gang und führte zu extremer Überhitzung der Anlage. In einer Verzweiflungsaktion wurde die Anlage von Hand notabgeschaltet und dadurch die Brennstäbe automatisch wieder eingefahren. Der Reaktor in Tschernobyl war jedoch einer des Typs RBMK, und der würde in Europa niemals genehmigt werden, weil das Einfahren der Brennstäbe zunächst Kühlwasser verdrängt und damit zu Beginn des Einfahrens sogar noch eine Leistungssteigerung stattfindet. Kurzum: Statt Vollbremsung gab man durch das Abschalten Vollgas! Der Reaktor wurde nun so heiß, dass alles Kühlwasser schlagartig verdampfte und der ganze Block schlicht in die Luft flog. Der Rest ist bekannt. Wichtig ist dabei, eine prinzipielle Gefahr von jener Gefahr zu unterscheiden, die eintritt, wenn man unzureichende Anlagen installiert und obendrein das Sicherheitssystem ausgerechnet zu Testzwecken abschaltet. Dieser Unfall kann also kein rationaler Grund sein, aus der Kernenergie auszusteigen.

Anders die ungelöste Frage der Endlagerung von Atommüll. Zu Schulzeiten hatte ich Physik als Leistungskurs und mein Physiklehrer – durchaus ein interessanter Querdenker – hat immer gesagt, man müsse den atomaren Abfall einfach in die Sonne schießen. Tatsächlich würde die Sonne wohl recht entspannt damit umgehen, aber vielleicht ist das Raufschießen doch etwas zu teuer. So bleibt die Frage »Wohin mit dem atomaren Müll?« weiterhin offen. Lagerstätten, die wie das Atommülllager Asse II in Niedersachsen per früherem Gutachten für die Ewigkeit geeignet schienen, um radioaktiven Abfall endzulagern, sind nach kümmerlichen 40 Jahren einsturzgefährdet. Verantwortlich für den Stabilitätsverlust sind mehr als 10 000 Liter Wasser, die täglich in das Salzbergwerk laufen. Und niemand weiß so richtig, wo das Wasser eigentlich herkommt. Doch zusammen mit dem Salz ist es hochkorrosiv – nicht gerade gut für die 130 000 Metallfässer mit den radioaktiven Resten, die dort lagern.

Ein weiteres Problem: Auch die Kernenergie kommt nicht ohne einen endlichen Rohstoff aus, denn es wird Uran gebraucht. Abgesehen von oft mangelhaften Arbeits- und Sicherheitsbedingungen in Uranbergwerken, die diesen Rohstoff außerdem auch noch zu »billig« werden lassen, wird das Uran bei derzeitiger Nutzung etwa gleichzeitig mit dem Erdöl zur Neige gehen. Eine richtige Lösung des Klimaproblems kann die Kernkraft schon deshalb nicht sein.

Abschließend – doch das ist meine persönliche Auffassung – halte ich die Kernenergie derzeit durch die hohe Sicherheit, die unsere Anlagen gewähren, für eine sinnvolle Form der Energiegewinnung. Schaltet man die Kernkraftwerke voreilig ab, also bevor regenerative Energieträger den Kernkraftanteil übernehmen können, so muss wieder auf fossile Energieträger zurückgegriffen werden. Im Hinblick auf den Klimaschutz eine höchst zweifelhafte Idee.

Kerne schmelzen statt spalten

Seit vielen Jahren wird von der Kernfusion gesprochen und belustigenderweise wird jedes Jahr wieder gesagt, sie sei in rund 30 bis 40 Jahren nutzbar. Irgendwie wird dieses Zeitfenster aber nie kleiner, und das zeigt, dass eine gute Idee in der Praxis nicht immer so einfach umsetzbar ist.

Bei der heutigen Form der Kernenergienutzung geht es darum, Atomkerne zu spalten. Schaut man sich die Sonne an, so stellt man fest, dass sie genau das Gegenteil macht: nämlich Atomkerne verschmelzen. Und daraus gewinnt sie dann deutlich mehr Energie als wir beim Spalten. Wie schön wäre es also, wenn man die Sonne nachahmen könnte! Dazu müsste man Wasserstoffisotope, zum Beispiel Tritium und Deuterium, miteinander zu Helium verschmelzen. Übrig blieben dann schnelle Neutronen und richtig viel Energie! Rohstoffe wären Meerwasser und das Metall Lithium – und von beidem gibt es ziemlich viel. Doch so wahnsinnig viel braucht man gar nicht: 1 Gramm Brennstoff bringt 90 Megawatt Leistung hervor, so viel wie das Verbrennen von 11 Tonnen Kohle. Neben den nahezu unbegrenzt zur Verfügung stehenden Rohstoffen hat die Kernfusion noch zwei weitere Vorteile: Es entstehen keine Treibhausgase und ein Fusionskraftwerk ist kaum radioaktiv. Es gibt lediglich schwach strahlenden Abfall, dessen Radioaktivität nach rund 100 Jahren nicht mehr messbar ist.

Aber so viele Vorteile es auch gibt, ein Nachteil ist groß. Es muss ziemlich heiß sein, damit sich Kerne verschmelzen lassen: Genau genommen werden etwa 100 Millionen Grad benötigt. Und hier liegen die Probleme für die Praxis. Erstens braucht eine solche »Heizung« ziemlich viel Energie, um diese Temperatur überhaupt zu erzeugen, und zweitens gelingt es derzeit nur für wenige Sekunden, das entstandene heiße Plasma zu beherrschen. Dann bricht die Energieerzeugung zusammen. Viel Forschungsarbeit ist also nötig, und derzeit fehlt es an – im wahrsten Sinne des Wortes – zündenden Ideen, um der Forschung eine Stoßrichtung zu geben, damit dieser interessanten Technologie zum Durchbruch verholfen werden kann. Doch dann kann und sollte sie bei der Energiewende eine sehr wichtige Rolle spielen.

Die geliebte Mobilität

Stellen Sie sich mal vor, man würde den Individualverkehr mit Verweis auf den Klimaschutz schlichtweg verbieten. Hui – wenn man so einen Satz liest, dann rast die Herzfrequenz hoch und man ist geneigt, aus dem Stand eine engagierte Replik zu starten, die sich gewaschen hat. Und zur schnellen Entspannung: Sie haben völlig Recht! So eine Maßnahme ließe sich niemals durchsetzen, sie wäre ein viel zu drastischer Eingriff – quasi ein der Natur vorbehaltener Schicksalsschlag – in eine gewachsene Gesellschaft, zu der die Mobilität jedes Einzelnen einfach dazugehört. Doch da der Anteil an Energieverbrauch und Treibhausgasemission des Verkehrs (auf der Straße, auf Schienen, im Wasser und in der Luft) weltweit bei 10 Prozent, in Europa sogar bei 30 Prozent liegt, müssen auch hier neue Wege gesucht werden, um weiterhin durch die Gegend fahren und Güter transportieren zu können, aber dabei weniger CO_2 zu emittieren. Während der Energieverbrauch beim Personenverkehr übrigens von 1990 bis 2005 etwa stabil blieb, hat jener für den Güterverkehr im gleichen Zeitraum um ein Drittel zugelegt; womit wir wieder bei den Aussagen zu unserem Transportwahn landen.

In diesem Abschnitt geht es nicht um gut gemeinte und daher richtige, aber leider von der überwiegenden Mehrzahl der Menschen ignorierte Appelle, mal auf das Auto zu verzichten. Es geht vielmehr um Ideen, um von den wirklich praktischen und leicht transportierbaren fossilen Energieträgern wegzukommen, ohne dabei die gesamte Infrastruktur neu erfinden zu müssen.

Als Allererstes steht die Effizienz im Mittelpunkt. Durch leichtere Materialien (hier freut sich wieder die Chemieindustrie über neue Aufträge und Arbeitsplätze), geringeren Luftwiderstand, Leichtlaufreifen oder Erhöhung des Motorwirkungsgrades sind in etwa 20 Jahren Energieeinsparungen von rund 30 Prozent möglich. Doch Vorsicht: Auch hier greift wieder der schon bekannte Rebound. Damit die Autos nicht einfach nur immer größer, schwerer und weitaus schneller werden, als man überhaupt fahren darf und kann, werden wieder einmal die politischen Rahmenbedingungen gebraucht. Zum Beispiel eine dringend notwendige und sinnvolle Einführung emissionsabhängiger Kfz-Steuern. Dann sind besonders große oder manchmal gar unnötig riesige Fahrzeuge mit hohem Energieverbrauch und viel Emission so teuer, dass sie seltener gekauft werden oder ihre Herstellung überhaupt unrentabel wird. Hier ist es an der Politik, sich gegen die Autolobby durchzusetzen – und das scheint Ende Januar 2009 auch geglückt zu sein, indem auf unverständliche Ausnahmeregelungen für große Spritschlucker verzichtet wurde.

Zudem gibt es eine politische Maßnahme, die wirklich wenig Geld kostet und die man schnell einführen kann: das umstrittene Tempolimit. Das gibt es überall in der Welt, außer auf der Isle of Man, im Nepal, in Afghanistan, in Somalia – und in Deutschland. Kurioserweise sind zwei Drittel der Bevölkerung in unserem Land für die generelle Geschwindigkeitsbegrenzung, wobei man über die Obergrenze ja diskutieren kann. Wie wäre es mit 120 km/h auf zweispurigen und 150 km/h auf drei- oder vierspurigen Autobahnen? Das Ergebnis ist ein gleichmäßigeres und dank der seltener notwendigen Lastwechsel spritsparenderes Fahren. Wie angenehm eine solche Fahrt ist, erlebt man immer wieder bei Reisen in unseren Nachbarländern, und der Zeitverlust durch das Tempolimit – das haben zahllose Tests ergeben – ist gering. Das Zeitgefühl vermittelt uns aber oft einen anderen Eindruck. Wer im Auto einen stetigen Kampf mit sich selbst und anderen Autofahrern führt, hat das Gefühl, die Zeit vergeht, sehr rasch. Wer, zuweilen sicherlich gelangweilt, bei 130 km/h aus dem Fenster schaut, hat schnell mal das Gefühl von Ewigkeit. Der Verkehrssicherheit ist ein solches Limit jedoch ohne Zweifel zuträglich, und die Frage, ob es etwas für den CO_2-Ausstoß bringt, ist wie bei allen umstrittenen Ideen umstritten. Je nach Eigeninteresse liegen Studienergebnisse bei einer Reduktion der Emission von 1 bis 30 Prozent. Geht man einmal davon aus, dass der vernünftigste Wert irgendwo in der Mitte zu finden ist, und stellt zudem fest, dass es sicherlich keinesfalls zu einer Emissionserhöhung kommt, so lässt sich sagen: Folgen wir doch der Mehrheit aller Länder und der meisten Bürger unseres Landes!

Weitere klimaschützende Maßnahmen sind der zunehmende Einsatz von Erdgas, das CO_2-ärmer verbrennt, sowie von Bioethanol und Biodiesel, wobei hier die oben beschriebenen Argumente hinsichtlich der Konkurrenz zur Nahrungsmittelproduktion zu beachten sind. Auch der Hybridmotor, die Kombination aus Verbrennungs- und Elektromotor, ist eine zukunftsweisende Technologie. Sie führt vor allem im Nah- und Stadtverkehr zu Einsparungen, auf großer Strecke sind die Vorteile eher gering.

Wasserstoff im Tank

Man kann aber auch noch einen riesigen Schritt weitergehen und Wasserstoff als Antrieb für Fahrzeugmotoren andenken. 1839 experimentierte der Physiker Sir William Robert Grove an der Elektrolyse von Wasser zu Wasserstoff und Sauerstoff und erkannte, dass dieser Prozess auch umgekehrt funktioniert. Neben dem deutschschweizerischen Chemiker Christian Friedrich Schönbein gilt er damit als Erfinder der Brennstoffzelle.

Im Unterschied zum Verbrennungsprozess, wo heiße Gase zum Antrieb einer Wärmekraftmaschine genutzt werden, die wiederum einen Generator antreibt, findet bei der Brennstoffzelle eine direkte Umwandlung von chemischer in elektrische Energie statt. Deswegen nennt man den Prozess auch »kalte Verbrennung«, und somit ist die Brennstoffzelle kein Energiespeicher, sondern ein Energiewandler. Zwischen Anode und Kathode befindet sich ein Elektrolyt, der den Ionenaustausch ermöglicht. Durch einen äußeren Stromkreis sind die Elektroden verbunden, die Folge ist ein Stromfluss. Das »Abgas« einer Brennstoffzelle ist harmloser Wasserdampf. Damit hätte man das perfekte, leise Elektroauto mit hohem Wirkungsgrad.

Das Auto statt mit der Brennstoffzelle mit Lithium-Ionen-Akkus anzutreiben, wird ebenfalls von mehreren Herstellern versucht, teilweise in Kombination mit Dieselmotoren. Der Nachteil hier ist die Reichweite von oft nur 50 bis 100 Kilometern und die mit 3 bis 8 Stunden lange Ladedauer der Batterie. Für Pendler mögen aber auch solche Reichweiten interessant sein. Von völliger Emissionsfreiheit kann man beim Akkuelektroauto allerdings nicht sprechen, denn auch wenn es selbst kein CO_2 emittiert: Das Kraftwerk, das den Strom für die Batterie produziert, tut es – solange es fossil betrieben wird.

Doch zurück zum Wasserstoff, denn leider hat auch der seine Nachteile. In der Natur kommt er nicht ungebunden vor, und so muss er erst unter Energieaufwand – da kämen zum Beispiel erneuerbare Energien in Frage – hergestellt und zum Verbraucher transportiert werden. Weil Wasserstoff nun aber ein sehr flüchtiges und brennbares Gas ist, ist der Transport nicht so einfach, auch nicht im Tank des Wasserstofffahrzeugs. Entweder man verflüssigt den Wasserstoff, doch dann muss es ziemlich frisch sein: 254 Grad minus. Oder man presst ihn unter abnorm hohem Druck in spezielle Tanks. Beide Formen zur Speicherung haben ein hohes Gewicht und benötigen viel Platz – das Gegenteil braucht man aber im Automobilbau. Hier kommt nun die große Stunde der Chemie, die ja schon bei anderen Energieträgern wie zum Beispiel beim Biosprit eine Rolle spielte. Geforscht wird an der Speicherung von Wasserstoff als Methanol oder durch die Bindung an einen chemischen Speicher, wie beispielsweise Aktivkohle. Möglich ist aber auch die Verwendung von leichten Metallen, die sich mit Wasserstoff verbinden. Heraus kommt Metallhydrid, das Speichersystem heißt dann Hydridspeicher. Noch sind diese Speichermedien nicht serienreif, doch dank der Chemie entstehen viele neue Möglichkeiten.

Wenn es dann mal so weit ist, besteht das berühmte Akzeptanzproblem. Das Wasserstoffauto muss sich für den Kunden lohnen. Es darf also nicht horrend teuer sein und man muss quasi überall Wasserstoff bekommen. Doch da beißt sich die Katze in den Schwanz. Solange es zu wenige Wasserstofftankstellen gibt, wird niemand solche Autos haben wollen, und solange zu wenige Menschen solche Autos haben, lohnt sich die Errichtung eines Tankstellennetzes nicht. Ich würde sagen: Fangen wir doch einfach regional in Ballungsgebieten und mit den vielen Kleintransportern an. So ein Start – wie immer zusammen mit den richtigen politischen Rahmenbedingungen – kann zu großem Erfolg führen. Nicht umsonst sagte Jules Verne schon 1870, dass Wasser die Kohle der Zukunft sei.

Geschäft ohne Reise

Die Mobilität erhalten, aber durch den Wandel bei der Antriebstechnologie weniger Treibhausgase zu emittieren – das muss das Ziel sein. Das betrifft auch die Berufswelt. So manche Jobs fordern heutzutage ein häufiges weltweites und damit stressiges Herumjetten. Manch einer wäre sicher froh, die eine oder andere lange Geschäftsreise nicht unternehmen zu müssen. Diesem Wunsch kann man nachkommen, und hier liegt ein riesiges Potenzial für die Informationstechnologie. Bisher hatten Videokonferenzen oft das Manko, dass einem eine zuckende, ruckelnde und blechern sprechende Gestalt gegenübersaß – jegliche menschliche Nähe und damit die für eine Besprechung nötige Atmosphäre gingen verloren. Doch mittlerweile ist man in der Lage, durch gute und schnelle Übertragungsqualität den Eindruck zu erwecken, als säße man gemeinsam in einem Raum. So manche zeitaufwändige und emissionsintensive Kontinentalreise kann so verhindert werden.

Klimaschutz im Haus

Nun sind wir natürlich nicht immer unterwegs, sondern manchmal auch in unserem Büro oder zu Hause. Und damit sind die nächsten Orte gefunden, wo erheblich an der Energieverbrauchsschraube gedreht werden kann. Nach Schätzungen könnten die Gebäudeemissionen bereits mit heutigen Mitteln um sage und schreibe 40 Prozent gesenkt werden. Da man dann bei gleichem Komfort – niemand soll schließlich frierend in seiner Hütte hocken – auch erheblich weniger Energie verbraucht, lässt sich ordentlich Geld einsparen.

20 dieser 40 Prozent stecken im Äußeren der Gebäude. Mit geeigneter wärmedämmender Fassade, den richtigen Fenstern und Solarzellen sind solche Werte möglich. Darum entwerfen immer mehr Architekten sogenannte Niedrigenergiehäuser, die einem gesetzlich festgelegten Standard genügen müssen. Das Interesse ist groß, denn die anfängliche Investition in ein Gebäude, das man möglicherweise Jahrzehnte bewohnt, kann sich am Ende zur eigenen und zur Freude des Klimas ganz erheblich auszahlen. Die Steigerung des Niedrigenergiehauses ist das Passivhaus. Der Primärenergiebedarf darf hier einschließlich aller elektrischen Verbraucher nicht über 120 Kilowattstunden pro Quadratmeter und Jahr betragen. Der Jahresheizwärmebedarf liegt sogar unterhalb von 15 Kilowattstunden pro Quadratmeter und Jahr, das entspricht Heizkosten von 10 bis 25 Euro pro Monat. Zusätzlich zu den Vorteilen des Niedrigenergiehauses enthalten Passivhäuser eine kontrollierte Wohnraumbelüftung mit Wärmerückgewinnung aus der Abluft von Personen und elektrischen Geräten. Das weitere Erwärmen der Luft geschieht durch sonnenbeschienene Fenster und Elektroheizungen, die durch Erdgas, Fernwärme, Solaranlagen oder Pelletöfen betrieben werden.

Im Zusammenhang mit der Fernwärme sei hier am Rande auf die Kraft-Wärme-Kopplung hingewiesen. Kraftwerke, die aus Wärme mechanische oder elektrische Energie gewinnen, produzieren schließlich eine ganz Menge Abwärme. Diese nicht durch Kühltürme in die Atmosphäre zu entlassen, sondern auszukoppeln und an

Haushalte und die Industrie weiterzuleiten, ist hier der naheliegende und energiesparende Ansatz. Ein Kraftwerk kann also nebenbei auch Heizkraftwerk sein. Im Kleinen funktioniert das übrigens auch, und so stellen sich immer mehr Menschen ein kleines Blockheizkraftwerk neben die Heizung. Es produziert über einen Generator den eigenen Strom und die Abwärme des Generators wird zum Heizen genutzt.

Heizen und das Erzeugen warmen Wassers benötigen mehr als 85 Prozent der in Gebäuden verwendeten Energie und deshalb ist hier natürlich auch das größte Einsparpotenzial zu finden. Hinzu kommen noch die Elektrogeräte, besonders jene in der Küche, die rund 11 Prozent ausmachen. Die Beleuchtung ist mit kaum 2 Prozent beteiligt. Vor diesem Hintergrund scheint unser gesetzgeberischer Eifer etwas erstaunlich, das Aus der Glühbirne derart massiv voranzutreiben. In der Tat ist die Glühbirne eher eine Heizung als eine Lichtquelle, denn in die Erzeugung von Licht werden gerade mal 5 Prozent der Energie investiert, während 95 Prozent Wärme erzeugen, was man beim Anfassen einer leuchtenden Birne sehr schnell durch selbige mitgeteilt bekommt. Der Austausch von Glühbirnen gegen Energiesparlampen geht deshalb zwar in die richtige Richtung, doch hat er nicht nur Vorteile, und vor dem Hintergrund eines insgesamt eng begrenzten Sparpotenzials sollten die Nachteile deshalb kurz betrachtet werden.

Besonders gelobt wird die Energiesparbirne für ihre lange Lebensdauer, mit der auch ihr höherer Preis gerechtfertigt wird. Dies gilt jedoch vor allem für den Dauerbetrieb. Wird sie – und das ist zumeist das, was im täglichen Betrieb geschieht – oft ein- und ausgeschaltet, so geht sie häufig mal zu früh kaputt. Alternativen stehen aber bereits parat, nur sind diese heute noch zu teuer – es geht um Leuchtdioden (LED).

Diese sind als Alternative aber noch aus einem ganz anderen Grund interessant. Denn die Energiesparbirne enthält etwas Quecksilber und ist daher als Sondermüll zu entsorgen, nachdem sie kaputtgegangen ist. Doch jetzt stellen Sie sich vor, alle Energiesparbirnenbesitzer bringen die Birne korrekterweise zur Deponie (ob das wirklich alle tun?). Dann finden ziemlich viele Autofahrten oder zumindest Umwege mit CO_2-Ausstoß zur Birnenentsorgung statt. Ein indirekter Rebound entsteht, und weil das Einsparpotenzial mit kaum 2 Prozent Gesamtvolumen eher gering ist, kann es sogar zum sogenannten »Backfire« kommen: Die CO_2-Mehremission durch die Entsorgungsfahrten könnten den Effekt der Energiesparbirne überkompensieren. An ihrer Haltbarkeit im Alltagsbetrieb muss folglich weiter gearbeitet werden, um ihre Vorteile gegenüber der Glühbirne richtig auszuschöpfen. Die bisher nicht selten geäußerte Kritik, das kalte Licht der Sparlampe führe dazu, dass man die Heizung hochdreht, verliert an Bedeutung, weil es nun auch derlei Birnen mit wärmeren Tönen gibt. Doch dass sie durch ihre hochfrequente Strahlung für Elektrosmog sorgen, ändert sich durch den Farbton nicht.

Das Abwägen der Vor- und Nachteile der Energiesparbirne führt zum Schluss zur Feststellung, dass ihre Verwendung und später möglicherweise auch die der LED ein kleiner Schritt in die richtige Richtung ist. Aber dieser sollte trotz aller politischer Entschlossenheit nicht als der »große Wurf« überbewertet werden – manch böse Zunge mag behaupten, dass diese Entschlossenheit sogar nur deshalb möglich war, weil der Schritt klein ist.

Schauen wir uns noch ein paar Sparkonzepte bei Bürogebäuden an. Manch futuristische Gebäudeform entsteht hier nämlich nicht durch architektonische Extravaganzen, sondern ist dem Energiesparkonzept gezollt. Der gurkenartig aussehende Swiss-Re-Tower in London verbraucht nur 50 Prozent der Energie vergleichbarer Bauten. Er wird passiv durch die Sonne erwärmt und enthält automatische Systeme für Belüftung und Beleuchtung. Über sogar 70 Prozent weniger Energieverbrauch darf man sich im Szencorp-Haus in Melbourne freuen. Hier werden Elektrizität und Warmwasser von Keramikbrennstoffzellen geliefert. Und manches in den Tropen stehende Bürohaus genießt eine Dachbegrünung, die eine zu starke Aufheizung des Gebäudes verhindert. Sie sehen, die Summe vieler, den Bedingungen vor Ort angepasster Ideen macht das Konzept aus.

Dieses Kapitel sollte zeigen, dass zahlreiche Möglichkeiten existieren, Energie zu sparen und sie modern zu erzeugen. Wendet man die bestehenden und sich ganz sicher weiterentwickelnden Möglichkeiten an, und das muss weiter vorangetrieben werden, so bringt dies technologischen Fortschritt und Arbeitsplätze. Der unumgängliche Energiewandel, der uns tatsächlich wegbringt von der dominanten Nutzung endlicher fossiler Energieträger, ist somit denkbar.

Wenn der Mensch in die Natur eingreift

Es gibt Stimmen, die den Klimawandel auf radikalere Weise abmildern wollen und die das sogenannte Geo-Engineering befürworten. Es beschreibt die Idee, dass der Mensch auf technischem Weg in die natürlichen Kreisläufe eingreift, um die Klimaveränderung oder die Versauerung der Meere zu stoppen. Der Hintergrund ist die Befürchtung, diese Dinge mit vielen kleinen Schritten nicht in den Griff zu bekommen. Vorschläge, wie man technisch eingreifen könnte, kommen teilweise von durchaus renommierten Wissenschaftlern, auch wenn sie meist nach Science-Fiction klingen. Der Chemienobelpreisträger Paul Crutzen schlägt beispielsweise vor, die Wolkenbildung in der Stratosphäre durch massenhaften Eintrag von Schwefelpartikeln zu fördern – ähnlich wie es bei Vulkanausbrüchen geschieht. Dadurch könnte die Erde gekühlt und der Klimawandel abgeschwächt werden. Auch über große Sonnensegel im Weltall, die der Erde Schatten spenden sollen, wurde schon nachgedacht. Vorschläge, Meerwasser von Spezialschiffen in die Atmosphäre zu sprühen, um so die Wolkenbildung zu fördern, gab es ebenfalls. Der Versauerung der Meere könnte man begegnen, indem man massiv Kalk in den Ozean kippt. Und Natronlauge könnte das Kohlendioxid aus der Atmosphäre waschen.

Meine persönliche Meinung hierzu: Ich halte von all diesen Ansätzen wenig. Zum einen macht es keinen Sinn, jemandem, der chronische Kopfschmerzen hat, immer nur Schmerzmittel zu verpassen. Man sollte schon schauen, wo der Kopfschmerz herrührt, und hier zugreifen, sprich das Übel an der Wurzel packen. Doch weitaus entscheidender als diese prinzipielle Überlegung scheint mir zum anderen das Problem der Nebenwirkungen solcher »Medikamente« zu sein. Der Mensch war schließlich schon so oft erstaunt und erschrocken darüber, welch unerwünschte Effekte er bei viel kleineren als den hier angedachten Eingriffen in die Natur ausgelöst hat.

Denken Sie nur an das Projekt Assuanstaudamm in Ägypten. Die Ziele, die man verfolgte, waren nicht unvernünftig, denn man wollte in der Region durch den Staudamm von saisonaler zu ganzjähriger Bewässerung kommen. Außerdem sollte die Stromversorgung durch ein Kraftwerk verbessert werden, die Trinkwasserversorgung gesichert und der Nil für Schiffe besser zugänglich gemacht werden. Das mehr als 2 Milliarden Euro teure Projekt lieferte aber nicht einkalkulierte und ganz und gar unerwünschte Veränderungen gleich mit: Der Damm hält nämlich auch Millionen von Tonnen fruchtbaren Nilschlamms zurück. Dieser Schlamm ist für das Nildelta aber von großer Bedeutung, denn durch ihn wird das Mittelmeer daran gehindert immer weiter ins Landesinnere vorzudringen. Dies geschieht nun aber ungehindert, an einigen Orten sogar mit einer hohen Geschwindigkeit von rund 100 Metern im Jahr. Damit verschwinden natürlich Ackerflächen oder liefern wegen der zunehmenden Versalzung kaum noch Ertrag. Zusätzlich hat der Nährstoffmangel im Nilwasser zu einer erheblichen Abnahme des Fischreichtums geführt. Und das Unglücklichste ist, dass der Schlamm ja nun nicht einfach weg ist. Er sammelt sich stattdessen im Staudamm, und der wiederum verlandet mehr und mehr, was seine Wasseraufnahmekapazität reduziert. Zu allem Überfluss verdunstet eine stehende Wasserfläche in der heißen Wüstensonne ganz ordentlich – von etwa 2000 Litern pro Quadratmeter im Jahr muss ausgegangen werden. Das ist mehr als dreimal so viel, wie in Berlin in einem Jahr durchschnittlich als Regen fällt. Ob man den Damm wohl gebaut hätte, wenn alle Folgen im Vorfeld bekannt gewesen und in ihrer Größenordnung richtig hätten abgeschätzt werden können? Ich glaube fest daran, dass folgende Zusammenfassung Gültigkeit hat: Je größer das Projekt, desto größer die Anzahl der unerwünschten Nebenwirkungen.

Am Ende drängt sich das Gefühl auf, dass durch Geo-Engineering versucht wird, der Mühe vieler kleiner Schritte fantasievoll auszuweichen, und dass es sich deshalb um die Suche nach der theoretischen »Wunderwaffe« handelt. Wir sollten nicht unbedingt in dieser Weise mit unserem Planeten herumexperimentieren, zumal die konkreten technischen Probleme wohl größer sein werden als bei der Umsetzung des notwenigen Energiewandels. Unsere Mühe in Letzteren zu stecken, scheint mir viel effektiver. Schließlich kann auch Geo-Engineering die fossilen Energieträger nicht unendlich machen.

Ein Energiemix für die Zukunft

Nach diesem Kapitel sind zwei Dinge deutlich geworden: Wir haben unglaublich viele Möglichkeiten, doch wir haben keine Ideallösung, die nur Vorteile enthält. Nach meiner Auffassung ist ein gut durchdachter Mix unsere große Chance. Müsste ich diesen Mix zusammenstellen, wären darin zwei zentrale Punkte zu finden. Erstens die Sonne. Sie ist mit ihrem großen Überangebot der Energielieferant schlechthin. Deshalb sollte sie auch der Energielieferant Nummer eins für den Menschen werden – durch solarthermische Kraftwerke in unbewohnten und sonnigen Wüstengegenden sowie durch die intensive, dezentrale Nutzung der Photovoltaik. Und zweitens Wasserstoff in Kombination mit Brennstoffzellen. Um unsere Mobilität zu erhalten, brauchen wir einen neuen Kraftstoff, und was liegt näher, als einen Stoff zu benutzen, der quasi grenzenlos vorhanden ist und dessen Abgas schadloser Wasserdampf ist – wie schon ausführlich gezeigt ist er kein langlebiges Treibhausgas.

Je nach regionaler Gegebenheit sind auch alle anderen regenerativen Energien einzubeziehen. In ihnen liegt die Zukunft, weil sie die einzigen Energieträger sind, die Energieverbrauch und Treibhausgasemission entkoppeln. Trotzdem hätte in »meinem« Mix auch die Kernkraft ihren Platz – zumindest so lange, wie wir ohne sie in Versorgungslücken gelangen. Die Erfahrung zeigt, dass Kernenergie eine durchaus sichere Form der Energiegewinnung ist und dass in der Kernfusion bei allen genannten technischen Schwierigkeiten auch große Chancen liegen. Die fossilen Energieträger zu verteufeln, ist nicht meine Strategie. Sie haben maßgeblich zu unserem Wohlstand beigetragen und würden nun die »Manager des Übergangs« sein. Sie sind quasi die Rückendeckung für den Zeitraum der Umstellung unseres Energiekonzeptes. Sie sollten mit zurückgehender Tendenz dort im Einsatz sein, wo die neuen Energieformen gerade hineinwachsen und noch nicht die »volle Verantwortung« übernehmen können.

Was kann ich selbst tun?

Vier Dinge gehören eng zusammen, wenn wir das Thema Klimawandel zielgerichtet anpacken wollen: ein solides Wissen über die Vorgänge im Erdsystem, globale politische Rahmenbedingungen, die Einsicht, dass der Schlüssel zur Lösung in einem neuen Energiemix liegt und schließlich die richtige Grundeinstellung, also der Optimismus, das Thema in den Griff bekommen zu können.

Eine fünfte Sache müssen wir aber noch obendrauf packen, und das ist der kleine Energiesparbeitrag jedes Einzelnen. Man ist zwar geneigt zu sagen: »Was nutzt es der großen weiten Welt schon, ob ich kleiner Mensch etwas tue oder nicht?« Doch das ist ein ganz großer Irrtum. Die Summe der vielen kleinen Beiträge ist schließlich ein großer Beitrag. Denken Sie noch mal an die Leipziger Montagsdemonstrationen im Jahr 1989. Hätte jeder die Haltung vertreten, dass es keine Rolle für die Gesamtheit spielt, ob nun gerade er kommt oder nicht, wäre genau niemand gekommen. Dann wäre da ein leerer Platz gewesen – und nichts wäre passiert.

Aber auch, wenn wir akzeptieren, dass der Beitrag von jedem Einzelnen eine Rolle spielt, werden sich in der Summe theoretisch mögliches und praktisches »gutes Klimaverhalten« immer ordentlich voneinander unterscheiden. Das ist menschlich, und wenn man realistisch an das Thema herangeht, muss man das akzeptieren. Moralisieren bringt da wenig beziehungsweise kann, wenn man es übertreibt, vielleicht sogar zu einer Art kindlicher Trotzreaktion führen. Sinnvoll ist es hingegen, immer wieder mit guter Sachinformation auf einfache Möglichkeiten hinzuweisen, wie Energie gespart werden kann. Wie oft ist es mir bei Vorträgen schon passiert, dass zum Schluss Zuhörer zu mir kamen und sagten: »Darüber habe ich einfach noch nie nachgedacht!« Das zeigt, dass wir uns die Auseinandersetzung mit den Themen Energie, Klima und Umwelt intensiver zumuten müssen. Auf längere Sicht wird sich unser Bewusstsein dafür ganz sicher erweitern, bei dem einen etwas schneller, bei dem anderen etwas langsamer. Das war bei anderen Themen, wie zum Beispiel bei der Mülltrennung, nicht anders. Dabei wird die unweigerlich stattfindende Teuerung der Energie unsere Sensibilisierung für das Thema ziemlich sicher beschleunigen. Unser Energieverbrauch im Alltag wird dann zunehmend durch Verhaltensänderungen und die Nutzung energiesparender Technologien reduziert.

Aber: Kürzlich sah ich eine Fernsehsendung, in der zwei Familien mit dem Ziel gegeneinander antraten, die jeweils klimafreundlichere zu sein. Es war wirklich überwältigend, was die Autoren der Sendung an spannenden Möglichkeiten zum Energiesparen zusammengetragen hatten. Man konnte zuschauen, wie die Familien es dann umsetzten oder es zumindest versuchten. Doch genau während dieser wirklich ideenreichen Sendung wurde mir klar, weshalb Theorie und Praxis so weit auseinanderliegen: Wenn ich ein sehr gutes Klimaverhalten im Alltag nur dadurch erreiche, dass ich aber auch nahezu alles ganz anders machen muss als alle Menschen um mich herum, und wenn ich von früh bis spät Anstrengungen unterliege, um dieses oftmals zeitaufwändigere Alltagsleben zu führen, dann tue ich das nur dann konsequent, wenn ich ein ganz großer Idealist bin. Und genau das sind die meisten Menschen, und das schließt mich ein, eben nicht.

Deswegen ist es wichtig, auch unseren Alltag mittels Vorgaben und damit vorwiegend über den Faktor Kosten klimafreundlicher zu machen. Wer einen normalen Alltag führt, muss quasi von selbst Gutes tun – zum Beispiel, weil das in einer riesigen Schachtel eingepackte und zusätzlich in acht verschiedenen Raschelfolien versteckte Schokoladenstück einfach gar nicht angeboten wird oder allenfalls zu einem horrenden Preis. Interessant sind übrigens die Ergebnisse von Umfragen, die zeigen, dass durch das wachsende Bewusstsein für die Klimaproblematik viele Menschen bei uns damit einverstanden sind, sich durch Vorgaben einschränken zu lassen. Offensichtlich wünschen sich also viele Verbraucher, nicht selbst herausfinden zu müssen, ob ein Artikel schlecht für das Klima ist. Wie ich finde, ist das eine gar nicht so unvernünftige Haltung, wenn man prinzipiell zustimmt, dass etwas für das Klima getan werden muss, doch gleichzeitig nur mäßige Lust verspürt, sich mit einer Vielzahl von Optionen auseinanderzusetzen. Ohne Zweifel ist es schwer, hier eine ausgewogene »Grenze der Bevormundung« zu ziehen – sonst fallen sehr schnell und bei Übertreibung sicherlich berechtigte Worte wie »Ökodiktatur«.

Bei freiwilligen Beiträgen zum Klimaschutz gehen die Antworten stark auseinander: Man stimmt zwar gerne zu, wenn es um die prinzipielle Aufforderung geht, durch Verhaltensänderung etwas zum Klimaschutz beizutragen, doch viel zurückhaltender fallen die Antworten dann aus, wenn es konkreter wird. Das zeigte eine Umfrage des Forsa-Instituts von 2007. Kaum jemand wäre demnach nämlich bereit, auf einen Urlaubsflug zu verzichten oder bewusst darauf zu achten, nur regionale Obst- und Gemüseprodukte zu kaufen.

Wenn man ein paar Dinge, die ohne großen Aufwand machbar sind, mit einem bis zu dieser Stelle des Buches etwas gewachsenen Klimawissen betrachtet, wird deutlich, wie einfach manche Verhaltensänderung ist und welch große Wirkung sie nach sich zieht. Zumal man parallel zur Klimafreundlichkeit ganz automatisch immer Geld einspart. Es gibt mittlerweile eine Unmenge von Büchern, die zeigen, wie jeder von uns die globale Erwärmung ein bisschen bremsen kann. Am Ende des Buches finden Sie Beispiele solcher Literatur, in der viele Möglichkeiten ausführlich besprochen werden. Die kommenden Seiten sollen deshalb nur eine Art Zündhilfe sein, die Lust auf mehr Beschäftigung mit dem Thema macht. Denn wenn man erst mal loslegt – denken Sie an das Beispiel »Keller aufräumen« zurück – dann kann Energie- und Geldsparen richtig Spaß machen.

Unsere täglichen Helfer im Haushalt

Stellen Sie sich einmal ein Leben ohne Kühlschrank oder ohne Waschmaschine vor. In der heutigen Zeit ist das undenkbar, und selbst die Spülmaschine ist fast überall Standard. In den letzten

Jahren haben sich diese Geräte jedoch ganz erheblich weiterentwickelt und sind immer sparsamer geworden. Sie kennen sicher die Energieeffizienzklassen A bis G, wobei A energiesparend und G ineffektiv bedeutet. Im Jahr 2004 wurde die Klasse A noch um die Klassen A+ und A++ erweitert.

Schauen wir zunächst auf den Tag und Nacht durchlaufenden Kühlschrank. Erstaunlich: Wenn Sie ein im Jahr 2000 gekauftes Gerät heute durch einen Kühlschrank einer der beiden neuen Effizienzklassen austauschen, so lohnt sich das für die Umwelt trotz Entsorgung des alten und Herstellung des neuen Gerätes. Für Sie selbst beginnt ab dem Moment das Sparen von Energie und Geld. Und wie viele sogar sehr deutlich vor dem Millennium erstandene Kühlschränke verrichten täglich ihren Dienst in unseren Küchen! Trotzdem entscheiden wir uns eigentlich erst dann zum Gerätetausch, wenn selbiges seinen Geist aufgibt. Zum einen liegt das an der zweifellos bestehenden Mühe des Aussuchens, des Transportierens und des Installierens, zum anderen schreckt uns der Kaufpreis meist mehr als laufende Kosten. Einen großen Batzen Geld auf einen Schlag hinzublättern tut uns weh, eine im Hintergrund Monat für Monat laufende Abbuchung vom Konto für die Energiekosten nimmt man hingegen kaum wahr. Man gewöhnt sich dran.

Obendrein lassen sich mit dem Kühlschrank noch ein paar schöne Zahlenspiele machen. Wenn Sie ihn nicht mit 5 Grad, sondern mit 7 Grad betreiben – unsere Lebensmittel sind mit beidem einverstanden –, so sparen Sie etwa 10 Prozent Energie. Aber auch die Außentemperatur spielt natürlich eine Rolle, schließlich muss der Kühlschrank ja gegen sie »ankühlen«. Pro Grad Celsius, die es in der Küche kühler ist, benötigt der Kühlschrank 4 Prozent weniger Energie. Sind es zum Beispiel 18 statt 22 Grad, so macht das schon 16 Prozent aus. Und wenn der Kühlschrank seine Arbeit ausgerechnet neben dem Herd verrichten muss, dann können es wegen des »Kampfes« zweier Geräte, die ja genau das Gegenteil erreichen wollen, über 30 Prozent Energie sein, die durch eine Umstellung eingespart werden können – natürlich nur, solange der Herd betrieben wird. In regelmäßigen Abständen begegnen Ihnen auch größere Eismassen im Gefrierfach. Das ist einerseits deshalb ärgerlich, weil es dann immer weniger Platz für die Lebensmittel gibt, andererseits aber auch, weil der Kühlschrank auf diese Weise viel mehr Energie braucht als nötig – nur um Eis zu kühlen, dass sie genau nicht haben wollen. Also: mal abtauen!

Auch die Waschmaschine hat riesiges Sparpotenzial. Zuerst einmal wegen der technischen Weiterentwicklung. Geräte, die 15 Jahre alt sind, brauchen etwa doppelt so viel Energie wie die heutigen. Aber in ähnliche Sparregionen können Sie zusätzlich noch vordringen, wenn Sie die Maschine stets voll packen und die richtige Temperatur zum Waschen wählen. Ob man mit 30 oder mit 40 Grad beziehungsweise mit 60 oder mit 95 Grad wäscht, macht beeindruckende 30 bis 40 Prozent beim Energieverbrauch aus. Wenn man sich bewusst macht, dass der Sauberkeitsgrad vom Waschmittel und nicht von der Temperatur abhängt, so wird klar, was man ohne jede Mühe für den Geldbeutel und das Klima tun kann – indem man einen Knopf bloß in eine andere Position rasten lässt. Wahrlich keine dramatische Verhaltensänderung, die uns da abverlangt wird. Wir Deutsche waschen übrigens im Mittel mit 46 Grad, der Spanier bekommt seine Wäsche mit 33 Grad sauber. Und 95 Grad braucht es eigentlich nie – zumindest *fast* nie, wie folgende Hommage an einen Zuhörer bei einem meiner Vorträge zeigt. Als ich in dieser Weise über die 95-Grad-Wäsche sprach, sprang er quasi schlagartig von seinem Stuhl auf und wies mich sehr energisch zurecht, welch »verantwortungsloses Zeug« ich da verbreiten würde. Er sei Arzt und brauche Sterilität, die nur bei dieser Waschtemperatur zu erreichen sei. Wir haben uns schnell wieder vertragen, nachdem ich ihm versprochen habe, darauf stets hinzuweisen. Deshalb: Wenn Sie also auch Arzt sind oder aus anderen Gründen – zum Beispiel, weil ein Familienmitglied erkrankt ist – ein steriles Waschergebnis benötigen, sind 95 Grad die richtige Wahl. Doch wenn das gerade mal nicht der Fall sein sollte, dann genügen die tieferen Waschtemperaturen.

Nach dem Waschen laden wir die Wäsche gerne in den Trockner, ein Gerät, das sich wachsender Beliebtheit erfreut. Heutzutage gibt es nämlich rund doppelt so viele Trockner wie noch vor zehn Jahren. Dabei existiert hier ein wirklich sehr wirkungsvoller

Energiesparvorschlag: Schalten Sie das Gerät nicht ein! Das spart 100 Prozent der benötigten Energie und die auch in der Anschaffung erheblich günstigere Wäscheleine übernimmt mit Hilfe der Luft das Trocknen ganz hervorragend. Natürlich gibt es Wohnsituationen, wo der Trockner sehr nützlich ist. Dann sollten seine Vorteile natürlich genutzt werden, wobei Sie durch ausgiebiges Schleudern der Wäsche zuvor und durch das vollständige Auffüllen des Gerätes auch hier noch Energie einsparen können. Aber für den Gesamteffekt eines Landes wie Deutschland gilt: Wird der Trockner von all jenen nicht verwendet, die ihn nicht zwingend benötigen, dann kann die Emission von Treibhausgasen erheblich gesenkt werden.

Ob das Spülen von Hand oder mit der Maschine günstiger im Verbrauch ist, lässt sich so eindeutig nicht sagen – auf jeden Fall nimmt uns die Spülmaschine eine von nur wenigen Menschen geliebte Tätigkeit ab. Erfreulich ist deshalb auch hier die massive Weiterentwicklung: Ein modernes, effizientes Gerät benötigt heute nur noch ein Drittel der vor 15 Jahren aufgewendeten Energie. Auch hier ist logisch, dass man die Maschine erst dann laufen lassen sollte, wenn sie voll ist, und ein Programm mit 50 Grad und ohne Vorspülen reicht in fast allen Fällen aus, um am Ende sauberes Geschirr in den Schrank einräumen zu können.

Und weil wir gerade in der Küche sind: Wollen Sie Wasser erhitzen, geht das mit einem Wasserkocher am günstigsten. Und wenn Sie den Inhalt eines Topfes warm oder heiß machen wollen, so sind vor allem zwei einfache Dinge wichtig: Die Größe von Topf und Herdplatte sollte gleich oder möglichst ähnlich sein, und es gehört ein passender Deckel auf den Topf. Allein durch Letzteres sparen Sie mühelos etwa 30 Prozent der Energie beim Kochen. Wird ein Elektroherd verwendet, ist es sehr effektiv, den Kochvorgang mit der Restwärme der Platte zu beenden, also den Herd früh genug abzustellen. Interessant sind auch die Verbrauchsverhältnisse bei unserem im wahrsten Sinne des Wortes heiß geliebten Kaffee. Die Warmhalteplatte der Kaffeemaschine verpulvert nach Fertigstellung des Kaffees große Energiemengen, und abgesehen davon schmeckt das Getränk nach langer Wartezeit oft bitter und grausig. Durch ein schnelles Umfüllen aus der normalen Kanne in die Thermoskanne können Sie auch hier doppelt profitieren: Es werden weniger Treibhausgase in die Atmosphäre befördert und Sie können zugleich einen aromatischeren Kaffee genießen.

Besser essen

Hier möchte ich mich sehr kurz fassen und unsere Ernährungsgewohnheiten in diesem etwas saloppen Satz zusammenfassen: Je fetter man isst, desto schlechter ist das fürs Klima – und ganz nebenbei auch für die Gesundheit. Betrachtet man den Anteil von Treibhausgasen, die verschiedene Lebensmittel auf dem Weg bis in den Supermarkt emittieren, so kommen die tierischen und hier vor allem die Milchprodukte am schlechtesten weg. Für ein Kilogramm Butter werden 23,8 Kilogramm Kohlendioxid emittiert, bei der gleichen Menge Rindfleisch sind es noch 13,3 Kilogramm. Margarine schneidet mit 1,35 Kilogramm CO_2 pro Kilogramm schon viel besser ab, beim Kilogramm Kartoffeln sind es nur noch 0,2 und beim frischen Gemüse 0,15 Kilogramm CO_2.

Der Transport der Lebensmittel hat bei großen Distanzen und der Nutzung des Flugzeugs – zum Beispiel für die berühmten Erdbeeren aus Neuseeland – einen überproportionalen Anteil an der Emission. Geht man von einer Obst- und Gemüsemischung aus der Region aus, so werden pro Kilogramm etwa 0,23 Kilogramm Kohlendioxid emittiert. Ist zuvor ein Interkontinentalflug erforderlich, so wird für dieses Kilogramm fast das Fünfzigfache, nämlich rund 11 Kilogramm CO_2 in die Atmosphäre gepustet. Bei diesen Daten des WWF Schweiz geht es natürlich darum, die Größenordnungen miteinander zu vergleichen und deutlich zu machen, dass regionale Produkte eine wesentlich bessere Klimabilanz haben als solche aus der großen weiten Welt. Es ist klar, dass solche Zahlen abhängig von der Flugstrecke oder vom Transportmittel erheblich schwanken können.

Good bye, Standby

Es ist schon angenehm, wenn elektrische Geräte den ganzen Tag nur darauf warten, einen Befehl per Fernbedienung von uns zu erhalten. Sie erwachen dann aus ihrem Dornröschenschlaf und werden aktiv. Der sicherlich jedem bekannte Nachteil: Dafür muss stets Strom fließen – es entstehen sogenannte Leerlaufverluste. Addiert man alle diese Leerlaufverluste für Deutschland in einem Jahr zusammen, macht das rund 17 Milliarden Kilowattstunden aus, die unsere Kraftwerke dafür produzieren, dass Geräte schlichtweg nichts tun. Schaltet man die Geräte also einfach ab, so spart man ganz erheblich.

Doch halt: So manches Gerät hat gar keinen Ausschalter oder er ist irgendwo vollkommen versteckt angebracht. In solchen Fällen hilft zwar eine abschaltbare Steckdosenleiste, doch man sieht auch hier wieder, dass es Rahmenbedingungen braucht, damit Vernünftiges geschieht. Zum Beispiel ein Gesetz, in dem kurz und bündig drinsteht, dass elektrische Geräte generell einen gut sichtbaren Ausschalter haben müssen, der die Stromzufuhr vollständig unterbricht. Geräte, die nach dem Abschalten alles vergessen, was sie mal »wussten«, und deshalb nach jedem Einschalten neu eingestellt werden müssen – was furchtbar lästig ist und was deshalb auch niemand tut –, gehören ebenfalls nicht auf den Markt. Bei den Verbraucherzentralen oder bei den Energieversorgern können Sie zumeist kostenlos Messgeräte ausleihen, durch die Sie schnell selbst herausfinden können, welches Ihrer Geräte auf diese Weise am meisten Strom verschwendet.

Ein gutes Raumklima

Dass die meiste Energie bei uns durch das Heizen verbraucht wird, wurde schon gesagt. Gut ein Viertel unserer CO_2-Bilanz ist darauf zurückzuführen. Im Vordergrund bei der Suche nach Einsparmöglichkeiten stehen natürlich die technischen Ideen, die schon im letzten Kapitel angeschnitten wurden, zum Beispiel Energiesparoder Passivhäuser. Auch Altbauwohnungen können saniert und dadurch in der Energienutzung erheblich verbessert werden. Ein Gebäudeenergieberater kann hier weiterhelfen, indem er Haus- oder Wohnungsbesitzern anhand ihrer konkreten Wohnsituation genau zeigt, auf welche Weise gespart werden kann und welche staatlichen Fördermittel dazu in Anspruch genommen werden können.

Rechnet man beispielhaft die Einsparmöglichkeiten guter Dämmung, moderner Fenster und Heizanlagen sowie der Nutzung von Solarzellen bei einem Einfamilienhaus aus dem Jahr 1955 und mit einer Wohnfläche von 120 Quadratmetern zusammen, so kann die CO_2-Emission um etwa 77 Prozent reduziert werden – und die Energiekosten gleich mit.

Unabhängig von solchen Maßnahmen helfen aber auch ein paar Kleinigkeiten, deutlich weniger Energie zu verbrauchen. Einmal ist hier richtiges Lüften zu nennen. Auch im Winter braucht man frische, sauerstoffreiche Luft, und dazu sollten die Fenster für einige Minuten richtig geöffnet und dann wieder geschlossen werden. Die Wände bleiben warm und heizen die Luft rasch wieder auf. Ein Fenster ewig auf Kipp zu halten und fleißig dagegen anzuheizen ist ... hier muss ich wohl nicht weiter schreiben.

Für die Räume selbst gilt es zu überlegen, welcher Raum wie stark beheizt werden muss. Eine um 1 Grad kühlere Wohnung vermindert Ihren Energieverbrauch um ordentliche 6 Prozent. Außerdem sollten die Heizkörper möglichst frei liegen. Beheizen Sie vornehmlich eine große Couch von hinten, so haben Sie hohe Heizkosten und frösteln trotzdem den ganzen Abend. Sind Sie länger außer Haus, so kann die Temperatur um einige Grad gesenkt werden. Ideal sind hierfür elektronische Thermostatventile. Mit ihnen lässt sich die Heizung viel präziser regulieren und automatisch zeitlich steuern. 30 Prozent der Heizkosten können Sie so sparen. 10 bis 20 Prozent sind zusätzlich durch den hydraulischen Abgleich zu erreichen. Er sollte vorgenommen werden, wenn Sie merken, dass die Heizkörper trotz gleicher Stufe unterschiedlich warm sind.

Außerdem spielt für Zentralheizungsbesitzer noch die Umwälzpumpe im Keller eine Rolle, die das erhitzte Wasser von der Heizung in die Heizkörper pumpt. Alte Pumpen sind dabei oft viel zu groß dimensioniert, laufen auf unnötig hoher Stufe, und das Tag und Nacht das ganze Jahr über. Zeitschaltuhren und moderne Geräte schaffen hier Abhilfe und senken Ihren Energieverbrauch. Und wenn Sie gerade schon mal im Heizungskeller stehen, dann können Sie auch einen kurzen Blick auf die Heizleitungen werfen. Sind sie ungedämmt, so geht hier eine ganze Menge Energie verloren, was Sie an der mollig warmen Kellerluft merken.

Clever unterwegs

Wir leben zu unserer Freude in einer sehr mobilen Welt. Jeder kann – welch großer Gewinn gegenüber früheren Zeiten – wann immer er Lust dazu verspürt quasi jeden Ort dieses Planeten erreichen. Doch das braucht (neben Geld) Energie, und es werden Abgase erzeugt. Die größte Freiheit bietet uns sicherlich das Auto. Wir entscheiden ganz alleine, wann wir mit wem wohin fahren, wir müssen uns nach keinem Fahrplan richten und uns mit niemandem arrangieren. Diese Freiheit genießen wir mit immer mehr Komfort, denn die Fahrzeuge werden immer besser und luxuriöser ausgestattet. Die Folge: Größere und schwerere Autos sind unterwegs. Auf der Autobahn wird man nicht selten schwungvoll von bulligen SUVs überholt: Sport Utility Vehicles oder auf deutsch Geländewagen. Schon oft habe ich mich gefragt, wo sich der nächste Erdwall wohl auftürmt, der meine Reise jäh beendet, während sich das Geländefahrzeug entspannt weiter durch den Dreck wühlt. Oder die Anzahl von Flussquerungen auf der Strecke zwischen Hamburg und München? Eigentlich sind unsere Straßen doch verhältnismäßig gut asphaltiert! Warum also solch ein Fahrzeug? Ganz einfach: Weil es durchaus angenehm ist, höher zu sitzen, weil Komfort und Laufruhe genossen werden und vielleicht auch, weil so ein großes Fahrzeug den Vorteil hat, den schweren Anhänger eines Pferdeliebhabers ebenso zu ziehen wie den großen Wohnwagen eines Campingfreundes.

Warum mache ich mich erst über solche Fahrzeuge lustig, um dann ernsthaft Argumente für sie zu finden? Weil es eben immer ein Für und ein Wider gibt. Ich persönlich finde es völlig unsinnig, ein solches Auto zu kaufen, muss aber respektieren, dass der Nächste das ganz anders sehen kann. Verschiedene Menschen haben in ihrem Leben unterschiedliche Ansprüche, Vorlieben und Interessen, und man sollte sich davor hüten, anderen beibringen zu wollen, was sinnvoll und was unsinnig ist. Fangen wir damit an, so haben wir am Ende eine prächtige und nutzlose Neiddebatte. Denn wahrscheinlich bestünde nur bei Essen, Trinken und Schlafen Einigkeit über deren Notwendigkeit.

Objektiv gilt aber dies: Geländewagen sind durch ihre Triebhausgasemission schädlicher für die Allgemeinheit als leichtere und damit bei gleichem technischen Stand verbrauchsärmere Fahrzeuge. Zumindest bei gleicher Fahrleistung. Letzteres ist durchaus wichtig, denn so mancher argumentiert nicht ganz unvernünftig, dass man die Kraftfahrzeugsteuer wegfallen lassen und dem Treibstoff oder einer Kilometermaut zuschlagen sollte. Besitze ich einen SUV, fahre aber nur 1000 Kilometer im Jahr, so agiere ich – unabhängig von der Überlegung, ob sich das Auto für mich dann lohnt – schließlich klimafreundlicher als jemand, der mit seinem Dreiliterauto 60 000 Kilometer zurücklegt.

Sie sehen, auch hier hängt alles von intelligent gewählten Rahmenbedingungen, sprich Kosten ab, damit sich möglichst klimafreundliches Fahren auf den Straßen durchsetzt. In diesen Abschnitt über Verhaltensänderungen gehört deshalb kein Verdammen der Geländewagen, sondern vielmehr die Anregung, vor dem Kauf eines solchen Fahrzeugs darüber nachzudenken, ob man es wirklich braucht. Ist es nötig, dass ich zur Bewegung meiner 80 Kilogramm immer noch 2000 bis 2500 Kilogramm Blech mitbewege? Kauft man keinen SUV, betreibt man aktiv Klimaschutz und spart auf jeden Fall ziemlich viel Geld.

Mobilität in der Stadt

Im Zusammenhang mit der Mobilität sei neben dem Thema Autogröße noch dies bemerkt: Wer in der Stadt unterwegs ist, hat sicher schon oft im Stau gestanden und genervt bemerkt, wie zügig Radfahrer oder selbst Fußgänger dort vorankommen. Beide Formen der Fortbewegung haben zudem noch den großen Vorteil, überhaupt kein CO_2 zu emittieren, und sie sorgen auch für die uns so häufig fehlende Bewegung. Umweltfreundlich und schnell ist in den Städten zweifellos auch der öffentliche Nahverkehr. Wäre der noch deutlich billiger und würde beispielsweise durch Kosten für Innenstadtfahrten mit dem Auto – so wie es die Stadt London verlangt – subventioniert, so könnte das Park-and-Ride-System mehr Zulauf erhalten und die Stadtluft würde sauberer.

Und nicht nur das, die Stadt würde auch attraktiver, wie das folgende Beispiel zeigt. Die etwa 60 Kilometer von Aachen entfernte, 70 000 Einwohner zählende Stadt Hasselt in Belgien bietet nämlich einen ganz ungewöhnlich klingenden Service. Seit über 10 Jahren ist das Busfahren hier kostenlos. Die Zeche zahlt der Steuerzahler, doch macht das kostenlose Bussystem nur 1 Prozent des Gesamtbudgets der Stadt aus. Der Zuspruch ist enorm, nahm die Zahl der Busnutzer doch um unglaubliche 857 Prozent zu. Mit dem Erfolg, dass eine zuvor durch Autos völlig verstopfte und immer weniger attraktive Innenstadt nun immer mehr kauflustige Kunden anzieht. Lag Hasselt vor der Einführung des kostenlosen Busverkehrs auf Platz 10 der wichtigsten belgischen Einkaufsstädte, so liegt die Stadt nun auf dem beeindruckenden vierten Platz nach den Ballungszentren Brüssel, Antwerpen und Gent. Auch mit den Arbeitsplätzen ging es geradezu exorbitant bergauf. Arbeiteten früher etwa 1000 Menschen in der Innenstadt, so sind es heute wegen der gewachsenen Attraktivität 3000. Viel Potenzial für die Ökonomie und den Klimaschutz – beides passt mal wieder zusammen.

Mobilität außerhalb der Stadt

Wollen wir größere Entfernungen zurücklegen, dann gilt bei den Verkehrsträgern in Sachen Emission diese Reihenfolge: Bus (!), Bahn, PKW ab zwei Personen, Flugzeug. Fahren wir hingegen alleine große Strecken mit dem Auto, kann das Flugzeug durchaus mithalten. Doch bei internationalen Verbindungen gibt es wegen des Zeitfaktors eigentlich keine ernsthafte Konkurrenz zum Fliegen. Die hohe CO_2-Emission lässt sich in diesem Fall nur noch durch Verzicht vermeiden, denn schon eine einzige Fernreise sprengt unsere CO_2-Jahresbilanz völlig: 12,5 Tonnen Kohlendioxid emittiert man ganz alleine auf dem Flug von Frankfurt nach Sydney. Zur Erinnerung: Zur Begrenzung der Erderwärmung auf 2 Grad ist ein Wert von 2 bis 3 Tonnen pro Person und Jahr nötig.

Kommen wir zum Schluss noch mal kurz auf unser Auto zurück. Wenn Sie der gebeutelten, nun hoffentlich immer schadstoffärmere Autos produzierenden Automobilbranche helfen wollen, so sollten Sie natürlich sofort losziehen und einen Neuwagen kaufen. Und zwar den energiesparendsten, den ein Autokonzern in der von Ihnen benötigten Größe anbietet. Ein solches Kundenverhalten führt zu ordentlichem Konkurrenzkampf und – glauben Sie mir – zu überraschend schneller technischer Weiterentwicklung. Sie können ab sofort kräftig sparen und tun so noch etwas fürs Klima.

Doch nicht jeder kann sich jederzeit ein neues Auto leisten – völlig klar. Aber auch die »alte Karre« kommt mit weniger Sprit aus, wenn ein paar einfache Tipps beachtet werden. So sollten Sie das Fahrzeug möglichst leer räumen, um kein unnötiges Gewicht spazieren zu fahren. Auch gehören Skisarg oder Fahrradträger nach der Urlaubsreise abmontiert, denn der so entstehende Luftwiderstand ist ganz erheblich und steigert den Verbrauch. Das tut übrigens auch ein zu niedriger Luftdruck in den Reifen, mal ganz abgesehen von der dadurch viel höheren Reifenabnutzung. Zusätzlich zu diesen Maßnahmen können Sie noch eine ganze Menge Sprit durch ausgewogenes Fahren sparen. Wie das aussieht, vermitteln Fahrtrainings, die immer häufiger angeboten werden. Die wichtigsten Eckpfeiler sind das frühzeitige Vom-Gas-Gehen bei roten Ampeln und die niedertourige Fahrweise in der Stadt. Grobe Richtlinie: Schalten Sie ab 30 km/h in den dritten, ab 40 km/h in den vierten und ab 50 km/h in den fünften Gang. So sparen Sie rund 20 Prozent Sprit.

Doch so wie es niemals gelingen kann, alle Zusammenhänge im komplizierten Erdsystem aufzulisten, kann es auch niemals gelingen, alle Energiespartipps aufzuführen. Deswegen möchte ich unter nochmaligem Hinweis auf weiterführende Literatur an dieser

Stelle schließen. Wenn Sie die wichtigsten Argumente, die Sie in diesem Buch gefunden haben, noch einmal in geballter Form erleben oder sich das eine oder andere Argument für die guten Aussichten für morgen ins Gedächtnis zurückrufen wollen, so empfehle ich Ihnen nun noch die angehängte Kurzversion: das »Buch im Buch«.

Das Buch im Buch

Mit diesem Buch haben Sie ohne Zweifel ein recht dickes Buch in der Hand. Dicke Bücher haben den Vorteil, dass viel Inhalt hineinpasst, sie haben aber auch den Nachteil, dass es lange dauert, bis man sie gelesen hat. In unserem Alltag, der heute von sehr vielen – mehr oder weniger notwendigen – Dingen gefüllt ist, ist Zeit die klassische Mangelware. Deshalb fängt man vielleicht gar nicht so gerne damit an, ein dickes Buch zu lesen. Man fürchtet möglicherweise, »nie« fertig zu werden, und lässt es daher gleich bleiben.

Daher habe ich mich entschlossen, dieses »Buch im Buch« zu schreiben. Ich möchte Ihnen damit die Möglichkeit geben, in aller Kürze einen Überblick über die Bandbreite der Inhalte dieses Buches zu bekommen. Dieser Überblick soll Ihnen ein »kleines Weltbild« des Klimasystems vermitteln und Lust auf das ganze Buch machen. Das »Buch im Buch« kann aber auch dazu anregen, den »Rest« als Nachschlagewerk zu nutzen und einzelne Themen zu vertiefen. An vielen Stellen wird dort erklärt, wie verschiedene Mechanismen im Klimasystem ablaufen, etwa wie unser Golfstrom funktioniert oder was »brennendes Eis« eigentlich ist. Möglicherweise haben Sie aber auch das ganze Buch gelesen, bevor Sie nun an dieser Stelle eintreffen. Dann kann das »Buch im Buch« als Zusammenfassung der wichtigsten Punkte dienen und die eine oder andere Erinnerung an bereits Gelesenes wecken.

Gute Aussichten für morgen ist sicher nicht das erste Buch, das zum Thema Klimawandel geschrieben wurde. Was ist also anders als in vielen – oft sehr guten – Büchern zum Thema?

Erstens wird der Klimawandel auf verschiedenste Weise beleuchtet: Wie sieht die Wissenschaft das Thema? Wie wird es in der Öffentlichkeit wahrgenommen und diskutiert? Weshalb gibt es hier Unterschiede, und wo liegt der positive und wo der negative Einfluss der Medien? Welches Gesicht zeigen die Lobbys? Welche politischen Rahmenbedingungen sind notwendig, um optimistisch in die Zukunft zu schauen und nicht vor der Größe eines Themas zu kapitulieren? Wie lassen sich Länder wie China, die ein exorbitantes Wirtschaftswachstum erleben, zum Klimaschutz bewegen? Wo liegen die Chancen für die weltweite Wirtschaft? Und wie kann ein Energiewandel aussehen? Stattfinden muss er wegen der Endlichkeit fossiler Energieträger ja ohnehin.

Zweitens möchte dieses Buch differenzieren. Wir erlauben uns dies in der heutigen Zeit viel zu selten. Nicht umsonst ist ganz vorne dieser Satz von Karl Jaspers zu finden: »Unser Zeitalter ist das der Simplifikationen. Die Schlagworte, die alles erklärenden Universaltheorien, die groben Antithesen haben Erfolg.« Extreme Reaktionen auf den Klimawandel, etwa Hysterie oder Ignoranz, sind die Folgen mangelnder Differenzierung. Das Thema lässt sich nicht mit Schwarz- oder Weißmalerei behandeln, es hat einfach zu viele Facetten. Die physikalischen Gesetze interessieren sich schließlich nur wenig für unsere persönliche Ansicht. Man kann komplexe Vorgänge, wie sie in unserem Klimasystem stattfinden, aber durchaus für Laien verständlich machen, indem man sie in ihre Einzelteile zerlegt und mit vielen Beispielen aus dem Alltag veranschaulicht. Auf diese Weise möchte ich versuchen, Ihnen unser Klimasystem nahezubringen. Ab und zu muss man sich dabei zwar ein bisschen konzentrieren, aber gerade dadurch – so finde ich zumindest – macht es richtig Spaß, neue Dinge kennenzulernen. Sich mit dem Klimasystem auseinanderzusetzen, können Sie also auch als ein gutes Hirntraining betrachten. Und ein »Weltbild« vom Klimasystem zu gewinnen, ist gar nicht so schwer und obendrein sehr nützlich. Denn in diesem System gibt es Veränderungen, die wir selbst mit verursachen. Wollen wir sie in Grenzen halten, so müssen wir überlegen, wie wir das am besten machen. Doch das ist ohne ausreichende Kenntnis der Zusammenhänge kaum möglich.

Nun wünsche ich Ihnen viel Spaß mit dem kurzen »Buch im Buch«. Die Reihenfolge der Kapitel entspricht der im »richtigen« Buch – dadurch fällt die Orientierung leichter.

Den Klimawandel verstehen

Wir Menschen befördern eine unglaubliche Menge unsichtbarer und geruchloser Gase in eine durchsichtige Atmosphäre – allein rund 30 Milliarden Tonnen Kohlendioxid in jedem Jahr. Das Problem ist, dass unsere Sinnesorgane keine geruchlosen und durchsichtigen Gase feststellen können. Die Atmosphäre jedoch »spürt« diese Gase und reagiert auf sie mit einer langsamen Erwärmung. Klimaforscher messen nun diese Temperaturänderungen und ihre Folgen und tragen sie zusammen. Dabei stellt sich heraus, dass sich die stärksten Veränderungen im Eis der Arktis und der Westantarktis sowie im Ozean, der eng an die Vorgänge in der Atmosphäre gekoppelt ist, zutragen. Beides sind Orte, an denen man sich höchst selten aufhält, und genau aus diesen Gründen fällt es uns sehr schwer, Klimaänderungen in unserem Alltag überhaupt wahrzunehmen.

Was wir hingegen jeden Tag spüren können, ist das Wetter – ein manchmal wildes atmosphärisches Geschehen mit Hagel, Gewitter oder Sturm, manchmal aber auch großer Ruhe und blauem Himmel. Seit der Mensch existiert, ist er dem Wetter stets ausgesetzt, er kann es fühlen und mit seinen persönlichen Eindrücken bewerten. Ein Landwirt etwa wird heraufziehendem Regen positiver gegenüberstehen als ein Jugendlicher, der einen Nachmittag am Baggersee verbringen möchte.

Auch wenn es aus den Wetterelementen besteht, ist Klima etwas völlig anderes als Wetter: nämlich dessen Mittlung. Einerseits über einen Zeitraum von mindestens 30 Jahren, andererseits über ein großes Gebiet – möglicherweise den ganzen Erdball. Und damit können wir das Klima selbst natürlich nicht spüren. Beispiel: Der Winter 2007/2008 war in Deutschland sehr mild und in China extrem kalt und schneereich. Beides gleichzeitig können wir nicht erleben, denn wir können zu einem Zeitpunkt nur entweder in Deutschland oder in China sein. Klima ist also Statistik des Wetters und kein Wetter – und das bringen wir durch das tägliche Erleben von Wetter gerne mal durcheinander.

Wetter zu mitteln ermöglicht uns zum Beispiel die Aussage, dass der WM-Juli 2006 viel wärmer war als ein durchschnittlicher Juli. Um das festzustellen, genügt es in diesem Fall, das Monatsmittel der Temperatur zu betrachten und mit dem langjährigen Mittel zu vergleichen. Wir müssen uns für diese Aussage also nicht die Wetterlage jedes Tages vom Juli 2006 anschauen, sondern nur zwei Zahlen. Das ist der Vorteil von Statistik.

Das Wetter können wir Meteorologen mittlerweile ziemlich gut vorhersagen, und deshalb ist es verständlich, dass man das auch mit dem Klima versucht. Das Problem dabei: Beim Klima geht es um langfristige Prognosen, zum Beispiel wie sich die Temperaturen global bis zum Ende dieses Jahrhunderts entwickeln. Das ist ein sehr langer Zeitraum, und von Wetterprognosen beziehungsweise Temperaturtrends ist uns bekannt, dass sie – so sie denn seriös sind – heutzutage nach spätestens 15 Tagen am Ende ihrer Möglichkeiten sind. Der Grund dafür liegt darin, dass die Atmosphäre ein chaotisches System ist, wo sich Wechselwirkungen der unterschiedlichsten Größenordnungen zutragen. Sie alle sind determiniert, doch die Masse der Wechselwirkungen macht es uns am Ende unmöglich zu wissen, »was hinten rauskommt«. So kann der berühmte Flügelschlag eines Schmetterlings in Australien zu einem Sturmtief im Schwarzwald führen.

Bei der Klimaprognose – und das ist der Grund, warum es funktioniert – will man nun aber Statistik betreiben. Sprich, man möchte nicht wissen, wann wo welches Tief welchen Sturm verursacht, sondern ob sich Mittelwerte von Wetterelementen über große Gebiete mit der Zeit verändern. Mathematisch sind das verschiedene Aufgaben. Bei der Wetterprognose muss man eine Lösungssequenz von Gleichungssystemen berechnen: Wann ist das Tief wo? Bei der Klimaprognose darf die Reihenfolge des Wetters hingegen falsch sein, und sie ist es auch. Hier kommt es nur auf die Bandbreite der Lösungen (des Wetters) an. Kurzum: So wie Wetter und Klima etwas völlig anderes sind, ist auch die Mathematik für die jeweilige Prognose verschieden. Dass Wetter- und Klimaprognosen im Prinzip funktionieren heißt natürlich nicht, dass sie nicht jeweils Ungenauigkeiten enthalten. Man darf die Modellergebnisse folglich nicht »eins zu eins« interpretieren, sie spiegeln vielmehr eine begründbare Richtung einer zukünftigen Entwicklung wider.

Nun beschränkt sich die Entwicklung des Klimas nicht nur auf die Vorgänge in der Atmosphäre, sondern es gibt Wechselwirkungen mit dem gesamten Erdsystem. Dies enthält den Ozean, die Vegetation, das Gestein, den Boden, die Eisflächen, die chemischen Vorgänge in der Atmosphäre und letztlich natürlich den Menschen, der in vielfältiger Weise (Landnutzung, Emission von Gasen und so weiter) auf seine Umwelt einwirkt. Eine Klimaprognose hängt deshalb in entscheidendem Maß davon ab, wie sich der Mensch verhält, also wie groß das Bevölkerungswachstum ist oder wie viele Treibhausgase von uns emittiert werden. Die Klimaprognose ist folglich an Bedingungen geknüpft, und solche Entwicklungslinien (Szenarien) werden festgelegt, bevor das Modell losrechnet. Um der Vielfalt menschlicher Entwicklungsmöglichkeiten in einem langen Zeitraum gerecht zu werden, gibt es eine ganze Schar von Szenarien. Man spricht von Klimaprojektionen.

Das Ergebnis dieser Projektionen ist nach dem vierten Sachstandsbericht des IPCC (Intergovernmental Panel on Climate Change) vom Mai 2007, dass sich beispielsweise die mittlere Temperatur auf der Erde bis zum Ende des Jahrhunderts um 1,1 bis 6,4 Grad Celsius erhöhen wird, wenn der Mensch keinerlei Klimaschutz betreibt. Die große Spanne ergibt sich dabei aus den verschiedenen angenommenen Entwicklungslinien menschlichen Verhaltens. Grund zur Besorgnis besteht darin, dass der Mensch derzeit weltweit mehr Treibhausgase in die Atmosphäre bläst, als es beim ungünstigsten IPCC-Szenario angenommen wurde.

Durch die Emission von Treibhausgasen wie Kohlendioxid, Methan oder Lachgas verstärkt der Mensch den natürlichen Treibhauseffekt. Dieser sorgt dafür, dass die globale Mitteltemperatur unseres Planeten nicht bei −18 Grad Celsius liegt, sondern bei +15 Grad. Die langwellige Wärmestrahlung von der Erde wird nämlich von den Molekülen dieser Gase absorbiert und teilweise zurückgeworfen. Erst durch diesen Effekt, der 33 Grad ausmacht, ist auf der Erde überhaupt ein Leben möglich. Für 21 der 33 Grad ist das Treibhausgas Wasserdampf, für 7 Grad das CO_2 und für den

Rest sind die übrigen Gase verantwortlich. Der Mensch – und das nennt man anthropogenen Treibhauseffekt – verstärkt diesen natürlichen Effekt derzeit vor allem durch das Freisetzen großer CO_2-Mengen. Dieses Kohlendioxid hält sich über Jahrzehnte in der Atmosphäre, und so hat sich seine Konzentration von 0,028 Prozent in der vorindustriellen Zeit auf 0,038 Prozent heute erhöht. Das klingt wenig, doch die absolute Konzentration von Stoffen spielt hinsichtlich der Auswirkungen kaum eine Rolle, wie gleich noch gezeigt wird.

Dabei muss übrigens dem Ozean gedankt werden, denn er hat insgesamt gut 30 Prozent unseres Kohlendioxids aufgenommen und damit verhindert, dass die Konzentration in der Atmosphäre noch schneller zulegt. Zum Nachteil vieler Meeresbewohner wird er dadurch aber auch immer saurer, denn wenn man Kohlendioxid in Wasser löst, ergibt das Kohlensäure. Die Vegetation kann ebenfalls eine ganze Menge des Gases aufnehmen, schließlich brauchen es die Pflanzen zur Photosynthese, ohne die wir wiederum keinen Sauerstoff zum Atmen hätten. Das zeigt eindrücklich, wie wichtig CO_2 für das Leben auf der Erde ist und wie sehr wir wiederum die Pflanzen brauchen – und dass wir deshalb auch möglichst einige davon stehen lassen sollten.

Schaut man sich die Temperaturentwicklung der vergangenen 100 Jahre an, so ist ein deutlicher Temperaturanstieg zu Beginn des 20. Jahrhunderts festzustellen, der sich gut mit einer Zunahme der Sonnenintensität zu dieser Zeit deckt. Zwischen 1940 und 1970 gingen die globalen Temperaturen etwas zurück, vorwiegend durch den Aerosoleintrag (zum Beispiel Staub oder Ruß). Durch Filter in Industrieanlagen säuberte der Mensch danach die Luft immer mehr, und die wärmende Wirkung der Treibhausgase gelangte in den Vordergrund. Eine neuerliche Änderung der Sonnenintensität konnte nicht gemessen werden, und deshalb gilt der Mensch für die Änderungen des Klimas der letzten 30 Jahre als in erheblichem Maße verantwortlich. Davon geht die Wissenschaft mit einer Wahrscheinlichkeit von über 90 Prozent aus, und die Klimaprojektionen bestätigen den Fortgang dieser Entwicklung. Selbstverständlich finden natürliche Schwankungen im Klimasystem, die es in der »unendlich« langen Zeit der Erdgeschichte ohne einen menschlichen Einfluss immer schon gab, auch weiterhin statt. Dass sie in einem langfristigen Erwärmungstrend immer wieder für kühlere Phasen, aber auch für überproportionale Erwärmung sorgen können, ist nicht verwunderlich.

Im ersten Buchteil erfahren Sie noch viele Details über die bewegte Geschichte des Klimas von der »Geburt« der Erde bis hinein in die heutige Zeit. Das Ganze dient auch dazu, die heutigen Veränderungen richtig einzuordnen und ihre Auswirkungen auf *uns* in den Mittelpunkt zu stellen. Für uns können 3 Grad Erwärmung in 100 Jahren ein großes Problem sein, dem Planeten ist das völlig egal. Er hält ein Zerbröckeln der Alpen oder einen 100 Meter höheren Meeresspiegel bestens aus – das kennt er alles schon.

Außerdem können Sie im ersten Buchteil noch lesen, dass Sie bei Bergwanderungen auf unserer Uratmosphäre stehen, wie es dem Ozonloch in Zukunft ergehen wird und warum wir Glück hatten, dass wir statt der Fluorchlorkohlenwasserstoffe (FCKW) keine Fluorbromkohlenwasserstoffe (FBKW) verwendet haben. Sie können dort aber auch erfahren, dass der Atlantik im Mittel Wasser verliert und er deshalb der Grund dafür ist, dass es ein riesiges System weltumspannender Meeresströmungen gibt. Ein Teil davon ist übrigens unsere Fernheizung Golfstrom. Wird sie durch die Erderwärmung schwächer? Sein Verhalten hängt in entscheidendem Umfang von schmelzendem Eis ab. Dem Eis auf den Grund zu gehen, ist auch unabhängig vom Golfstrom eine spannende Angelegenheit. Schauen Sie mal in das Kapitel über die Antarktis – sie interessiert sich zu einem großen Teil überhaupt nicht für die globale Erwärmung! Woran liegt das und wie erklärt sich das? Außerdem: Hat die kosmische Strahlung Einfluss auf die Wolkenbildung und ist der Effekt der Treibhausgase deshalb womöglich doch geringer, als bisher vermutet? Und wo liegen die Gefahren und der Nutzen von Methanhydrat (das ist das anfangs schon erwähnte »brennende Eis«)? Viel Freude beim Zurückblättern.

Die Stimmen der Interessengruppen

Früher gab es mal ein Weltbild, das die Erde als Mittelpunkt des gesamten Universums sah. Heute wissen wir, dass das nicht richtig ist. Doch bis »alle Welt« das neue Weltbild mit der Sonne als Zentralgestirn unseres Planetensystems akzeptiert hatte, dauerte es einige Zeit. Eine Zeit vieler Konflikte und Auseinandersetzungen. Kein Wunder, denn weshalb sollte man die neuen Erkenntnisse gleich glauben – wenn man in den Himmel blickte, wanderte ja nun mal die Sonne und nicht man selbst. Doch auch als die Physik mit immer besseren Möglichkeiten nachwies, dass sich die Erde um die Sonne dreht, wehrten sich viele Gruppen weiterhin dagegen. Das ist durchaus nachvollziehbar, denn viele gesellschaftliche Strukturen (zum Beispiel die große Machtposition der Kirche) hatten ihr Fundament in der bisherigen Denkweise. Würde nun dieses Fundament durch die neuen Erkenntnisse zerstört, so fürchtete man selbst Nachteile und kämpfte folglich dagegen an – eine frühe Form des Lobbyismus.

Beim Thema Klimawandel erleben wir etwas ganz Ähnliches. Es gibt Menschen, die den Aussagen zur Klimaänderung aus inhaltlichem Grund skeptisch gegenüberstehen. Sie zweifeln an deren Richtigkeit. Und es gibt Menschen, deren Interessen die Erkenntnisse der Klimaforschung und die daraus entstehenden Maßnahmen zuwiderlaufen. Leitet man einen großen Ölkonzern und will mit dem Verkauf von Öl Geld verdienen, so ist es kaum hilfreich, wenn sich in Gesellschaft und Politik die Auffassung etabliert, dass man mit der Verbrennung fossiler Energie Schaden anrichtet.

Schauen wir zunächst auf die inhaltliche Skepsis. Dann trifft man sehr rasch auf Worte wie Panikmache und Hysterie, gegen die sich der Skeptiker zur Wehr setzen möchte (die Bezeichnung Skeptiker wird hier in ihrer philosophischen Bedeutung verwendet, wonach er den Zweifel zur Grundlage seines Denkens erhebt). Doch woher kommt die Hysterie, gegen die vorgegangen wird? Mit der Beantwortung dieser Frage gelangt man zu einer interessanten Dreiecksbeziehung zwischen Wissenschaft, Medien und den Skeptikern, die uns die öffentliche Diskussion über den Klimawandel verständlicher macht.

Betrachten wir zu Beginn die Wissenschaft. Die Suche nach Hysterie und Panik führt hier völlig ins Leere. Das lässt sich feststellen, wenn man die sogenannte Primärliteratur liest. Das sind die wegen des internationalen Austausches von Wissenschaftlern fast ausschließlich auf Englisch verfassten Artikel zu den jeweiligen Forschungsergebnissen. Hier handelt es sich um Fachpublikationen, die vor der Veröffentlichung durch Gutachter, die ebenfalls Fachleute sind, auf ihren Inhalt überprüft werden. Studiert man diese Texte genauer – das setzt ein Studium oder sehr gute Fachkenntnisse voraus –, so prägen ausschließlich nüchterne, naturwissenschaftliche Darstellungen das Bild. Sie vermitteln eine Vielzahl interessanter Details und damit den Wissensstand von Leuten, die sich beruflich mit dem Thema beschäftigen. Die Klimaforschung unterscheidet sich somit von keinem anderen Forschungsgebiet auf dieser Welt. Die Inhalte der Klimaforschung – und das ist deutlich anders als bei vielen anderen Spezialgebieten – interessieren jedoch die breite Öffentlichkeit in ganz besonderem Maße. Schließlich bekommt sie die Folgen des Klimawandels womöglich selbst zu spüren.

Doch um ein Thema in die Öffentlichkeit zu tragen, braucht es die Medien, und die drucken vernünftigerweise nicht die Primärliteratur ab. Der Journalist übernimmt vielmehr die Aufgabe, das Thema für einen Laien möglichst verständlich zu machen. Dafür muss er verkaufsfördernd titeln, sonst wird das Produkt nicht gelesen (wenn wir uns hier einmal beispielhaft auf die Printmedien beschränken). Katastrophen, Gegensätze oder Bilder funktionieren dabei am besten. Ein Eisbär auf einer einsamen Eisscholle mitten im Meer spricht Emotionen an. Dem Titel »Weniger Eisbären in der Arktis« gelingt das nicht. Da ist wegen der räumlichen Nähe sogar der Titel »Mehr Spinnen in unseren Vorgärten« interessanter. Vermittelt der Artikel unter Bezugnahme auf den aktuellen Forschungsstand dann ein möglichst genaues und am besten etwas tragisches Bild der Klimazukunft des Lesers, so bliebt dieser bei der Stange. Es gilt also der etwas abgedroschene Satz »Übertreibung macht anschaulich«. Dies ist zumeist die Stelle, wo der »Hysteriker mit Mitteilungsdrang« entsteht – ein unter Naturwissenschaftlern eher unterrepräsentierter Menschentypus. Wird nun in der Öffentlichkeit kritisch gegen die Hysterie der Klimaforscher gewettert, so handelt es sich meist um Reaktionen auf solche medialen Darstellungen, aber selten auf wissenschaftliche Primärliteratur. Im Hauptteil des Buches wird der Unterschied zwischen wissenschaftlicher und öffentlicher Diskussion ausführlich beleuchtet und nach Möglichkeiten gesucht, wie die Situation verbessert werden kann. Eine Schlüsselstelle nimmt sicher die Wissenschaft ein, indem sie ihre Ergebnisse für die Journalisten verständlicher aufbereitet.

Zweifellos kursiert in der Öffentlichkeit eine Vielzahl von Argumenten, die allesamt zeigen sollen, dass der Klimawandel vielleicht gar nicht auf den Menschen zurückzuführen ist oder dass die Lage harmlos ist. Diese Argumente werden so vorgetragen, dass sie dem Laien sehr plausibel erscheinen, und: Sie sind dort sehr willkommen! Schließlich kann man mit ihnen eine Mitverantwortung an Klimaänderungen ebenso zurückweisen wie die Notwendigkeit, das eigene Verhalten zu ändern.

Ein ganz kurzes Beispiel: »Kohlendioxid hat in der Atmosphäre nur einen Anteil von 0,038 Prozent. Diese winzige Menge kann doch keinen Klimawandel nach sich ziehen!« Das klingt für den Laien wirklich sehr vernünftig, denn was tun die anderen 99,962 Prozent? Eine klassische »grobe Antithese« im Sinne von Karl Jaspers. Sie ist kurz, bündig und plausibel. Nur ist sie falsch! Um ebenso bündig auf sie zu reagieren, bietet sich der Vergleich mit dem Ozonloch an. Für diese riesige und ganz sicher durch den Menschen verursachte Reduktion der Ozonschicht auf der Südhalbkugel sind die FCKW verantwortlich. Ihre Konzentration: 0,000000025 Prozent! Hoppla, auf die Konzentration scheint es wirklich nicht anzukommen. Auch durch folgende Zahlen wird die Bedeutung des Kohlendioxids verständlich: 99 Prozent der Atmosphäre bestehen aus Stick- und Sauerstoff, weitere 0,9 Prozent aus dem Edelgas Argon. Alle drei zeigen kein Absorptionsverhalten für langwellige Wärmestrahlen. Sie sind schlicht keine Treibhausgase und müssen hier gar nicht betrachtet werden! Dann verbleibt das wichtigste Treibhausgas – der Wasserdampf. Doch der wird von uns Menschen quasi nicht emittiert und ist obendrein kein langlebiges Gas, denn er verbleibt nur 4 bis 14 Tage in der Atmosphäre. Erst durch den Ausschluss der anderen Gase erlangt nun das Kohlendioxid, gefolgt vom Methan, seine Bedeutung in dieser Frage. Im Buch wird ausführlich auf weitere Argumente eingegangen, die in der öffentlichen Diskussion kursieren. Dabei geht es nicht um eine ideologische Auseinandersetzung mit ihnen, sondern um eine inhaltliche, um so das Weltbild des Klimasystems für den Laien zu verbessern.

Doch wie oft wird die Skepsis gegenüber den Ergebnissen der Klimaforschung *absichtlich* geschürt? Hier treten die Eigeninteressen verschiedenster Gruppen auf den Plan, die Lobbys. Sie geben sich selbst meist nicht zu erkennen und springen in der öffentlichen Diskussion oft auf den Zug derer auf, die sachlich argumentieren oder meinen, dies zu tun. Nicht selten lenken Lobbyisten die Diskussion aber auch an der eher mühsamen und viele Menschen kaum interessierenden naturwissenschaftlichen Auseinandersetzung vorbei. Besonders einfach funktioniert das mit dem Vorwurf der »Abzocke«, die Klimaforscher und Politiker gemeinsam betreiben würden, um dem kleinen Mann das Geld aus der Tasche zu ziehen (Stichwort Ökosteuer).

Mit einem solchen Vorwurf lassen sich viele Menschen schnell gewinnen, auch wenn die Argumente jeder Logik entbehren. So zum Beispiel jenes, dass die Wissenschaftler den Klimahorror extra an die Wand malen, damit sie noch mehr Forschungsgelder erhalten. Genau das würde aber gar nicht passieren, denn bei bevorstehender Apokalypse brauchen andere das Geld, um des Horrors Herr zu werden. Im Hauptteil des Buches wird das Gesicht der Lobbys umfassender beleuchtet.

Wie das Klima dieser Erde in 50 oder 100 Jahren aussehen wird, kann heute niemand *exakt* vorhersehen. Wie immer in der menschlichen Entwicklungsgeschichte haben wir es mit Unsicherheiten zu tun. Deswegen forscht und diskutiert die Wissenschaft auch weiter, und so kann das entstandene Weltbild immer weiter verbessert oder gegebenenfalls etwas korrigiert werden.

Selbst Sachwissen zu erlangen ist der beste Weg, um auch mit eigener Skepsis umzugehen. Orientieren sollte man sich dabei am Wissensstand derer, die sich von Berufs wegen ständig mit dem Klimawandel und seinen Auswirkungen befassen – sie sind die Fachleute. Und sich auf Fachleute zu stützen, ist in jedem Bereich sinnvoll. Stellen Sie sich nur mal vor, Sie lägen im Krankenhaus und es stünde eine Operation an. Dann erwarten Sie zu Recht, dass der Arzt diese ausführt. Was würden Sie sagen, käme der Elektriker ins Behandlungszimmer und würde Ihnen erklären, dass der Arzt ein Schwindler sei, der keinen medizinischen Sachverstand hätte und der nur ihr Geld wolle, weshalb er, der Elektriker, nun selbst eine ganz andere Operation an Ihnen vornähme?

Die Chancen für morgen

Die öffentliche Diskussion darüber, ob sich das Klima nun durch unseren Beitrag verändert oder nicht, verliert vor dem Hintergrund einer bestechend einfachen Situation stark an Bedeutung: Fossile Energieträger sind endlich! Doch sie sorgen derzeit zu knapp 90 Prozent für die Versorgung der Welt mit Energie. Allein 13,8 Milliarden Liter Erdöl verbraucht der Mensch – an jedem einzelnen Tag! Auch wenn nicht genau bekannt ist, wann Erdgas, Erdöl und Kohle (diese wird wohl am längsten zur Verfügung stehen) zur Neige gehen: Es wird sicherlich nicht in einer unendlich fernen Zukunft, sondern in einigen Jahrzehnten passieren. Da unsere Wirtschaft und letztlich unsere gesamte Gesellschaft aber ohne Energie nicht funktioniert, muss zwingend nach Alternativen gesucht werden. Ob wir das wollen oder nicht.

Die große Herausforderung des 21. Jahrhunderts ist folglich nichts Geringeres, als einen weltweiten Energiewandel zu organisieren, um so dem Ende der fossilen Energieträger zu begegnen. Darin liegt gleichzeitig die Chance, Wirtschaftswachstum und Emission von Treibhausgasen zu entkoppeln, und genau auf diese Weise wird das Klima geschützt. Ein einfaches Ziel, dessen Umsetzung eine gigantische Herausforderung ist – Grund zur Resignation?

Ich selbst bin Rheinländer, und wir Rheinländer sind von Natur aus optimistische Menschen und können mit Resignation wenig anfangen. Deshalb heißt dieses Buch auch *Gute Aussichten für morgen*, denn es soll Optimismus verbreiten und ihn durch das Aufzeigen unserer Chancen und Möglichkeiten begründen. Stellen Sie sich einmal den Trainer einer Sportlerin kurz vor einem Wettkampf vor. Wo erwarten Sie eher ein gutes Ergebnis – wenn er sagt: »Das schaffst Du ohnehin nicht, vergiss es einfach«, oder wenn er sagt: »Hopp, das packst Du, ich vertrau auf Dich«?

Die erste Variante sähe übersetzt etwa so aus: Zunächst stellen wir fest, dass eine Klimakatastrophe auf uns zurollt, die wir wegen der Komplexität der Vorgänge in der Atmosphäre niemals in den Griff bekommen können. Anschließend zerreden wir alle Alternativen zu Kohle, Erdgas und Erdöl wegen diverser Nachteile und stellen zudem fest, dass sie eh alle zu teuer sind. Nun bringen wir noch das Argument, dass unser Tun ohnehin gar nichts bringt, weil China oder Indien ja all unsere lächerlichen Bemühungen konterkarieren. Globale Veränderungen sind eben unmöglich! Man kann nur den »Kopf in den Sand stecken« und abwarten, bis das Schicksal zuschlägt.

Da eine solche Haltung niemals zu irgendeinem Erfolg führen kann, geht es nun mit gesundem Optimismus an das Thema. Diskutiert werden die folgenden und viele weitere Argumente im Buch selbst, hier geht es nur um den kurzen Überblick.

Erstens: Man macht sich klar, dass eine gigantische Aufgabe ihre Größe verliert, wenn man sie in kleine Schritte unterteilt. Zu viel auf einmal zu wollen, kann ein Schuss nach hinten werden.

Zweitens: Man nimmt den ohnehin schon begonnenen Klimawandel nicht als Katastrophe wahr, sondern versteht ihn als Frühwarnsystem der Natur. Sie macht uns rechtzeitig darauf aufmerksam, dass der Energiewandel jetzt begonnen werden muss. Dadurch betreibt man Klimaschutz und hat genug Zeit für einen sanften Wechsel weg von fossilen Energieträgern – bevor deren Ende erreicht ist und wir konzeptlos in die Zukunft stolpern.

Drittens: Man schöpft Kraft daraus, dass die Menschheit schon eine ganze Menge erreicht hat – etwa dies: Nach der Gefahr durch den »sauren Regen« in den 1980er Jahren wurde es geschafft, die Schwefeldioxidemission durch Filteranlagen um sage und schreibe 93 Prozent zu reduzieren; der Ausstoß von FCKW wurde weltweit (globale Maßnahmen sind möglich!) nahezu vollständig verboten, nachdem das Ozonloch auftrat. Man kann damit rechnen, dass um 2060 wieder die Verhältnisse von vor 1980 hergestellt sein werden. Und dann sei noch ein Erfolg aus einem ganz anderen – nämlich dem politischen – Bereich erwähnt: Hätten Sie es 1987 für möglich gehalten, dass Sie schon zwei Jahre später Zeuge des Mauerfalls würden? Dass sich Deutschland 1990 wiedervereinigt und dass der Jahrzehnte während Konflikt zwischen Ost und West endet? Undenkbares ist denkbar – auch auf globaler politischer Ebene.

Viertens: Wir müssen uns bewusst machen, dass wir – ebenso, wie wir es jüngst bei den Finanzmärkten erkannt haben – auch globale Rahmenbedingungen für den Umgang mit der Atmosphäre brauchen. Es darf nicht sein, dass in einer Welt, die die Allgemeinheit sauber halten möchte, Einzelne viel Geld damit verdienen können, dass sie sie verschmutzen. Die Evolution hat uns darauf getrimmt, nach kurzfristigem Profit zu streben, und deshalb werden die meisten Menschen das in einer Marktwirtschaft auch tun. Fehlen Regeln, so wird das Falsche belohnt und kaum jemand das Wünschenswerte tun. Will der Mensch das Verhalten der Masse ändern, so kann er sich am besten durch vernünftige Rahmenbedingungen »austricksen«: Bringt es mehr Geld ein, in alternative Technologien zu investieren als Treibhausgase zu emittieren, so wird genau das geschehen. Ein Instrument, das so etwas in einer globalen Marktwirtschaft fördert, ist der Emissionshandel. Nur muss er streng und für alle Emittenten durchgeführt werden, weltweit gelten und kontrolliert werden.

Fünftens: Industrie- und Ankerländer (zum Beispiel China oder Indien) müssen aufeinander zugehen. Die Ankerländer haben Recht, wenn sie die Industrieländer darauf hinweisen, dass diese mehr als drei Viertel der Treibhausgasemissionen seit Beginn der Industrialisierung verursacht haben und auch jetzt den größten Pro-Kopf-Emissionsanteil haben. Die Industrieländer haben ebenso Recht, wenn sie die Ankerländer darauf hinweisen, dass diese allein für zwei Drittel des Emissionsanstieges der vergangenen Jahre verantwortlich sind und dass man nur zusammen eine ausreichende Reduktion der Emission erreichen kann. Ein solches Patt bei der Schuldzuweisung bringt wenig, Annäherung ist gefordert und möglich. Beispiel: Die Ankerländer dürfen ihre Emissionen noch so lange steigern, bis die Pro-Kopf-Emission die der Industrieländer erreicht, doch diese beginnen sofort mit drastischer Emissionsreduktion. Auch ein günstiger Technologietransfer in die Ankerländer könnte ein Beitrag sein oder natürlich deren Einsicht, Klimaschutz auch für sich selbst zu betreiben. Denn schließlich ist man von den Veränderungen ja selbst ebenso betroffen.

Sechstens: Optimismus generiert sich vor allem in der Vielzahl der Alternativen, durch die Energie erzeugt werden kann. Zwar gibt es keinen Energieträger, der nur Vorteile in sich vereint, doch führt die Suche nach einem Energiemix zu der Möglichkeit, das Optimum herauszuholen. Besonders attraktiv ist zweifellos die Sonne, die unserem Planeten 5810-mal mehr Energie liefert, als die Menschheit insgesamt verbraucht hat. Selbst mit heutiger Solartechnologie, die sich jedoch stets weiterentwickelt, reichten 2 Prozent der Fläche Deutschlands, um unsere Stromversorgung zu sichern.

Siebtens: Neue Technologien zu entwickeln und sich in großen Wachstumsmärkten zu engagieren, bringt eine Vielzahl von Arbeitsplätzen. In der Solarbranche arbeiteten 2006 rund 74 000 Menschen, bis 2030 rechnet man mit einem Zuwachs auf 6,3 Millionen Arbeitsplätzen.

Achtens: Es stimmt auch optimistisch, wenn man sich umschaut, was andere tun. Im Buch wird Masdar City bei Abu Dhabi vorgestellt. Ausgerechnet die Ölscheichs hatten die Idee, in der Wüste eine emissionsfreie Stadt zu bauen, die vollständig regenerativ versorgt wird. Der britische Stararchitekt Sir Norman Foster plant sie – gebaut wird schon seit Februar 2008.

Außerdem erfahren Sie im dritten Teil des Buches mehr über Solarstrom aus Nordafrika, über das Containerschiff Beluga, »Windräder«, die falsch herum im Wasser stehen sowie die Brennstoffzelle. Die Diskussion bei Biosprit und Energiesparlampe wird ebenso behandelt wie die Kernenergie und das Pumpen von Kohlendioxid unter die Erde. Ganz zum Schluss dürfen natürlich ein paar Tipps nicht fehlen, was man selbst für ein gutes Klima tun kann. Die Vor- und Nachteile von Geländewagen werden ebenso angesprochen wie eine tolle Idee der belgischen Stadt Hasselt ...

Epilog

Konflikte, Fehlentscheidungen und Fehlverhalten gab es dort, wo Menschen am Werk sind, immer. Doch diesen standen stets auch die guten Momente gegenüber, wie beispielsweise das zügige und friedliche Ende des Ost-West-Konflikts 1989/1990. Betrachtet man die Erfolgsgeschichte der Menschheit insgesamt, so können die Anteile positiver Entwicklungen den negativen kaum unterlegen sein. Sonst wären wir heute einfach nicht da, wo wir sind. Diese Erkenntnis hat für mich etwas Beruhigendes, denn weshalb sollte der Mensch nicht auch diese Hürde – den Klimawandel in den Griff zu bekommen und ein neues Energiekonzept zu erfinden – erfolgreich meistern?

Doch um rechtzeitig loszulegen, muss jemand da sein, der den Startschuss gibt. So, wie bei einem Sportwettkampf auch. Die Verantwortung hierfür tragen die Politiker, und von denen wünsche ich mir deshalb, dass die notwendigen Rahmenbedingungen schnell auf den Weg gebracht werden. Wenn es teuer ist, Klimaschäden anzurichten, wird die Marktwirtschaft mit ihrem Profitstreben schnell taugliche Alternativen finden. Appelle allein sind kein Startschuss.

Zum Schluss möchte ich gerne noch dieses sagen: Ein Buch zu schreiben ist ein langer Prozess, der sich über viele Monate hinzieht – hier war es sogar etwas mehr als ein Jahr. Es ist eine unendlich spannende Angelegenheit, sich immer tiefer in ein so facettenreiches Thema hineinzuarbeiten. Auch für mich als Autor kamen auf diese Weise viele neue Einsichten hinzu – man lernt eben nie aus. Ich hoffe und wünsche mir, dass es mir mit diesen Zeilen gelungen ist, Ihnen die eine oder andere Einsicht weiterzuvermitteln oder einen Anstoß zu intensiverer Beschäftigung mit der Materie zu geben. Wenn immer mehr Menschen klar wird, wie recht Karl Theodor Jaspers mit seiner feinsinnigen Kritik am »Zeitalter der Simplifikationen« hatte, ist der Weg offen für einen differenzierten und optimistischen Umgang mit dem Klimawandel, dem Energiewandel und damit einem wichtigen Teil unserer Zukunft.

Danksagung

Viele Stunden sitzt man als Autor eines Buches im stillen Kämmerlein. Man recherchiert in der Literatur, man denkt über Formulierungen nach, findet sie manchmal grauenhaft und manchmal auch richtig gut. Doch ganz alleine kann niemand ein Buch schreiben – am Ende ist es immer eine Teamarbeit. Deshalb möchte ich an dieser Stelle einigen Beteiligten ganz herzlich für ihre Unterstützung danken.

Allen voran gebührt mein Dank Herrn Dr. habil. Andreas H. Fink (Institut für Geophysik und Meteorologie der Universität zu Köln), mit dem ich seit vielen Jahren freundschaftlich verbunden bin. Viele persönliche und telefonische Diskussionen – manchmal auch rund um die halbe Welt – haben mich an seinem umfangreichen Fachwissen teilhaben lassen. Eine große Unterstützung waren auch viele Literaturtipps hinsichtlich neuester Forschungsergebnisse, die ich von ihm erhielt. Kurzum: Eine Zusammenarbeit, die einfach Freude bereitet hat!

Bedanken möchte ich mich auch bei Professor Hans von Storch (GKSS-Forschungszentrum Geesthacht und Meteorologisches Institut der Universität Hamburg). Ein gutes Gespräch auf dem Extremwetterkongress 2008 in Hamburg hat zu Beginn meiner Arbeit mit zur inhaltlichen Ausrichtung beigetragen und zu weiteren Kontakten geführt. Für diverse fachliche Beiträge möchte ich deshalb auch Professor Phil Jones (CRU, Norwich, UK), Dr. Reinhard Böhm (Zentralanstalt für Meteorologie und Geodynamik, Wien) sowie Professor Jochem Marotzke (Max-Planck-Institut für Meteorologie, Hamburg) danken.

Ganz herzlich danken möchte ich auch Rüdiger Grünhagen vom Westend Verlag in Frankfurt/Main. Bei ihm habe ich mich bestens aufgehoben gefühlt. Er hatte nicht nur immer ein offenes Ohr für meine manchmal sehr spontanen Ideen, sondern verstand es auch mit viel Fingerspitzengefühl, meine Motivation an dieser intensiven Arbeit stets aufrechtzuerhalten.

Seit 2002 halte ich Vorträge über Wetter, Klima und die Klimaveränderung. Deshalb möchte ich diese Gelegenheit nutzen, um auch meinen Zuhörern ein Dankeschön zu sagen. Denn viele der in diesem Buch angeschnittenen Themen habe ich ihren Fragen zu verdanken.

Last but not least gilt mein Dank auch meinen Eltern, die in der Schlussphase innerhalb weniger Tage das ganze Manuskript gelesen und an der einen oder anderen Stelle daran gefeilt haben. Meinem Freundeskreis und meiner Frau möchte ich zum Abschluss dies mit auf den Weg geben: Die Phase, in der ich völlig unabhängig vom Inhalt einer gestellten Frage mit Vorträgen über den Klimawandel beginne, hat nun ein Ende!

Literatur

Fachliteratur

Arguez, A. / Waple, A. M. / Sanchez-Lugo, A. M.: *State of the Climate in 2006.* Special Supplement to the Bulletin of the Am. Met. Soc., Vol. 88, No. 6, June 2007

Church, John A.: A change in curculation?, in: *Science*, Vol. 317, S. 908–909, August 2007

Cunningham, Stuart A. et al.: Temporal variability of the atlantic meridional overturning circulation at 26,5° north, in: *Science*, Vol. 317, S. 935 ff., August 2007

Domingues, Catia M. et al.: Improved estimates of upper-ocean warming and multi-decadal see-level rise, in: *Nature*, Vol. 453, S. 1090–1094, June 2008

Elner, James B.: The increasing intensity of the strongest tropical cyclones, in: *Nature*, Vol. 455, S. 92–95, September 2008

Fink, Andreas H. et al.: *The european storm Kyrill in January 2007. Synoptical evolution, meteorological impacts and some considerations with respect to climate change,* Revised Version, October 2008

Holton, James R.: *Dynamic Metorology,* Academic Press Inc., San Diego 1992

Jones, Phil D. et al.: Assessment of urbanization effects in time series of surface air temperatures over land, in: *Nature*, Vol. 347, S. 169–172, September 1990

Knutson, Thomas A. / Tuleya, Robert E.: Impact of CO_2-induced warming on simulated hurricane intensity and precipitation: Sensitivity to the choice of climate model and convective parameterization, in: *J. Cli., Vol. 17*, No. 18, S. 3477–3495, September 2004

Kossin, James P. / Vimont, Daniel J.: A more general framework for understanding atlantic hurricane variability and trends, in: *Am. Met. Soc.*, Vol. 88, S. 1767–1778, November 2007

Levinson, D.H. / Lavrimore, J.H.: *State of the Climate in 2007.* Special Supplement to the Bulletin of the Am. Met. Soc., Vol. 89, No. 7, July 2008

Peixoto, José P. /Oort, Abraham H.: *Physics of Climate.* American Institute of Physics, New York, 1992

Peterson, Thomas C. et al.: Homogeneity adjustments of in situ atmospheric climate data: A review, in: *Int. J. Climatol.*, Vol. 18, S. 1493–1517, 1998

Pinto, Joaquim G. et al.: *Factors contributing to the development of extreme north atlantic cyclones and their relationship with the NAO.* Springer Open-Access, 2008

Promet: *Numerische Klimamodelle – Was können sie, wo müssen sie verbessert werden? Teil I: Das Klimasystem der Erde,* Selbstverlag des Deutschen Wetterdienstes, Offenbach/M. 2002

Promet: *Numerische Klimamodelle – Was können sie, wo müssen sie verbessert werden? Teil II: Modellierung natürlicher Klimaschwankungen,* Selbstverlag des Deutschen Wetterdienstes, Offenbach/M. 2003

Promet: *Numerische Klimamodelle – Was können sie, wo müssen sie verbessert werden? Teil III: Modellierung der Klimaänderungen durch den Menschen. 2 Teilhefte,* Selbstverlag des Deutschen Wetterdienstes, Offenbach/M. 2004

von Storch, Hans / Güss, Stefan / Heimann, Martin: *Das Klimasystem und seine Modellierung. Eine Einführung,* Springer-Verlag, Berlin / Heidelberg 1999

Wallace, John M. / Hobbs, Peter V.: *Atmospheric Science,* Academic Press Inc., San Diego 1977

WGMS: *Global glacier changes – facts and figures,* World Glacier Monitoring Service 2008

WMO-Bericht zum Zustand des globalen Klimas 2007. WMO-No. 1031, Genf, 2008

Buchempfehlungen

Altner, Günter / Leitschuh, Heike / Michelsen, Gerd / Simonis, Udo E. / von Weizsäcker, Ernst U. (Hrsg.): *Jahrbuch Ökologie 2008,* Verlag C. H. Beck, München 2007

Behringer, Wolfgang: *Kulturgeschichte des Klimas. Von der Eiszeit bis zur globalen Erwärmung,* Verlag C. H. Beck, München 2007

Carstensen, Regina / Hoffer, Michael: *Einfach das Klima verändern. 50 kleine Ideen mit großer Wirkung,* Pendo Verlag, München und Zürich 2007

Cubasch, Ulrich / Kasang, Dieter: *Anthropogener Klimawandel,* Justus Perthes Verlag, Gotha 2000

Flannery, Tim: *Wir Wettermacher. Wie die Menschen das Klima verändern und was das für unser Leben auf der Erde bedeutet,* Fischer Taschenbuch Verlag, Frankfurt/Main 2007

Grabolle, Andreas / Loitz, Tanja: *Pendos CO_2-Zähler,* Pendo Verlag, München und Zürich 2007

Kemfert, Claudia: *Die andere Klima Zukunft. Innovation statt Depression,* Murmann Verlag, Hamburg 2008

Krämer, Walter / Mackenthun, Gerald: *Die Panik-Macher,* Piper Verlag, München 2001

Latif, Mojib: *Bringen wir das Klima aus dem Takt? Hintergründe und Prognosen,* Fischer Taschenbuch Verlag, Frankfurt/Main 2007

Latif, Mojib: *Hitzerekorde und Jahrhundertflut. Herausforderung Klimawandel. Was wir jetzt tun müssen,* Wilhelm Heyne Verlag, München 2003

Lesch, Harald/Zaun, Harald: *Die kürzeste Geschichte allen Lebens. Eine Reportage über 13,7 Milliarden Jahre Werden und Vergehen,* Piper Verlag, München 2008

Ludwig, Karl-Heinz: *Eine kurze Geschichte des Klimas. Von der Entstehung der Erde bis heute,* Verlag C. H. Beck, München 2006

Pfister, Christian: *Wetternachhersage. 500 Jahre Klimavariationen und Naturkatastrophen,* Verlag Paul Haupt, Bern 1999

Rahmstorf, Stefan / Schellnhuber, Hans Joachim: *Der Klimawandel,* Verlag C. H. Beck, München 2006

Stehr, Nico / von Storch, Hans: *Über Klima, Wetter, Mensch,* Verlag C. H. Beck, München 1999

Zintz, Klaus: *Prima Klima! Umdenken, mitmachen und dabei noch sparen,* Franckh-Kosmos Verlag, Stuttgart 2008

Zeitschriften und Websites

Aus Politik und Zeitgeschichte: Klimawandel. Beilage zur Wochenzeitung *Das Parlament,* Heft 47/2007 vom 19.11.2007

Spektrum der Wissenschaft Dossier: *Klima,* Heft 1/2002

Spektrum der Wissenschaft Spezial: *Lässt sich der Klimawandel stoppen?,* Heft 1/2007

World Glacier Monitoring Service (WGMS): www.wgms.ch

Intergovernmental Panel on Climate Change (IPCC): www.ipcc.ch

United Nations Environment Programme (UNEP): www.unep.org

WESTEND

Andreas Schlumberger
50 einfache Dinge, die Sie tun können, um die Welt zu retten

256 Seiten mit einem Vorwort von Ernst Ulrich von Weizsäcker. Gebunden

Was kann man als Einzelner schon gegen Dinge wie die globale Erwärmung oder den ökologischen und sozialen Raubbau ausrichten? Eine ganze Menge – und nebenbei lässt sich auch noch Geld sparen. Ob Haushalt, Mobilität oder Ernährung: Überall verstecken sich Ausgabequellen, die der Umwelt schaden und das Portemonnaie belasten. Sie lassen sich clever umgehen, nahezu ohne Komfortverzicht und ohne am bisherigen Lebensstil zu rütteln.

»Ein empfehlenswertes Buch!«
Greenpeace

»Alle Vorschläge taugen dazu, das Gefühl der eigenen Ohnmacht im Angesicht gravierender Umweltprobleme zu nehmen.«
*Dr. Ernst Ulrich von Weizsäcker,
Deutscher Umweltpreis 2008*

Claus-Peter Lieckfeld
Tatort Wald

Von einem der auszog, den Forst zu retten. Klimawandel und kranke Umwelt – was die Jagdlobby mit kaputten Wäldern zu tun hat! 248 Seiten mit einem Vorwort von Hubert Weinzierl. Gebunden

Angesichts von Klimawandel und gefluteten Städten – Jahrhundertfluten alle drei Jahre – wird offenkundig, wie wichtig die Wasserspeicherkraft naturnaher Wälder ist. Doch diese notwendigen Wälder wachsen nicht nach, weil es die hocheffektive Lobby einer winzigen Minderheit – der »waidgerechten« Jäger – schafft, ihre Belange durchzusetzen. Das stellt einen krassen Verstoß gegen die vielbeschworene Generationengerechtigkeit dar. Statt *Wald* vor Wild gilt vielerorts *Wild* vor Wald. Aus dem scheuen Reh ist längst ein Massentier geworden und aus dem Wald ein artenarmer Holzacker. Der Förster Georg Meister kämpft seit über fünfzig Jahren mutig und konsequent gegen diese Fehlentwicklung. In seinem Forstamt hat er beispielhaft gezeigt, wie naturnahe Wälder nachwachsen können – und machte sich dadurch viele Feinde.